Kleines Lexikon zur römischen Welt

von
Rainer Nickel
und
Franz Peter Waiblinger

C.C. BUCHNERS VERLAG · BAMBERG

Kleines Lexikon zur römischen Welt

Von Rainer Nickel, Göttingen,
und Franz Peter Waiblinger, München.

Nachweis der Abbildungen auf der Titelseite: Archivi Alinari, Firenze; Photographie Giraudon, Paris; Holle Bildarchiv, Baden-Baden; Rheinisches Landesmuseum, Trier; Staatl. Antikensammlung (Photo C. H. Moessner), München; Verlagsarchiv (4).

2. Auflage 1 5 4 3 2 1 1990 89 88 87
Die letzte Zahl bedeutet das Jahr dieses Druckes.

ISBN 3 7661 **5600** 4

Zeichnungen und Karten: Franz Kaller, Oberhaid
Satz: Druckerei Bussard, Gundelsheim
Druck und Bindung: Graphischer Großbetrieb Friedrich Pustet, Regensburg

VORWORT

Rom und die Welt — die beiden Worte bedeuteten jahrhundertelang dasselbe. Die Welt hat sich verändert, und doch ist Rom in ihr immer noch gegenwärtig. Im Recht und in der Religion, in Kunst, Literatur, Philosophie und nicht zuletzt in der Idee der politischen Freiheit finden wir zahlreiche, manchmal deutlich sichtbare, manchmal verdeckte Beziehungen zur römischen und - durch diese vermittelt - auch zur griechischen Antike.

Das „Kleine Lexikon zur römischen Welt" soll den Blick auf den Ursprung dieser Traditionen lenken.
Es wendet sich zunächst an den Schüler, der hier über alle wichtigen Gegenstände, denen er vor allem im Lateinunterricht begegnet, Auskunft erhält. Fast 1200 Einzelartikel und viele Zusammenfassungen stellen den römischen Alltag, den historischen, sozialen, religiösen, politischen und wirtschaftlichen Hintergrund der großen kulturellen Leistungen der Römer möglichst anschaulich und leicht verständlich vor. Breiten Raum nehmen Sprache und Literatur der Römer ein, so daß das Lexikon auch zur Vorbereitung auf das Abitur verwendet werden kann.

Das Lexikon wendet sich ferner an den interessierten Erwachsenen, der sich einen raschen Zugang zur Welt der Römer verschaffen will. Auch in der Reisetasche des Rom-Fahrers, der die antike Geschichte und Kultur der Ewigen Stadt kennenlernen möchte, könnte es seinen Platz finden.

Selbstverständlich kann das Lexikon die Fülle der römischen Welt nicht vollständig erfassen. Es bietet nur einen begrenzten Ausschnitt aus einem größeren geschichtlichen Zusammenhang, etwa das Jahrtausend von den Anfängen Roms bis in die ersten christlichen Jahrhunderte. Die Spätantike, das Mittelalter und das Fortwirken der römisch-lateinischen Kultur in der Neuzeit werden mit zahlreichen Hinweisen berücksichtigt. Auch die griechische Welt wird einbezogen, soweit es für das Verständnis der römischen Leistungen nötig ist.

Ein *Suchregister* soll die Benutzung des Lexikons erleichtern. Hier findet man Begriffe, zu denen zwar kein eigener Artikel vorliegt, die aber in anderen Artikeln erwähnt und erläutert werden.

Das *Literaturverzeichnis* gibt nicht nur Auskunft über die Werke, denen die Verfasser viele Anregungen verdanken, sondern weist den Interessierten auch auf Möglichkeiten zu weiterführender Information hin.

Für wertvolle Hinweise, Anregungen und Kritik danken wir vor allem Gerhard Dittrich (C. C. Buchners Verlag) und Patrick Lang (Wörthsee).

Göttingen/München, August 1985

Rainer Nickel
Franz Peter Waiblinger

Aachen. Zwischen 89 und 120 n. Chr. erbauten röm. Legionäre der 6. und der 20. Legion an den schwefelhaltigen Kochsalz-Thermalquellen (bis zu 75 Grad) des heutigen A. eine Badeanstalt, die den Soldaten als Heil- und Erholungszentrum diente. Bei Ausgrabungen wurden im Stadtkern von A. die Spuren von zwei röm. Bädern entdeckt, die sich vom heutigen Münster bis zum Büchel erstreckten. Die Römer nannten ihre Badeanlagen *Aquae Granni,* Quellen des Grannus, eines dem Gott Apollo gleichgesetzten keltischen (→Kelten) Wasser- und Heilgottes, der an den Heilquellen von A. schon in vorröm. Zeit verehrt wurde. — Der Name *Aquae Granni* wird in röm. Texten oder Inschriften nicht erwähnt. Er ist erst seit der Zeit Karls des Großen in der Form *Apud Aquasgrani* (bei den Quellen des Grannus), *Aquisgrani* (an oder zu den Quellen des Grannus) oder *Aquis* überliefert. — Der deutsche Name A. entwickelte sich wahrscheinlich aus dem fränkischen Wort für Wasser: *ahha.* — Aus einem Hinweis des griech. Historikers Cassius Dio (150 - 235 n. Chr.) geht hervor, daß sich Kaiser Caracalla (211 - 217) einer Badekur in A. unterzog. Er habe - so Cassius Dio - das Heiligtum des Apollo Grannus aufgesucht. — In der Nähe der röm. Badeanlagen entwickelte sich eine zivile Siedlung mit Töpfereien, Bronzegießereien und wohl auch einer Glasfabrik. Gegen Ende des 4. Jh. n. Chr. zogen sich die Römer aus A. zurück. Der Ort blieb aber weiterhin besiedelt. Erst 400 Jahre später wurde A. zum Mittelpunkt des fränkischen Reiches. Karl der Große bezog die röm. Bäder in das Gelände seiner Pfalz ein.

Abkürzungen →Anhang I

Achaia, ursprünglich eine Landschaft im Norden der Peloponnes, seit 146 v. Chr. der Name von ganz Griechenland als einer röm. Provinz.

Actium, Landzunge an der westgriechischen Küste, heute La Punta. Hier besiegte Agrippa, der Feldherr Octavians, in einer Seeschlacht am 2.9.31 v. Chr. Antonius und Kleopatra. Octavians Sieg bei A. gilt als das letzte große Ereignis vor dem Ende des römischen Bürgerkrieges und war die Voraussetzung für Octavians endgültige Machtübernahme in Rom und zugleich das Ende der Republik.

Adler *(aquila),* Symbol der Wehrhaftigkeit, um 100 v. Chr. von Marius als Feldzeichen der röm. Legionen eingeführt. Die Nachbildung eines A. aus Metall wurde jeweils der ersten Kohorte einer Legion von einem Soldaten *(signifer* Fahnenträger) vorangetragen. Der A. war oft auch auf röm. Münzen abgebildet.

Adler. Kamee aus Augusteischer Zeit

Adoption *(adoptio),* Annahme eines fremden Kindes als ein eigenes Kind („an Kindes Statt"), Entlassung eines Kindes aus seiner ursprünglichen und Aufnahme in eine andere Familie. Die A. war üblich bei Kinderlosigkeit; durch A. gewannen die röm. Kaiser zeitweilig ihre Nachfolger. →Adoptivkaiser

Adoptivkaiser waren die Kaiser in den Jahren 98 - 180 n. Chr. (Trajan, Hadrian, Antoninus Pius, Mark Aurel, L. Verus); sie wurden durch Adoption zu Nachfolgern der jeweils regierenden Kaiser bestimmt.

Adynaton (griech. „Unmögliches"), Verstärkung der Negation „niemals" durch Umschreibung mit einer Erscheinung, die in der Realität nicht möglich ist, z. B. Vergil, Eklogen 1, 59 ff. „Eher werden die flüchtigen Hirsche auf dem Meer weiden..."

Ächtung *(aquae et ignis interdictio),* das Verbot, einer gerichtlich verurteilten Person Wasser *(aqua)* zu geben und Unterkunft *(ignis* „Feuer", Herd) zu gewähren, eine Form der Bestrafung, verbunden mit der Verbannung und dem Verlust des Bürgerrechts, Ausstoßung aus der staatlichen Gemeinschaft und Entzug jeder gesellschaftlichen Unterstützung.

Ädil *(aedilis),* römisches Staatsamt (→Magistrate), ursprünglich Verwalter eines Tempels *(aedes)* der drei Götter Ceres, Liber und Libera (Beiname der Proserpina), der 493 v. Chr. in der Nähe des *circus maximus* und des Aventin gegründet worden war. Die Verwaltung des Tempels der „aventinischen Dreiheit", die bei zwei Ä. lag, schloß weitere Aufgaben ein: 1. die *cura urbis,* d. h. die Aufsicht über die Straßen, Gasthäuser, Wasserleitungen und Thermen; 2. die *cura annonae,* d. h. die Aufsicht über den Markt und seine Versorgung mit Getreide und Öl; 3. die Aufsicht über die öffentlichen Spiele. — Die Stellung eines Ä. konnte anfangs nur von Plebejern eingenommen werden. Die Ä. trugen daher die Bezeichnung *aediles plebis.* Bereits im 4. Jh. v. Chr. wurde die Zahl der Ä. von zwei auf vier erhöht. Jetzt konnten auch Patrizier Ä. werden. Sie hießen *aediles curules.* Dieser Name erklärt sich aus dem äußeren Zeichen ihres Amtes: der *sella curulis,* dem Amtssessel der höchsten römischen Beamten. Die *aediles curules* hatten dieselben Aufgaben wie die *aediles plebis.*

Ägypten *(Aegyptus),* das etwa 1000 km lange und teilweise nur 10 km breite Niltal, nach dem Sieg Octavians über Antonius und Kleopatra seit 30 v. Chr. römische Provinz, diente den Römern aufgrund seiner Fruchtbarkeit als Kornkammer. — Die frühesten uns erhaltenen (inschriftlichen) Zeugnisse der ägyptischen Geschichte stammen aus der Zeit um 3000 v. Chr., als Ober- und Unter-Ä. von den ersten Pharaonen, den „Herrschern im großen Haus", zu einem zentral regierten Reich vereinigt wurden. Die Geschichte der Pharaonenzeit wurde schon von der antiken Geschichtsschreibung in 30 Dynastien („Herrscherhäuser") unterteilt, die bis 343 v. Chr. an der Macht waren. Die kurze Herrschaft der Perser über Ä. von 343 - 332 wurde von Alexander d. Gr. (332 - 323) beendet, dessen Nachfolger, die Ptolemäer, bis 30 v. Chr. in Ä. regierten. In der Zeit der Ptolemäer wurde die von Alexander gegründete Stadt Alexandria Hauptstadt von Ä. und das kulturelle Zentrum des Mittelmeerraumes. — Auf die Griechen übte das alte Ä. als Wiege der Wissenschaft (z. B. der Medizin, der Mathematik und der Astronomie) eine starke kulturelle Wirkung aus. — Berühmt war Ä. bereits in griech.-röm. Zeit durch seine Pharaonengräber, die Pyramiden, und durch seine „heiligen in Stein geschnittenen Schriftzeichen", die Hieroglyphen. →Obelisk

Äneas, nach griech.-röm. Sage Sohn des Trojaners Anchises und der Göttin Venus (Aphrodite). Er entkam der Zerstörung Trojas (der Sage nach im Jahre 1184 v. Chr.) zusammen mit seinem Sohn Julus oder Ascanius, seinem Vater und den Penaten. Auf seiner Flucht erhielt er den Auftrag des Orakels, Italien, das Land seiner Ahnen, zu suchen, kam als Schiffbrüchiger nach Karthago zu Königin Dido, verließ diese auf Befehl der Götter, gelangte nach Italien, stieg mit der Sibylle von Cumae in die →Unterwelt und erhielt von seinem verstorbenen Vater eine Schilderung der künftigen röm. Geschichte bis Augustus. Nach seiner Landung in Latium hatte er noch schwere Kämpfe zu

Äneas und Anchises. Terrakottastatuette aus Veji (Villa Giulia, Rom)

bestehen, besiegte seine Gegner und gründete die nach seiner Frau Lavinia benannte Stadt Lavinium. In Vergils „Aeneis" werden Schicksal und Gestalt des Ä. dargestellt.

Äskulap *(Aesculapius)*, griech. *Asklepios,* Gott der Heilkunde (→Medizin), Sohn des Apollon. Anläßlich einer Seuche im Jahre 293 v. Chr. übernahmen die Römer den Ä.-Kult. Der 291 v. Chr. geweihte Tempel befindet sich in Rom auf der →Tiberinsel. Ä. wurde meist als bärtiger Mann mit einem von einer Schlange umwundenen Stab dargestellt.

Africa, in röm. Zeit das südliche Küstengebiet des Mittelmeeres (Nordafrika ohne Ägypten), benannt nach dem Volk der *Afri,* die im Gebiet um Karthago lebten. Nach der Zerstörung Karthagos (146 v. Chr.) begannen die Römer mit der Besetzung Nordafrikas und bildeten mehrere Provinzen *(Cyrenaica, Africa proconsularis, Numidia, Mauretania)*. Die Provinz A. war zunächst nur das Gebiet um Karthago, etwas später wurde sie nach Südosten hin ausgedehnt und trug dann die Bezeichnung *A. proconsularis.* A. lieferte vor allem Getreide, wilde Tiere für die Spiele, Pferde und Sklaven. Im 2.-4. Jh. n. Chr. stand A. in seiner höchsten kulturellen Blüte und war für die Entfaltung des Christentums (→Augustinus) von großer Bedeutung.

Agamemnon, König von Mykene, Bruder des Menelaos, eine der Hauptgestalten in der Sage vom trojanischen Krieg. A. übernimmt den Oberbefehl über das griech. Heer, das gegen Troja segelt, um Helena, die Gattin des Menelaos, zurückzuholen, die von dem trojanischen Königssohn Paris entführt worden ist. Weil A. eine der Artemis heilige Hirschkuh erlegt, verhindert die Göttin durch Windstille die Ausfahrt der Flotte von Aulis (Hafenstadt in Böotien). A. erfährt von dem Seher Kalchas, die Göttin lasse sich nur durch die Opferung seiner Tochter Iphigenie besänftigen. A. vollzieht die schreckliche Tat; doch Artemis rettet Iphigenie, indem sie sie ins Land der Taurer auf der Krim entrückt, wo sie der Göttin fortan als Priesterin dient.- Die Griechen fahren aus und belagern Troja unter der Führung des A., ohne die Stadt erobern zu können. Im zehnten Kriegsjahr kommt es zu einem Streit zwischen A. und Achill, dem größten Helden der Griechen. A. soll ein erbeutetes Mädchen, die Tochter eines Priesters, herausgeben, um das Heer vor der Pest zu retten, die Apollon auf das Gebet seines Priesters hin ins Lager gesandt hat. Daraufhin nimmt er dem Achill dessen Lieblingssklavin weg. Achill zieht sich aus dem Kampf zurück. Erst als sein Freund Patroklos von den Trojanern getötet wird, greift er wieder ein. Durch die listigen Pläne des Odysseus wird Troja schließlich erobert, und die Griechen kehren (Odysseus erst nach langen Irrfahrten) heim.- A. kommt mit der Seherin Kassandra nach Mykene zurück. Seine Gattin Klytämnestra, die sich während seiner Abwesenheit mit Ägisth verbunden hat, ermordet A. unmittelbar nach seiner Ankunft. Agamemnons Tochter Elektra bringt seinen Sohn Orest vor Ägisth in Sicherheit. Als er herangewachsen ist, kommt er nach Mykene zurück und rächt zusammen mit Elektra seinen Vater A., indem er seine Mutter und ihren Geliebten ermordet. Das Schicksal des A. wurde in Tragödien des Aischylos (im 1. Teil der „Orestie", 458 v. Chr.) und Seneca (4 v. Chr. - 65 n. Chr.) behandelt.

ager publicus, Gemeindeland, ursprünglich das Land der Stadt Rom, das später an römische Bürger aufgeteilt wurde und in Privatbesitz überging. Auch in den Provinzen gab es Gemeindeland, das den besiegten Feinden abgenommen worden war und vom Staat verpachtet werden konnte. →Steuern

Agrippa *(Marcus Vipsanius Agrippa),* Feldherr und Schwiegersohn des Augustus, um 62 - 12 v. Chr., besiegte bei Actium Antonius und Kleopatra, ließ das Pantheon in Rom errichten, eine Wasserleitung für Rom herstellen und den Pont-du-Gard bauen. Im Jahre 13 v. Chr. wurde im Auftrag des A. das gesamte Reichsgebiet vermessen und eine geographische Karte gezeichnet, die auf dem Marsfeld aufgestellt wurde.

Agrippina, genannt „die Jüngere", 15 - 59, Tochter des Germanicus und der älteren A., Ehefrau des Claudius, den sie vergiften ließ, um ihren Sohn Nero auf den Kaiserthron zu bringen, wurde später von Nero ermordet. Im Jahre 50 ließ sie ihren Geburtsort in Germanien durch die Errichtung einer Kolonie (→colonia) für Veteranen auszeichnen, der sie den Namen *Colonia Claudia Ara Agrippinensis* (Köln) gab.

Ahnenkult, feierliche Verehrung der Vorfahren *(maiores)*. In den Atrien der Häuser vornehmer Familien standen Schränke mit den Bildern (→Masken) der Vorfahren. Den Bildern waren Texte mit den Leistungen und Ämtern der Ahnen beigefügt (→mos maiorum); man glaubte, daß durch den A. Macht und Bedeutung der Vorfahren auch den Lebenden zugute kämen. Im Trauerzug eines Begräbnisses wurden die Bilder der Ahnen mitgeführt.

Aischylos *(Aeschylus)* ist der älteste (525 - 456 v. Chr.) der drei großen griech. Tragödiendichter. Von seinen Tragödien sind nur sieben vollständig erhalten: die aus den drei Stücken „Agamemnon", „Choëphoren" und „Eumeniden" bestehende Trilogie „Orestie", die „Perser", „Prometheus", die „Schutzflehenden" und „Sieben gegen Theben".

Akademie, von Platon im Hain des Heros Akademos, eines mit Opfern geehrten großen Helden der Vergangenheit, vor den Mauern Athens gegründete Philosophenschule. Man unterscheidet zwischen alter, mittlerer und neuer A. Die mittlere Periode wird von erkenntnistheoretischem Skeptizismus beherrscht (→Karneades). Die späteren Akademiker (→Antiochos, →Philon) gaben den Skeptizismus auf und strebten nach einem Ausgleich von platonischer, aristotelischer und stoischer Philosophie (→Eklektizismus). Diese Form der akademischen Lehre wurde von den Römern übernommen. Ein röm. Anhänger der A. ist Cicero, ein Schüler des Antiochos. — 529 n. Chr. wurde die A. von Justinian geschlossen. Die 1459 in Florenz gegründete A., die sich als Fortsetzung der platon. A. betrachtete, hatte großen Einfluß auf die Philosophie der Renaissance.

Akademiker, Anhänger der von Platon gegründeten Akademie. Für die röm. Philosophie waren vor allem die Vertreter der neuen Akademie wichtig: →Philon von Larisa und →Antiochos von Askalon.

Akrostichon (griech. „Versspitze"), Wort oder Satz, der sich aus den Anfangsbuchstaben (-silben, -wörtern) der einzelnen Verse oder Strophen eines Gedichts ergibt.

Akzent, Betonung einer Silbe beim Sprechen. Man unterscheidet die Hervorhebung durch die Lautstärke (exspiratorischer A.) von der Hervorhebung durch die Tonhöhe (musikalischer A.). Es ist umstritten, ob für das Lateinische ein musikalischer A. wie im Griechischen anzunehmen ist. — Für die geschichtliche Entwicklung der lat. Wortbetonung können drei Perioden als gesichert gelten: 1. Veränderbarer Wortton im Indogermanischen. 2. Anfangsbetonung, vielleicht unter dem Einfluß anderer Sprachen mit Anfangsbetonung; erschließbar aus der Vokalschwächung durch den Anfangston *(factus,* aber *perfectus,* das ursprünglich ein auf der ersten Silbe betontes *perfactus* war); Ende dieser Periode im 4. Jh. v. Chr.; 3. Dreisilbenbetonung („Pänultima-Regel"): In mehrsilbigen Wörtern trägt die vorletzte Silbe den Ton, wenn sie lang ist; wenn sie kurz ist, liegt der Wortton auf der drittletzten Silbe (z. B. *laudavērunt,* aber *laudavĕrant).* →Metrik

Alamannen, germanischer Stamm, der seit dem 3. Jh. n. Chr. in Süddeutschland ständig in röm. Gebiet eindrang und dort Siedlungen plünderte und brandschatzte.

Alba Longa, heute Castelgandolfo, der Sage nach von Julus, dem Sohn des Äneas, gegründet, gilt als Mutterstadt Roms. A. L. war Hauptstadt der Latiner, der Bewohner von Latium, und wurde 600 v. Chr. von König Tullus Hostilius zerstört.

Albanergebirge *(montes Albani),* bewaldetes Gebirge in Latium von 60 km Umfang südöstlich von Rom, bis zu 956 m hoch; die bedeutendste Erhebung ist der *mons Albanus,* der heutige Monte Cavo, Festort der von den

Gemeinden Latiums jährlich gefeierten *Feriae Latinae* zu Ehren des Jupiter *(Latiaris)*, der auf dem *mons Albanus* einen Tempel besaß. Am Westhang des A. lag Alba Longa. Auf dem *ager Albanus,* den Wiesen um den Albanersee, wurde das Vieh für die heiligen Opfer des Staates gezüchtet.

album, eine mit Gips geweißte Holztafel für öffentliche Bekanntmachungen (→Nachrichtenübermittlung). In Rom gab es u. a. das *a. praetoris* mit den Edikten der Prätoren, das *a. senatorium* mit einer Liste aller Senatoren und das *a. iudicum* mit den Namen aller Personen, die als Richter infrage kamen.

Alesia, in der Nähe des heutigen Alise-Saint-Reine gelegene Stadt der *Gallia Lugdunensis* (→Gallien), von Cäsar im Jahre 52 v. Chr. belagert und erobert (→Vercingetorix).

Alexander der Große, König von Makedonien, 354 - 323 v. Chr. A. wollte ein makedonisch-griechisch-persisches Weltreich gründen. Seine Politik schuf die materiellen und geistigen Voraussetzungen für die kulturelle Bewegung des Hellenismus.
→Ägypten, Alexandria, Antonius, Kleopatra, Pyrrhus

Alexandria, Stadt in Ägypten, 331 v. Chr. am Nildelta von Alexander dem Großen gegründet, bedeutendes Kultur- und Handelszentrum, berühmt durch sein *Museion* (Universität) mit seiner →Bibliothek, die 47 v. Chr. bei Kriegshandlungen Cäsars vernichtet wurde, bekannt auch durch den →Leuchtturm *(Pharos/pharus)* und den Tempel des Serapis. →Hellenistische Dichtung

Alkäische Strophe, eine von den griech. Dichtern Alkaios und Sappho (6. Jh.v.Chr.) verwendete Strophenform, die Horaz (z. B. Carmen 3, 1) in die röm. Dichtung einführte (→Lyrik). Sie besteht aus zwei alkäischen Elfsilblern, einem Neun- und einem Zehnsilbler:

⏓–⏑––/–⏑⏑–/⏑⏓

⏓–⏑––/–⏑⏑–/⏑⏓

⏓–⏑–––⏑–⏒

–⏑⏑/–⏑⏑–/⏑–⏒

Alkaios *(Alcaeus)* lebte um 600 v. Chr. auf der griech. Insel Lesbos. Mit seiner lyrischen Dichtung war er Vorbild vor allem des Horaz. A. war Zeitgenosse Sapphos.
→Alkäische Strophe, Ode

Allegorie (griech. *allegorein* anders, d. h. bildlich reden), Sinnbild, bildhafte Darstellung eines abstrakten Begriffs oder Vorgangs (zu unterscheiden vom →Symbol). Berühmte Beispiele für A. sind in der röm. Literatur die *Venus* des Lukrez (De rerum natura 1, 1 ff.) und Vergils *Fama* (Aeneis 4, 173 ff.), in der röm. Kunst die *Tellus* (Mutter Erde) auf der →Ara pacis Augustae. Die allegorische Deutung von Werken der bildenden Kunst und Literatur nennt man Allegorese. Vergils ,,Aeneis'' wurde schon früh allegorisch verstanden (z. B. als Bild für das Menschenleben). Eine Form der A. ist die →Personifikation.

Allegorische Darstellung der Mutter Erde auf der Ara Pacis Augustae

Alliteration, mehrfache Wiederholung des gleichen anlautenden Konsonanten (oder auch Vokals) in einer Wortgruppe zur lautmalerischen Hervorhebung des Inhalts (z. B. Vergil, Aeneis 3, 183: *talis casus Cassandra canebat* solche Geschicke verkündete Kassandra) oder zur Gliederung (z. B. Rhetorik ad Herennium 4, 19, 26: *invidia, iniuriis, potentia, perfidia* durch Mißgunst und Ungerechtigkeiten, Gewalt und Treulosigkeit). Die A. entspricht etwa dem germanischen Stabreim.

Altar *(ara* und *altare* od. Pl. *altaria),* Stätte der Götterverehrung, ursprünglich eine natürliche oder künstlich geschaffene Erhöhung *(altus* hoch) im Freien, auf der Opfer für die Götter dargebracht wurden; die Opfergaben (z. B. Opfertiere) legte man auf den A. Flüssige Gaben wurden auf dem A. ausgegossen (z. B. Milch oder Wein). Zur Verbrennung der Opfergaben entzündete man auf dem A. ein Feuer. A. wurden entweder unabhängig von einem Tempel oder in seiner Nähe errichtet. Auch in öffentlichen Gebäuden und in Privathäusern *(*→lares) gab es A. Frei stehende A. hatten eine mitunter reich verzierte Umfassungsmauer (→Relief) wie z. B. die Ara pacis Augustae in Rom.

Ambrosius, Bischof von Mailand, 333/34 oder 339/40 in Trier geboren. Juristische Ausbildung in Rom; in Mailand Statthalter der Provinz *Liguria-Aemilia.* Durch seine Vermittlung in der Auseinandersetzung mit den →Arianern erwarb er solches Ansehen, daß er 374 zum Bischof gewählt wurde. A. bekämpfte den Arianismus und wehrte die Einmischung der Staatsmacht in kirchliche Angelegenheiten ab. Er trat den heidnischen Senatskreisen entgegen, die den Altar der Victoria im Senatssaal wiederherstellen wollten (→Symmachus). A. hinterließ ein umfangreiches literarisches Werk, in dem er nicht nur die griech. Kirchenväter, die christlich-theologischen Schriftsteller der Spätantike, sondern auch heidnische Klassiker wie Cicero und Vergil verarbeitete. Mit seinen Hymnen in jambischen Dimetern (→Jambus) beginnt der abendländische Kirchengesang.

Ammianus Marcellinus, spätrömischer Historiker, um 330 in Antiochia (Syrien) geboren, aus vornehmer griech. Familie. Nach langer militärischer Tätigkeit ließ er sich in den 80er Jahren des 4. Jh. in Rom nieder und schrieb ein 31 Bücher umfassendes Werk, das die Historien des Tacitus fortsetzte, also mit dem Regierungsantritt des Kaisers Nerva im Jahr 96 begann, und mit dem Tod des Valens im Jahr 378 endete. Erhalten sind nur die Bücher 14 - 31, in denen A. die selbst erlebte Zeit von 353 - 378 erzählt. Sie handeln von den Taten der Kaiser Constantius II., Julian, Jovian, Valentinian I. und Valens. Neben der politischen und militärischen Geschichte geben vor allem die Exkurse über fremde Völker ein wichtiges Bild der Zeit. A. war Heide, respektierte aber das Christentum (auch wenn er den stadtrömischen Klerus kritisierte). In seinem Streben nach unparteiischer Darstellung und wahrheitsgetreuem Bericht ist er ein würdiger Nachfolger des Tacitus. Sein Stil ist dunkel und oft rhetorisch überladen.

Amor und Psyche, Märchen, das →Apuleius in seinem Roman „Der goldene Esel" 4, 28-6, 24 erzählt. Die Königstochter *Psyche* (griech. „Seele") erregt wegen ihrer Schönheit den Neid der Liebesgöttin Venus, die ihren Sohn *Amor* (lat. „Liebe") bittet, Psyche zu bestrafen. Der aber verliebt sich in sie. Wegen eines Orakels, das Psyches Ehe mit einem Ungeheuer weissagt, läßt ihr Vater sie auf einem Felsen aussetzen. Der Windgott Zephyr trägt sie jedoch in den Palast Amors, der nachts ihre Liebe genießt und von ihr nur verlangt, daß ihr seine Gestalt unbekannt bleibe. Psyches böse Schwestern raten ihr jedoch bei einem Besuch, das „Ungeheuer" zu

Amor und Psyche

töten. Im Schein einer Lampe erkennt Psyche den Gott; der erwacht und verläßt sie. Durch Erfüllung gefährlicher Aufgaben erhofft Psyche Verzeihung. Mit Jupiters Hilfe wird sie schließlich unter die Unsterblichen aufgenommen und mit Amor vereint. — Das Märchen wurde als Allegorie für das Verhältnis zwischen menschlicher Seele und himmlischer Liebe gedeutet. Der Stoff wurde in der antiken Kunst und in der neuzeitlichen Literatur häufig behandelt.

Amphitheater, nicht wie das Theater halbkreis- oder hufeisenförmig, sondern um einen ovalen Platz ellipsenförmig mit rings um (griech. *amphi* rings um) die Arena verlaufenden ansteigenden Sitzreihen angelegt. Im A., das ursprünglich aus Holz, später aus Stein gebaut war, fanden Gladiatorenkämpfe (→Gladiator), Naumachien oder Kämpfe zwischen Tieren oder zwischen Menschen und Tieren statt. Das größte röm. A. ist das Kolosseum in Rom mit einer Achsenlänge von 188 m. Zur Aufnahme großer Zuschauermassen mußten die Sitzreihen und Ränge in eine beträchtliche Höhe gebaut werden. Diese wurden durch mehrstöckige Gewölbegänge (→Gewölbe) und Arkaden getragen und waren über Treppen erreichbar. Das A. in Pompeji wurde durch eine blutige Schlägerei berühmt, die im Jahre 59 n. Chr. zwischen den etwa 20 000 Zuschauern ausbrach und zahlreiche Todesopfer forderte. Durch kaiserliche Anordnung wurde das A. daraufhin für 10 Jahre geschlossen (vgl. Tacitus, Annalen 14, 17). Im Westteil des röm. Reiches sind etwa 200 A. mehr oder weniger gut erhalten, davon 50 in Gallien und 70 in Italien.

amphora (griech. „Doppelträger"), hohes Gefäß meist aus Ton mit zwei Henkeln, langem Hals und spitzem Boden, mit dem es in die Erde gesteckt werden konnte, diente zum Transport und zur Lagerung von Flüssigkeiten (z. B. von Wein und Öl). Gegen Bruch wurde die a. durch ein Strohgeflecht geschützt; sie war mit einem Korken zu verschließen. Amphoren wurden in Töpferwerkstätten in großen Mengen hergestellt und mitunter auch bemalt. — Die a. war auch ein Hohlmaß von rd. 26 l.

Anadiplose (griech. „Verdoppelung"), Wiederholung des letzten Wortes eines Satzes oder Satzteils am Anfang des folgenden Satzes oder Satzteils, z. B. Ovid, Metamorphosen 6, 376: *Quamvis sint sub aqua, sub aqua maledicere temptant* (Obgleich sie unter Wasser sind, versuchen sie unter Wasser zu schmähen). Sonderform der →Epanalepse.

Anakoluth (griech. „ohne Folge"), nicht zu Ende geführte Satzkonstruktion. Charakteristisch für die Umgangssprache. A. können aber auch bewußtes Stilmittel sein, durch das die seelische Verfassung (Verwirrung, Zerstreutheit usw.) oder der soziale Status eines Sprechers gekennzeichnet wird.

Anapäst (griech. „der Zurückgeschlagene"), aus zwei Kürzen und einer Länge gebildeter Versfuß (⏑⏑–). Im anapästischen Metrum sind folgende Variationen möglich:

⏔ ⏕ ⏔ ⏕

Der A. wurde im spartanischen Marschlied (Marschrhythmus!), in der Tragödie und in der Komödie verwendet.

Anapher (griech. „Wiederaufnahme"), Wiederholung eines Wortes oder einer Wortgruppe am Anfang mehrerer aufeinander folgender Sätze, z. B. Cicero, In Catilinam 1, 1: *Nihilne te nocturnum praesidium Palati, nihil urbis vigiliae, nihil timor populi, nihil concursus bonorum omnium ... moverunt?* (Hat dich die nächtliche Besetzung des Palatiums nicht beeindruckt, nicht die Polizeistreifen in der Stadt, nicht die Angst des Volkes, nicht das Zusammenströmen aller anständig gesinnten Bürger ...?).

Anaxagoras, griech. Naturphilosoph, um 500 - 428 v. Chr. A. war Anhänger einer materialistischen Weltdeutung und versuchte, die Naturerscheinungen ohne Rückgriff auf eine Götterwelt auf natürliche Weise zu erklären. →Kosmologie, Materialismus

Anaximander, um 611 - 546 v. Chr., gehört neben Thales und Anaximenes zu den frühesten ionisch-griech. Naturphilosophen. Er leitete die Entstehung der Welt aus dem *apeiron,* dem Unbegrenzten, Unbestimmten und Unendlichen her. →Kosmologie

Anaximenes, um 585 - 525, Grieche aus dem ionischen Kleinasien. Er erklärte die Entstehung der Welt aus der Luft. →Kosmologie

Anekdote (griech. „nicht herausgegeben", „nicht herauszugeben"), ursprünglich Bezeichnung für etwas, was bisher „noch nicht veröffentlicht" ist. Als Titel wird A. zum erstenmal für Prokops (6. Jh.) Geheimgeschichte der Regierung Justinians und Theodoras verwendet. Für die seit dem 18. Jh. übliche Bedeutung (kurze, witzige und unterhaltende Erzählung zur Charakterisierung einer Persönlichkeit, einer Schicht oder einer Epoche) verwendet man in der Antike andere Bezeichnungen *(Apomnemoneumata, Apophthegmata, Facete dicta),* der Sache nach aber ist die A. ein wichtiges Element verschiedener literarischer Gattungen wie der Geschichtsschreibung, der popular-philosophischen Abhandlung, der Biographie und der Rede.

Annalen *(annales libri* Jahrbücher). Seit der Mitte des 4. Jh. v. Chr. hielt der *pontifex maximus* auf großen Tafeln die wichtigsten Ereignisse jeweils eines Jahres fest (z. B. Sonnen- und Mondfinsternisse, Seuchen, Vorzeichen, Kriege usw.); die später entstehende röm. Geschichtsschreibung orientierte sich an dem Verfahren der A., geschichtliche Ereignisse nach den Amtsjahren der Konsuln geordnet darzustellen (→Jahreszählung).

Annalistik, wichtigste Form der röm. Geschichtsschreibung, die von der Jahreschronik ausgeht (Jahrbücher, Annalen). Die Annalisten stellten die Geschichte Roms von der Gründung der Stadt bis zur Gegenwart dar und gliederten den Stoff streng nach den Amtsjahren der Konsuln. Nach den Namen der Konsuln wurden Kriege und außenpolitische Ereignisse behandelt, dann Innenpolitisches, Feste, Vorzeichen, Naturereignisse. Die älteste A. (3./2. Jh. v. Chr.: Quintus Fabius Pictor) ist griech. geschrieben. Die republikanische A. ist bis auf wenige Fragmente verloren. Sie wurde durch das Werk des Livius verdrängt, der noch einmal die gesamte röm. Geschichte annalistisch darstellte. Bei Tacitus ist das annalistische Prinzip nur noch äußere Form.

Anthologie (griech. „Blütenlese", lat. *florilegium),* Auswahl von literarischen Texten, meist Sammlung von Gedichten verschiedener Autoren. Die *Anthologia Latina* ist eine Sammlung lateinischer Gedichte des 1. - 6. Jh. n. Chr.

Antike *(antiquus* alt). Mit A. wird die geschichtliche Epoche des griech.-röm. Altertums bezeichnet, das in der Mitte des 2. Jahrtausends v. Chr. mit dem Zeitalter der kretisch-mykenischen Kultur begann und bis zur Absetzung des letzten weström. Kaisers Romulus Augustulus am 4.9.476 n. Chr. durch den germanischen Heerführer Odoaker (433-493) dauerte. In der oström. Reichshälfte war das Epochendatum für das Ende der A. die Schließung der platonischen Akademie im Jahre 529 durch den Kaiser Justinian. — Die Epocheneinteilung in A., Mittelalter und Neuzeit setzte sich erst im 17. Jh. allgemein durch.

Antiochia, kulturell und wirtschaftlich bedeutendste Stadt des antiken Syrien und Mittelpunkt des frühen Christentums.
→Ammianus Marcellinus, Archias

Antiochos von Askalon, griech. Philosoph, etwa 120 bis etwa 68 v. Chr. A. begleitete im Jahr 88 v. Chr. seinen Lehrer Philon von Larisa nach Rom, wo er sich mit Lucius Lucullus befreundete. 79 - 78 leitete er die Akademie in Athen; unter seinen Hörern war Cicero, dessen philosophische Schriften von A. beeinflußt sind. A. versuchte, unter Zurückdrängung des Skeptizismus die ältere Akademie zu erneuern und sie in manchen Fragen für peripatetische (d. h. von der Schule des Aristoteles vertretene) und stoische Positionen zu öffnen (→Eklektizismus).

Antithese (griech. „Gegenüberstellung"), rhetorische Figur, die in der Gegenüberstellung gegensätzlicher Begriffe oder Gedanken besteht. Die A. wird verstärkt durch Parallelismus, Asyndeton und Chiasmus.

Antonius *(Marcus Antonius),* 82 - 30 v. Chr., römischer Feldherr und Politiker, Anhänger Cäsars; nach dessen Ermordung verfolgte er die Cäsarmörder und schloß 43 v. Chr. mit

Octavian und Lepidus das sogenannte zweite Triumvirat, um den Kampf gegen die Cäsarmörder zu verstärken. Im Jahre 42 v. Chr. vernichtete er diese in der Schlacht bei Philippi. A. erhielt danach die östlichen Provinzen (einschließlich Ägypten) als sein Herrschaftsgebiet, vermählte sich, obwohl bereits mit Octavia, der Schwester Octavians, verheiratet, mit Kleopatra, um deren Machtmittel für seinen Plan einer Wiedererrichtung des Alexanderreiches nutzen zu können. Dadurch geriet er immer mehr in einen Interessenkonflikt mit Octavian, der ihn schließlich mit seinem Sieg bei Actium ausschaltete. Nach der Einnahme von Alexandria durch Octavian beging A. Selbstmord. Berühmt sind Ciceros Reden gegen A., die „Philippischen Reden" (Philippicae orationes).

Apicius *(Marcus Gavius Apicius),* ein berühmter Feinschmecker zur Zeit des Tiberius, der sein Vermögen für luxuriöse Gastmähler aufwendete. Unter dem Namen *Apicius Caelius* ist ein zehnbändiges Kochbuch „De re coquinaria" überliefert, das wohl im 4. Jh. n. Chr. entstanden ist.

Apollo (griech. *Apollon),* Gott des Lichtes und der Sonne mit dem Beinamen *Phoebus,* Sohn des Zeus *(*→Jupiter) und der Leto (lat. *Latona),* Zwillingsbrunder der Artemis (→Diana), Gott der Weissagung (→Orakel) mit vielen Orakelstätten in Griechenland (am bekanntesten: Delphi) und Kleinasien, Gott der Künste und des kulturellen Lebens, Herr der Musen, Gott der Heilkunst, Vater des Äskulap. Augustus sah in A. seinen persönlichen Schutzgott.

Apollonius von Tyrus, Held des Romans „Historia Apollonii regis Tyri" („Geschichte des Königs Apollonius von Tyrus"), dessen Verfasser unbekannt ist. Das Werk ist der einzige erhaltene lat. Roman, der dem Typus des griech. Liebesromans entspricht. Das antike Original ist nicht erhalten, es gibt jedoch zahlreiche christliche Bearbeitungen des Stoffes. Berühmt sind die lateinischen Fassungen in den →Gesta Romanorum (14. Jh.), die deutsche Nachdichtung von Heinrich von Neustadt (um 1300) und Shakespeares Drama „Pericles, Price of Tyre".

Aposiopese (griech. „Verschweigen", lat. *reticentia),* rhetorische Figur: Abbrechen der Rede mitten in einem Gedanken, so daß der Hörer jedoch erraten kann, was ergänzt werden muß. Grund für die A. kann ein übersteigerter Affekt (Ergriffenheit, Zorn, Staunen usw.) oder Rücksicht auf das Publikum sein, dem man z. B. anstößige Inhalte ersparen möchte.
→Ellipse

Appendix Vergiliana, „Vergil-Anhang", Sammlung von Gedichten, die zusammen mit Vergils Werken überliefert wurden, aber nur zu einem kleinen Teil von Vergil stammen.

Appius Claudius Caecus, im Jahre 312 v. Chr. Zensor, ließ die Via Appia von Rom nach Capua und die Aqua Appia (→Aquädukt) bauen; er trat vor dem Senat gegen einen Friedensschluß mit Pyrrhus von Epirus ein.

apud iudicem, „vor dem Richter", zweiter Abschnitt im röm. Prozeßverfahren (→Rechtsprechung), der der Beweisführung und der Urteilsfällung dient. Durch die →Formel wurde der Richter über den Gegenstand des Rechtsstreites unterrichtet. Er war an den Inhalt der Formel gebunden, so daß er nur über die Rechts- und Tatsachenfragen zu entscheiden hatte, die ihm in der Formel vorgelegt wurden. Die Vorführung der Beweise war (im Gegensatz zum heutigen Recht) nicht Aufgabe des Richters, sondern der Parteien. Das Urteil des Richters war endgültig und unabänderlich. Erst in der Kaiserzeit kommt die Möglichkeit der Berufung *(appellatio, provocatio)* auf.

Apuleius, um 125 in Madaura (Nordafrika) geboren, studierte in Karthago Rhetorik, in Athen Philosophie und war in Rom als Anwalt tätig. Nach seiner Rückkehr nach Afrika heiratete er eine reiche Witwe, deren Liebe er, wie die Anklage ihrer Verwandten lautete, durch Zauberei gewonnen habe. A. konnte die Vorwürfe mit einer Verteidigungsrede („Apologie"), die er später publizierte, zurückweisen. In Karthago wirkte A. als Priester im Kaiserkult; in vielen Städten hielt er Reden und Vorträge. Von seinen phi-

losophischen Schriften sind nur wenige erhalten (eine Dämonenlehre „De deo Socratis", eine Schrift über Platon und die lateinische Bearbeitung einer griech. Schrift über den Kosmos, „De mundo"). Sein bedeutendstes Werk ist der um 170 geschriebene Roman *Metamorphoses* („Verwandlungen") oder „Der goldene Esel", die Bearbeitung eines griech. Romans von Lukios von Patrai, der die Abenteuer und Leiden eines jungen Mannes, der in einen Esel verwandelt wird, erzählt. In die „Metamorphoses", den ersten vollständig erhaltenen antiken Roman, sind zahlreiche unterhaltsame, oft erotische Geschichten eingewoben, die in die europäische Literatur eingegangen sind, darunter das Märchen von →Amor und Psyche. Kulturgeschichtlich interessant sind die Erzählungen von den Isis-Mysterien, in die sich der Held einweihen läßt, um seine menschliche Gestalt wiederzugewinnen. Man hat daraus den Roman als Gleichnis für die menschliche Seele gedeutet, die nach vielen Leiden schließlich durch die Mysterien erlöst wird. Obwohl A. großes Interesse an religiösen Themen hatte und Mysterienkulte aus eigener Erfahrung kannte, ist es problematisch, den ganzen Abenteuerroman als einen Mysterientext zu verstehen.
→Novelle (1), Roman

Aquädukt *(aquae ductus),* Wasserleitung, nach deutschem Sprachgebrauch nur der Teil einer röm. Wasserleitung, der über eine brückenartige Bogenkonstruktion (→Pont-du-Gard) geführt wurde. Der A. stellt nur einen kleinen Abschnitt einer röm. Wasserleitung dar, die größtenteils unterirdisch verlief. So wurde z. B. von der mehr als 57 km langen Aqua Claudia in Rom nur das letzte Siebtel über Bögen geführt. Die Pfeiler des A. bestanden aus Ziegelsteinen oder quadratisch behauenen Steinen; die Bögen aus keilförmigen Steinen waren nicht höher als 21 m. Bei größeren Höhen wurde in mehreren Etagen gebaut (der Pont-du-Gard hat eine Gesamthöhe von 54,8 m über dem Flußbett). Die höchste Bogenetage trägt einen Wasserkanal (beim Pont-du-Gard 1,35 m breit und 1,66 m tief). Gegen Verdunstung durch Sonneneinstrahlung und Verschmutzung wurde der Wasserkanal mit Steinplatten geschützt.

Aquae Sextiae (Aix-en-Provence), bekannt durch den Sieg des Marius über die Teutonen im Jahre 102 v. Chr. 100 000 Germanen sollen in der Schlacht bei A. S. gefallen und die dortigen Weingärten mit ihren gebleichten Knochen eingezäunt worden sein.

Ara pacis Augustae, „Altar des augusteischen Friedens", von Augustus als Zeichen für die Beendigung der Bürgerkriege und die von ihm begründete Ära des Friedens auf dem Marsfeld errichtet und am 30.1.9 v. Chr. eingeweiht. Der Altar ist von einer mit Reliefs verzierten Umfassungsmauer umgeben; diese stellen u. a. den Prozessionszug zur Grundsteinlegung der A.p.A. am 4.7.13 v. Chr. dar. Berühmt ist das sog. Tellus-Relief, das die Erdmutter als Frau mit zwei Kindern darstellt. — 1568 fand man zum ersten Mal Teile der A.p.A. 1903 erfolgte eine systematische Ausgrabung der Anlage, die 1938 zwischen dem Tiber und dem Mausoleum des Augustus wieder aufgebaut wurde.

Die Ara Pacis Augustae in Rom

Arbeitnehmer. Die Grundlage der wirtschaftlichen Produktion und des Dienstleistungsgewerbes war die Arbeit der Sklaven, daneben gab es aber auch freie A., die z. B. in Handwerksbetrieben (→Handwerker) ihren Lebensunterhalt verdienten oder als Tagelöhner mit Gelegenheitsarbeiten ihr Leben fristeten. Ein Tagelöhner verdiente zur Zeit Ciceros einen Denar pro Tag (seine Wohnung kostete monatlich drei Denare). Als röm. Bürger (→Bürgerrecht) hatte der freie A. Anspruch auf staatliche Fürsorge. — A. bildeten Hilfs- und Unterstützungsvereine, z. B. Begräbnisvereine (→Bestattung). Gesetzliche Regelungen des Arbeitsverhältnisses gab es nicht, Arbeitsverträge waren Privatangelegenheit der Beteiligten. — Die

Dauer des Arbeitstages betrug 12 Stunden. Urlaub war mit den Feiertagen abgegolten.

Arbeitslosigkeit, dauerndes Problem in Rom, vor allem verursacht durch die Verarmung der Landbevölkerung, die ihre Bauernhöfe verließ und mittellos in die Hauptstadt abwanderte. Mehrfach wurde versucht, die arbeitslosen Bauern neu anzusiedeln. So verpflichtete z. B. Cäsar die Großgrundbesitzer, daß mindestens ein Drittel ihrer Arbeitskräfte aus freien Arbeitnehmern bestehen sollte. Normalerweise beschäftigte man lieber Sklaven, weil sie billiger waren und nicht entlohnt zu werden brauchten.

Archaismus, Verwendung veralteter Sprachformen und Stilmittel, in der Dichtung häufig z. B. bei Lukrez und Vergil, in der Prosa bei Sallust. Archaistischer Stil ist für die lat. Literatur des 2. Jh. n. Chr. charakteristisch.

Archias *(Aulus Licịnius Archias),* um 118 v. Chr. in Antiochia (Syrien) geborener Dichter, kam 102 v. Chr. nach Rom. Er lebte in einem engen Freundschaftsverhältnis mit der Familie des Lucullus, dessen Namen *Licinius* (→Personennamen) er annahm, als er seinen Anspruch auf das röm. Bürgerrecht begründete. Im Jahr 62 v. Chr. wurde er angeklagt, er habe sich das röm. Bürgerrecht widerrechtlich angemaßt. Cicero verteidigte den Dichter gegen diesen Vorwurf, der sich eigentlich gegen die Gönner des A. richtete, mit einer Rede („Pro Archia poeta"), die zum größten Teil ein Lobpreis der Poesie und der Wissenschaften ist. Ciceros Hoffnung, A. werde sein Konsulat in einem Epos rühmen, erfüllte sich nicht.

Archilochische Strophe, nach dem griech. Dichter Archilochos (7. Jh. v. Chr.) benannte Strophe, die Horaz in drei Varianten in seinen Oden verwendet. Die 1. A. S. besteht aus zwei daktylischen →Hexametern, auf die jeweils ein katalektischer daktylischer →Tetrameter folgt. Bei der 2. A. S. folgt auf die Hexameter jeweils ein →Hemiepes. Die 3. A. S. wird von zwei Archilochius-Versen (–⏔ –⏔ –⏔ –⏑⏑//–⏑–⏑––), auf die jeweils ein katalektischer jambischer →Trimeter folgt, gebildet.

Archịlochos, griech. Lyriker des 7. Jh. v. Chr., entwickelte den Jambus zu einem Spott- und Schmähgedicht. Er wirkte stark auf die röm. Dichter Lucilius, Catull und Horaz.
→Archilochische Strophe, →Epode, →Fabel

Archimẹdes, um 287 v. Chr. in Syrakus geborener griech. Mathematiker und Physiker. Er soll die römische Flotte, die während des zweiten Punischen Krieges seine Vaterstadt angriff, mit riesigen Brennspiegeln in Brand gesetzt haben. Er konstruierte wirksame Verteidigungsmaschinen gegen die römischen Angreifer, u. a. gewaltige Kräne, die schwere Lasten auf die Schiffe fallen ließen oder sie mit riesigen Haken packten und versenkten (Plutarch, Marcellus 15). A. soll nach der Einnahme der Stadt von einem römischen Soldaten erschlagen worden sein, als er in seinem Garten geometrische Figuren in den Sand zeichnete. Seine letzten Worte sollen gelautet haben: „Störe meine Kreise nicht" *(noli turbare circulos meos).* Nach →Vitruv (De architectura 10, Vorrede 9 - 12) hat A. in einem öffentlichen Bad das Gesetz des spezifischen Gewichts entdeckt. Mit dem freudigen Ruf *Heureka* (ich hab's gefunden) soll er aus der Wanne gesprungen und nackt nach Hause gelaufen sein. Denn er konnte jetzt nachweisen, daß die angeblich goldene Krone des Hieron II. von Syrakus nicht aus reinem Gold war.

Archipoẹta („Erzdichter"), Beiname eines namentlich nicht bekannten Dichters aus dem 12. Jh., Hofdichter bei Rainald von Dassel, dem Erzbischof von Köln und Kanzler Friedrich Barbarossas. In seinem bekanntesten Gedicht, der „Vagantenbeichte", die in die Sammlung der →Carmina Burana aufgenommen wurde, verteidigt er sich gegen den Vorwurf, er führe ein zu lockeres Leben.
→Vagantendichtung

Architektur *(architectụra),* Baukunst. Der lat. Begriff ist von griech. *architekton* „Baumeister" hergeleitet. Von Vitruv ist ein Buch mit dem Titel „De architectura" überliefert, in dem das Bauwesen und der Maschinenbau behandelt werden. — Nach Strabon (Geographika 5, 3, 8), dem griech. Geographen des 1. Jh. v. Chr., schufen die Römer nur zweckbestimmte Bauwerke von öffentlichem Nutzen. Aber neben Straßen, Brücken und Wasserleitungen errichteten sie auch Bauten, die vor allem der Repräsentation und der Darstellung ihres Selbst- und Staatsbewußtseins und ihres Herrschaftsanspruchs dienten (z. B. Kaiserforen, Basiliken, Thermen, Theater und Tempel), d. h. eine politisch-historische Aussage machen wollten. Für den Betrachter röm. Bauwerke stellt sich daher immer die Frage nach den politischen, religiösen oder geschichtlichen Ideen, die in den Werken der A. zum Ausdruck gebracht werden sollten (Beispiele: Ara pacis Augustae, Triumphbogen des Titus). — Beim röm. Theater ist seine im Vergleich zum griech. Theater neue soziale Funktion zu beachten: seine Aufgabe als Ausdrucksmittel kommunaler Macht und ihrer Selbstdarstellung. Die Form und vor allem auch die räumliche Größe des Amphitheaters brachten die *maiestas, auctoritas* und *potestas* (Erhabenheit, Machtvollkommenheit, Herrschaftsanspruch) der jeweils Mächtigen architektonisch zum Ausdruck. Die A. (Beispiel: Kolosseum) wurde diesem Zweck völlig untergeordnet. Im Aquädukt (Beispiel: Pont-du-Gard) wurden Funktionsgerechtigkeit, Machtdemonstration und ästhetische Wirkung zu einer Einheit verschmolzen. In der Thermen-A. mit ihrer axialen Symmetrie, ihrer zweckbestimmten Raumgestaltung und ihrer monumentalen Größe wurde die kaiserliche Selbstdarstellung ebenso zur Geltung gebracht wie die optimale Zweckerfüllung als Sport-, Kultur- und Erholungszentrum. Das röm. Militärlager (Beispiel: Saalburg) diente nicht nur unmittelbaren militärischen Zwecken, sondern auch der Veranschaulichung des röm. Machtanspruchs. Seine Zweckmäßigkeit erwies es nicht zuletzt dadurch, daß es zu zivilen Siedlungen weiterentwickelt werden konnte (z. B. Trier, Köln, Regensburg). Es diente zugleich der architektonischen Veranschaulichung röm. Wertbegriffe wie *disciplina, ordo* und *religio* (militärische Zucht, Ordnung und religiöse Bindung und Verpflichtung). Selbst das röm. Privathaus mit seiner symmetrischen Anlage (axiale Symmetrie) und seiner klaren räumlichen Begrenzung, Geschlossenheit und Richtungsbezogenheit über einer durchblicksreichen Mittelachse verband Funktionsgerechtigkeit als Wohnhaus mit seiner Bedeutung als Kultmittelpunkt (→Hausaltar), Residenz des *pater familias* und Hort des *mos maiorum.* — Die Römer entwickelten spezifische Mauertechniken (→Mauerwerk) und verfeinerten die Verwendung von Mörtel, Back-und Ziegelsteinen. — Die Bogenkonstruktion wurde zu einer leistungsfähigen Möglichkeit entfaltet, gewölbte Decken und Bögen zu konstruieren. — Von besonderer Bedeutung war auch die Gestaltung wirkungsvoller Fassaden beim Bau von Tempeln mit Hilfe von Säulen und Halbsäulen, beim Theaterbau (insbesondere bei der Gestaltung der Bühnenwand) oder beim Bau von Stadttoren (→Porta Nigra), Privathäusern und Grabmälern.

arẹna (eig. ,,Sand''), ursprünglich ovale, mit Sand bestreute Kampfbahn, an deren Rand die Erde zu einem Wall aufgehäuft war, um Zuschauern Platz zu bieten, später die Kampfbahn im Amphitheater oder im Zirkus (→circus maximus). Auch in den römischen Militärlagern (→Lager) wurden ,,Arenen'' für Exerzierübungen und Wettkämpfe angelegt.

argumentạtio, Beweisführung, der wichtigste Teil der Rede. Die a. wird in die positive Beweisführung *(probatio, confirmatio)* und in die Widerlegung gegnerischer Argumente *(refutatio,* →confutatio) eingeteilt. Die a. erfolgt 1. durch ,,natürliche Beweise'' *(probationes inartificiales),* wie z. B. Urkunden, Verträge, Senatsbeschlüsse, Rechtsgutachten, 2. durch ,,kunstgemäße Beweise'' *(probationes artificiales),* nämlich Indizien *(signa),* rationale Schlußfolgerung *(ratiocinatio)* und Beispiele, anschauliche Belege *(exempla).*

Ariạner, Vertreter einer von der offiziellen christlichen Lehre abweichenden Auffassung des Christentums, die auf Arius von Alexandria (gest. 335) zurückgeht: Christus ist nicht Gott, sondern ein Geschöpf Gottes.

Ariovịst *(Ariovịstus),* Führer des germanischen Stammes der Sueben, leistete Cäsar bei seinem Versuch, Gallien zu erobern, starken Widerstand und wurde von diesem 58 v.Chr. besiegt.

Aristipp, griech. Philosoph um 435 - 355 v. Chr., Begründer des Hedonismus. A. gilt als einer der frühesten Schüler des Sokrates. Obwohl A. Genuß und Lustbefriedigung für den höchsten Lebenszweck hielt, sah er in der Tugend die unabdingbare Voraussetzung lustvollen Lebens.

Aristophanes, der größte griech. Komödiendichter aus Athen, um 445 - 386 v. Chr. Von A. sind elf Komödien vollständig erhalten, die heute noch aufgeführt werden.
→Drama

Aristoteles, griech. Philosoph und Wissenschaftler. A. wurde 384 v. Chr. in Stageira (Nordgriechenland) geboren (daher wird er auch als Stagirit bezeichnet). Seit 366 war er Schüler Platons in Athen. Als Lehrer Alexanders d. Gr. wirkte er seit 342 am Hof des Makedonenkönigs. In Athen gründete er 334 die Schule der Peripatetiker, den Peripatos. A. starb 322 in Chalkis auf Euböa. — Von den zahlreichen Schriften des A. sind die zur Veröffentlichung bestimmten, meist in Dialogform abgefaßten und kunstvoll formulierten Werke sämtlich verloren. Wir besitzen nur Vorlesungsmanuskripte, in denen die formale Gestaltung vernachlässigt ist. Die Leistung des A. bestand vor allem darin, daß er erfahrungswissenschaftliche (empirische) Fragestellungen in die alle Einzelwissenschaften umgreifende Philosophie einbezog. — Die Grundlagen seines philosophischen Denkens entwickelte A. in seiner ,,Metaphysik''. Er stellte hier die Frage nach dem Wesen des Seins und den Möglichkeiten seiner Erkenntnis. Er unterschied u. a. zwischen möglichem und wirklichem Sein *(dynamis* und *energeia),* zwischen Stoff und Form *(hyle* und *eidos)* und erklärte das wirkliche Sein, die Entelechie, zur Höchstform des Seienden, die in Gott, der höchsten Vernunft und dem unbewegten Beweger, ihre ewige und absolute Ursache hat. — In den ,,Kategorien'' entwickelte A. eine Lehre von den Gesichtspunkten, unter denen das Seiende beschreibbar ist. — Seine logischen und erkenntnistheoretischen Schriften wurden unter dem Begriff *organon* (Werkzeug) zusammengefaßt. — In seinen naturphilosophischen und physikalischen Schriften vertrat A. die Auffassung, daß die kugelförmige Erde unbewegt im Mittelpunkt der Welt ruhe. Die Natur sei in einer Stufenfolge jeweils höherer Wesen organisiert, an deren Spitze der Mensch stehe. — In seiner ,,Seelenlehre'' stellte A. die Seele als das Prinzip des Lebendigen dar, als Ursache des Denkens, Sich-Bewegens, Wahrnehmens usw. In seinen ethischen Schriften (z. B. Nikomachische Ethik) versuchte A., das Wesen der Glückseligkeit (Eudämonie) und ihre Bedingungen zu erfassen. Voraussetzung des Glückes ist nach A. vernunftgemäßes Handeln *(arete, virtus),* das sich stets in der Mitte zwischen zwei extremen Möglichkeiten bewege (z. B. zwischen Feigheit und Tollkühnheit). Die Schau der Wahrheit *(theoria)* ist nach A. die höchste Vollendung der Glückseligkeit. Andererseits definierte A. in seiner ,,Politik'' den Menschen auch als praktisch-politisches Wesen *(zoon politikon),* das der Gemeinschaft verpflichtet ist. — Mit seiner ,,Poetik'', einer Kunsttheorie, wirkte A. bis in die Neuzeit. Berühmt ist seine Aussage über die psychisch reinigende Wirkung der Tragödie. — A. beeinflußte nicht nur die Philosophie des Hellenismus und die röm. Philosophie, sondern auch die christliche Theologie des Mittelalters, vor allem das Denken des Thomas von Aquino, durch den A. zur größten philosophischen Autorität des Mittelalters wurde. — In der beginnenden Neuzeit - und das ist geradezu ein Kennzeichen neuzeitlichen Denkens - versuchte man sich von der geistigen Übermacht des Aristoteles zu emanzipieren.
→Akademie, Antiochos von Askalon, Boethius, Dialog, Drama, Kosmologie, Mimesis, Poetik, Protreptik, vita activa

Arminius, Fürst des germanischen Stammes der Cherusker, geb. um 18 v. Chr., stand zeitweilig als Soldat in röm. Diensten, wurde zum *amicus populi Romani* (Freund des röm. Volkes) ernannt, plante aber eine Verschwörung gegen die röm. Besatzungsmacht. A. überfiel und vernichtete im Jahre 9 n. Chr. drei Legionen des Varus (ca. 20000 Mann) im Teutoburger Wald und befreite Nordgermanien. A. wurde von Verwandten ermordet.

artes liberales, die Wissenschaften, die sich für einen freigeborenen Menschen schicken, während körperliche Fertigkeiten wie die des Handwerkers, des Malers, Baumeisters, Arztes usw. eines Freien unwürdig sind. Die der griech. *enkyklios paideia* (→Enzyklopädie) entsprechenden a. l. sind der Inhalt der höheren Allgemeinbildung in Rom. Bereits in hellenistischer Zeit scheint sich ein Kanon dieser theoretischen Fächer herausgebildet zu haben: Arithmetik, Geometrie, Astronomie, Musik (die in der Spätantike unter der Bezeichnung *quadrivium* „Vierweg" zusammengefaßt wurden) und Grammatik, Dialektik, Rhetorik (die als *trivium* „Dreiweg" bezeichnet wurden). — Seneca erörtert im 88. Brief den Sinn der a. l. und stellt ihren quantifizierenden Methoden das philosophische Fragen nach dem Wesen und nach den Ursachen der Erscheinungen gegenüber. Das Mittelalter übernahm die a. l. als festes System des allgemeinbildenden höheren Unterrichts. An den mittelalterlichen Universitäten bereiteten die a. l. in der sog. Artistenfakultät auf das Fachstudium der Theologie, der Medizin, der Rechtswissenschaft usw. vor.

as, römische Kupfermünze (→Geld). 4 *asses* entsprachen zur Zeit des Augustus einem Sesterz; 10 a. waren in einem Denar enthalten. Für einen a. konnte man im 1. Jh. vor und im 1. Jh. n. Chr. 1/2 l Wein oder 100 g Wolle kaufen (→Preise).

Bildnis des Agrippa auf einem as (stark vergrößert)

Asconius Pedianus *(Quintus Asconius Pedianus),* römischer Philologe (1. Jh. n. Chr.), von dessen Werken nur fünf Kommentare zu Cicero-Reden erhalten sind (u. a. zu „Pro Milone"). Da er sehr sorgfältig arbeitete, sind seine historischen Erläuterungen eine wertvolle Quelle für uns.

Asianismus *(genus orationis Asiaticum),* im 3. Jh. v. Chr. in den griech. Städten Kleinasiens aufgekommener Redestil, der sich durch seinen übertriebenen rhetorischen Schmuck vom einfachen klaren Stil der klassischen attischen Redner (besonders des Lysias) abhob. Bekanntester Vertreter des A. in Rom war Hortensius (114 - 50 v. Chr.). Cicero unterscheidet zwei Arten des A.: den schwülstigen, pathetisch-bombastischen Stil und den Stil der stark rhythmisierten, kurzen und pointierten Sätze. Im *Orator* und im *Brutus* setzt er sich mit dem A. und der im 2. Jh. v. Chr. entstandenen Gegenbewegung, dem →Attizismus, auseinander. Cicero überwindet die Antithese A. - Attizismus durch seine Forderung, der Redner müsse in einem jeweils dem Gegenstand angemessenen Stil sprechen.

Asinius Pollio *(Gaius Asinius Pollio),* Politiker und Schriftsteller, 76 v. Chr. bis 4 n. Chr., kämpfte im Bürgerkrieg auf Cäsars Seite, schloß sich nach dessen Tod Marcus Antonius an. 41/40 v. Chr. führte er als Statthalter von *Gallia Transpadana* (dem Gebiet nördlich des Po) die Landverteilung durch und verschaffte dabei dem jungen Vergil wieder sein Gut. A. P. war 40 v. Chr. Konsul, 39 v. Chr. erhielt er einen Triumph. Aufgrund seiner reservierten Haltung gegenüber Octavian mußte er sich bald aus der Politik zurückziehen. A. war ein einflußreicher Redner und Kritiker und ein bedeutender Förderer der Literatur. Catull, Horaz und Vergil, der ihm die 4. Ekloge widmete, waren mit ihm befreundet. Als erster Römer veranstaltete er in seinem Haus öffentliche Dichterlesungen. Er gründete die erste Bibliothek in Rom. Von seinen Reden, historischen und poetischen Werken sind nur Fragmente erhalten. In seinen „Historiae" behandelte er die Geschichte des Bürgerkrieges von 60 - 42 v. Chr.

Asklepiadeische Strophe, von Horaz verwendete Strophenform, die nach dem hellenistischen Dichter Asklepiades von Samos (3. Jh. v. Chr.) benannte →Asklepiadeen mit verschiedenen anderen Metren kombiniert. Die sog. 2. A. S. besteht aus drei Asklepiadeen, auf die ein →Glykoneus folgt. Bei der 3.A.S. folgt auf zwei Asklepiadeen ein →Pherekrateus und ein Glykoneus. Die 4. A. S. wird von zwei Glykoneen gebildet, auf die jeweils ein Asklepiadeus folgt. Gedichte in der 1. und 5. asklepiadeischen Form sind nicht in Strophen geteilt, sondern bestehen nur aus Asklepiadeen. Die von Horaz häufig verwendete A. S. wurde in Deutschland von Klopstock und Hölderlin nachgebildet.

Asklepiadeus, ein nach dem hellenistischen Dichter Asklepiades (3. Jh. v. Chr., etwa 40 Epigramme sind erhalten) benannter Vers, der entweder als „kleinerer" A. *(A. minor)* oder als „größerer" A. *(A. maior)* erscheint. *A. minor:* –––◡◡–/–◡◡–◡⏓, z.B. Horaz, Carmen 1,1,1: *Maecenas atavis edite regibus* (Maecenas, du Sproß von königl. Ahnen); *A. maior:* –––◡◡–/–◡◡–/–◡◡–◡⏓, z.B. Horaz, Carmen 1,11,1: *Tu ne quaesieris, scire nefas, quem mihi, quem tibi* (Frag nicht, denn dieses Wissen ist Frevel, welches ⟨Ende die Götter⟩ mir, welches sie dir ⟨gegeben haben⟩). Durch die Verbindung des A. mit anderen Metren entsteht die →Asklepiadeische Strophe, die Horaz häufig verwendete.

Asterix, Titelfigur einer Comic-Reihe von R. Goscinny und A. Uderzo, komisches Pendant zu dem französischen Nationalhelden →Vercingetorix. In witzigen Sprechblasen machen sich A. und seine gallischen Gefährten über die röm. Besatzungspolitik in Gallien lustig. Ein besonders beliebtes Objekt ihres Spottes ist Cäsar.

Astrologie (eig. „Lehre von den Sternen") war bis in das Mittelalter dasselbe wie →Astronomie; beide Begriffe wurden ohne Unterschied für die wahrsagende und für die wissenschaftliche Sternenkunde verwendet. Die wahrsagende Sternenkunde, d. h. die A. im heutigen Wortsinne, beruhte in der Antike auf der Überzeugung von einem engen Zusammenhang zwischen der Welt der Gestirne und dem Leben auf der Erde: Jede Veränderung einer einzelnen Erscheinung hat Folgen für alle anderen. Zugleich wurden die Sterne als göttliche Wesen verstanden, deren Besonderheit und Bewegung es zu erforschen galt. Aus dem Orient - vor allem von den alten Babyloniern - gelangte die A. seit dem 2. Jh. v. Chr. nach Rom und wurde dort für Voraussagen jeder Art in Anspruch genommen. So wurde u. a. aus dem Stand der Gestirne am Geburtstag eines Menschen, d. h. aus dem Horoskop, das künftige Lebensschicksal geweissagt. Nicht nur Sklaven und einfache Leute, sondern auch die römischen Kaiser waren Anhänger der A. - mit Ausnahme von Trajan.

Astronomie, wissenschaftliche Sternenkunde (→Astrologie), von den Griechen entwickelt, die auf babylonischen Erkenntnissen aufbauen konnten, von praktischer Bedeutung vor allem für die Erstellung des Kalenders und für die Seefahrt. So soll z. B. der griech. Philosoph Thales (640 - 562 v. Chr.) eine A. für Seefahrer geschrieben haben (Diogenes Laertius 1, 23). — Den Anhängern des griech. Philosophen Pythagoras, den Pythagoreern, war bereits die Kugelgestalt der Erde bekannt; sie meinten, die Sonne, der Mond und die damals bekannten fünf Planeten (Merkur, Venus, Mars, Jupiter, Saturn) führten gleichförmige Kreisbewegungen um die Erde aus. Diese geozentrische A. (= die Erde ist der Mittelpunkt der Welt) blieb im Prinzip bis in das 16. Jh. (Kopernikus) erhalten, wenn auch immer wieder korrigiert und durch neue Theorien über die Bahnen der Gestirne angereichert, z. B. durch →Ptolemaios (83 - 161 n. Chr.). — Die Römer haben keine eigene A. entwickelt; sie (z. B. Cicero, Macrobius, Plinius, Vitruv) benutzten in ihren Werken die Erkenntnisse der Griechen. Zur Zeit des Tiberius verfaßte der röm. Schriftsteller Marcus Manilius ein Lehrgedicht in 5 Büchern mit dem Titel „Astronomica".

Asyndeton (griech. „Unverbundenes"), Reihung von gleichgeordneten Wörtern, Sätzen oder Satzteilen ohne Bindewort, z. B. Cicero, In Catilinam 2,1: *abiit, excessit, evasit,* *erupit* (er ist gegangen, gewichen, entronnen, ausgebrochen). Das A. kann der Rede Tempo und Spannung geben und wird häufig zur steigernden Hervorhebung verwendet.

Ataraxia (griech. „Unverwirrtheit"), Freiheit der Seele von Ängsten und Erregungen, ein Ziel der Philosophie Epikurs. Die Stoiker übernahmen den Begriff als Bezeichnung für die ruhige, nicht von Leidenschaften beherrschte Seele *(tranquillitas animi).*

Atellana *(fabula Atellana),* Volksposse, benannt nach der süditalischen Stadt Atella als ihrem Herkunftsort. Das derbe Spiel mit wenigen feststehenden Charaktertypen erhielt im 1. Jh. v. Chr. literarischen Rang und wurde wie das Satyrspiel als komisches Nachspiel nach Tragödien aufgeführt. Erhalten sind nur kurze Fragmente.

Athen *(Athenae),* Zentrum der griech. Kultur, Wohnsitz der bedeutendsten griech. Philosophen und Dichter, Sitz der wichtigsten Philosophenschulen (u. a. Akademie, Peripatos, Stoa), Studienort zahlreicher Römer. A. war in röm. Zeit politisch zwar ohne Bedeutung, blieb aber bis in die Kaiserzeit der Mittelpunkt griech. Bildung.

atrium, der „vom Herdfeuer geschwärzte" Hauptraum des röm. Hauses *(ater* schwarz). In der Mitte des a. befand sich ursprünglich der Herd; an den Wänden waren Schränke zur Aufbewahrung der Ahnenbilder (→Ahnenkult); außerdem stand im a. ein Altar für die Hausgötter (→lares). In späterer Zeit wurde die über dem Herd befindliche Dachöffnung erheblich vergrößert; das zu seiner Öffnung *(compluvium)* hin herabgezogene Dach mußte deshalb mit Säulen oder einer die Öffnung begrenzenden Balkenkonstruktion gestützt werden. An der Stelle des Herdes wurde unter der Dachöffnung ein oft mit Marmorplatten (→Marmor) ausgelegtes Becken für das Regenwasser *(impluvium)* angelegt; in Pompeji war das a. vieler Häuser mit Wandmalerei geschmückt.

Atticus *(Titus Pomponius Atticus),* 110 - 32 v. Chr., röm. Ritter, lebte zwanzig Jahre in Athen (Attika), nannte sich daher „A.", „Mann aus Attika". A. war Freund und Vertrauter Ciceros, von dem er viele Briefe erhielt (Ciceros Briefe „Ad Atticum"). Nepos verfaßte eine Biographie des A. Er war nicht nur Gutsbesitzer und Geschäftsmann, sondern auch Verleger, der für die Verbreitung vieler literarischer Werke sorgte.

Attis, in Kleinasien verehrter Gott, Begleiter und Geliebter der Kybele, wurde dieser untreu und mit Wahnsinn bestraft, entmannte sich selbst unter einer Pinie und starb. Seine Anhänger versetzten sich in einen rauschhaften Zustand und verstümmelten sich in der Nachfolge des Gottes ebenfalls. Der A.kult wurde in Rom zusammen mit dem Kybelekult eingeführt. A. wurde vom 15. - 27. März gefeiert. Die Feiern begannen mit der Trauer um den toten Gott; die Trauer schlug dann um in ausgelassene Freude. Anscheinend wurde mit diesem Kult das alljährliche Absterben und Wiederaufleben der Vegetation gefeiert. Wer in den A.kult eingeweiht wurde, mußte eine Taufe mit Stierblut, d. h. ein *Taurobolium,* über sich ergehen lassen: Der Täufling saß in einer Grube, und über ihm wurde ein Stier geschlachtet. Der Getaufte galt als ein „für die Ewigkeit Wiedergeborener". Der Dichter Catull verfaßte ein Gedicht über A. und seine Verehrer (Carmen 63).

Attizismus, im 2. Jh. v. Chr. aufgekommene Gegenbewegung gegen den →Asianismus. Der A. stellte dem „kranken", schwülstigen Asianismus die schlichte, klare Redeweise der attischen Redner des 5. und 4. Jh. v. Chr. entgegen. Cicero setzte sich im „Brutus" und im „Orator" gegen die Kritik an seiner pathetischen, wortreichen und rhythmisierten Rede zur Wehr, indem er forderte, der Redner müsse jeden Gegenstand in der diesem angemessenen Weise behandeln.

auctoritas (Beglaubigung, Ansehen, Einfluß Vollmacht - zu *augere* vermehren, fördern) bezeichnet im Gegensatz zur Amtsmacht *(potestas)* die staatsrechtlich nicht festgelegte Macht von Personen (besonders des Senats, des Kaisers), die aufgrund ihres Alters, ihres Ansehens und ihrer Lebensführung durch ihren Rat politischen Einfluß ausüben. Im Pri-

vatrecht bedeutet a. die Bestätigung und Verantwortung des Vormunds bei Rechtsgeschäften des Mündels *(a. tutoris).*
→Wertbegriffe

Augsburg *(Augusta Vindelicorum* oder *Vindelicum),* aus einem römischen Militärlager (→Lager) des Tiberius hervorgegangener Handelsplatz südlich der Donau am Endpunkt der aus Italien kommenden Via Claudia Augusta (→Fernstraßen). Seit Claudius war A. die im Gebiet der Vindeliker gelegene Hauptstadt der Provinz Rätien und Sitz eines röm. Prokurators.

Augst *(Colonia Augusta Raurica),* in der Nähe des heutigen Basel (Schweiz) gelegene Siedlung. Sie wurde 44 v. Chr. von Lucius Munatius Plancus, einem General Cäsars, auf dem Stammesgebiet der Rauriker gegründet und diente als Grenzfestung Galliens gegen das Alpengebiet. Im 3. Jh. n. Chr. wurde A. zerstört und um 300 unter Diokletian durch das 800 m weiter östlich gelegene *Castrum Rauracense* (Kaiseraugst) ersetzt. — Durch gründliche Ausgrabungen seit dem 16. Jh. sind zahlreiche gut erhaltene röm. Bauwerke heute wieder sichtbar oder rekonstruierbar.

Auguren *(augures),* römische Priester, für die Deutung *(augurium)* göttlicher Zeichen zuständig (Blitz, Donner, Vogelflug, Vogellaute, Tierverhalten). Von besonderer Bedeutung war die Vogelschau (→Auspizien). Das von den A. vollzogene *augurium* war ursprünglich eine Bitte um „Mehrung" *(augere* vermehren) der Naturkräfte für eine gute Ernte.
→divinatio, Hühnerorakel, Orakel, Prodigien

Augustinus *(Aurelius Augustinus),* 354 in Thagaste (Numidien) geboren als Sohn eines heidnischen Beamten und der Christin Monica. In Karthago besuchte er die Rhetorenschule. Von einer Geliebten hatte er einen Sohn (Adeodatus). Die Lektüre von Ciceros „Hortensius" veranlaßte A., sich der Philosophie zuzuwenden. A. wurde Anhänger der →Manichäer, die ein dualistisches Weltbild vertraten (Kampf zwischen dem Bösen und dem Guten). Kurze Zeit war A. Grammatiklehrer in Thagaste und Rhetoriklehrer in Karthago. Als er 383 nach Rom zog, hatte er sich bereits vom Manichäismus abgewandt. In Rom erhielt er einen Ruf als Rhetoriklehrer in der kaiserlichen Residenz Mailand. Dort wandte er sich dem Neuplatonismus und, unter dem Einfluß des Bischofs Ambrosius, dem Christentum zu. Nach dreizehnjährigem Zusammenleben trennte er sich von der Mutter seines Sohnes, weil ihn Monica zu einer christlichen Ehe drängte. Dazu kam es nicht, da A. nach seiner Bekehrung der Frauenliebe entsagte, seine Karriere aufgab und Mailand verließ, um in der nordafrikanischen Heimat ein ganz Gott hingegebenes Leben in mönchischer Gemeinschaft zu führen. Ostern 387 ließ er sich mit seinem Sohn von Ambrosius taufen. Auf der Rückreise starb seine Mutter (in der Hafenstadt Ostia). Von 396 bis zu seinem Tod 430 wirkte Augustinus als Bischof in der nordafrikanischen Stadt Hippo Regius. — Von seinen über 90 Werken sind vor allem die „Confessiones" (Bekenntnisse) und „De civitate Dei" (Der Gottesstaat) hervorzuheben. Die um 400 verfaßten „Confessiones" sind die erste Autobiographie, in denen ein „modernes" Ich zu uns spricht, das sich durch seinen Subjektivismus vom antiken Denken unterscheidet. Der Gottesstaat ist vielleicht das Werk, das nach Platon das abendländische Denken am meisten beeinflußt hat. Mit dieser Schrift hat A. die zyklische Geschichtsauffassung der Antike durch eine teleologische (d. h. auf ein Ziel ausgerichtete) überwunden, die bis zu Hegel (1770 -1831) die Geschichtsphilosophie bestimmt hat.

Augustus, lebte 63 v. - 14 n. Chr., war Großneffe Cäsars und wurde von diesem adoptiert (→Adoption) und zum Erben eingesetzt; seitdem trug er den Namen *C. Iulius Caesar Octavianus.* Nach Cäsars Tod verweigerte ihm Antonius die Erbschaft. Im zweiten Triumvirat verständigte er sich jedoch vorübergehend mit Antonius. Mit Hilfe von Proskriptionen wurden die Gegner der im Triumvirat Verbündeten vernichtet. Zu den Opfern gehörte auch Cicero (43 v. Chr. ermordet). Nach dem Sieg über die Cäsarmörder bei Philippi (42 v. Chr.) teilte sich A. mit Antonius und Lepidus die Herrschaft über das Reich. In der Schlacht bei Actium (31 v. Chr.) besiegte A. Antonius und begann mit einer Neuordnung des Staates, bewahrte aber äußerlich die Formen der röm. Republik, indem er die Aufgaben des Senats und der Magistrate unangetastet ließ. Er nannte sich *princeps* („erster Bürger"), bekleidete mehrere traditionelle Ämter und war Oberbefehlshaber des Heeres. — Seine geschichtliche Leistung und die Grundlage seines Ansehens bestanden vor allem darin, daß ihm die Beendigung des Bürgerkrieges gelungen war (→Ara pacis Augustae). A. versuchte, an altrömischen Traditionen festzuhalten und altrömische Wert- und Normvorstellungen neu zu beleben, förderte Künstler und Dichter, die seine politischen Vorstellungen propagandistisch unterstützten (z. B. Livius, Vergil), verringerte die Arbeitslosigkeit durch ein ausgedehntes Bauprogramm, erweiterte und sicherte die Reichsgrenzen, mußte allerdings auch Niederlagen hinnehmen (→Varus). 27 v. Chr. verlieh ihm der Senat den Ehrentitel *Augustus* („der Erhabene"). — Im „Monumentum Ancyranum" gab er einen Rechenschaftsbericht über seine Taten *(res gestae)*. In einem Mausoleum auf dem Marsfeld in Rom wurde er nach seinem Tode am 19. August 14 n. Chr. beigesetzt. Der Monat August wurde nach ihm benannt. Die meisten späteren Kaiser übernahmen den Titel A.

Aurelian *(Lucius Domitius Aurelianus)*, 214 - 275, von seinen Legionen 270 zum Kaiser ausgerufen (→Soldatenkaiser), erfolgreicher militärischer Befehlshaber, der die Einheit des Reiches sicherte. A. ließ eine neue Stadtmauer zur Abwehr feindlicher Angriffe in Rom bauen (→Aurelianische Mauer). Er wurde während eines Feldzuges gegen die Parther ermordet.

Aurelianische Mauer, von Kaiser Aurelian (214 - 275) errichtete rd. 19 km lange Befestigungsanlage der Stadt Rom, gebaut aus Ziegelsteinen. Die Bauarbeiten wurden 271 begonnen und waren beim Tod des Kaisers fast abgeschlossen. Um schneller voranzukommen, bezog man verschiedene Bauwerke wie das Prätorianer-Lager, den Aquädukt der Aqua Claudia bei der Porta Maggiore und die Cestius-Pyramide in den Mauerverlauf ein. Noch heute sind große Teile erhalten.

Die Porta Appia der Aurelianischen Mauer (heute Porta San Sebastiano)

aureus, röm. Goldmünze (→Geld), ursprünglich 8,19 g, unter Nero 7,28 g. Im 1. Jh. v. und im 1. Jh. n. Chr. kostete 1 qm Bauland auf dem Palatin, der vornehmsten Wohngegend in Rom, einen a. →Preise

Ausonius, in *Burdigala* (Bordeaux) um 310 n. Chr. geboren, angesehener Lehrer der Grammatik und Rhetorik, Erzieher des späteren Kaisers Gratian (359 - 383) in Trier. A. bekleidete verschiedene hohe Staatsämter und war ein erfolgreicher Dichter u. a. mit seiner „Mosella", einer Beschreibung der Mosellandschaft (→Mosel) in epischer Form (→Epos), und mit seiner „Bissula", einem Gedicht auf ein gefangenes Germanenmädchen, das A. von einem Feldzug als Beute mit nach Hause gebracht hatte.

Auspizien *(auspicia* Beobachtung der Vögel), Deutung des Vogelfluges als göttliches Zeichen mit Hilfe der *divinatio*. Die Auguren führten die A. durch. Vor wichtigen Entscheidungen mußten die röm. Magistrate die A. einholen. In Rom waren die A. auf das *pomerium* beschränkt. Besonders gern beobachtete man den Flug größerer Raubvögel (Adler, Falke, Habicht), aber auch anderer größerer Vögel (Rabe, Krähe). Dabei wurden vor allem die Flugrichtung und das Verhalten der beobachteten Vögel gegenüber anderen Vögeln berücksichtigt (z. B. ein Adler wird von vielen Krähen verfolgt).

Auszeichnungen *(dona militaria)*. Seit der Zeit der frühen Republik wurden für besondere militärische Taten A. verliehen, z. B. Armspangen, Halsketten, auf der Brust zu tragender Schmuck, Kränze. Für die Rettung eines röm. Bürgers erhielt man z. B. die aus Eichenlaub geflochtene *corona civica* („Bürgerkranz"); wer die Mauer einer feindlichen Stadt als erster erstieg, erhielt die *corona muralis* („Mauerkranz"). Der siegreiche Feldherr bekam die *corona triumphalis*, den Lorbeerkranz des Siegers. Als höchste A. galt der Triumph des Feldherrn nach erfochtenem Sieg. — Daneben gab es für besondere Leistungen noch weitere *dona militaria*, z. B. Solderhöhung oder Erhöhung der Essensrationen.

Autobiographie im modernen Sinn gibt es erst in der Spätantike: Erst in den „Confessiones" (Bekenntnissen) des Augustinus (354-430) spricht ein Ich von seiner subjektiven Individualität, während die antike A. das Individuelle einer allgemeinen Norm unterwirft oder als →exemplum (Beispiel) versteht und zur Nachahmung auffordert oder dem Ruhm und der Rechtfertigung des Autors dient. A. in diesem Sinn ist z. B. Ciceros „Brutus", in dem er seine Entwicklung als Redner beschreibt. Autobiographische Elemente finden wir bei Cäsar, im Tatenbericht des Augustus (→Monumentum Ancyranum), in den Proömien des Sallust, in den Satiren und Episteln des Horaz und in der Liebesdichtung.

Automat (griech. *automatos* sich von selbst bewegend, selbsttätig). In der Antike wurden A. zu einem bestimmten technischen Zweck, aber auch nur zum Vergnügen und zur Unterhaltung gebaut. Zur ersten Gruppe gehörten Uhren, die mit laufendem Wasser betrieben wurden, Lampen, bei denen automatisch Öl nachfloß, und A., die nach Einwurf einer Münze Wasser spendeten; zur zweiten Gruppe sind Vorrichtungen zu zählen, die künstliche Vögel zum Singen brachten, oder mechanisch-automatische Theateraufführungen mit künstlichen Figuren. — Wasser, Luft, Dreh- oder Hebelbewegungen hielten den A. in Gang.

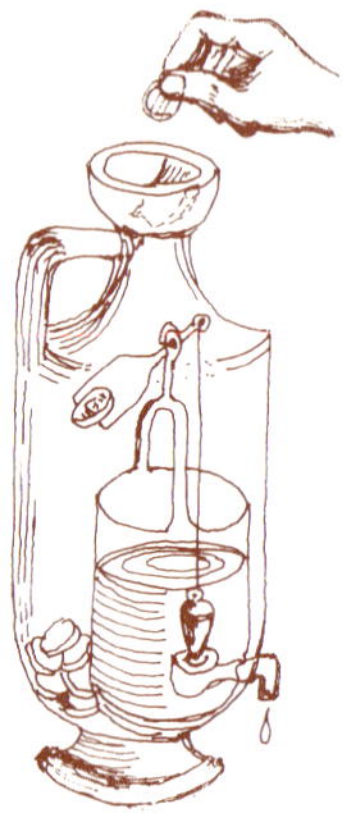

Weihwasserautomat des Heron von Alexandria

Aventin *(mons Aventinus)*, einer der Sieben Hügel Roms, begrenzt den *circus maximus*. Der A. wurde vor allem von den Plebejern bewohnt; heute ist der A. eine sehr vornehme Wohngegend. — Auf dem A. befand sich ein Tempel des Liber, der Libera (Proserpina) und der Ceres (→Ädil). Der Sage nach sollen Romulus und Remus auf dem A. den Vogelflug beobachtet haben, um zu ermitteln, wer der künftigen Stadt den Namen geben sollte.

Babylon war seit dem Anfang des 2. Jahrtausends v. Chr. bis zur Zeit Alexanders d. Gr., der B. 321 v. Chr. eroberte, kulturelles Zentrum der vorderasiatischen Welt. Der griech. Historiker Herodot (Historien 1, 178 - 187) beschreibt die Pracht und den Reichtum der Stadt am Euphrat (auf dem Staatsgebiet des heutigen Irak). →Öl, Sieben Weltwunder

Bacchus, griech. *Dionysos*, ursprünglich in einem Geheimkult *(Bacchanalia)* in Rom gefeierter Gott des Weines; seine Verehrung war mit wüsten Ausschweifungen und Gewalttaten verbunden, so daß der Kult bereits im 2. Jh. v. Chr. durch Beschluß des Senats für das gesamte röm. Reich stark eingeschränkt werden mußte. Anscheinend hat Cäsar die B.-Mysterien in Rom erneuert (→Mysterienkulte). Am Ende der Republik stand der B.-Kult in großem Ansehen. Das beweisen viele bildliche Darstellungen, z. B. in Pompeji. — B. trat offensichtlich an die Stelle des altröm. Gottes *Liber*.

Bad. In der Zeit der frühen Republik hatten nur wenige Häuser ein B. Es ist bekannt, daß z. B. Cato und Scipio (vgl. Seneca, Epistulae morales 86) in ihren Häusern nur ein einfaches B. besaßen. Im 1. Jh. v. Chr. kamen die ersten öffentlichen Bäder in Rom auf. Sie befanden sich häufig im Erdgeschoß einer Mietskaserne. Die Hygiene der B. wurde von den Ädilen kontrolliert. Der Eintrittspreis betrug 1/4 *as*. Jedes B. hatte einen Auskleideraum *(apodyterium)*, in dem auch die Kleider aufbewahrt wurden, einen Baderaum mit kaltem Wasser *(frigidarium)*, einen warmen Raum *(tepidarium)* und einen Raum mit Heißwasserbecken *(caldarium)*. Die Räume wurden mit einem *hypocaustum* geheizt. — Das B. entwickelte sich über seinen eigentlichen Zweck hinaus zu einem beliebten Aufenthaltsort, an dem man sich auch amüsieren oder Geselligkeit pflegen konnte. Außerdem wurden im B. Leibesübungen durchgeführt. Man konnte dort schließlich auch Speisen und Getränke kaufen (→Thermen). Noch im 4. Jh. n. Chr. gab es in Rom 856 öffentliche B. Weil die Römer die Heilkraft heißer Quellen schätzten, bauten sie diese oft zu großen Badeanstalten aus, die z. T. heute noch benutzt werden. →Aachen, Baden-Baden, Badenweiler, Wiesbaden

Baden-Baden, Badeort am Rande des Schwarzwaldes, mit etwa 20 warmen Quellen (44 - 60 Grad) zur Behandlung von Gicht, Rheumatismus und Katarrhen der Atmungsorgane. Von Vespasian wurden im 1. Jh. n. Chr. die ersten Badeanlagen (→Bad, →Thermen) gebaut. Caracalla (Kaiser 211 - 217) erweiterte den Badebetrieb durch zahlreiche Neubauten. Nach ihm durfte sich das spätere B.-B. *Aurelia Aquensis* nennen. Die röm. Anlagen und Einrichtungen wurden durch Ausgrabungen zugänglich gemacht.

Badenweiler, am südlichen Rand des Schwarzwaldes gelegener Badeort mit warmen Quellen (26,4 Grad); von den röm. Badeanlagen aus der Mitte des 2. Jh. n. Chr. sind noch bedeutende Reste erhalten und im heutigen Kurpark zu besichtigen.

Baiae, beliebter Bade- und Kurort mit gesundheitsfördernden Heilquellen (→Mineralwasser), bei Puteoli (heute: Pozzuoli) am Golf von Neapel. Prominente Römer, z. B. Antonius, Cäsar, Cicero, Crassus, Marius, Pompeius, besaßen in oder bei B. ihre Villen. Ein Stimmungsbild vom Leben und Treiben in B. zeichnet Seneca (Epistulae morales 56).

Bankwesen, diente ursprünglich nur dem Geldwechsel, später wurden Banken für Kredite und bargeldlosen Zahlungsverkehr in Anspruch genommen. In Rom wurden auch die bei Wahlen üblichen Bestechungen (Stimmenkauf) über das B. abgewickelt. Auch der Staat nahm Kredite bei röm. Banken auf. Die Zinsen waren sehr hoch. In den Provinzen konnten sie aufgrund des höheren Risikos an die 50% jährlich betragen. — Das B. wurde durch Gesetze geregelt, die z. B. eine sachgemäße Buchführung verordneten. — Der bekannteste röm. Bankier war C. Rabirius Postumus, der im ganzen Reich seine Geschäftsverbindungen hatte und von Cicero (Rede Pro Rabirio) in einem Prozeß wegen seiner Geschäfte und Machenschaften in Ägypten mit Erfolg verteidigt wurde.

Bartpflege. Scipio Africanus (235 - 183) soll der erste Römer gewesen sein, der sich in Anlehnung an die griech. Sitte täglich rasierte. Seit Sulla (138 - 78) war es Mode, sich glatt zu rasieren. Nur Arbeiter (→Arbeitnehmer) und Philosophen trugen einen Vollbart. Seit Kaiser Hadrian (76 - 138) galt es wieder als schick, einen Bart zu tragen. — Als Zeichen der Trauer oder während einer gerichtlichen Anklage verzichtete man auf die B. So hat sich z. B. Cato Uticensis nach Cäsars Erfolgen im Bürgerkrieg nicht mehr rasiert, um seinen Schmerz über die Vernichtung der Republik zu demonstrieren (Plutarch, Cato minor 53). — Zur B. verwendete man Rasiermesser, Scheren und Zangen zum Auszupfen der Barthaare (→Rasieren).

basilica, griech. „Halle des Königs", bei den Römern Rathaus, Markt- und Gerichtshalle, z. B. am *forum Romanum* die *b. Porcia,* die *b. Iulia* und die *b. Aemilia* (benannt nach ihren Erbauern). Berühmt ist auch die b. in Trier, die im Palast Konstantins als Thronsaal diente. — Eine b. verfügt über ein langgestrecktes rechteckiges Mittelschiff mit niedrigeren Seitenschiffen. Das große Mittelschiff wird oft von einer Apsis, einem halbrunden oder rechteckigen Raum, abgeschlossen.

Die Basilica in Trier

Bataver *(Batavi),* germanischer Stamm an der Rheinmündung (Tacitus, Germania 29); seit Augustus mit Rom verbündet. Die B. erhoben sich 69 und 70 n. Chr. gegen die röm. Besatzungsmacht. Der Aufstand wird von Tacitus (Historien 4, 12 - 37) beschrieben. — Zu den wichtigsten Städten des B.-Gebietes gehören *Lugdunum Batavorum* (Leiden), *Traiectum* (Utrecht) und *Noviomagus* (Nimwegen).

Bedürfnisanstalten waren in großer Zahl in Rom vorhanden, da die Wohnungen der Mietskasernen keine Toiletten hatten. Die Benutzung der B. war nur gegen Entgelt gestattet. Im Winter waren sie durch eine Fußbodenheizung (→hypocaustum) beheizbar. Die Toiletten waren mehrsitzig und hatten keine Trennwände. Eine Unterscheidung von ,,Damen'' und ,,Herren'' gab es nicht. Die B. waren nicht selten mit Wasserspielen und Götterstatuen ausgestattet; in Ostia verfügte eine B. über einen Altar der Göttin Fortuna. — Auf den Sitzen der B. pflegte man mit seinen Nachbarn oft längere Gespräche zu führen; die B. waren gern besuchte Treffpunkte. Sueton berichtet in seiner Lukan-Vita folgendes: Einer der *consessores* (,,Zusammensitzenden'') zitierte aus gegebenem Anlaß einen Halbvers des Nero: *sub terra tonuisse putes* (du könntest meinen, es habe unter der Erde gedonnert). Diese Anspielung auf ein menschliches Ereignis mit den Worten des Kaisers führte dazu, daß alle Anwesenden aus Furcht ihre Sitze fluchtartig verließen, um nicht mit diesem Mißbrauch ,,heiliger Worte'' in Verbindung gebracht zu werden. — Eine Geruchsbelästigung wurde übrigens durch eine dauernd in Funktion befindliche Wasserspülung vermieden. — Anstelle von Toilettenpapier benutzte man runde Schwämme, die an Stöckchen befestigt waren. — Daß B. trotz prachtvoller Ausstattung mitunter auch nicht benutzt wurden, beweisen Inschriften aus Pompeji wie z. B. die an einen Umweltbeschmutzer gerichtete Warnung eines Hausbesitzers: *cacator, cave malum* Du Kacker, hüte dich vor dem Übel. (Corpus Inscriptionum Latinarum IV Suppl. Nr. 3782)

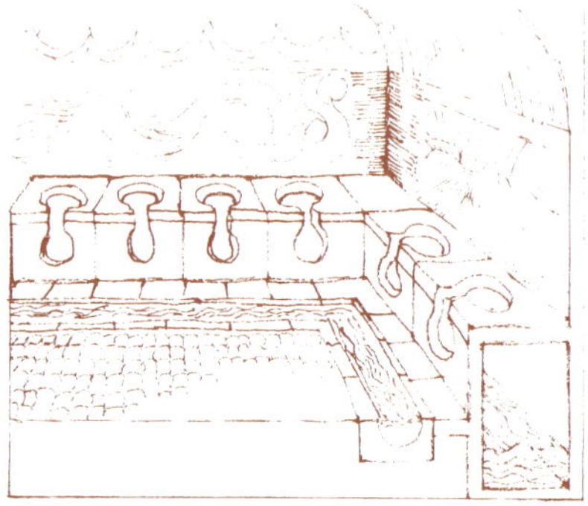

Schematische Darstellung einer öffentlichen Bedürfnisanstalt in Rom

Bellonatempel, auf dem Marsfeld gelegener Tempel der altröm. Kriegsgöttin Bellona (Name von *bellum* Krieg), wurde häufig für Sitzungen des Senats benutzt. Vor dem B. sprachen die *fetiales* Kriegserklärungen aus, indem sie symbolisch eine Lanze schleuderten (Ovid, Fasti 6, 201 - 208).

Benedikt von Nursia, in der umbrischen Stadt Nursia um 480 geboren. Nach dem Rechtsstudium in Rom zog er sich als Einsiedler nach Subiaco *(Sublaqueum)* zurück. 529 gründete er auf dem Monte Cassino ein Kloster, das Mutterkloster der Benediktiner. Seine Klosterregel wurde Maßstab für das ganze abendländische Mönchtum. Im Gegensatz zum morgenländischen Mönchtum betonte B. die geistige und körperliche Tätigkeit der Mönche *(Ora et labora!* Bete und arbeite!).

Bergbau. Im B. wurden vor allem Metalle, Salz, Edelsteine, Asbest, Gips, Farberden und Marmor gewonnen. Die Römer bauten Eisenerz auf Elba und Sardinien und in Gallien ab, Edelmetalle in Spanien, in Britannien Zinn und Blei. Der Staat war in der Regel Eigentümer der Bergwerke; er verpachtete ihre Bewirtschaftung an Privatleute oder -gesellschaften. Als Bergleute arbeiteten nicht nur Sklaven, sondern auch Sträflinge *(damnati ad metalla)* und Freie, die ihren Beruf nicht wechseln durften und diesen auch an ihre Kinder weitergeben mußten. — Die Arbeit, die im wesentlichen Handarbeit mit der Spitzhacke und Schaufel war, wurde durch Maschinen (Schöpfrad, Winde) unterstützt. Man arbeitete möglichst im Tagebau, wo dies nicht möglich war, im Tiefbau. Schächte und Stollen sind heute noch vielfach erhalten.

Berufe. Für Pompeji läßt sich mit Hilfe von Inschriften und anderen Quellen eine Liste von B. aufstellen: *aerarius armorum* Waffenschmied, *avicularius* Vogelhändler, *clibanarius* Konditor, *dissignator* Platzanweiser, *eborarius* Elfenbeinschnitzer, *faber aerarius* Kupferschmied, *faber intestinarius* Kunsttischler, *faber tornator* Drechsler, *gemmarius* Gemmenschneider, *gladiator* Fechtmeister, *iumentarius* Lasttierverleiher, *lignarius* Tischler, *mercator* Großhändler, *negotiator forensis* reisender Händler, *negotiator pigmentarius* Farbenhändler, *perfusor* Badediener, *piscator* Fischhändler, *pistor* Bäcker, *procurator* Steuereinzieher, *puteanus* Brunnenbauer, *sagarius* Mantelschneider, *scriptor* Schreiber, *tector* Stukkateur, *tegetarius* Mattenflechter, *tinctor* Färber, *vasarius* Töpfer, *veterarius* Altwarenhändler, *vinarius* Weinhändler.

Besoldung. Zur Zeit Cäsars bestand die B. der Soldaten aus einem Ausrüstungs- und Verpflegungszuschuß von jährlich 225 Denaren für Soldaten und 450 für einen Zenturio. Höhere Offiziere erhielten keine B., sondern Verpflegungsgeld und besondere Prämien nach einem Feldzug. Auch die höheren Beamten (→Magistrate) wurden nicht besoldet. Ihre Ämter verlangten oft sogar den Einsatz ihres privaten Vermögens, z. B. für die Ausrichtung von Spielen (→Ädil). Als Statthalter und Prokuratoren in den Provinzen konnten sie ihr Einkommen durch rücksichtslose Ausbeutung jedoch wieder aufbessern.

Bestattung. Bei den Römern waren seit frühester Zeit Erdbestattung und Feuerbestattung üblich; allerdings war die Verbrennung die häufigere Form der B. Sie vollzog sich in bestimmten Formen: Der Tote wurde bei seinem Namen gerufen, dann gewaschen, parfümiert und bekleidet, dann im Atrium drei bis sieben Tage aufgebahrt. Außerdem wurde ihm eine Münze in den Mund gelegt, mit der er die Überfahrt in die Unterwelt (→Jenseitsglaube) bezahlen sollte. Am Haus wurden Tannen- oder Zypressenzweige angebracht, um die Vorübergehenden auf den Todesfall aufmerksam zu machen. Am Tag der B. wurde der Verstorbene von Verwandten und Freunden auf einer Bahre in einem feierlichen Leichenzug zur Grabstätte gebracht, die außerhalb des *pomerium* an den Ausfallstraßen der Stadt lag. Stammte der Tote aus einer prominenten Familie, so wurden die Bilder seiner Vorfahren im Leichenzug mitgeführt: Schauspieler stellten in entsprechender Verkleidung und Maskierung (→Masken) die Vorfahren dar. Mitunter wurde auf dem Forum (Marktplatz) zur Ehrung des Toten eine Rede *(laudatio funebris)* gehalten, mit der die Verdienste des Verstorbenen gepriesen wurden. Kleider und persönliche Gegenstände des Verstorbenen wurden zu ihm auf den Holzstoß gelegt, der von den Angehörigen mit abgewandtem Blick angezündet wurde. Die Gebeine wurden in einer Urne gesammelt und in einem Grab oder in einem *columbarium* beigesetzt. Hochstehenden oder begüterten Persönlichkeiten errichtete man besondere Grabmale. Seit dem 2. Jh. n. Chr. gingen die vornehmen Familien zur B. in Sarkophagen über. Angehörige mittelloser Familien wurden oft in Massengräbern beigesetzt. Um dies zu vermeiden, trat man einem B.verein bei, der für eine würdige B. sorgte und auch einen Grabstein setzen ließ.

Beton. Seit etwa 300 v. Chr. ist in Italien ein wasserfester Mörtel bekannt, der unter Zusatz von Kies oder Splitt zur Herstellung gegossenen Mauerwerks verwendet wurde (z. B. der Sockel des Castortempels in Rom aus dem Jahre 117 v. Chr.). Auch die Unterkonstruktion *(substructio)* der röm. Aquädukte wurde aus Beton gegossen, um die Wasserrinne abzudichten.

Betonung lateinischer Wörter (Dreisilbenbetonung, Pänultima-Regel): In mehrsilbigen Wörtern liegt der Wortakzent auf der vorletzten Silbe (Pänultima), wenn diese lang ist; wenn sie kurz ist, rückt der Akzent (wenn das Wort mehr als zwei Silben hat) auf die drittletzte Silbe, z. B. *monēre* (mahnen), aber *rĕgĕre* (leiten). Aus bestimmten Lautveränderungen (Vokalabschwächung, Synkope) kann man schließen, daß etwa bis ins 4. Jh. v. Chr. die erste Silbe eines Wortes betont wurde.

Bett *(lectus)*. Das B.gestell aus Holz stand gewöhnlich auf hohen hölzernen Beinen, so daß man manchmal nur mit Hilfe eines Schemels in das B. steigen konnte. Auf einem Holzrost lag die Matratze, die mit Heu, Wolle oder Federn gestopft war. Kissen und Decken hatten oft gestreifte oder bunte Bezüge. Die Römer unterschieden B. zum Schlafen, zum Essen (→Sofa) und zum Lesen.

Bevölkerungszahl. Für die Stadt Rom ist die Einwohnerzahl in den verschiedenen Jahrhunderten ihrer Geschichte nicht mit Sicherheit zu ermitteln. Für die Kaiserzeit schwanken die Berechnungen zwischen 261 000 und 4 Millionen Einwohner, die innerhalb der Aurelianischen Mauer gelebt haben sollen. Vermutlich lebte zur Zeit des Augustus etwa eine Million Menschen in Rom. Die B. des röm. Reiches schätzt man für die Zeit des Augustus auf 55 - 60 Millionen; davon lebten etwa 25 Millionen in der lateinisch sprechenden Westhälfte des Reiches (Italien, Spanien, Nordafrika, Gallien, Donauländer). In der griechisch sprechenden Osthälfte (Griechenland, Makedonien, Kleinasien, Ägypten) lebten etwa 30 Millionen Menschen.

Bibel (griech. *ta biblia)*, „die Bücher" ursprünglich des Alten Testaments, dann auch des Neuen Testaments. Die Schriften des Neuen Testaments entstanden wohl in der Zeit von 51 - 95 n. Chr. Das Matthäus- und das Lukasevangelium sind von Markus abhängig; auf eine eigene Überlieferung geht das Johannesevangelium zurück. Die Apostelgeschichte setzt das Lukasevangelium fort.

Bibliothek, Aufbewahrungsort für Bücher; die bekannteste B. der Antike befand sich in Alexandria mit 700 000 Buchrollen zur Zeit Cäsars, von denen 47 v. Chr. ein großer Teil verbrannte. In Rom richtete Asinius Pollio (76 v. bis 4 n. Chr.) die erste öffentliche B. ein. Aus Herculaneum ist eine private B. erhalten. Augustus gründete zwei B.: die eine auf dem Palatin, die zeitweilig von dem Freigelassenen Hygin geleitet wurde, und die andere auf dem Marsfeld. Augustus' Nachfolger stifteten weitere B. — Die B. wurden von Bibliothekaren verwaltet und geleitet; diese waren - vor allem in Alexandria - bedeutende Wissenschaftler. Sie legten Kataloge an und sorgten für Neuanschaffungen, die bei Buchhändlern und Verlegern gekauft wurden.

Bier *(cervisia)*. Obwohl das deutsche Wort B. wahrscheinlich von *bibere* „trinken" hergeleitet ist, war B. kein besonders beliebtes Getränk bei den Römern. Das B. der Germanen soll nach Tacitus (Germania 23) nur eine gewisse Ähnlichkeit mit schlechtem Wein gehabt haben. In Gallien und Germanien wurde jedoch gern B. getrunken. Aus Köln und Trier sind antike Bierbrauer bekannt. — Das B. wurde vor allem aus Weizen oder Gerste hergestellt. Das Getreide wurde eingeweicht, getrocknet, gemahlen, mit Sauerteig zu Brot verbacken, dem dann der Saft entzogen wurde. Dieser wurde anschließend mit Honig gewürzt und vergoren.

Bildungswesen. Das röm. Schulsystem hatte wie unser heutiges drei Stufen: auf die Elementarschule, die man vom 7. bis 11./12. Lebensjahr besuchte, folgte die höhere Schule (12. bis 17. Lebensjahr); am Ende der Ausbildung stand das Studium in der Rhetorenschule. Der Grundschullehrer *(ludi magister)* hatte keine erzieherische Pflicht, sondern nur die Aufgabe, den Kindern Lesen, Schreiben und Rechnen beizubringen; der Lehrer der höheren Schule *(grammaticus)* sollte enzyklopädische Bildung vermitteln *(artes liberales,* →Enzyklopädie); in Wirklichkeit beschränkte sich der Unterricht meist auf die systematische Behandlung der Grammatik und auf die Lektüre und Interpretation der klassischen Autoren (im Griechischen Homer, die Tragiker und Menander, im Lateinischen seit augusteischer Zeit Vergil und Terenz). Der griech. Unterricht ging dem lat. voran. Der griech. und lat. Rhetorikunterricht umfaßte die Theorie der Rede und praktische Übungen. An manchen Schulen gab es auch die Möglichkeit, dazu noch Philosophie oder Rechtswissenschaft zu studieren. Die Römer hatten dieses Bildungssystem (seit dem 3. Jh. v. Chr.) von den Griechen übernommen. Nur die Elementarschule hatte es vorher schon gegeben. Anders als bei den Griechen waren jedoch die höhere Schule und der Rhetorikunterricht zweisprachig. — Das röm. B. war privat; erst im 5. Jh. n. Chr. wurde die höhere Schule verstaatlicht. In der Rhetorenschule gab es schon früher einzelne vom Staat besoldete Professoren. — Die Unterrichtsmethoden waren ziemlich einfach. In der Grundschule lernte man zunächst die Namen der Buchstaben, dann die Zeichen dafür, später die einzelnen Silben, schließlich bildete man daraus ganze Wörter. Sehr einförmig scheint auch die Interpretation der Klassiker durchgeführt worden zu sein; sie wurden hauptsächlich als Exerzierfeld für grammatische Übungen benützt.

Biographie (griech. *bios,* lat. *vita* Lebensbeschreibung). Die röm. B. entwickelte sich aus biographischen Formen wie der Grabrede (→laudatio funebris) und der Memoirenliteratur und unter dem Einfluß der hellenistischen Biographie. Seit dem 1. Jh. v. Chr. bildeten sich drei Arten der B. heraus: 1. die Einzelbiographie (z. B. Tacitus, Agricola), 2. die Sammlung gleichartiger B. (z. B. Suetons Kaiserbiographien), 3. die Sammlung vergleichender B. von röm. und nichtröm. Persönlichkeiten (z. B. Cornelius Nepos), aus der sich in der Spätantike das biographische Lexikon entwickelte (z. B. Hieronymus, De viris illustribus). — Die christliche Form der B. ist die Lebensbeschreibung der Märtyrer und der Heiligen (→Hagiographie, Legende). →Autobiographie

Blei diente als Material für Rohre, Dächer, Särge, Verfugungen, Zusatz zu Münzmetall (→Geld). In Pompeji hat man unter den Bürgersteigen verlegte Wasserleitungen aus B. gefunden. B. wurde auch zum Löten von Metallgegenständen verwendet. Dübel aus Metall oder Holz wurden mit B. umgossen. Dadurch wurde ihre Funktion bei der Verklammerung und Verankerung von Steinen, Säulentrommeln (→Säule) und Standbildern verbessert. B. wurde durch Bergbau vor allem in Spanien und Britannien gewonnen.

Boethius *(Anicius Manlius Torquatus Severinus Boethius),* der letzte große Philosoph der Antike, um 480 n. Chr. geboren, Schwiegersohn des jüngeren →Symmachus; Karriere am Hof Theoderichs d. Gr. in Ravenna (510 Konsul, 522 *magister officiorum*, d. h. Reichskanzler). Des Hochverrats gegen die Gotenherrschaft angeklagt wurde er 524 hingerichtet. Im Gefängnis schrieb B. die fünf Bücher „Der Trost der Philosophie" (De consolatione philosophiae), eines der meistgelesenen Werke des Mittelalters. Die Philosophie tröstet den Bedrohten, indem sie zeigt, was das wahre Glück der unsterblichen Menschenseele ist. Das stoische, (neu)platonische und aristotelische Gedankengut ist für B. ein stärkerer Trost als der neue christliche Glaube. In seinen anderen Werken versucht B. vor allem platonisch-aristotelisches und christliches Denken miteinander zu verschmelzen. Er plante eine Übersetzung und Kommentierung aller Schriften des Platon und des Aristoteles und eine systematische Darstellung der antiken Philosophie. Der Ausdruck *quadrivium* (artes liberales), der Arithmetik, Musik, Astronomie und Logik zusammenfaßt, geht auf B. zurück. Die gesamte mittelalterliche Philosophie beruht auf den Schriften des Boethius.

Bogenkonstruktion, eine von den Römern hochentwickelte statisch-architektonische Möglichkeit zum Bau von gewölbten Decken in Thermen und Basiliken, zur Gestaltung von tragenden Wänden und Fassaden in Amphitheatern (→Kolosseum), zur Herstellung von Triumphbögen, zur Überbrückung von Flüssen und Senken bei der Anlage von Wasserleitungen (→Aquädukt, →Pont-du-Gard), für den Bau von Brücken und Toren. — B. lasten gewöhnlich auf tragenden Pfeilern. Der Bogen ist als Rund- oder Flachbogen und - sehr häufig - als horizontaler Bogen aus Hau- oder Ziegelsteinen gemauert. — Die Herstellung von gewölbten Decken beschreibt Vitruv, De architectura 7,3.

Antike Bogenkonstruktionen

Bonn *(Bonna* oder *Castra Bonnensia),* zwischen 20 und 10 v. Chr. als röm. Militärlager (→Lager) von Drusus gegründet, im Aufstand der Bataver (69/70) zerstört und später wieder aufgebaut. Funde aus der Römerzeit sind im Rheinischen Landesmuseum zu besichtigen. Dort befindet sich auch der berühmte Grabstein des Zenturio Marcus Caelius.

Brennus, Führer der Gallier, die 387 v. Chr. die Römer an der Allia, einem Nebenfluß des Tiber, vernichtend geschlagen haben und dann Rom bis auf das Kapitol eroberten und in Brand setzten. Die Römer erkauften sich den Abzug der Gallier mit einem hohen Lösegeld. Beim Abwiegen des Goldes soll B. mit den höhnischen Worten *vae victis* (Wehe den Besiegten) noch zusätzlich sein Schwert auf die Waagschale geworfen haben, um das Gewicht des abzuliefernden Goldes zu erhöhen und die Rechtlosigkeit der Besiegten zu demonstrieren. Nach dem Abzug der Gallier sorgte Camillus für den Wiederaufbau von Rom.

brevitas, Kürze des Ausdrucks und Fähigkeit, mit wenigen Worten viel zu sagen; eine der fünf in der Stoa gelehrten Stilqualitäten (→Rhetorik) neben *latinitas, perspicuitas, aptum, ornatus* (Sprachrichtigkeit, Deutlichkeit, Angemessenheit, Redeschmuck). B. ist charakteristisch für den Stil des Sallust, des Seneca und des Tacitus. Im Gegensatz zu der pointierten Kürze bei diesen Autoren steht die Breite bei Cicero und Livius.

Briefe *(epistula* oder *litterae)* aus der röm. Antike sind in großer Zahl erhalten. Zwar sind alle vor Cicero geschriebenen Briefe bis auf wenige Fragmente verloren, aber die 931 B. aus Ciceros Korrespondenz, von denen 797 von ihm selbst, die übrigen von Pompeius, Cäsar, Brutus, Antonius u. a. stammen, geben uns unschätzbare Einblicke in das private und politische Leben eines hochgebildeten und sensiblen Mannes und seiner Zeit. Ciceros B. sind persönliche B., während die des jüngeren Plinius zum großen Teil Kunstbriefe sind, d. h. sie wenden sich trotz des konkreten Adressaten an ein allgemeines Publikum. Amtliche Briefe liegen in der Korrespondenz des Plinius mit Kaiser Trajan vor. Sallusts Briefe an Cäsar sind politische Broschüren. Als offene Form der philosophischen Abhandlung verwendet Seneca den Brief in seinen 124 ,,Epistulae morales'' an Lucilius. Der poetische Brief begegnet bei Catull, den Elegikern, Horaz und einigen späteren Dichtern. Horaz erhebt die Briefform zu einer eigenen Literaturgattung. Ovids ,,Heroides'' enthalten fiktive Briefe mythischer Frauen. Die 22 B. des Neuen Testaments sind Gemeindeschreiben, Lehrbriefe, Privatschreiben und Rundbriefe. Die B. des Paulus kann man als ,,einflußreichste Briefsammlung der Weltgeschichte'' bezeichnen (v. Harnack). Weitere bedeutende Briefsammlungen besitzen wir u. a. von Hieronymus, Ambrosius und Augustinus. — Gefälscht ist der aus dem 4. Jh. stammende Briefwechsel zwischen Seneca und Paulus.
→Briefpapier, Briefstil

Briefpapier bestand bei den Römern aus Papyrus oder dem teuren Pergament. Meist wurden briefliche Nachrichten auf Wachstafeln geschrieben, die zu je zwei mit der beschriebenen Fläche aufeinandergelegt, zusammengebunden und versiegelt wurden. Die Anschrift des Briefempfängers wurde auf die Außenseite geschrieben (→stilus).

Briefstil. Der Briefkopf enthält im allgemeinen eine Grußformel und nennt den Absender und den Adressaten, z. B. *Tullius Tironi suo salutem plurimam dicit* (Tullius grüßt herzlich seinen Tiro). Eine häufige Höflichkeitsfloskel am Beginn des Briefes ist *Si vales, bene est, ego valeo,* abgekürzt *S.v.b.e.e.v.* (Hoffentlich bist Du wohlauf! Mir geht es gut). Der Gruß am Ende des Briefes lautet meistens *vale* (Leb wohl). Dann wird das Datum und der Ort genannt. — Eine stilistische Eigenart des Briefes ist das Tempus: Der Schreiber versetzt sich in die Zeit des Empfängers, also heißt es nicht ,,ich schreibe Dir aus Rom'', sondern ,,ich habe Dir aus Rom geschrieben''. — Die persönlichen Briefe Ciceros geben uns einen Eindruck von der Umgangssprache der Gebildeten, die sich durch ihren lockeren Satzbau, in dem die Reihung von Hauptsätzen vorherrscht, durch ihre Vorliebe für →Deminutiva, Sprichwörter, griech. Fremdwörter, Ausrufe und Beteuerungsformeln u. a. von der literarischen Sprache erheblich unterscheidet.
→Vulgärlatein

Britannicus *(Tiberius Claudius Caesar Britannicus),* 41 - 55 n. Chr., Sohn des Claudius und der Messalina, von Agrippina zugunsten ihres Sohnes Nero als Nachfolger des Claudius ausgeschaltet und von Nero ermordet.

Britannien *(Britannia),* heute: England mit Wales und Schottland. Zur Sicherung seiner gallischen Eroberungen (→Gallien) führte Cäsar 55 und 54 v. Chr. zwei Expeditionen nach B. durch. Aber erst durch Claudius wurde 43 n. Chr. der Süden B.s erobert und zur Provinz erklärt. Zur Zeit der Kaiser Vespasian, Titus und Domitian drangen die Römer unter dem Statthalter Agricola weiter nach Norden bis zum schottischen Hochland vor. Unter Hadrian wurde im Norden ein starker Grenzwall *(vallum Hadriani* Hadrianswall) errichtet. — Wegen seines Reichtums an Zinn, das für die Herstellung von Bronze nötig war, war B. für die Römer von hoher wirtschaftlicher Bedeutung. — B. blieb eine stets unruhige und gefährdete Provinz, die u. a. durch zahlreiche Kastelle nicht nur gegen Aufstände der Einheimischen, sondern auch gegen Piratenangriffe gesichert werden mußte. Am Anfang des 5. Jh. wurde B. militärisch aufgegeben.

Bronze *(aes),* durch Zusatz von Zinn, Blei, Silber oder Zink gehärtetes Kupfer, Werkstoff für Werkzeuge, Waffen, Haushaltsgegenstände, Spiegel, Schmuck. Für die Herstellung von Standbildern aus B. bediente man sich der Technik der ,,verlorenen Form'': Das Standbild wird zunächst aus Ton geformt, erhält einen Überzug aus Wachs und dann wieder einen Mantel aus Ton. Durch eine Röhre wird zwischen Form und äußeren Mantel B. gegossen, die das Wachs verdrängt. Andere Röhrchen ermöglichen das Abfließen des Wachses und den Zufluß der B. an verschiedenen Stellen. Der Tonmantel und die innere Form werden nach Erkalten der B. entfernt. Der B.-Guß bleibt übrig und wird weiter bearbeitet und verfeinert. Für ein großes Standbild werden einzelne Teile für sich gegossen und später zusammengelötet.

Die sog. Chimäre von Arezzo
Etruskische Bronze

Brot, Grundnahrungsmittel (→Lebensmittel) der Römer. Eine Darstellung röm. Brotherstellung vom Getreideeinkauf (überwiegend Weizen) über das Mahlen mit der von einem Esel angetriebenen Mühle, das Kneten des Teiges und das Formen des B.s bis zum Backen und Wiegen findet man auf dem Grabmal des Bäckers Vergilius Eurysaces an der Aurelianischen Mauer (Porta Maggiore) in Rom. — B. wurde seit dem 2. Jh. v. Chr. in öffentlichen (Groß-)Bäckereien produziert. Vorher stellte man B. in den Privathaushalten her (einschließlich des Getreidemahlens mit der Handmühle bzw. dem Mörser). — Für die Versorgung der röm. Bevölkerung mit B. bzw. Getreide waren die Ädilen zuständig; diese hatten auch die Preise und die kostenlose Verteilung (→Fürsorge) zu überwachen. Die Parole *panem et circenses* (B. und Spiele - Juvenal 10, 81) bezeichnet die damaligen Grundbedürfnisse des Menschen, nämlich das Verlangen nach (kostenloser) Ernährung und Unterhaltung.

Brücken. Der B.-Bau gehört zu den hervorragenden technischen Leistungen der Römer. Die Fernstraßen und der innerstädtische Verkehr machten viele B. erforderlich. In Rom wurde bereits im 5. Jh. v. Chr. eine Holz-B. über den Tiber gebaut *(pons sublicius)*. Der noch heute benutzte *pons Fabricius* (62 v. Chr. erbaut) verbindet die Tiberinsel mit dem linken Ufer. Gut erhalten sind auch die steinerne B. in Trier über die Mosel und die Tajo-B. von Alcántara (Spanien). Cäsar hat mehrere B. aus Holz über den Rhein schlagen lassen. Unter Trajan wurde bei Drobeta (Rumänien) eine 1100 m lange B. über die Donau gebaut. — Römische B. hatten eine Fahrbahn, Bürgersteige und ein Geländer.

Rekonstruktion einer Rheinbrücke (nach Cäsar)

Brundisium (heute: Brindisi), Stadt in Kalabrien, *municipium* seit 89 v. Chr., wichtiger Hafen, Zielort der Via Appia. Von B. aus fuhr man in der Antike mit dem Schiff nach Griechenland. — Am 21.9.19 n. Chr. starb Vergil in B.

Brunnen dienten in den Städten, z. B. in Pompeji, der Wasserversorgung; Wasserleitungen aus Blei führten nur in die Häuser der Wohlhabenden; die Bewohner der Mietskasernen waren auf öffentliche B. angewiesen. In der Nähe der B. standen häufig Wassertürme zur Speicherung des B.-wassers. Es gab Schöpf- oder Ziehbrunnen und B. mit ständig fließendem Wasser. In der späten Kaiserzeit gab es in Rom über 1000 B. — Besonders prachtvoll ausgestattet waren die B., an denen die großen Wasserleitungen endeten. In der Renaissance wurde dem Wasser in ähnlicher Weise ein triumphaler Empfang bereitet (z. B. Fontana di Trevi).

Brutus. (1) *Lucius Iunius Brutus,* der Sage nach durch die Vertreibung des Königs Tarquinius Superbus angeblich im Jahre 510 v. Chr. Begründer der röm. Republik, erster Konsul.

(2) *Marcus Iunius Brutus,* 85 - 42 v. Chr., einer der Mörder Cäsars, Freund Ciceros, mit dem er viele Briefe gewechselt hat (Epistulae ad Brutum), zunächst als Anhänger Cäsars Statthalter von *Gallia Cisalpina* (→Gallien), dann neben Cassius Anführer der Verschwörung des Senats gegen Cäsar. Bei Philippi wurde B. mit seinen Anhängern von Antonius geschlagen und zum Selbstmord getrieben.

Bildnis des Brutus auf einer röm. Münze (stark vergrößert)

Buch. In der Antike hatte das B. die Form einer Rolle *(volumen)* aus zusammengeklebten Pergament- oder Papyrusblättern (→Papyrus, →Pergament). Normalerweise war eine B.-Rolle 20 - 30 cm breit und 7 - 10 m lang. Die Länge eines B. hing auch von seinem Inhalt ab; so wurden für „leichtere" Literatur kleine und bequem zu handhabende, für wissenschaftliche Texte schwerere und umfangreichere Rollen verwendet. — Eine Papyrusrolle wurde nur auf der Innenseite, und zwar in Kolumnen, die etwa die Breite eines Hexameters hatten, beschrieben. Diese Arbeit wurde von Schreibern nach Diktat oder nach einer Textvorlage ausgeführt. Nach Martial (2, 1, 5) konnte ein Schreiber 9 Verse eines Gedichtes pro Minute schaffen. — Der Titel eines B. wurde auf einem Pergamentstreifen an die Rolle geklebt. Gegen Motten und Würmer wurden B. mit Zedernöl geschützt. Sie wurden bei Nichtgebrauch in Futteralen aufbewahrt. — Das Lesen eines B. wurde dadurch erleichtert, daß das Rollenende an eine hohle zylindrische Röhre geklebt war, durch die ein drehbarer Stab geschoben wurde. An diesem konnte die Rolle gehalten und abgewickelt werden. — Im ersten Jh. n. Chr. kam eine neue B.form auf: der *codex,* der in seiner Form und Handhabung dem heutigen B. entspricht.

Buchhändler *(bibliopola* oder *librarius).* In Rom gab es mehrere Buchhandlungen *(tabernae librariae)* in den belebtesten Gegenden der Stadt (z. B. auf dem *forum Romanum* oder an vielbesuchten Einkaufsstraßen). Die B. stellten die Bücher an Pfeilern und in Eingängen aus, um Interessenten anzulocken und in Gespräche zu verwickeln. Der bekannteste B. und zugleich Verleger war Atticus. Seine Kunden hatte er nicht nur in Rom, sondern auch in Griechenland. Viele B. verkauften ihre Bücher in die entferntesten Provinzen. So konnte z. B. Martial „auf der ganzen Welt" *(toto in orbe)* gekauft werden, und Ovid war ebenfalls *in toto orbe* zu erwerben (Ovid, Tristia 4, 10, 128).

Bürgerkrieg *(bellum civile).* Der röm. B. begann mit den Reformversuchen der Gracchen (133 v. Chr.), wütete zur Zeit von Marius und Sulla, erreichte seinen Höhepunkt zu Pompeius' und Cäsars Zeit, wurde beendet durch Octavians Sieg bei Actium (31 v. Chr.). In der röm. Kaiserzeit gab es keine B. — Zu den Ursachen des B. gehörten die Konflikte, die sich aus der Verarmung der Bauern durch die auswärtigen Kriege und die Entstehung des Großgrundbesitzes ergaben, ferner das daraus folgende Anwachsen eines besitz- und arbeitslosen Proletariats (→proletarius) in den Städten. Die Gracchen versuchten, durch Landreformen die Neuansiedlung verarmter Bauern zu erreichen. Es kam zu offenen Auseinandersetzungen mit den Interessenvertretern der Großgrundbesitzer. Im weiteren Verlauf des B. stießen die Anhänger zweier politischer Bewegungen aufeinander: die Popularen, die die Interessen des Proletariats, und die Optimaten, die die Interessen der Großgrundbesitzer und des Senats vertraten. — Marius z. B. war ein prominenter Führer der Popularen, Sulla stand an der Spitze der Optimaten. Beide hatten nicht nur unterschiedliche politisch-soziale Programme, sie verfolgten auch persönliche Machtansprüche. Die Grausamkeit des B. wurde durch das von beiden Seiten geübte Verfahren der Vernichtung politischer Gegner durch Proskription, die Sulla 82 - 79 v. Chr. zuerst gegen die Popularen angewandt hatte, verschärft. Nach Sullas Tod (78) und der Wiederherstellung der Senatsherrschaft (Sieg der Optimaten) gewann Pompeius, ein Freund Sullas, eine überragende politische Stellung im Kampf gegen die Popularen vor allem in Spanien. Neben Pompeius erhielt Crassus, der den Sklavenaufstand unter Spartacus niederschlug, großen Einfluß. Im Jahre 60 v. Chr. gingen Pompeius und Crassus mit Cäsar, dem Führer der wiedererstarkten Popularen, das 1. Triumvirat ein. Dadurch gelang es Cäsar, im Jahre 59 zum Konsul gewählt zu werden und sich ab 58 als Statthalter von Gallien ein schlagkräftiges und ihm treu ergebenes Heer zu schaffen. 49 v. Chr. verließ Cäsar mit seinen Truppen seinen Amtsbereich (→Rubico) und zog gegen Rom. Die meisten Senatoren und auch Pompeius flohen aus Rom. 48 kam es zur Schlacht zwischen Pompeius und Cäsar bei Pharsalus. Als Sieger kehrte Cäsar nach Rom zurück. 44 fiel er einer Verschwörung des Senats zum Opfer (→Brutus, →Cassius). Er hatte seinen Großneffen Octavian als Sohn adoptiert (→Adoption) und testamentarisch zu seinem Erben eingesetzt. Antonius verweigerte Octavian Cäsars Erbe. Der drohende Konflikt wurde zunächst durch das 2. Triumvirat aufgefangen. Die Proskriptionen wurden wieder aufgenommen, und zwar gegen die Anhänger der Republik und des Senats. Die Mörder Cäsars wurden 42 v. Chr. bei Philippi vernichtet. Octavian und Antonius teilten sich die Herrschaft über das Reich. Die Schlacht bei Actium brachte die Entscheidung: Octavian begründete mit seinem Sieg über Antonius als Cäsars Nachfolger seine alleinige Machtstellung (→Prinzipat) und beendete damit den 100jährigen B.

Bürgerrecht *(civitas)*, die Rechte und Pflichten eines röm. Bürgers *(civis Romanus)*, der sich durch diese von einem →peregrinus oder einem Sklaven unterschied. Ursprünglich besaßen nur die Bewohner des röm. Stadtstaates das B. Nach dem Bundesgenossenkrieg (90 - 88 v. Chr.) erhielten allmählich alle Bewohner Italiens das B. In den Provinzen konnte es von den Statthaltern an Einzelpersonen oder ganze Gemeinden verliehen werden. In diesem Falle wurden die betroffenen Personen formal in eine der stadtröm. *tribus* eingetragen. So gehörten z. B. fast alle Bürger Galliens zu derselben röm. *tribus (tribus Quirina)*. Unter Caracalla erhielten im Jahre 212 alle freien Reichsbewohner das B. *(constitutio Antoniniana)*. Zu den Rechten gehörten: a) das Recht, Verträge abzuschließen, über Grundeigentum zu verfügen und rechtsgültige Geschäftsbeziehungen einzugehen *(ius commercii)*, b) das Recht, mit einer röm. Bürgerin eine rechtsgültige Ehe zu schließen *(ius conubii)*, c) das Recht, gegen Gerichtsurteile Berufung einzulegen *(ius provocationis)*, d) das Recht, in der Volksversammlung zu wählen *(ius suffragii)*, e) das Recht, öffentliche Ämter zu bekleiden *(ius honorum)*, f) das Recht, in einer Legion zu dienen *(ius militiae)*. Zu den Pflichten gehörten Militärdienst und bestimmte steuerliche Abgaben (→Steuern). Das B. wurde im Falle der Ächtung, bei schweren Verbrechen oder im Falle der Kriegsgefangenschaft entzogen.

Bürgersteige. In Pompeji waren die Straßen mit großen Blöcken aus der Lava des Vesuvs gepflastert und hatten ca. 30 cm hohe B. Fußgänger konnten die Straßen auf hohen Trittsteinen (Überwegen) überqueren. In Rom soll es dagegen kaum B. gegeben haben.

Bukolik (von griech. *bukolos* Hirt), Hirtendichtung, Schäferpoesie. Die griech. Hirtendichtung erreicht ihren Höhepunkt in den Gedichten des Theokrit (3. Jh. v. Chr.). In der röm. Literatur wird die B. erst durch Vergil heimisch, dessen 10 →Eklogen in die Hirtenwelt Theokrits die politische Gegenwart Vergils hereinnehmen. Besonders berühmt wurde die 4. Ekloge, in der Vergil die Geburt eines göttlichen Kindes und den Beginn eines neuen Zeitalters verkündet, weswegen er im Mittelalter als Prophet verehrt wurde. An die antike B. knüpfen die italienische Hirtendichtung der Renaissance und die französische B. des 16. Jh. an. In Deutschland wird die Gattung erst im 17. und 18. Jh. gepflegt.

Bukolische Dihärese, Wortende nach dem vierten Metrum im Hexameter, vor allem bei den griech. Bukolikern und in den →Eklogen Vergils. Im Gegensatz zur Dihärese fällt bei der →Zäsur das Wortende nicht mit dem Metrumende zusammen. →Metrik

Bundesgenossen *(socii)*, Angehörige der italischen Stämme (→Italiker), die von den Römern allmählich unterworfen wurden und dann dazu verpflichtet waren, Hilfstruppen zu stellen. Im Bundesgenossenkrieg (90 - 88 v. Chr.) verlangten die B. das volle Bürgerrecht und waren seitdem röm. Bürger.

Bundesgenossenkrieg, kriegerische Auseinandersetzung zwischen Römern und Bundesgenossen, die das volle röm. Bürgerrecht beanspruchten. Das Ziel des B. wurde nach drei Jahren (90 - 88 v. Chr.) erreicht. Alle italischen Bundesgenossen (→Italiker) erhielten das Bürgerrecht, das jedoch nur in Rom selbst wahrgenommen werden konnte; folglich zogen viele Bundesgenossen nach Rom und vermehrten das hauptstädtische Proletariat (→proletarius).

Butter verwendeten die Römer nicht als Lebensmittel, sondern als Salbe für medizinische Zwecke (Plinius, Naturalis Historia 28, 133 ff.).

Byzantium, heute Istanbul, von den Griechen um 600 v. Chr. gegründet, von Kaiser Konstantin 330 n. Chr. zur Hauptstadt *(Nova Roma)* des röm. Reiches erklärt und Konstantinopolis genannt. Bis zu seiner Eroberung durch die Türken (1453) blieb B. kulturelles Zentrum des Ostens.

Caelius *(Marcus Caelius),* röm. Zenturio, diente in der 18. Legion, war 53 1/2 Jahre alt, als er im Krieg des Varus fiel *(cecidit bello Variano),* d.h. spätestens im Jahre 9 n. Chr. C. ist berühmt durch seinen mit Reliefs geschmückten Grabstein, der sich heute im Rheinischen Landesmuseum zu Bonn befindet.

Der Grabstein des M. Caelius

Cäsar *(Gaius Iulius Caesar),* 13.7.100 - 15.3.44 v. Chr., stammt aus einer alten patrizischen (→Patrizier) Familie, die in *Iulus,* dem Sohn des →Äneas, ihren Stammvater sah und dessen Mutter Venus als Stammutter verehrte. C. bekleidete mehrere hohe röm. Ämter (→Magistrate) und war Führer der Popularen wie sein Onkel Marius. Im Jahre 61 war C. Statthalter von Südspanien *(Hispania ulterior).* Nach seiner Rückkehr schloß C. 60 in Rom das erste Triumvirat. Im Jahre 59 war er Konsul. Als Prokonsul erhielt er die Provinzen *Gallia Cisalpina* (→Gallien), Illyrien *(Illyricum)* und *Gallia Narbonensis* (Südfrankreich). C. eroberte 58 - 51 ganz Gallien und schuf sich ein schlagkräftiges und ihm treu ergebenes Heer. In dieser Zeit unternahm er auch zwei Feldzüge nach Germanien und zwei Expeditionen nach Britannien. — Sein einstiger Verbündeter Pompeius entwickelte sich allmählich zu seinem Rivalen und Gegner im Kampf um die beherrschende Stellung im Staat. Der Senat, der auf der Seite des Pompeius stand, forderte von C. die Niederlegung seines militärischen Kommandos. Am 10.1.49 überschritt C. den Rubico, die Grenze zwischen *Gallia Cisalpina* und Italien, um seinen Machtanspruch zur Geltung zu bringen und eine Entscheidung herbeizuführen. Am 9.8.48 besiegte er Pompeius bei Pharsalos. Im Rahmen weiterer militärischer Aktionen setzte C. Kleopatra, von der er einen Sohn hatte, als Königin von Ägypten ein, besiegte 46 die Anhänger des Pompeius bei Thapsus und 45 dessen Söhne bei Munda (Spanien). Nach Pharsalos erhielt C. das Amt des Diktators auf unbestimmte Zeit und das Konsulat für 5 Jahre; damit wurde er zum ersten Mann im Staat. Vom Senat bekam er schließlich die Titel *Imperator* und *Pater patriae.* An den Iden des März 44 v. Chr. wurde er von 60 Angehörigen des Senats unter Führung von Brutus und Cassius ermordet. — Zu seinen herausragenden politisch-sozialen Leistungen gehören: die großzügige Verleihung des Bürgerrechtes, die Neuordnung des Kalenders, die Unterstützung der Veteranen, die Förderung der Provinzen. — Als Schriftsteller erwarb sich C. größten Ruhm. Er verfaßte u. a. sieben Bücher über seinen Krieg in Gallien (De bello Gallico) und drei Bücher über den Bürgerkrieg (De bello civili). Obwohl diese Schriften zur Gattung des amtlichen Tätigkeitsberichtes (→commentarius) gehören, an den keine stilistischen Ansprüche gestellt werden, zeigt C. sich hier als glänzender Autor. Er schreibt unübertrefflich klar, knapp und präzis. Seine Darstellung erweckt zwar den Anschein der Objektivität - so spricht er von sich selbst in der dritten Person; trotzdem dienen seine Berichte vor allem dazu, sein militärisches und politisches Vorgehen vor dem Senat zu rechtfertigen. C. hat (gleichzeitig mit Cicero) der lat. Prosa ihre klassische Form gegeben. — Nach seinem Tode erhielt C. als *Divus Iulius* göttliche Verehrung. Sein Geburtsmonat wurde nach ihm benannt: *Iulius*. Der Name C. wurde der Beiname aller röm. Kaiser. „Kaiser" ist das älteste lat. Lehnwort im Deutschen.

Caesarius von Heisterbach, 1180 - 1220, stammte aus Köln und war Prior im Zisterzienserkloster Heisterbach. Er wird heute noch gern wegen seiner Sammlungen lebensnaher Beispielgeschichten (Dialogus miraculorum) gelesen.

Caligula *(Gaius Caesar Germanicus),* Sohn des Germanicus, wuchs im Feldlager seines Vaters in Germanien auf, erhielt von den Soldaten den Spitznamen C. (von *caliga* Stiefelchen), röm. Kaiser 37 - 41, fühlte sich als Gott (Cäsarenwahn), verschwendete den Staatsschatz (→Staatskasse, →fiscus Caesaris) und ließ röm. Bürger ermorden, um sich ihr Vermögen anzueignen. Sein Wahlspruch soll nach Sueton (Caligula 30) gewesen sein: *oderint, dum metuant* (sie mögen mich hassen, wenn sie mich nur fürchten). C. wurde von den Prätorianern ermordet.

canabae, Dorf oder Handelsniederlassung der Ureinwohner in der Nähe eines röm. Lagers, oft mit diesem Keimzelle einer späteren Stadt. →Carnuntum

Cannae, Ort in Apulien, einer Landschaft im Südosten der Apenninenhalbinsel an der Adria, bekannt durch die Niederlage der Römer 216 v. Chr. im 2. Punischen Krieg. →Hannibal

Capri *(Capreae),* 10,5 qkm große Insel, Neapel vorgelagert. Auf der Ostspitze der Insel (334 m über dem Meer) ließ der Kaiser Tiberius eine Villa *(Villa Iovis)* bauen, in der er seine letzten Lebensjahre verbrachte (26 - 37 n. Chr.).

Capua, Stadt in Kampanien, der Sage nach von Remus erbaut, Gründung der Etrusker, mit Rom seit 295 v. Chr. durch die Via Appia verbunden. Im 2. Punischen Krieg stand C. auf der Seite Hannibals. In der Gladiatorenschule von C. begann 73 v. Chr. der Sklavenaufstand des Spartacus.

Caracalla, Spitzname des röm Kaisers *Marcus Aurelius Severus Antoninus,* 176 - 217 n. Chr. (→Soldatenkaiser), eig. Name für einen gallischen Mantel, den C. oft trug. C., Sohn des →Septimius Severus, verlieh 212 mit der sog. *constitutio Antoniniana* allen freigeborenen Bürgern des röm. Reiches das Bürgerrecht. Er führte Krieg mit den Parthern und ist heute noch bekannt durch die von ihm vollendeten und nach ihm benannten Thermen in Rom.

Carmina Burana („Lieder aus Benediktbeuren"), berühmteste und reichhaltigste Anthologie mittellateinischer (→Mittellatein) Lyrik (ca. 300 Lieder). Die Gedichte entstanden im 12. und 13. Jh. Die im Jahr 1803 im Kloster Benediktbeuren entdeckte Handschrift befindet sich jetzt in der Bayerischen Staatsbibliothek *(Codex Latinus* 4660). Inhalt: Moralisch-satirische Dichtungen; Trink-, Liebes- und Tanzlieder; zwei Dramen über Geburt und Passion Christi. Die Sammlung enthält auch altfranzösische und mittelhochdeutsche Gedichte, manche sind gemischtsprachig z. B. *Stetit puella* bi einem boume, *scripsit amorem* an eime loube (Stand ein Mädchen an einem Baum, schrieb Liebesworte auf ein Blatt). Die lat. Lieder sind „metrisch" (d. h. in antiker Art nach der Silbenquantität) oder „rhythmisch" (→Rhythmische Dichtung) gebaut und verwenden den →Reim (→Leoninischer Hexameter). Die Verfasser sind weniger Vaganten als lateinisch gebildete Kleriker. — Einige Lieder sind von Carl Orff vertont worden.
→Vagantendichtung

Carnuntum, keltische Siedlung (→Kelten) an der Donau, seit 8 v. Chr. röm. Lager, wichtiger Handelsplatz 40 km östlich von dem weniger bedeutenden *Vindobona* (Wien) an der Kreuzung der Donautalstraße mit der Bernsteinstraße, die von der Ostsee nach Süden führte. C. wurde im Jahre 106 von Trajan zur Hauptstadt von Oberpannonien (→Pannonien) erklärt. Mark Aurel hat hier Teile seiner „Selbstbetrachtungen" geschrieben. —

Im Krieg gegen die Markomannen wurde C. zerstört und von Septimius Severus, der in C. zum Kaiser ausgerufen worden war, wieder aufgebaut und zur *colonia* erhoben. — Große Teile von C. sind heute durch Ausgrabungen freigelegt.

Cassiodor *(Flavius Magnus Aurelius Cassiodorus)* lebte in der ersten Hälfte des 6. Jh. n. Chr. und war der bedeutendste Schriftsteller seiner Zeit nach Boethius. C. verfaßte u. a. eine Weltchronik, eine Geschichte der Goten, eine Kirchengeschichte und eine Darstellung der weltlichen und geistlichen Wissenschaften. Als Politiker und Staatsmann gab er die von ihm verfaßten Regierungserlasse unter dem Titel „Variae" heraus. — Seine kulturgeschichtliche Bedeutung besteht darin, daß er das Abschreiben antiker Texte zu einer wichtigen Aufgabe der Mönche in den Klöstern erhob und damit zur Erhaltung und Sammlung antiker Texte beitrug.
→Enzyklopädie, Mittelalter

Cassius *(Gaius Cassius Longinus)* stand im Bürgerkrieg zunächst auf der Seite des Pompeius, ergriff nach der Schlacht bei Pharsalos Cäsars Partei, war dann mit Brutus Anführer der Verschwörung gegen Cäsar und beging nach der Niederlage der Cäsarmörder bei Philippi im Jahre 42 v. Chr. Selbstmord.

Castor, wie Pollux einer der Dioskuren, der „Söhne des Zeus" (→Jupiter), die der Sage nach viele Heldentaten vollbrachten. C. war ein großer Rossebändiger, Pollux ein berühmter Faustkämpfer. Sie wurden als Helfer in der Not und als Beschützer der Seefahrer angerufen, denen sie als das Zwillingsgestirn *(gemini)* Orientierung auf See boten. Auf dem *forum Romanum* gab es schon in alter Zeit einen Tempel des C. Nach altem Brauch leisteten Frauen ihren Eid „bei Castor". — Noch heute stehen auf dem Kapitol und dem Quirinal Standbilder von C. und Pollux.

Catilina *(Lucius Sergius Catilina)*, 108 - 62 v. Chr., verarmter Patrizier, Nutznießer der Proskriptionen Sullas, bewarb sich mehrfach vergeblich um das Konsulat (→cursus honorum, →Konsul), plante einen politischen Umsturz (→Sallust), der 63 v. Chr. von Cicero vereitelt wurde. C. fiel im Kampf gegen das Heer der Regierung. Einige seiner Anhänger wurden ohne ein ordentliches Gerichtsverfahren im Mamertinischen Kerker hingerichtet.

Cato Censorius *(Marcus Porcius Cato)*, 234 - 149 v. Chr., Zensor aus plebejischer Familie (→Plebejer), bekam wegen seiner strengen Amtsführung den Beinamen (→Personennamen) *Censorius,* schrieb ein Handbuch über die Landwirtschaft, bekämpfte den griech. Einfluß (→Griechenland) auf die röm. Gesellschaft (→Scipionenkreis), weil er die Verweichlichung seiner Mitbürger fürchtete. C. trat für die wirtschaftliche Vernichtung Karthagos ein, um Roms Vorherrschaft im Mittelmeerraum zu festigen. Er soll im hohen Alter noch Griechisch gelernt haben.

Cato Uticensis *(Marcus Porcius Cato Uticensis)*, 95 - 46 v. Chr., Urenkel des Cato Censorius, Gegner Cäsars. Er beging Selbstmord in Utica (Africa), nachdem Cäsar bei Thapsus im Jahre 46 die Anhänger des Pompeius besiegt hatte. Als Verfechter der alten republikanischen Staatsidee (→Republik) konnte C. U. Cäsars Alleinherrschaftsanspruch nicht ertragen. — C. U. war philosophisch gebildet und ein Anhänger der Stoa. In der Kaiserzeit galt er als Vorbild des stoischen Republikaners und Gegners jeder Tyrannei. Der Dichter Lukan (39 - 65 n. Chr.) hat ihm in den „Pharsalia", einem Epos über den Bürgerkrieg zwischen Cäsar und Pompeius, ein Denkmal gesetzt.

Catull *(Gaius Valerius Catullus)*, ca. 84 - 54 v. Chr., stammte aus einer begüterten Veroneser Familie, die Villen in Sirmio und bei Tibur besaß. Er lebte in Rom im Kreis junger Dichter, der →Neoteriker, die sich nach alexandrinischem Vorbild um die kleine, ausgefeilte Form bemühten. Obwohl Cäsar im Haus des Vaters oft zu Gast war, wurden er und seine Günstlinge, vor allem der Offizier Mamurra, von C. heftig angegriffen. In der Zeit von 57 - 56 v. Chr. unternahm C. eine Reise in die Provinz Bithynien (Carmina 4, 28, 31, 46, 101). Catulls Geliebte Clodia, die er mit dem metrisch gleichen Namen

„Lesbia" nennt, war die Schwester des berüchtigten Volkstribunen Publius Clodius Pulcher. Das Werk - C. spricht von *libellus* und *nugae* („Büchlein" und „unbedeutenden Kleinigkeiten", Carmen 1) - besteht aus 116 Gedichten, die nach formalen Gesichtspunkten geordnet sind: am Anfang stehen kleine polymetrische (d. h. in verschiedenen Versmaßen geschriebene) Gedichte, vor allem in →Hendekasyllaben und→Hinkjamben (1 - 60); in der Mitte die „großen" Gedichte (Hochzeitslieder, mythologische Themen, Totenklage), zunächst polymetrische (61 - 64), dann elegische (65 - 68); am Ende →Epigramme (69 -116). — Zum erstenmal in der röm. Literatur äußert hier ein Dichter seine subjektiven Empfindungen in ihrer ganzen Leidenschaftlichkeit und Widersprüchlichkeit. Neben derbsten Angriffen voll Spott und Haß stehen persönliche Bekenntnisse und zarte Liebesgedichte. Der Eindruck des ursprünglichen Erlebnisses darf nicht darüber hinwegtäuschen, daß sich C. auch für den Ausdruck des intimsten Gefühls kunstvoller Formen bedient und virtuos mit den Möglichkeiten der lat. Sprache spielt. — Catulls Ruhm beruht vor allem auf seinen Liebesgedichten, in denen uns alle emotionalen Situationen eines Liebesverhältnisses begegnen: Erwartung und Erfüllung, Qual und Glück, Melancholie und selbstzerstörerische Zerrissenheit. Das berühmteste Gedicht ist wohl das oft übersetzte Carmen 85: *Odi et amo. Quare id faciam, fortasse requiris. / Nescio. Sed fieri sentio et excrucior.* Hassen und lieben zugleich muß ich. - Wie das? - Wenn ich's wüßte! Aber ich fühl's, und das Herz möchte zerreißen in mir (Mörike).

Celsus *(Aulus Cornelius Celsus),* röm. Gelehrter zur Zeit des Tiberius (1. Jh. n. Chr.), von dessen →Enzyklopädie nur der medizinische Teil (8 Bücher) erhalten ist. Die übrigen Teile seines Werks handelten vom Ackerbau, der Rhetorik und der Kriegskunst; ob auch Philosophie und Rechtswissenschaft enthalten waren, ist nicht sicher. C. wurde später aufgrund seiner klaren und leicht verständlichen Sprache als der „Cicero der medizinischen Schriftsteller" gerühmt.

Ceres, röm. Göttin des Getreides und des Ackerbaues, Mutter der Proserpina; ihr wurde zusammen mit Liber und Libera (Proserpina) 493 v. Chr. auf dem Aventin ein Tempel geweiht, der ursprünglich von den Ädilen verwaltet wurde. C. wurde von der *plebs* (→Plebejer) verehrt. Am 12. April wurden die *Cerealia,* das C.-Fest, gefeiert (Ovid, Fasti 4, 393-620).

Cestius, Volkstribun, Prätor und Priester unter Augustus, bekannt durch seine von einem seiner Freigelassenen erbaute Grabpyramide in Rom an der Via Ostiensis.

Chiasmus, Überkreuzstellung einander entsprechender Wörter oder Wortgruppen, nach der Form des griech. Buchstaben *chi* (x) benannt. Der C. hebt die →Antithese hervor, z. B. Sallust, Coniuratio Catilinae 5,4: *satis eloquentiae, sapientiae parum* (genug Beredsamkeit, Weisheit zu wenig).

Chirurgie (eig. „Handarbeit") galt in der Antike als Handwerk (→Handwerker) und wurde meist von griech. Sklaven ausgeübt.

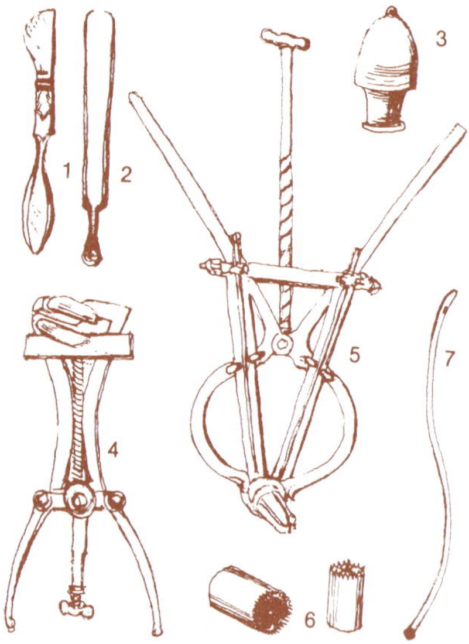

Medizinische Instrumente

1 Skalpell 2 Pinzette 3 Schröpfkopf 4 und 5 Specula 6 Trepan (Schädelbohrer) 7 Katheter

Chirurgische Instrumente wurden in den Krankenrevieren der röm. Lager gefunden. Eine umfangreiche Garnitur aus dem Anfang des 2. Jh. n. Chr. (u. a. Skalpelle, Hornlöffel, Knochensägen, Meißel, Wundhaken, Sonden, Pinzetten) wurde im Grab eines Arztes in Bingen *(Bingium)* am Rhein entdeckt (jetzt im Heimatmuseum der Stadt Bingen zu besichtigen). — Röm. Chirurgen arbeiteten ohne Betäubung. Der medizinische Schriftsteller Celsus rät ihnen daher, sie sollten sich nicht durch das Geschrei ihrer Patienten auf dem Operationstisch beeinflussen lassen. — Größere Operationen waren Amputationen, Blasensteinschnitte, Bruchoperationen, Schädeloperationen.
→Medizin

Christentum, für die Römer eine der vielen orientalischen Religionen (→Mysterienkulte, →Isis, →Mithras). Seine Anhänger gerieten zunächst in Konflikt mit dem röm. Staat, weil sie den Kaiserkult ablehnten (→Christenverfolgung, →Majestätsbeleidigung). — Die Berührungen des Staates mit dem Ch. beginnen bereits mit der Kreuzigung Jesu, für die Pontius Pilatus verantwortlich war. Von →Tacitus (Annalen 15, 44) werden die *Christiani* erwähnt, die angeblich den Brand von Rom im Jahre 64 n. Chr. verschuldet haben. Plinius (Briefe 10, 96 und 97) erbittet von Trajan Weisungen für die Behandlung der Christen in seinem Amtsbereich. — Mit Konstantin und dem Edikt von Mailand *(Mediolanum)* im Jahre 313 beginnt die Entwicklung des Ch. zur Staatsreligion. — Die Ausbreitung des Ch. wurde durch die politischen Verhältnisse *(pax Romana)* im röm. Reich sehr gefördert. Im Westen wurden Karthago und Rom zu Zentren des Ch. Gegen Ende des 4. Jh. hat sich das Ch. als alleinige Religion im ganzen röm. Reich durchgesetzt. Durch straffe kirchliche Organisation, die sich der staatlichen Institutionen bedienen konnte, wurde die nachhaltige Verdrängung und Überwindung aller nichtchristlichen Kulte möglich. Es gelang den Christen, röm.-griech. Geisteserbe (→Stoa) mit christlicher Theologie zu verschmelzen. Die Bildungswelt der röm. Rhetorik (→Cicero) wurde übernommen und in christliches Denken einbezogen. Röm. Kultstätten wurden in christl. Kirchen umgewandelt (z.B. Sta. Maria sopra Minerva in Rom). Röm. Götter wurden in christliche Heilige verwandelt (z. B. wurden Castor und Pollux den christlichen Heiligen Kosmas und Damian gleichgesetzt). Röm. Kulte gingen in christlichen Kulten auf.

Christenverfolgung, ursprünglich Verfolgung christlicher Gemeinden durch jüdische Behörden, später in Verbindung mit der Judenaustreibung aus Rom durch Claudius, dann die mit dem Vorwurf der Brandstiftung begründete Verfolgung der Christen durch Nero (→Tacitus, Annalen 15, 44) und durch Domitian. Trajan (Plinius, Briefe 10, 97) ordnet die Ch. einzelner an, jedoch nur auf eine Anzeige hin; er besteht auf der Todesstrafe, wenn die Verfolgten nicht abschwören. So kommt es zu den ersten Märtyrern. — Seit dem dritten Jh. erfolgen systematisch Ch. im ganzen Reichsgebiet. Septimius Severus verbietet 202/203 den Übertritt zum Christentum. — Die Ch. richten sich vor allem gegen die Kirche und ihre Organisation. — Mit Konstantin hört die Ch. vorübergehend auf, beginnt jedoch noch einmal unter Julian Apostata (361-363). — Die juristische Grundlage der Ch. waren die Nichtanerkennung der röm. Götter, angeblich begangene kriminelle Taten, die Verweigerung des Kaiserkultes und die damit verbundene Gefährdung der staatlichen Ordnung.

Christliche Literatur. Seit dem 2. Jh. n. Chr. gibt es lateinische Übersetzungen der in griech. Sprache abgefaßten Schriften des Neuen Testaments (→Itala). Im Jahr 383 beauftragte Papst Damasus I. Hieronymus mit der Revision des lateinischen Bibeltextes (→Vulgata).— Die ältere christliche Literatur hat apologetischen Charakter: Sie verteidigt die christliche Lehre gegen die Vorwürfe von Seiten der Vertreter der altröm. Religion. Christliche Autoren dieser Zeit sind Tertullian (um 160 - nach 220), Minucius Felix (um 200) und Laktanz (um 300). Als das Christentum im 4. Jh. seine Position festigen konnte und 313 zur Staatsreligion erklärt wurde, widmeten sich die christlichen Schriftsteller vor allem der Darlegung der Lehre in theoretischer oder in dichterischer Form:

Ambrosius (um 340 - 397), Prudentius (348 - nach 405), Hieronymus (348 - 430), Augustinus (354 - 430), Boethius (um 480 -524).

Cicero *(Marcus Tullius Cicero),* 106 v. Chr. in Arpinum (ca. 100 km südöstlich von Rom) geboren, stammte aus dem Ritterstand. Er studierte in Rom Rhetorik, Philosophie und Rechtswissenschaft und war als Rechtsanwalt tätig. Von 79 bis 77 hielt er sich in Griechenland auf, um seine Bildung zu erweitern. In Athen schloß er Freundschaft mit →Atticus. C. durchlief die Ämterlaufbahn (→cursus honorum) bis zum Konsulat im Jahre 63. Als Konsul verhinderte er den Putsch Catilinas; wegen seines scharfen und angeblich ungesetzlichen Vorgehens gegen die Anhänger Catilinas wurde er 58 auf Betreiben des Clodius verbannt, aber nach einem Jahr wieder zurückgerufen. Seit 58 war er ohne weiteren politischen Einfluß. 51 wurde ihm die Verwaltung der Provinz Kilikien übertragen. Im Bürgerkrieg zwischen Cäsar und Pompeius schloß er sich Pompeius an; Cäsar bot ihm nach seinem Sieg über Pompeius die Versöhnung an. Nach Cäsars Ermordung trat C. in scharfen öffentlichen Reden gegen Antonius und dessen Machtanspruch auf. Als Opfer der →Proskriptionen des Antonius wurde er am 7.12.43 ermordet. — Von Ciceros Reden sind 57 erhalten. Zu den wichtigsten gehören die Reden gegen Verres (,,In Verrem''), gegen Catilina (,,In Catilinam''), für den Dichter Archias (,,Pro Archia poeta''), für Milo (,,Pro Milone'') und die sog. philippischen Reden gegen Antonius (,,Orationes Philippicae''). Ciceros erste rhetorische Schrift ist ,,De inventione'' (Vom Auffinden der wesentlichen Gesichtspunkte für die Argumentation in der Rede), ein Jugendwerk, das doch schon auf Ciceros Verbindung der Rhetorik mit der Philosophie vorausweist. In ,,De oratore'' (Vom Redner) entwarf er später das Idealbild des Redners, der nicht nur die Redekunst vollkommen beherrscht, sondern auch über Kenntnisse des Rechts, der Philosophie und der Geschichte verfügt. Der Dialog ,,Brutus'' schildert die Geschichte der röm. Beredsamkeit, als deren Höhepunkt C. seine eigene Leistung betrachtete. Im ,,Orator'' (Redner) wendet sich C. gegen das Stilideal der Attizisten (→Attizismus). Die beiden staatstheoretischen Schriften ,,De re publica'' (Vom Staat) und ,,De legibus'' (Von den Gesetzen) weisen in ihren Titeln auf Platons Schriften ,,Politeia'' (Staat) und ,,Nomoi'' (Gesetze) als Vorbild hin. In ,,De re publica'' (nur in Bruchstücken überliefert, →Palimpsest) zeigt C. Publius Cornelius Scipio Aemilianus und einige seiner Freunde im Gespräch über den Staat. Themen der sechs Bücher sind u. a. der Begriff und die Definition des Staats, die Verfassungsformen, der Kreislauf der Verfassungen, die Mischverfassung, das Wesen der Gerechtigkeit, der ideale Staatsmann. Berühmt wurde das *Somnium Scipionis* (Scipios Traum) am Ende des letzten Buches, in dem C. den Lohn des wahren Staatsmannes im Jenseits schildert. In der ebenfalls unvollständig erhaltenen Schrift über die Gesetze versucht C., die Natur des Rechts zu definieren, und interpretiert eine Reihe röm. Gesetze. — Die philosophischen Schriften behandeln u. a. Fragen der sittlichen Werte (,,De finibus bonorum et malorum'' Vom höchsten Gut und vom größten Übel), die Gefährdung des für die Glückseligkeit notwendigen seelischen Gleichgewichts (,,Tusculanae disputationes'' Gespräche in Tusculum), theologische Fragen (,,De natura deorum'' Vom Wesen der Götter), das Problem der Weissagung und des Schicksals (,,De divinatione'' Von der Weissagung, ,,De fato'' Vom Schicksal), das Alter (,,Cato maior de senectute'' Der ältere Cato über das Greisenalter), die Freundschaft (,,Laelius de amicitia'' Laelius über die Freundschaft) und das pflichtgemäße Handeln (,,De officiis'' Über die Pflichten). — Aus seinen fast 800 Briefen gewinnen wir einen unschätzbaren Einblick in das Privatleben einer der bedeutendsten Persönlichkeiten dieser Zeit. Erhalten sind die Briefsammlungen an Atticus (,,Ad Atticum''), an verschiedene Freunde und Bekannte (,,Ad familiares''), an den Bruder Quintus (,,Ad Quintum fratrem'') und an Brutus (,,Ad Brutum''). — Ciceros überragende Bedeutung beruht auf seiner sprachlich-literarischen Leistung. Er hat (gleichzeitig mit Cäsar) die klassische lat. Prosa geschaffen, die bis auf den heutigen Tag vorbildlich ist. Er prägte eine lat. philosophische Fachsprache, um den Römern griech. Philosophie zu vermitteln. Auch wenn er selbst kein eigenständiger Denker ist (→Eklektizismus), so ist doch seine Rolle als Vermittler, Förderer und Anreger philosophischen Denkens nicht zu überschätzen. Politisch vertrat er die altröm. republikanische Staatsidee (→Republik), die zu seiner Zeit bereits überholt war: der →Prinzipat war die politische Lösung der Zukunft. →Augustus

Cincinnatus *(Lucius Quinctius Cincinnatus),* Heldengestalt der röm. Frühzeit, Urbild des röm. Bauern und Politikers in einer Person, soll 458 v. Chr. von seinem Acker geholt und zum Diktator ernannt worden sein, um die Römer aus einer militärischen Notlage herauszuführen.

circus maximus, der älteste und größte Zirkus in Rom zwischen Aventin und Palatin mit einer Arena von 600 m Länge und 150 m Breite für die Veranstaltung von Wagenrennen (4 - 12 einachsige Wagen mit je vier Pferden bespannt), Prozessionen und Triumphzügen (→Triumph). Die Bahn war durch ein ,,Rückgrat'' *(spina)* zweigeteilt; das war eine Art Damm, an dessen Enden je ein spitzer Kegel stand, der zu umfahren war. Die *spina* war mit Standbildern und Altären geschmückt. In der Mitte der *spina* ließ Augustus einen riesigen Obelisk aus Ägypten aufstellen. Die eine Schmalseite der Bahn wurde durch Ställe für die Wagenpferde, die andere durch eine enge Kurve begrenzt; hier befand sich auch der Triumphbogen, durch den die Wettkämpfer mit ihren Wagen einzogen. Rings um die Rennbahn war zur Zeit Cäsars Platz für 150000, zur Zeit Vespasians für

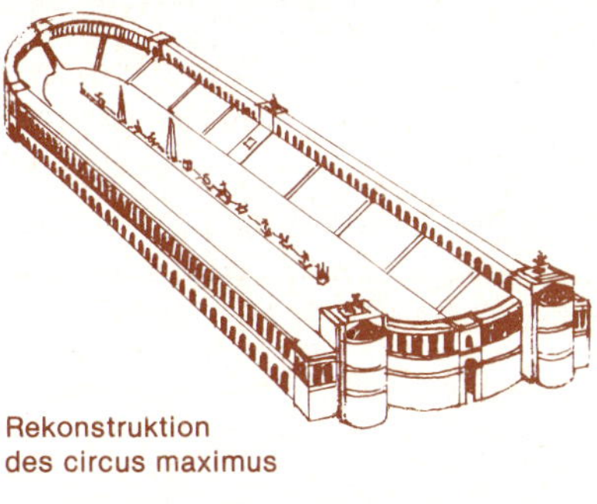

Rekonstruktion des circus maximus

255000 Zuschauer. An dem der Kurve abgewandten Ende der *spina* befand sich eine Anzeigevorrichtung aus sieben bronzenen Delphinen, an denen die Anzahl der Runden abgelesen werden konnte: Nach jeder Runde wurde ein Delphin heruntergenommen.

Claudian *(Claudius Claudianus),* um 400 v. Chr., sehr vielseitiger lat. Schriftsteller griech. Herkunft. Er verfaßte u. a. Panegyriken (→Panegyrikos), Invektiven, Hochzeitsgedichte und mythologische Epen (→Epos). C. gilt als der letzte bedeutende röm.-lat. Dichter der Antike.

Claudius *(Tiberius Claudius Nero Germanicus),* 10 v. Chr. bis 54 n. Chr., Sohn des Drusus, seit 41 röm. Kaiser, von den Prätorianern nach der Ermordung des Caligula auf den Thron gehoben. Die Regierungsgeschäfte wurden jedoch von seinen Freigelassenen und Frauen (u. a. Messalina und Agrippina) geführt. Während seiner Herrschaft wurden u. a. die Wasserleitung Aqua Claudia gebaut und der Hafen von Ostia erweitert, ferner der Süden von Britannien erobert und das spätere Köln zur *colonia* erhoben. — Im Jahre 54 wurde er von Agrippina, seiner vierten Frau und der Mutter Neros, ermordet. Seneca hielt die Trauerrede auf C. und verspottete ihn zugleich in seiner Schrift Apocolocyntosis (,,Verkürbissung'').

cloaca maxima *(cloaca* eig. ,,Reinigungsanlage'', c. m. also ,,die Reinigungsanlage mit den größten Ausmaßen''), Entwässerungskanal für die sumpfig-feuchten Niederungen zwischen den →Sieben Hügeln Roms, führte Abwässer und Unrat in den Tiber. Die Anlage der c. m. wurde angeblich von dem etruskischen König Tarquinius Priscus im 7. - 6. Jh. v. Chr. begonnen und bis in die späte Kaiserzeit ständig verbessert und ausgebaut. — Die c. m. ist ein Gewölbebau (→Gewölbe) aus Tuffstein. Die Bogen haben einen Durchmesser bis zu 5 m; ein großer Wagen konnte sie leicht durchfahren. Der Ausfluß in den Tiber ist heute noch sichtbar (in der Nähe des Ponte rotto, der ,,Brücken-Ruine'', und der Tiberinsel).

Clodius, 92 - 52 v. Chr., hieß eig. *Appius Claudius Pulcher* („der Schöne"). Er stammte aus einer alten Adelsfamilie (→Appius Claudius Caecus). Als Frau verkleidet schlich er sich in eine nur Frauen zugängliche religiöse Feier ein und wurde wegen Religionsfrevels angeklagt, aber durch bestochene Richter freigesprochen. Er wollte an Cicero, dem Hauptbelastungszeugen, Rache nehmen, ging zur *plebs* über und forderte als Volkstribun Ciceros Verbannung nach der Niederschlagung der Verschwörung Catilinas. C. organisierte eine Terrorbande in Rom (vgl. Ciceros Rede „Pro Milone") und wurde von den Anhängern seines Gegners Milo erschlagen. Seine Schwester Clodia war die Geliebte des Dichters Catull, der sie Lesbia nannte.

codex, (eig. „Holzklotz"), seit dem 1. Jh. n. Chr. nachgewiesene Form des Buches, das ursprünglich aus mehreren mit Wachs überzogenen, aufeinanderliegenden und an einer Seite zusammengehefteten Holztafeln (→Wachstafel) bestand; später traten an die Stelle der Holztafeln Blätter aus Pergament, das im Gegensatz zum Papyrus auf beiden Seiten beschrieben werden und leicht geheftet werden konnte. Der c. wurde mit einem Buchdeckel versehen und konnte wie ein heutiges Buch aufgeschlagen werden. — Das Wort c. wird später zur Bezeichnung von Rechtssammlungen verwendet.
→Justinian, Recht

Codex Iustinianus, Teil des →Corpus iuris civilis, enthält die Kaiserkonstitutionen (→constitutio principis). Auf Veranlassung des oström. Kaisers →Justinian wurde 528 n. Chr. eine zehnköpfige Kommission zur Sammlung kaiserlicher Erlasse und Gesetze einberufen. Der bereits 529 veröffentlichte C. I. wurde 534 durch eine neue Redaktion ersetzt (nur diese ist erhalten).

colonia, röm. Siedlung mit Bürgerrecht, militärischer Stützpunkt und wirtschaftliches Zentrum außerhalb von Latium in Italien, später auch in den Provinzen zum Schutz der besetzten Gebiete. Die Bewohner waren meist Bauern, besitzlose röm. Bürger und Veteranen. Die *coloniae* wurden zunächst von Rom aus regiert, erhielten dann aber eine eingeschränkte Selbstverwaltung. Mehrere moderne europäische Städte sind aus c. hervorgegangen, z. B. Köln, die *Colonia Claudia Ara Agrippinensis.*

columbarium (eig. „Taubenschlag"), Aufbewahrungsstätte für die Urnen mit der Asche von Toten (→Bestattung). Das c. war ein kleineres Haus von ca. 30 qm Grundfläche und einer Höhe von 4 - 7 m. In manchen c. konnten bis zu 700 Urnen übereinander und nebeneinander aufgestellt werden. Die Nischen für die Urnen wurden mit einer Steinplatte verschlossen, auf der der Name des Verstorbenen stand. Viele *columbaria* wurden prunkhaft ausgestattet mit Mosaikböden (→Mosaik), Wandmalerei und Reliefs.

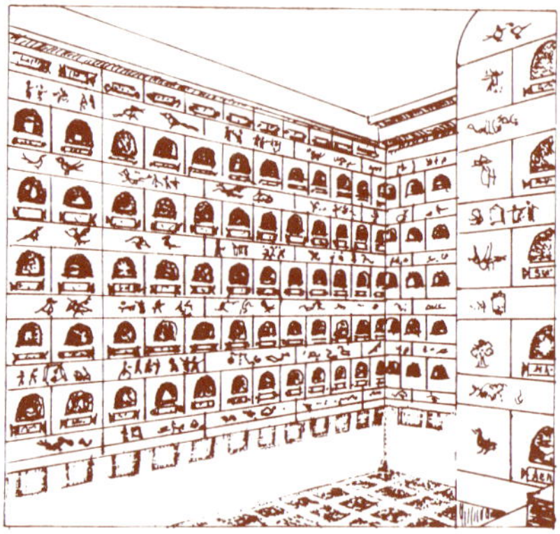

columbarium

Columella *(Lucius Iunius Moderatus Columella),* 1. Jh. n. Chr., aus Spanien stammender Verfasser eines landwirtschaftlichen Handbuchs in 12 Büchern, in dem die Themen Gutshof, Ackerbau, Baumzucht, Weinbau, Tierzucht, Gartenbau und die Aufgaben des Gutsverwalters und der Verwaltersfrau behandelt werden. Ein früher geschriebenes Buch über Bäume entspricht inhaltlich den Büchern 4 - 5 des Handbuchs. C. benützt zwar griech. und lat. Vorlagen, spricht aber auch aus eigener praktischer Erfahrung, die er auf seinen Gütern in Italien gewonnen hat. Das 10. Buch (Gartenbau) ist als Ergänzung zu Vergils „Georgica" in Hexametern geschrieben.

comitium, eingezäunter Platz am *forum Romanum* in der Nähe der *curia,* des Sitzungsgebäudes des Senats, für die Volksversammlung *(comitia)* bestimmt, mit einer großen Rednertribüne (→rostra).

commentarius, private Notizen, Aufzeichnungen eines Beamten über seine Tätigkeit, schließlich auch Memoiren als Material für spätere historische Darstellungen. Der c. zeichnet sich durch seinen sachlich-nüchternen Stil und den Verzicht auf künstlerische Gestaltung aus. Cäsars *commentarii* über den Gallischen Krieg und über den Bürgerkrieg sind freilich mehr als Amtstagebücher. Sie richten sich an die röm. Öffentlichkeit und können als eine besondere Form politischer und historischer Literatur gelten.

Commodus, Sohn des Mark Aurel, Kaiser von 180 - 192, ließ sich als Gott und neuer Herkules verehren, soll häufig als Gladiator öffentlich aufgetreten sein, hielt sich für den stärksten Mann der Welt; angeblich hat er einmal an einem Tag fünf Nilpferde und an einem anderen Tag zwei Elefanten und mehrere Nashörner in der Arena getötet. C. litt unter Verfolgungswahn, ließ zahlreiche vermeintliche Gegner hinrichten, vernachlässigte seine politisch-militärischen Aufgaben, z. B. die Sicherung des Reiches. Nach seiner Ermordung durch frühere Anhänger wurde er im Mausoleum des Hadrian (→Engelsburg) beigesetzt.

Concordia, Göttin der Eintracht unter den röm. Bürgern. C. wurde kultisch verehrt. Reste eines C.-Tempels befinden sich auf dem *forum Romanum.*

confutatio (refutatio), ein Teil der →argumentatio, in dem die gegnerischen Beweise widerlegt werden. →Rhetorik

consecutio temporum, ,,Zeitenfolge'', eine Besonderheit des lat. Verbalsystems, das in strenger Gesetzmäßigkeit das Zeitverhältnis (Gleichzeitigkeit, Vorzeitigkeit, Nachzeitigkeit) zwischen Haupt- und Gliedsatz ausdrückt.

consolatio, Trostschrift, die dem von einem Trauerfall oder anderen unglücklichen Ereignissen Betroffenen Trost spenden soll. Seneca hat drei *consolationes* verfaßt (Ad Marciam, Ad Helviam matrem, Ad Polybium). Im weiteren Sinn gehören dazu auch Ciceros ,,Tusculanae disputationes'' (B. 1 - 3) und ,,Cato maior de senectute''.

constitutio principis, kaiserlicher Erlaß. Seit dem 2. Jh. n. Chr. wurde kaiserlichen Anordnungen Gesetzeskraft beigemessen. *Constitutiones principis* erscheinen in der Form von →Edikten, *mandata* (Dienstanweisungen an Beamte oder Behörden), *decreta* (richterliche Urteile) und *rescripta* oder *epistulae* (schriftliche Rechtsbescheide). Justinian ließ die Kaiserkonstitutionen im Jahr 529 veröffentlichen. Sie bilden einen Teil des →Corpus iuris civilis, den →Codex Iustinianus.

consul suffectus, ,,nachgewählter Konsul'', Nachfolger eines Konsuls, der während seines Amtsjahres starb oder abgesetzt wurde.

controversiae, rhetorische Übungen, in denen erdachte Rechtsfälle behandelt wurden, eine Form der →deklamatio. Die Schulrhetorik entfernte sich in ihren Themen immer mehr von der Wirklichkeit und schwelgte in Extremfällen wie Tyrannenmord, Schiffbruch, Gefangenschaft durch Seeräuber, Brandstiftung, Giftmord und Vergewaltigung. Einen Eindruck von den rhetorischen Raffinessen, mit denen man derartige Probleme in der Rhetorenschule zu bewältigen versuchte, gibt →Seneca d. Ältere in seiner Schrift ,,Oratorum et rhetorum sententiae divisiones colores.'' Beispiel für ein Controversienthema (Seneca d. Ä., Controversiae 1,5): ,,Das Gesetz bestimmt, daß im Falle einer Vergewaltigung die Frau entweder den Tod ihres Verführers oder ihre Heirat ohne Mitgift fordern kann. Ein Mann vergewaltigte zwei Frauen in einer Nacht, die eine verlangte seinen Tod, die andere die Heirat.'' Auf juristische Genauigkeit kam es bei solchen Streitfragen nicht an; wichtig war der Applaus der Zuhörer bei ungewöhnlichen Wendungen, geistreichen Sprüchen (Sentenzen) und witzigen Wortspielen.

Corinna, Pseudonym („falscher Name") für Ovids Geliebte, die in der verlorenen ersten Auflage seiner „Amores" wohl noch eine größere Rolle gespielt hat als in der uns vorliegenden zweiten. Ihr wirklicher Name ist nicht bekannt. Corinna ist der Name einer griech. Lyrikerin, die wohl um 200 v. Chr. in Böotien (Mittelgriechenland) lebte. Schon in der griech. Liebeslyrik steht eine Gedichtsammlung oft unter dem Namen der Geliebten. In der röm. Dichtung sind ferner berühmt: Catulls Lesbia, Tibulls Delia und Nemesis und die Cynthia des Properz.

Corpus iuris civilis, seit dem 16. Jh. üblicher Titel des juristischen Sammelwerkes, das auf Veranlassung des oström. Kaisers Justinian (527 - 565) zwischen 529 und 534 veröffentlicht wurde (die →Novellen kamen später dazu). Das C.i.c. besteht aus dem →Codex Iustinianus (529, Überarbeitung 534), den →Digesten (533), den →Institutiones (533) und den →Novellen (535 ff.). Es faßt das gesamte röm. Recht nach einer Entwicklung von etwa tausend Jahren seit der ersten Kodifikation im →Zwölftafelgesetz zusammen. Justinian schuf mit diesem Werk die Voraussetzung dafür, daß eine der größten Errungenschaften der Römer bis heute lebendig bleiben konnte. Die Wiederentdeckung der früh verschollenen Digesten leitete in der Mitte des 11. Jh. eine Blüte der Rechtswissenschaften ein. In den folgenden Jh. erlangte das röm. Recht für die Rechtswissenschaft wie für die Rechtspraxis in Europa (mit Ausnahme von England) größte Bedeutung. In Deutschland wurde es erst 1900 vom Bürgerlichen Gesetzbuch abgelöst. Aber auch das BGB übernahm viele röm. Rechtssätze, „sein Geist ist römisch" (Kunkel).

Crassus *(Marcus Licinius Crassus),* eig. „der Dicke", röm. Feldherr, der im Jahre 71 v. Chr. den Sklavenführer Spartacus besiegte. Politisch war C. ein Anhänger Sullas; durch dessen →Proskriptionen kam er zu einem großen Vermögen und erhielt daher den Beinamen *Dives* („der Reiche"). Mit Cäsar und Pompeius, seinem politischen Gegner, schloß er im Jahre 60 das erste Triumvirat. Er war als Prokonsul Statthalter von Syrien und fiel 53 im Kampf gegen die Parther. Cicero (De officiis 1, 25) überliefert von C. das Wort: Wer im Staat eine führende Stellung einnehmen wolle, müsse so viel Geld haben, daß er davon eine Armee finanzieren könne.

Cumae, Stadt in Kampanien, in der Nähe von Neapel, älteste griech. Kolonie in Italien, etwa 750 v. Chr. gegründet, Orakelstätte (→Orakel) der Sibylle.

curia, Sitzungsgebäude des Senats auf dem *forum Romanum.* Das noch heute sichtbare Gebäude geht auf die Zeit Diokletians zurück. In der Zeit der Republik gab es mehrere *curiae.* Auch größere Tempel konnten als c. dienen. Senatsbeschlüsse durften nur in geschlossenen Räumen gefaßt werden.

cursus honorum („Reihenfolge der Ehren-Ämter"), gesetzlich festgelegte Ämterfolge eines Senators (→Senat): 1. Quästor, 2. Volkstribun oder Ädil, 3. Prätor, 4. Konsul, 5. Zensor. — Für die einzelnen Ämter waren untere Altersgrenzen festgelegt. So konnte man z. B. erst mit 43 Jahren Konsul werden. Cicero gelang es, alle Ämter bis zum Konsulat *suo anno,* d. h. unmittelbar nach Erreichen der unteren Altersgrenze, zu bekleiden. — In der Regel war der c. h., da er zwecks Finanzierung der Aufgaben privates Vermögen erforderte (→Magistrate), nur den Angehörigen der adligen senatorischen Familien (→Nobilität) möglich; wenn der Bewerber dagegen ein Angehöriger des Ritterstandes war (→Ritter), dann galt er wie z. B. Cicero als →homo novus (Emporkömmling).

Cynthia, Pseudonym („falscher Name") für die Geliebte des Properz, deren wirklicher Name Hostia lautete. Mit C. huldigt Properz den musischen Fähigkeiten seiner Geliebten: Cynthius ist ein Beiname Apolls, des Gottes der Künste. Die metrische Übereinstimmung zwischen dem echten Namen und dem Pseudonym hat Tradition, vgl. Catulls Lesbia (für Clodia).

Dädalus (griech. *daidalos* kunstreich), mythischer Künstler und Erfinder, der aus Athen fliehen mußte, weil er seinen Neffen, der ihn an Kunstfertigkeit übertraf, aus Eifersucht getötet hatte. Im Exil bei dem kretischen König Minos baut D. das Labyrinth für den Minotaurus. Wegen der Beihilfe des D. zur widernatürlichen Vereinigung der Königin Pasiphaë mit einem Stier (deren Frucht der Minotaurus ist) oder weil es sein Rat war, dem Theseus seine Rettung aus dem Labyrinth verdankt, wird er von Minos festgehalten. Da konstruiert D. für sich und seinen Sohn Ikarus künstliche Flügel, um auf dem Luftweg zu fliehen. Ikarus kommt auf der Flucht um, weil er sich zu sehr der Sonne nähert: ihre Strahlen weichen das Wachs auf, mit dem die Flügel befestigt sind (vgl. Ovid, Metamorphosen 6, 183 ff.).

Dakien *(Dacia),* Land zwischen Donau, Karpathen und Dnjestr, etwa dem heutigen Rumänien entsprechend, seit 106 n. Chr. durch die Eroberung Trajans röm. Provinz; die Unterwerfung wird auf der Trajanssäule auf dem von Trajan angelegten Forum (→Kaiserforen) dargestellt (→Relief). Die wirtschaftliche Bedeutung von D. beruhte auf dem Bergbau (Eisen, Blei, Silber, Gold).

Daktylus (griech. ,,Finger''), Versfuß aus einer Länge und zwei Kürzen (–◡◡), wie ein Finger aus einem längeren und zwei kürzeren Knochen gebildet wird. Der D. kann durch zwei Längen (→Spondeus) ersetzt werden. Die häufigsten daktylischen Versmaße sind der daktylische →Hexameter und der →Pentameter. →Metrik

Dalmatien *(Dalmatia),* röm. Provinz, heute: jugoslawische Adriaküste mit Hinterland. Bereits im 3. Jh. v. Chr. setzten die röm. Eroberungsversuche ein. Aber erst Octavian (Augustus) unterwarf D. vollständig. Mehrere röm. Kaiser stammten aus D.: u. a. Aurelian, Diokletian, Konstantin d. Gr.

damnatio memoriae (,,Austilgung der Erinnerung''). Ein Kaiser konnte nach seinem Tode zum Staatsfeind erklärt werden. Die Erinnerung an ihn wurde durch Vernichtung seiner Standbilder und durch Löschung seines Namens aus allen Inschriften ausgetilgt. Die Entscheidung über eine d. m. wurde in einem senatorischen (→Senat) Strafprozeß gefällt. Nero wurde im Jahre 68 n. Chr. zur d. m. verurteilt.

decemviri (,,Zehnmänner''), mehrfach in der röm. Geschichte gewählte und mit außerordentlichen Vollmachten ausgestattete Priester-Kollegien: u. a. die 451 v. Chr. eingesetzten d., die das Zwölftafelgesetz niederschrieben. Seit dem Ende des 2. Jh. v. Chr. bildeten die d. eine Gerichtsbehörde.

declamatio, Übungsrede in den Rhetorenschulen der Kaiserzeit. Als politische und juristische Entscheidungen nicht mehr in der Öffentlichkeit des Forums, sondern mehr und mehr vom Kaiser getroffen wurden, verlagerte sich der Rhetorikunterricht ganz auf die Schule, in der sich der angehende Redner an erfundenen Beispielen üben mußte, die von der Wirklichkeit oft weit entfernt waren. Die Deklamationen waren entweder →suasoriae, ,,beratende Reden'', in denen der Redner einer historischen Person rät, wie sie sich in einer kritischen Situation verhalten soll *(genus deliberativum),* oder →controversiae, in denen ein imaginärer (nicht wirklicher) Rechtsfall behandelt werden sollte *(genus iudiciale).* Die effektvolle, auf raffinierte Wortspiele und überraschende Sentenzen abzielende d. hatte keine juristische Bedeutung, sie war eher eine Art von Unterhaltungsshow. Beispiele bei Seneca d. Älteren.

Deminutiva, durch →Suffix *(-ulus, a, um; -culus, a, um)* gebildete Ableitungen von Substantiven oder Adjektiven, die die ursprüngliche Wortbedeutung verkleinern oder verniedlichen: *puer* >*puerulus* (Knäblein), *corpus* >*corpusculum* (Körperchen). Wegen ihres stärkeren Gefühlsausdrucks treten in der Umgangssprache und im →Vulgärlatein D. häufig an die Stelle ihrer Grundwörter; daher gibt es in den →romanischen Sprachen viele D., z. B. frz. *oreille* von *auricula* (Öhrchen), statt von *auris* (Ohr).

Demokrit *(Democritus),* griech. Philosoph, 460 - 371 v. Chr. Von seinen zahlreichen Schriften sind nur Bruchstücke erhalten. Nach D. ist die Welt aus verschiedenartigen ,,unteilbaren Teilchen'' (Atomen) zusammengesetzt. — D. wirkte über Epikur auf das Weltbild des Lukrez.
→Kosmologie, Materialismus

Demosthenes, athenischer Redner, 384 - 322 v. Chr. D. kämpfte politisch gegen die Bestrebungen Philipps von Makedonien, seine Herrschaft auf das übrige Griechenland auszudehnen. Ein Teil dieses Kampfes waren die ,,Philippischen Reden'' gegen König Philipp. — D. war Ciceros großes Vorbild in der praktischen Redekunst. →Antonius

Denar *(denarius),* röm. Silbermünze, etwa 4,55 g, zu Neros Zeit nur noch 3,4 g. Ein D. entsprach ursprünglich 10, später 16 *as.* Im 1. Jh. v. und im 1. Jh. n. Chr. verdiente ein Arbeitnehmer 1 D. pro Tag. Eine →tunica kostete 4 D. und mehr (→Preise). Seit Cäsar und in der Kaiserzeit war die Vorderseite des D. mit dem Kopf des Kaisers (meist mit Lorbeerkranz) geschmückt; auf der Rückseite befanden sich Göttergestalten (z. B. Fortuna) oder Hinweise auf Taten und Leistungen des Kaisers. — Das Wort D. lebt weiter in der jugoslawischen Währungseinheit ,,Dinar'' und in ,,d'', der englischen Abkürzung für *penny* und *pence.*

Cäsars Bildnis auf einem Denar
(stark vergrößert)

Dezimierung *(sorte decimum quemque ad supplicium legere),* Hinrichtung jedes zehnten Soldaten als Strafe für Ungehorsam, Feigheit oder Meuterei der Truppe. Livius (Ab urbe condita 2, 59) erzählt, der Konsul Appius Claudius habe, weil er wegen des Ungehorsams seines Heeres eine Schlacht verloren habe, jeden zehnten Mann mit Stöcken zu Tode prügeln lassen.

Dialog (griech. ,,Gespräch''), von den Griechen geschaffene literarische Form, die von Platon zur vollen Entfaltung gebracht wurde. Der platonische D. vor allem der Frühschriften ist ein lebendiges Wechselgespräch zwischen Sokrates und seinen Gesprächspartnern; das in Platons Altersdialogen vorherrschende Lehrgespräch weist bereits auf die aristotelische Form des D. voraus, in dem unter Verzicht auf eine echte Wechselrede die Gesprächsteilnehmer in langen Lehrvorträgen ihre Theorie darlegen. Ciceros rhetorische und philosophische Werke stehen in der Tradition des aristotelischen Dialogs. Senecas ,,Dialogi'' sind dagegen →Diatriben, in denen das dialogische Element nur noch in den Einwänden eines fiktiven Zuhörers erkennbar ist. Christliche D. sind der ,,Octavius'' des Minucius Felix und die Dialoge Augustins.

Dialektik (griech. *dialektike techne),* Kunst der Unterredung, Kunst der Beweisführung. Ursprünglich ist D. die Kunst, im Verlauf eines Gesprächs zur Wahrheit zu kommen. Beispiele dafür sind die Dialoge Platons, in denen Sokrates seine Gesprächspartner zunächst zu der Einsicht bringt, daß ihre bisherige Meinung falsch ist, und damit die Voraussetzungen für das Erkennen der Wahrheit schafft. Diesen rationalistisch-aufklärerischen Zug hat die sokratische D. mit der sophistischen D. gemein; während Sokrates und Platon jedoch die mit der Aufdeckung des Falschen erreichte Aporie (Ausweglosigkeit) des Gesprächs zu überwinden und zu gesicherter Erkenntnis zu gelangen suchten, wollten die Sophisten gerade die Relativität aller ,,Wahrheiten'' damit beweisen. Platon bezeichnet mit D. später die oberste Wissenschaft, die zur Erkenntnis der Ideen führt. Für Aristoteles ist D. die Kunst der philosophischen Diskussion, eine allgemeine Form der Logik. In der hellenistischen Dreiteilung der Philosophie wird die Logik auch D. genannt. In den mittelalterlichen →artes liberales bildet die D. mit Grammatik und Rhetorik das sog. *trivium.* — Für Hegel (1770 - 1831) ist D. ,,die wissenschaftliche Anwendung der in der Natur des Denkens liegenden Gesetzmäßigkeit und zugleich diese Gesetzmäßigkeit selbst'' (Enzyklopädie der philosophischen Wissenschaften). Dieser Gesetzmäßigkeit, die in der Bewegung von These, Antithese und Synthese besteht, folge auch das Weltgeschehen, so daß die Vernunft in uns mit dem Wesen der Dinge identisch sei.

Diana, altitalische Mondgöttin mit Heiligtum auf dem Berg Tifata bei Capua, in der Latinerstadt (→Latiner) Aricia auf dem Albanergebirge an der Via Appia und auf dem Aventin. D. wurde von Frauen auch als Geburtsgöttin angerufen. Sie war die Beschützerin der Sklaven und wurde mit der griech. Jagdgöttin Artemis gleichgesetzt. Vgl. Catull, Carmen 34, das D. gewidmet ist.

Diatribe (griech. ursprünglich ,,Zeitvertreib''), im 3. Jh. v. Chr. entstandene Darstellungsform philosophischer Inhalte. Die D. unterscheidet sich von der philosophisch-wissenschaftlichen Abhandlung durch den Verzicht auf Fachsprache und Systematik. Sie wendet sich nicht an den philosophisch gebildeten Leser, sondern will einem Laienpublikum ethische Grundsätze und Lebensweisheit vermitteln. Da die D. den Leser ermahnen und erziehen will, werden häufig historische Beispiele, Anekdoten, Dichterzitate, Wortspiele und auch derbe Witze verwendet. Durch Einwände eines gedachten Gesprächspartners entsteht gewissermaßen ein Dialog mit dem Leser; das verstärkt den eindringlich mahnenden Charakter der D. Ein wichtiger Vertreter der D. in Rom ist Seneca. Viele Elemente der D. finden sich in der lat. →Satire (Horaz, Persius, Juvenal) und in der christlichen Moralpredigt.

dictator, für sechs Monate von einem Konsul auf Vorschlag des Senats ernannter Beamter (→Magistrate) mit außerordentlichen Vollmachten zur Abwendung eines Notstandes (→Cincinnatus). Als Vertreter und Gehilfen ernannte der d. einen *magister equitum* (Feldmarschall). Während der Amtszeit des d. ruhten alle Rechte der Volksversammlung und des Senats. — Das Amt ist in dieser Funktion nur bis zum Jahre 202 v. Chr. bezeugt. Die späteren Ernennungen zum d. dienten nicht mehr der raschen Bewältigung von Notsituationen, sondern der Sicherung der persönlichen Machtstellung des Ernannten (→Cäsar).

Digesten, griech. Pandekten, umfangreichster und bedeutendster Teil des →Corpus iuris civilis, der in 50 Büchern Auszüge aus etwa 200 Schriften von fast 40 Juristen enthält. 533 n. Chr. auf Veranlassung des oströmischen Kaisers →Justinian veröffentlicht. Die in den D. am häufigsten zitierten Juristen sind Paulus und Ulpian. Die D. behandeln vor allem das Privatrecht (Buch 2-46). Der Titel weist auf die Einteilung in Bücher, Titel, Fragmente und Paragraphen hin. (lat. *digerere* verteilen, ordnen).

Dihärese (griech. *dihairesis* Trennung), Einschnitt im Vers, wobei im Gegensatz zur →Zäsur Wortende und Ende eines Metrums zusammenfallen.

Diogenes von Seleukeia, Teilnehmer an der sog. Philosophengesandtschaft nach Rom im Jahre 155 v. Chr. D. war zeitweilig Schulleiter der Stoa. Im 3. Buch seiner Schrift ,,De finibus bonorum et malorum'' greift Cicero auf die Ethik des D. zurück.
→Griechenland, Karneades

Diogenes von Sinope, griech. Philosoph des 4. Jh. v. Chr., gilt als Begründer der sog. kynischen Schule. Der Begriff ,,kynisch'' kommt von dem griech. Wort *kyon* (,,Hund''). D. wurde als ,,Hund'' bezeichnet, weil er wie ein Hund lebte: Er war weitgehend bedürfnislos und schamlos, aber auch ,,bissig'' wie ein Hund. Denn er schlief in einer Tonne, aß nur einfachste Speisen ohne Eßgeschirr, trug die primitivste Kleidung, befriedigte seine körperlichen Bedürfnisse in aller Öffentlichkeit und forderte seine Mitmenschen mit beleidigenden Bemerkungen heraus. D. hatte weder vor den Sitten und Gesetzen, noch vor den Großen seiner Zeit Respekt. Zu Alexander d. Gr. soll er gesagt haben: ,,Geh mir aus der Sonne'', als dieser dem prominenten ,,Aussteiger'' einen Wunsch erfüllen wollte. D. starb durch Selbstmord, indem er seinen Atem anhielt. — Seine Lebensweise und seine Aufforderung zur Abkehr von den Werten der Welt beeinflußte spätere Philosophen, die sich nach D. ,,Kyniker'' nannten. Auch auf die Anhänger der Stoa wirkte D. — Der moderne Begriff des Zynismus, einer Geisteshaltung, die sich über Werte und Normen rücksichtslos hinwegsetzt und deren Vertreter in verletzender Absicht bloßstellt, geht auf den „Kynismus", die Bissigkeit des D. zurück.

Diokletian, 243 - 316, röm. Kaiser 284 - 305, von seinen Truppen zum Kaiser ausgerufen (→Soldatenkaiser). D. führte die absolute Monarchie, den Dominat, ein und organisierte die Reichsverwaltung neu, indem er das Reich in vier große Verwaltungseinheiten (Präfekturen) gliederte und der Stadt Rom ihre zentrale Stellung nahm. Er erhöhte Steuern und Abgaben und ging gegen alle vor, die den röm. Kaiserkult verweigerten (→Christenverfolgung). — D. ließ in Rom eine gewaltige Thermen-Anlage (heute: Thermen-Museum) errichten (in der Nähe des heutigen Hauptbahnhofs). Michelangelo (1475-1564) nutzte einen Teil der Anlage für den Bau der Kirche S. Maria degli Angeli.

Dionysios von Halikarnassos, griech. Geschichtsschreiber und Verfasser rhetorischer Schriften. D. kam 30 v. Chr. nach Rom und lernte dort Lateinisch. Er schrieb eine „Römische Altertumskunde" über die Geschichte Roms bis zum Beginn des 1. Punischen Krieges.

Dis Pater (eig. *Dives Pater* reicher Vater) röm. Gott der Unterwelt, der dem griech. Pluton entspricht (→Jenseitsglaube). Der Gott herrscht zusammen mit Proserpina über die Toten. Beide wurden erst im 3. Jh. v. Chr. in den röm. Götterkult eingeführt.

dispositio, „Gliederung des Stoffes", einer der fünf Arbeitsgänge, die für eine Rede notwendig sind (→inventio, dispositio, →elocutio, →memoria, →pronuntiatio). Wenn der Redner die Gedanken und Argumente, die für sein Thema wichtig sind, gefunden hat *(inventio),* muß er überlegen, wie er sie in zweckmäßiger Weise an die passenden Stellen der Rede verteilt. Die Teile der Rede sind Einleitung *(exordium),* Erzählung des Hergangs *(narratio),* Präzisierung des Sachverhalts *(divisio),* Beweisführung *(argumentatio)* und Schluß *(peroratio).*
→Rhetorik

Distichon (griech. „Zweizeiler"), Verspaar, meistens aus daktylischem →Hexameter und daktylischem →Pentameter gebildet:

– ⏕ – ⏕ – ⏕ – ⏕ – ⏑⏑ – ⏓
– ⏕ – ⏕ – // – ⏑⏑ – ⏑⏑ ⏒

Älteste Beispiele für die Verwendung von Distichen sind die Elegien des griechischen Lyrikers Kallinos (Mitte 7. Jh. v. Chr.). Das D. ist das Versmaß des →Epigramms und der →Elegie (daher auch „elegisches D."). In der lat. Literatur wird das D. vor allem von Catull, den Elegikern, Tibull, Properz, Ovid und von Martial verwendet. Im Einzeldistichon („Monodistichon") gelingt es Catull und Martial, Inhalt und metrische Form zu vollkommener Übereinstimmung zu bringen (→Epigramm), z.B. Catull, Carmen 105. Schiller beschreibt die Form des D. so: „Im Hexameter steigt des Springquells flüssige Säule. / Im Pentameter drauf fällt sie melodisch herab" (1796). Das berühmteste D. der lat. Literatur ist wohl Catulls oft übersetztes Carmen 85 (→Catull).

divinatio, die Kunst der Weissagung (→Orakel). Die d. bestand in der Fähigkeit, aus ungewöhnlichen und außerordentlichen Erscheinungen in der belebten und unbelebten Natur Weissagungen abzuleiten. Zu den Erscheinungen gehörten *monstrum* und *prodigium* im Bereich der Menschen- und Tierwelt (z. B. Vogelflug, Freßverhalten der Hühner, Reißen eines Schuhriemens, Niesen), *portentum* und *ostentum* in der übrigen Natur (z. B. Blitze, Wetterleuchten). *Omen* war ein hörbares Zeichen (vor allem das gesprochene menschliche Wort). — Die Zeichen konnten zwar von jedermann gedeutet werden; es gab aber auch institutionalisierte Formen der d.: die *sortes* (Losorakel), die Sibyllinischen Bücher, die Eingeweideschau, die Auspizien der Auguren, die sich allerdings weniger mit zufälligen als mit bewußt gesuchten Zeichen befaßten. — Cicero hat ein Buch über die d. geschrieben („De divinatione").

divisio, rhetorischer Fachausdruck: Präzisierung des Sachverhalts; ein Teil der Rede, der auf die →narratio folgt und die →argumentatio einleitet. Die d. hat den Zweck, die Beweisführung zu gliedern und dadurch für den Hörer überschaubar zu machen. Auch die Bezeichnung *partitio* wird für diesen Redeteil verwendet. →Rhetorik

Dolmetscher *(interpres),* begleitete z. B. den Statthalter in die Provinzen, um die Verständigung mit der nicht-lateinisch sprechenden Bevölkerung zu ermöglichen. Im Gallischen Krieg (→Gallien) benötigte Cäsar einen D., da die Römer die Sprache der Gallier (das Keltische) nicht verstanden. D. wurden überflüssig, als sich das Lateinische als Amtssprache durchgesetzt hatte (→Romanisierung) und die Untertanen des röm. Volkes dessen Sprache gelernt hatten.

Dominat *(dominatus),* Alleinherrschaft des röm. Kaisers als eines absoluten und niemandem verantwortlichen *dominus et deus* („Herr und Gott"), von Diokletian (284-305) offiziell eingeführt.
→Kaiserzeit, Prinzipat

Domitian *(Titus Flavius Domitianus),* Sohn des Vespasian, Bruder des Titus, von diesem als Nachfolger eingesetzt, röm. Kaiser von 81 - 96, gewalttätiger und willkürlicher Herrscher. D. ließ den →Limes anlegen und führte Krieg in Britannien, Germanien und Dakien. — Während seiner Regierungszeit entstand ein Klima geistiger Unfreiheit, unter dem bedeutende Schriftsteller wie Tacitus zu leiden hatten. — Nach seiner Ermordung sprach der Senat die →damnatio memoriae aus.

Domus aurea („goldenes Haus"), Neros Palast im Bereich des Kolosseums, nach dem Brand von Rom 64 n. Chr. errichtet. In der Eingangshalle der D. a. befand sich das 31,5 m hohe Standbild des Nero, nach welchem wohl das spätere *Amphitheatrum Flavium* den Namen „Kolosseum" erhielt. — Zur Ausstattung der D. a. vgl. Sueton, Nero 31. — Kaiser Trajan ließ den Gebäudekomplex wieder einebnen und darauf seine Thermen errichten. In der Renaissance begann die Wiederentdeckung der D. a. und vor allem auch ihrer Wandmalereien, die man als „Grotesken" bezeichnete (von it. *grotta* Höhle). 1506 wurde in der D. a. auch die Laokoon-Gruppe, ein Standbild des trojanischen Priesters Laokoon und seiner beiden Söhne im Kampf mit Meeresungeheuern, gefunden, die sich heute im Vatikan befindet.

Donau *(Ister* oder *Hister,* später *Danuvius* oder *Danubius),* seit Augustus die Grenze des röm. Reiches nach Norden. Domitian verlegte die Grenze durch Anlage des Limes über den Oberlauf der D. hinaus. Trajan überschritt die D. und eroberte Dakien. An der D. lagen wichtige röm. Siedlungen, Lager oder Kastelle, wie z. B. *Castra Regina* (Regensburg), *Sorviodurum* (Straubing), *Castra Batava* (Passau), *Vindobona (Wien), Carnuntum, Aquincum* (Budapest). Viele Handels- und Heerstraßen führten zu Orten an der D.

Drama (griech. „Handlung"), eine im 6. Jh. v. Chr. in Griechenland entstandene literarische Gattung, die im 5. Jh. v. Chr. ihre klassische Ausprägung erfuhr. Das D. entwickelte sich aus dem kultischen Chorgesang, indem zunächst ein Schauspieler dem Chor als „Antworter" gegenübertrat. Im 5. Jh. v. Chr. erhöhte sich die Zahl der Schauspieler auf drei. Dramatische Formen sind die Tragödie (Aischylos, Sophokles, Euripides), das Satyrspiel, die Komödie (Aristophanes; „Neue" Komödie: Menander) und der →Mimus. Die Römer übernahmen aus Süditalien den Mimus und die campanische →Atellana. 240 v. Chr. wurde von dem griech. Freigelassenen Livius Andronicus ein griech. Theaterstück in lateinischer Sprache aufgeführt (Epochenjahr der röm. Literatur). Plautus und Terenz bildeten in ihren Komödien die neue attische Komödie nach. Selten waren Komödien mit röm. Stoffen (→fabula togata), ebenso selten Tragödien, die nationalrömische Themen behandelten (→Prätexta). Erhalten sind nur die Tragödien des Philosophen Seneca (4 v. Chr.-65 n. Chr.), die wohl nur als Lesedramen gedacht waren. Im übrigen interessierte man sich in der Kaiserzeit vor allem für eine der Pantomime ähnliche Form des D. Das neuzeitliche D. knüpfte an das antike an, für die Tragödien war Seneca das entscheidende Vorbild. Auch die Theorie des D. schloß sich der Antike an (Poetik des Aristoteles).

Dreifuß, dreibeiniges Gestell, auf das man einen Topf stellen konnte, z. B. zum Erhitzen von Wasser auf dem offenen Feuer des Herdes. Die drei Beine konnten auch mit dem Topf fest verbunden sein.

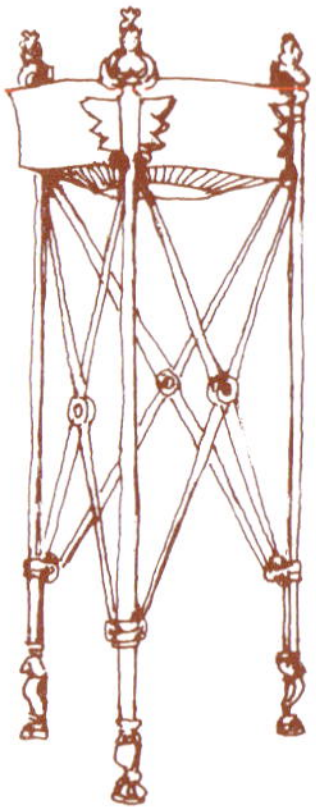

Dreifuß

Druiden *(druides),* keltisches Wort für „die sehr Gelehrten" (→Kelten), keltische Priester, die nach Cäsar (De bello Gallico 6, 13-14) für die Jugenderziehung, für die Rechtsprechung, für die Voraussage der Zukunft, für den Gottesdienst zuständig waren. Sie betätigten sich auch als Dichter, Zauberer und Ärzte. Ihre Lehre wurde nur mündlich weitergegeben. Sie leisteten Widerstand gegen die röm. Herrschaft in Gallien. Unter Claudius wurden die D. nicht mehr geduldet.

Drusus *(Nero Claudius Drusus Germanicus),* 38 - 9 v. Chr., Bruder des Tiberius, Stiefsohn des Augustus, unterwarf Rätien, seit 13 v. Chr. Statthalter der gallischen Provinzen (→Gallien), erfolgreicher Feldherr, legte zur Sicherung der gewonnenen Gebiete zahlreiche Straßen und Kastelle an (u. a. Bonn). Xanten und Mainz waren seine Hauptstützpunkte. D. drang weit in germanisches Gebiet vor, an der Nordseeküste gelangte er bis zur Wesermündung, zu Lande erreichte er Weser und Elbe. Er starb durch einen Sturz vom Pferd. Der spätere Kaiser Claudius war sein Sohn.

duoviri („Zweimänner"), Beamte mit ganz verschiedenen Funktionen: die *d. iure dicundo* waren die leitenden Verwaltungsbeamten in einer *colonia* oder in einem *municipium* mit einjähriger Amtsdauer. Sie mußten zuvor Quästor und Ädil (→cursus honorum, →Magistrate) gewesen sein. — Die *d. perduellionis iudicandae* bildeten einen Gerichtshof für die Verhandlung von Hochverrat. — Die *d. viis purgandis* waren für die →Straßenreinigung außerhalb der Stadt Rom zuständig. Sie wurden 12 v. Chr. von Augustus durch die *curatores viarum* ersetzt.

edictum perpetuum, „allgemein gültiges →Edikt" der Magistrate. Um 130 n. Chr. ließ Hadrian das prätorische Edikt und das Edikt der kurulischen Ädilen in eine endgültige Fassung bringen, die nur vom Kaiser verändert werden durfte.

Edikt *(edictum* Aussage), öffentliche Bekanntmachung des Prätors beim Amtsantritt (→Magistrate); mit dem E. gab der Beamte die Grundsätze bekannt, nach denen er Recht sprechen wollte. Die E. waren für die Fortentwicklung des röm. Rechtes von großer Bedeutung; sie wurden in der Kaiserzeit schriftlich festgehalten. →codex

Ehe *(matrimonium iustum* oder *legitimum).* In früher Zeit war den Angehörigen patrizischer Familien die E.schließung mit Plebejern nicht erlaubt. Erst seit der Mitte des 5. Jh. v. Chr. war die E. zwischen Patriziern und Plebejern möglich. — Es gab zwei Grundformen der E.: a) die Manus-E., in der die Frau vollständig in die Gewalt des Mannes überging; sie nahm rechtlich die Stellung der Tochter ein; b) die manusfreie E., die aufgrund gegenseitiger Vereinbarung geschlossen wurde; hier blieb die Frau rechtlich in der Gewalt ihres Vaters (→pater familias), sie wurde Gattin *(uxor)* des Mannes und konnte aufgrund von Gütertrennung über ihr eigenes Vermögen verfügen. — Voraussetzungen für eine gültige E. waren u. a. das Mindestalter für Mädchen von 12, für Jungen von 14 Jahren, das *ius conubii* (Recht zur E.schließung, ein Bestandteil des Bürgerrechts) und der Wille zur E. bei beiden Beteiligten. — Die E. wurde aufgelöst durch Scheidung, durch Verlust des Bürgerrechts oder durch Tod. — Die E.schließung war nur bei den Patriziern der alten Zeit ein religiös-sakraler Akt; später wurde sie allgemein zu einer lediglich sozialen Handlung mit rechtlichen Auswirkungen. — Eine E. konnte *per usum* geschlossen werden, d. h. durch einjähriges Zusammenleben, oder durch *coemptio,* d. h. durch Abschluß eines Vertrages zwischen Brautvater und Bräutigam.

Eid *(sacramentum).* Ein E. wurde vom Soldaten als Treueeid auf den Heerführer (→Konsul), nicht auf das Vaterland geleistet. Im Rechtswesen (→Recht) diente der E. zur Bekräftigung von Aussagen der streitenden Parteien und der Zeugen. Auch die Magistrate hatten vor Beginn ihrer Amtszeit und am Ende ihres Amtsjahres einen E. zu leisten. Eidbruch oder Meineid wurden ursprünglich nicht bestraft; ihre Bestrafung galt als Sache der Götter. Im Zwölftafelgesetz gab es lediglich für die falsche Anschuldigung eine Bestrafung (Sturz vom Tarpeischen Felsen). Da der E. in der Kaiserzeit auf den Genius des Kaisers geleistet wurde, konnte der Meineid als Majestätsbeleidigung geahndet werden.

Eingeweideschau *(haruspicium),* Verfahren zur Voraussage der Zukunft, vollzogen durch Priester *(haruspices)* etruskischer Herkunft (→Etrusker), die u. a. aus der Leber eines Opfertieres (→Opfer) die Zukunft voraussagten. →Auguren

Einhard, etwa 770 - 840 n. Chr., gelehrter Schriftsteller am Hofe Karls d. Gr. E. trug durch seine schriftstellerische Arbeit wesentlich zur Karolingischen →Renaissance bei. Sein berühmtestes Werk ist eine Biographie Karls d. Gr., die ,,Vita Karoli Magni'', mit der er angeregt durch die Biographien Suetons ein lebendiges Bild des Kaisers zeichnete. →Mittelalter

Eklektizismus (von griech. *eklegein* auswählen), Auswählen philosophischer Sätze oder Positionen aus verschiedenen philosphischen Schulen oder Systemen. Der E. darf nicht als unselbständige Übernahme fremder Gedanken abgewertet werden, sondern muß auch als Versuch betrachtet werden, die Erstarrungen und Verhärtungen geschlossener philosophischer Systeme zu überwinden und Gedanken unterschiedlicher Herkunft in eine fruchtbare neue Verbindung zu bringen.

Ekloge (griech. ,,Auswahl''), ausgewähltes Gedicht. Seit Vergil versteht man unter Eklogen vor allem Hirtengedichte (→Bukolik).

Elefant. Die Römer lernten im Krieg gegen Pyrrhus den indischen, im Krieg gegen Hannibal den afrikanischen E. als Kampfelefanten kennen; sie haben selbst keine E. im Krieg eingesetzt. Im 1. Jh. v. Chr. ließ Pompeius im *circus maximus* E. gegen Männer mit Speeren kämpfen. Unter Claudius und Nero konnte man Gladiatoren gegen E. kämpfen sehen.

Elegie (griech. *elegos* Klagelied), Gedicht in →Distichen, ursprünglich mit Flötenbegleitung gesungen, später rezitiert; die E. entstand in Jonien. Die frühe griech. E. war inhaltlich sehr vielseitig; ihre Themen sind Ermahnung zum Kampf, Lebensweisheiten, Reflexionen über den Staat, Sagen, Trink- und Liebeslieder. Der Stoff der hellenistischen E. ist vor allem die Sage: Lokalmythen, Ursprungssagen. Dagegen werden in der röm. E., die im 1. Jh. v. Chr. von Gaius Cornelius Gallus in die Literatur eingeführt worden sein soll, individuelle Gefühle ausgesprochen: da die Liebe das vorherrschende Thema ist, spricht man von der ,,subjektiven erotischen E.''. Außer Gallus, dessen Werk nicht erhalten ist, haben Catull, Tibull, Properz und Ovid Elegien gedichtet. Goethe knüpft in seinen ,,Römischen Elegien'' an die antike Gattung an.

Elegiker nennt man die röm. Dichter Tibull, Properz und Ovid, da ihre Werke zum Teil oder ausschließlich der literarischen Gattung →Elegie angehören.

Elfenbein *(ebur),* Zähne des Elefanten in bereits verarbeiteter Form. E. wurde verwendet zur Herstellung von Gebrauchsgegenständen, z. B. Schreibgriffeln (→stilus), Kämmen, Möbeln, von Schmuck oder Kunstgegenständen, z. B. Standbildern und Reliefs. E. galt als sehr wertvoll.

Elision (lat. *elisio* Herausstoßen), Unterdrückung oder Auslassung eines auslautenden Vokals vor einem anlautenden Vokal zur Vermeidung des →Hiats, z.B. Catull, Carmen 85,1 *od (i) et amo* ... (ich hass' und ich liebe).

Ellipse (griech. „Auslassung"), rhetorische Figur: Auslassen eines weniger wichtigen, aus dem Zusammenhang vom Hörer oder Leser ergänzbaren Wortes, das den Satz syntaktisch vervollständigt, z.B. Vergil, Aeneis 1,37: *haec secum*, d.h. „das (spricht er) mit sich selbst.". Die E. kann das Wesentliche hervorheben. Die →Aposiopese dagegen verschweigt das Wesentliche.

elocutio, sprachliche Darstellung des Stoffes, einer der fünf Vorgänge bei der Erarbeitung und beim Vortrag einer Rede (→inventio, →dispositio, elocutio, →memoria, →pronuntiatio oder →actio). Die e. verlangt vom Redner die Beachtung der sogenannten Stilqualitäten: Sprachrichtigkeit *(latinitas),* Deutlichkeit *(perspicuitas),* Angemessenheit *(aptum),* Redeschmuck *(ornatus)* und Kürze (→brevitas). →Rhetorik

Empedokles, griech. Philosoph des 5. Jh. v. Chr. Er erklärte die Entstehung der Welt als Verbindung der vier unveränderlichen und ewigen Elemente Feuer, Wasser, Luft und Erde. Die universalen Triebkräfte des Geschehens in der Welt sind nach E. Liebe und Haß, die die Verbindung und Trennung der Elemente verursachen.
→Kosmologie, Materialismus

emporium, Kaianlage am Tiber, am Fuße des Aventin, mit zahlreichen Lagerhäusern, Umschlagplatz für Massengüter.

Enallage (griech. „Vertauschung"), rhetorische Figur, die in der „Vertauschung" eines Adjektivs besteht: ein Adjektiv wird grammatisch einem anderen Substantiv zugeordnet als dem, zu dem es sinngemäß gehört. Berühmtes Beispiel Vergil, Aeneis 6,268: *ibant obscuri sola sub nocte per umbram* (sie gingen dunkel in einsamer Nacht durch den Schatten), statt *soli* ... *obscura* (einsam in dunkler Nacht).

Engelsburg, Mausoleum des Hadrian in Rom, 139 n. Chr. vollendet. In der E. wurden alle Kaiser bis Caracalla beigesetzt, seit Aurelian diente sie als Festung. — Die Entstehung des Namens „E." geht auf eine Legende zurück: Im Jahre 590 sah Papst Gregor d. Gr. während einer Bittprozession für die Beendigung einer Pestepidemie auf dem Bauwerk den Erzengel Michael erscheinen, der gerade sein Schwert in die Scheide steckte, um das Ende der Not anzuzeigen. — Heute steht eine Bronzestatue des Michael auf der E.

Enjambement (frz. „Überschreitung"), Übergreifen eines Satzes in den nächsten Vers. Das E. kann dem in den folgenden Vers gezogenen Satzteil besonderes Gewicht verleihen. Durch das E. wird vermieden, daß der Sprachrhythmus infolge des ständigen Zusammenfallens von Satz- und Zeilenende eintönig und ermüdend wirkt.

Ennius *(Quintus Ennius),* 239 - 169 v. Chr., kam während des 2. Punischen Krieges als Griechischlehrer nach Rom und stand dem Scipionenkreis nahe. Er verfaßte eine röm. Geschichte, die „Annales" (Jahrbücher) in daktylischen Hexametern, und trug damit wesentlich zur Entwicklung der lat. Literatursprache bei. Die „Annales" waren bis zum Erscheinen von Vergils „Aeneis" das Nationalepos der Römer.
→Annalistik, Epos, Geschichtsschreibung

Enzyklopädie (griech. *enkyklios paideia* allseitige Bildung und Erziehung). Der auf die griech. Sophistik zurückgehende Begriff bedeutet im Unterschied zur E. im heutigen Sinn ursprünglich umfassende, allgemeine Bildung und Erziehung. Erst die Römer schufen enzyklopädische Werke, in denen sie die Ergebnisse griech. Wissenschaften in der Form von Lehrbüchern zusammenstellten. Die erste lat. E. stammt von Cato; sie behandelte den Ackerbau, die Rhetorik, die Medizin, die Kriegskunst und vielleicht auch die Jurisprudenz. Von größter Bedeutung für die Geschichte der abendländischen Bildung wurden die enzyklopädischen Werke Varros, die sich mit Grammatik, Dialektik, Rhetorik, Arithmetik, Geometrie, Astronomie,

Musik (den sieben →artes liberales des Mittelalters), Medizin und Architektur befassen. Weitere E. sind die „Artes" („Wissenschaften") des Celsus, die Naturgeschichte des älteren Plinius und die spätantiken Schriften des Martianus Capella (5. Jh.), Cassiodor (6. Jh.) und Isidor v. Sevilla (6.Jh.).

Epanalepse (griech. „Wiederaufnahme", lat. *geminatio)*, Wiederholung eines Wortes oder einer Wortgruppe zum Zweck pathetischer Hervorhebung, z.B. Vergil, Aeneis 9,427: *me, me, adsum qui feci, in me convertite ferrum* (mich durchbohrt, mich, hier bin ich, der es getan hat, gegen mich wendet die Waffen).

Epigramm (griech. „Aufschrift"), ursprünglich Aufschrift bzw. Inschrift auf einem Grab oder einem Weihgeschenk in metrischer Form (meist →Distichon). Im 4. Jh. v. Chr. wird das griech. E. zu einer literarischen Gattung. Auch in Rom entsteht aus den echten Weih- und Grabinschriften das literarische E., für das spöttisch-satirische Absicht, prägnante Formulierung und scharfe Pointierung charakteristisch sind. Manche Gedichte Catulls sind E. Der größte Epigrammatiker ist Martial, dessen Witz und Pointierungskunst unübertroffen ist. Vom 17. bis 19. Jh. war das E. auch in Deutschland eine beliebte literarische Form.

Epikur (342/41 - 271/70 v. Chr.), griech. Philosoph, der 310 v. Chr. in Mytilene auf der Insel Lesbos eine philosophische Schule gründete. 306 v. Chr. verlegte er seine Schule nach Athen. Nach dem Gartengrundstück, das er dafür erworben hatte, nannte man ihn und seine Schüler „die Philosophen des Gartens" (griech. *kepos)*. E. schloß sich in der Physik dem Atomismus des Leukipp und Demokrit an. Im Gegensatz zu ihnen lehrte er jedoch, daß sich die Welt durch eine willkürliche Abweichung der senkrecht nach unten fallenden Atome bilde. Mit Hilfe dieser Annahme einer nicht determinierten Bewegung versuchte er die Willensfreiheit des Menschen zu retten, da die Seele in gleicher Weise aus Atomen bestehe. Nach E.s Auffassung gibt es unzählig viele Welten. Die ebenfalls aus Atomen bestehenden Götter leben in den Räumen zwischen den Welten (griech. *metakosmioi*, lat. *intermundia)* in vollkommener Glückseligkeit, ohne sich um die Menschen zu kümmern. Der Tod ist für E. kein Übel, da es wegen der Auflösung der Seele in ihre Atome weder eine Empfindung des Todes noch eine Weiterexistenz gibt. Höchstes Ziel des Lebens ist nach E. die Lust, die er jedoch nicht als sinnliche Befriedigung, sondern als Abwesenheit von Schmerz, Kummer, Begierde und Furcht, als seelische Ausgeglichenheit („Meeresstille der Seele", griech. *galene, ataraxia)* versteht. Voraussetzung für diesen Seelenfrieden ist ein zurückgezogenes Leben fern von der Politik im Kreis der Freunde („Lebe im Verborgenen!", griech. *lathe biosas*). Auch die Physik dient diesem Ziel, da sie den Menschen von der Furcht vor strafenden Göttern und vor dem Tod befreit. Nur für diesen praktisch-ethischen Zweck heißt E. naturphilosophische Forschung gut, nicht wegen der Erkenntnis um ihrer selbst willen. E.s Erkenntnistheorie ist sensualistisch: Alle Sinneswahrnehmungen sind wahr; durch falsche Schlüsse können jedoch daraus falsche Meinungen entstehen.- Von E.s umfangreichem Werk - allein das Hauptwerk „Über die Natur" umfaßte 37 Bücher - sind nur drei Lehrbriefe, die 40 Lehrsätze des „Katechismus" und eine in einer vatikanischen Handschrift überlieferte Spruchsammlung erhalten (z.T. spätere Zusammenstellung epikureischer Gedanken). - In Rom standen Vergil und Horaz der Philosophie E.s nahe. Das bedeutendste Zeugnis für die Wirkung E.s ist die leidenschaftliche Verkündung seiner Lehre in den 6 Büchern des Lukrez (ca. 96-55 vor Chr.) „De rerum natura" („Über das Wesen der Dinge").- Die Lustethik des E. wurde oft als vulgärer Hedonismus (Verherrlichung sinnlicher Lust) mißverstanden und kritisiert. Erst im 15. Jh. befreite Laurentius Valla E. von diesen Verzerrungen. Der franz. Philosoph Pierre Gassendi (1582-1655) griff die Naturlehre des E. wieder auf und bereitete damit den Weg zur modernen Atomphysik vor. Für Friedrich Nietzsche ist E. „einer der größten Menschen", bei seiner Lektüre genieße er „das Glück des Nachmittags des Altertums" (Die fröhliche Wissenschaft. 1. Buch, Nr. 45).

Epikureer, Schüler und Anhänger Epikurs, die ursprünglich eine Lebensgemeinschaft bildeten. Im 1. Jh. v. Chr. gewannen E. auch in Rom einen gewissen Einfluß. Außer bei Lukrez, der die Lehre Epikurs poetisch darstellte, wirkte die Philosophie der E. auf Vergil und Horaz. Sogar der Stoiker Seneca stimmte ihrer Lehre in vielen Punkten zu. In der Spätantike wurden die E. vom Neuplatonismus und vom Christentum immer mehr zurückgedrängt, so daß sich ihre Schule zu Beginn des 5. Jh. n. Chr. schließlich auflöste.

Epode, (griech. *epodos* „Nachgesang"), 1. dritter Teil des griech. Chorliedes, „Schlußgesang" nach →Strophe und Antistrophe; 2. frühgriech., von Archilochos um 650 v. Chr. geschaffene Gedichtform, in der auf einen längeren Vers (oft jambische Trimeter) jeweils ein kürzerer Vers, *epodos*, folgt (oft jambische Dimeter). Horaz führte diese Form in seinem von ihm selbst „iambi" genannten Epoden-Buch in die röm. Literatur ein.

Epona, keltische Göttin (→Kelten) der Pferde, benannt nach dem keltischen Wort für Pferd *(epo),* oft dargestellt als Frau, die auf einer Stute sitzt und von einem Fohlen begleitet wird. E. wurde in Gallien und Germanien verehrt; im Lapidarium des Württembergischen Landesmuseums in Stuttgart befindet sich eine Relief-Darstellung der E. als Bauersfrau mit Schürze, vor zwei Pferden sitzend mit einem Futterkorb auf dem Schoß. In Stuttgart ist auch eine E. mit acht Pferden zu sehen.

Epona als Bauersfrau
(Württembergisches Landesmuseum)

Epos (griech. „Wort"), längere erzählende Dichtung in Versen, meist in Hexametern. Die ältesten erhaltenen Epen, Ilias und Odyssee, sind bereits der Höhepunkt der Gattung und setzen eine lange (mündliche) Tradition des Heldengesangs voraus. Die homerischen Epen und das Lehrgedicht Hesiods sind das prägende Muster für die ganze europäische Epik. Am Beginn des röm. E. steht die Odyssee-Übersetzung des Livius Andronicus (um 240 v. Chr.). Sein Zeitgenosse Naevius behandelte in seinem Epos ein röm. Thema, den 1. Punischen Krieg. Beide verwendeten den →Saturnier als Versmaß, erst Ennius führte in seinen „Annales" den Hexameter ein. Der Höhepunkt der röm. Epik ist mit Vergils „Aeneis" erreicht. — In der Nachfolge des Hesiod stehen das Lehrgedicht des Lukrez (De rerum natura) und die künstlerisch vollendeten „Georgica" Vergils. An Vergil knüpfen die kaiserzeitlichen Epiker an (Lukan, Silius Italicus, Valerius Flaccus, Statius). — Der bedeutendste Vergilnachfolger des Mittelalters ist Dante, dessen Göttliche Komödie vom 6. Buch der „Aeneis" ausgeht.

Ernährung. Die materiellen Voraussetzungen für die E. schufen vor allem Landwirtschaft und Handel. Die Art der E. und Versorgung mit Lebensmitteln wurde auch bei den Römern von Faktoren bestimmt, die z. T. heute noch wirksam sind. Sie hing zunächst vom Einkommen und der damit verbundenen sozialen Stellung ab. So gab es extremen E.luxus mit raffinierten Genußmitteln (vgl. auch das Kochbuch des Apicius) — demonstriert in Petrons „Cena Trimalchionis" — neben einfachster Nahrung in Form von grobem Schwarzbrot, Zwiebeln, Kohl oder Eintopfgerichten. — Das röm. Nationalgericht war der Mehlbrei *(puls).* — Die Art der E. war auch von der beruflichen Funktion des einzelnen abhängig. So erhielten Gladiatoren im Training eine eiweißreiche, hochwertige Kost, die ihrem körperlichen Einsatz entsprach. Soldaten auf dem Marsch mußten sich oft mit Brot oder Mehlbrei zufrieden geben, wenn die Umstände keine anderen E.möglichkeiten boten (→Verpflegung). Kranke erhielten eine andere E. (Diät) als Gesunde (→Medizin). — Im allgemeinen war die E. des Römers in alter Zeit von Eintönigkeit bestimmt. Er hielt sich an die Regel: *Non ut edam, vivo; sed ut vivam, edo* Nicht um zu essen, lebe ich, sondern um zu leben, esse ich - Quintilian 9,3,85). Erst durch die Ausweitung des Reiches seit dem 2. Jh. v. Chr. lernten die Römer die verfeinerten Eßgewohnheiten der orientalischen Länder kennen; so gelangten z. B. nicht nur neue Gewürze, sondern auch bisher unbekannte Brot- und Kuchensorten nach Rom. Aus den uns erhaltenen Küchenrezepten des Apicius geht hervor, daß die Römer gern sehr fette und stark gewürzte Speisen aßen und sie mit verschiedenen Soßen zu verfeinern suchten. Getrunken wurden dazu Wasser, Milch oder Wein. — Die ausschweifenden Gastmähler, auf denen man im *triclinium* hingestreckt auf ein Speisesofa bis zum Erbrechen aß und trank, um erneut zu essen, zu trinken und sich zu erbrechen, waren sicherlich nicht die Regel, obwohl diese Form der E. in den uns erhaltenen Texten nicht selten erwähnt wird (vgl. Cicero, Philippica 2,104; De finibus 2,23). — Die Nahrung wurde zu bestimmten Mahlzeiten eingenommen, deren Zeitpunkt von der Tätigkeit und dem Aufenthaltsort der jeweiligen Person abhing. — Zum Eßgeschirr gehörte neben Schüsseln und Tellern aus Holz, Ton oder Edelmetall eigentlich nur der Löffel. Da die Speisen, bevor sie auf den Tisch kamen, zerlegt wurden, benötigte man kein Messer. Die Gabel wurde beim Essen nicht benutzt. Die Serviette *(mappa)* war in besseren Kreisen üblich; sie wurde auch zum Einwickeln von Speisen verwendet, die man als geladener Gast mit nach Hause nehmen wollte. — In Rom sorgte die Mehrheit der Bevölkerung nicht durch eigene Arbeit und in eigener Verantwortung für ihre E. Große Bevölkerungsteile wurden mit Hilfe der staatlichen Fürsorge ernährt. — Obwohl die E. der Römer im wesentlichen durch die Ausbeutung der Provinzen gesichert wurde, stand sie unter dem Schutz bestimmter Gottheiten (Ceres), denen man für gute Ernten dankte und opferte.

→Bier, Brot, Butter, Fischfang, Garten, Getreide, Gewürze, Handel, Haustiere, Herd, Honig, Jagd, Käse, Kirsche, Läden, Löffel, Markt, Obst, Preise, Salz, Speisesofa, triclinium, Viehzucht, Wein.

Ersatzdehnung, Dehnung eines kurzen Vokals, wenn ein nachfolgendes *s* vor einem stimmhaften Konsonanten ausfällt, z. B. *ĭsdem >īdem; sĭsdo >sīdo; dĭslegens >dīligens.*

Erziehung. Während die mittelalterliche Kultur die Kindheit als besondere Altersstufe nicht kannte und Kinder als kleine, unvollkommene Erwachsene betrachtete, wurde im antiken Rom zwischen Kindheit und Erwachsenenalter deutlich unterschieden. Daher wurde die kindliche Psyche bei der E. in gewissem Grad - wenn auch nicht so stark wie heute - berücksichtigt. In Quintilians ,,Institutio oratoria'' (Ausbildung des Redners) findet man für diese Haltung schöne Beispiele, wie etwa folgendes: ,,Ich bin aber keineswegs so blind gegenüber den Unterschieden in den einzelnen Altersstufen, daß ich glaube, man dürfe dieses zarte Alter schon hart anfassen und wirkliche Leistung erwarten. Denn man muß sich vor allem davor hüten, daß ein Kind, dem das Lernen noch keine Freude machen kann, eine Abneigung dagegen bekommt und sich auch noch über die Kinderjahre hinaus mit Abscheu vor der einmal gekosteten Bitterkeit abwendet. Das Lernen soll ein Spiel sein, das Kind soll gefragt und gelobt werden und sich freuen, wenn es etwas erreicht hat'' (1,1,20, Übers. nach M. Giebel). — Ursprünglich lag die E. in der Hand der Mutter und des Vaters (Tacitus, Dialogus de oratoribus 28f., Plutarch, Cato maior 20); später wurden die Kinder der Obhut griech. Ammen und Sklaven anvertraut und wuchsen dadurch von Anfang an zweisprachig auf. Die privaten Schulen hatten keinen erzieherischen Auftrag, sondern sollten lediglich Kenntnisse vermitteln.

→Bildungswesen, Schule

Esel *(asinus),* diente als Lastenträger, Zug- und Reittier. Reisen wurden mit Hilfe von E. unternommen; E. trieben Getreidemühlen an. — Der E. war der Göttin Vesta heilig. Poppäa, die Gattin Neros, pflegte in E.milch zu baden, und hielt sich deshalb eine Herde von 500 E. — E.hengste wurden mit Pferdestuten (→Pferd) gekreuzt, um Maulesel zu erhalten; durch die Kreuzung von E.stuten mit Pferdehengsten produzierte man Maultiere. — Das Fleisch von E.fohlen galt als Leckerbissen. — Trotz seiner großen Nützlichkeit war der E. kein angesehenes Tier; das Wort *asinus* war ein Spott- oder Schimpfname.

Esquilin *(mons Esquilinus),* einer der Sieben Hügel Roms, nord-östlich vom Kolosseum; an seiner Südseite befand sich die *Domus aurea* des Nero mit großen Parkanlagen, an seiner Ostseite der Garten des Maecenas.

Ethik (griech. „Lehre vom sittlichen Handeln"), neben Logik und Physik ein Teilgebiet der Philosophie, das sich mit der Frage nach dem richtigen Handeln, nach dem obersten Lebensziel befaßt. Die frühgriech. Adelsethik wurde in der griech. Aufklärung des 5. Jh. v. Chr. von einer rationalistischen E. abgelöst. Die Sophisten und ihr großer Gegenspieler Sokrates sowie die vielen von diesem abhängigen Schulen gaben verschiedene Antworten auf die ethischen Grundfragen. Die philosophische E. der Römer wird von der Stoa und von Epikur geprägt. Die wichtigsten Vermittler der griech. Lehren sind Lukrez, Cicero und Seneca. →Wertbegriffe

Ethnographie (griech. *ethnos* „Volk" und *graphein* „beschreiben"), „Völkerkunde". Vorstufen der E. finden sich schon in den homerischen Epen, wenn die Sitten fremder Völker mit griech. Bräuchen verglichen werden. In Jonien entsteht dann die eigentliche E. (Hekataios von Milet, Ende des 6. Jh. v. Chr.). Zahlreiche ethnographische Exkurse enthält das Geschichtswerk des Herodot (5. Jh. v. Chr.). Die berühmteste lat. E. ist die „Germania" des Tacitus (um 55 - um 120 n. Chr.), eine wichtige Quelle für die mitteleuropäische Frühgeschichte.

Etrusker *(Etrusci* oder *Tusci),* wahrscheinlich um 1000 v. Chr. aus Kleinasien eingewandertes Volk im nördl. Mittelitalien (Etrurien, Toscana). Sie bildeten einen aus selbständigen Städten bestehenden Städtebund: u. a. Veji, Caere (heute: Cerveteri), Tarquinia, Perusia (heute: Perugia). Vor ihren Städten befanden sich große Gräberstädte, deren Ausstattung noch heute die hohe Kultur der E. bezeugt. — Im 6. Jh. erweiterten die E. ihr Herrschaftsgebiet nach Norden bis zur Poebene, nach Süden bis →Capua, beherrschten demnach auch Rom, das sich 510 v. Chr. (→Brutus) von der etruskischen Königsherrschaft befreite (→Tarquinius Superbus). Der kulturelle Einfluß der E. auf die Römer ist jedoch außerordentlich groß gewesen. Das gilt nicht nur für die Einrichtung der Gladiatorenspiele (→Gladiator), sondern auch für den Straßenbau, den Hausbau (→Haus), den Tempelbau, die Entwässerungstechnik (→cloaca maxima) und viele Einrichtungen des politischen und religiösen Lebens, z. B. für den Triumph, die Eingeweideschau, die Vogelschau (→Auguren). — Die E. behielten bis in das 3. Jh. v. Chr. eine deutliche Vormachtstellung in Mittelitalien, wurden von den Römern jedoch immer mehr zurückgedrängt bzw. romanisiert, nachdem z. B. viele etruskische Familien in Rom ansässig geworden waren (→Maecenas) und ihre Städte von den Römern erobert (→Veji) worden waren. Die noch nicht romanisierten E. wurden erst während des Bundesgenossenkrieges endgültig niedergeworfen. Sulla

Etruskisches Ehepaar
Auf einem Sarkophagdeckel aus Caere

führte offensichtlich einen Ausrottungsfeldzug gegen die E.; er siedelte in ihren verödeten Städten Veteranen an. →Etruskisch

Etruskisch können wir zwar ohne Schwierigkeiten lesen, da die Etrusker eine archaische Form des griech. Alphabets benutzt haben (von rechts nach links geschrieben →Anhang V), wir verstehen aber nur wenige Wörter (etwa 200), da die Sprache wohl mit keiner anderen Sprache verwandt ist und die bisher gefundenen zweisprachigen Texte (Bilinguen) für die Deutung der unbekannten Wörter wenig ergeben haben. Von den etwa 10000 Inschriften, die wir kennen, sind die meisten, da es sich überwiegend um Grabinschriften handelt, sehr kurz und inhaltlich auf wenige Angaben beschränkt: Personennamen, Verwandtschaftsbezeichnungen, Amtstitel und Altersangeben. Zwei Beispiele aus Tarquinia: *Larth Avles clan avils huth muvalchls lupu* (Larth, Sohn des Aulus, ist mit 55 Jahren gestorben); *Larth Arnthal Plecus clan Ramthasc Apatrual eslz zilachnthas avils thunem muvalchls lupu* (Larth, Sohn des Arnth Plecu und der Ramtha Apatrui, ist nach zweimaliger Prätur mit 49 Jahren gestorben). Aus dem Vergleich derartiger Texte konnte man mehrere Wörter erschließen, z. B. *clan* = Sohn, *sec* = Tochter, *pui* = Gattin, *avil* = Jahr, *lupu* = gestorben. Man kennt auch verschiedene Kasus- und Verbalformen, so daß sich einige grammatische Grundzüge konstruieren lassen. — Der umfangreichste etruskische Text, der erhalten ist, befindet sich auf Leinenstücken, die um eine Mumie gewickelt wurden (sog. Agramer Mumienbinde). Das 1500 Wörter umfassende Fragment ist ein sakraler Text, wohl eines jener von röm. Autoren oft erwähnten „Etruskischen Bücher" *(Etrusci libri)*, in denen die etruskische Schicksalslehre dargestellt war.

Etymologie (griech. *etymos* wahr, *logos* Lehre), „Lehre von der wahren Bedeutung eines Wortes". Schon im 5. Jh. v. Chr. beschäftigten sich griech. Philosophen mit der Frage, welche Beziehung zwischen dem Wort und der mit dem Wort bezeichneten Sache besteht. Die Auffassung, man könne von der Grundbedeutung eines Wortes zur Erkenntnis des Wesens eines Dinges gelangen, wurde von den Sophisten und von Platon als falsch erwiesen. Im 1. Jh. v. Chr. versuchte Philoxenos von Alexandria die Wörter zu deuten, indem er sie auf einsilbige Verbalstämme zurückführte, die fast der gesamten Sprache zugrunde liegen sollten. Dieser prinzipiell sinnvolle Ansatz führte freilich oft zu willkürlichen, wenn nicht gar grotesk falschen Ergebnissen, da die Gesetze der Sprachentwicklung nicht bekannt waren. Mit Franz Bopp, der die Verwandtschaft der indogermanischen Sprachen erkannte, beginnt Anfang des 19. Jh. die moderne wissenschaftliche E., die uns einen Einblick in die Geschichte der indogermanischen Sprachen gibt.

Eukleides von Megara, um 450-380 v.Chr., Schüler des Sokrates, Begründer der Schule der Megariker, von denen u.a. die Auffassung vertreten wurde, daß das Seiende und das Gute einerseits und das Nichtseiende und das Böse andererseits identisch seien. E. entwickelte eine philosophische Logik und Argumentationskunst, mit der er vor allem die Stoa befruchtete. →Philosophenschulen

Euphemismus (griech. *euphemein* Worte von guter Vorbedeutung gebrauchen), Beschönigung eines anstößigen, unangenehmen Ausdrucks durch verhüllende Umschreibung, z. B. „Eumeniden" (griech. „die Wohlwollenden") für die Erinyen (Rachegöttinnen); „aus dem Leben scheiden" *(decedere de vita)* für „sterben".

Euripides, 480-406, der jüngste der drei großen griech. Tragödiendichter neben Aischylos und Sophokles. Von seinen Werken sind 17 Tragödien und ein Satyrspiel erhalten. E. hat Seneca stark beeinflußt.
→Drama, Satyrspiel, Tragödie

Eutropius, röm. Historiker des 4. Jh. n. Chr., der im Auftrag des Kaisers Valens (364 - 378) einen Abriß der röm. Geschichte („Breviarium ab urbe condita") in 10 Büchern bis zum Jahr 364 n. Chr. verfaßte. Das vielbenützte Werk beschränkt sich auf Kriege und Charakteristiken der Kaiser.

exemplum, Beispiel, kurze Erzählung von mythischen oder historischen Handlungen, die zur Veranschaulichung einer These oder als Argument in einer Gerichtsrede verwendet wird. Vor allem die popularphilosophische →Diatribe bediente sich der *exempla,* da man sie für wesentlich überzeugungskräftiger hielt als die rationale Argumentation. Schon in der Antike entstanden Exempla-Sammlungen, z. B. die (nicht erhaltenen) „Exempla" des Cornelius Nepos und die „Denkwürdigen Taten und Aussprüche" des Valerius Maximus. Berühmte Beispielsammlungen des Mittelalters sind das „Speculum historiale" des Vincent von Beauvais und die →Gesta Romanorum.

Fabel *(fabula* Erzählung), kurze lehrhafte Erzählung, die eine allgemeingültige Wahrheit oder eine Lebensregel sinnfällig zum Ausdruck bringt. Die F. verkleidet ihre Wahrheit, indem sie Tiere sprechen und handeln läßt; ihre Überzeugungskraft beruht auf der Tatsache, daß wir uns in den Tieren wiedererkennen. — Von Anfang an hatte die F. sozialkritische Züge. Ihr Ursprung liegt im Orient; in Griechenland taucht sie schon bei Hesiod (um 700 v. Chr.) und Archilochos (2. Hälfte des 7. Jh. v. Chr.) auf. Als großer Erzähler von F. gilt Äsop (6. Jh. v. Chr.), ein Sklave, der mit seinen Geschichten die einfachen Leute unterhalten und zum Nachdenken angeregt haben soll. Zu einer eigenen literarischen Gattung wurde die F. durch Phädrus (1. Jh. n. Chr.). Die F.-Dichtung der Neuzeit knüpfte an die F. des Äsop und des Phädrus an (La Fontaine, Lessing, Gellert).

Fabius *(Quintus Fabius Pictor),* der erste röm. Geschichtsschreiber, der in griech. Sprache die röm. Geschichte bis auf seine Zeit (2. Hälfte des 2. Jh. v. Chr.) darstellte. Er wollte mit seinem Werk seinen griech. Zeitgenossen die Grundsätze der röm. Weltanschauung und Politik darlegen.
→Geschichtsschreibung

Familie *(familia),* die dem *Pater familias* unterstehende Hausgemeinschaft (→Ehe) einschließlich der Sklaven.

Farben wurden benutzt zum Färben von Stoffen, Leder und Glas (→Mosaik) und für die Malerei (→Wandmalerei). Am besten unterrichtet sind wir über Herstellung und Verwendung von Purpur (Plinius, Naturalis Historia 9, 125-141).- F. wurden - wie im Falle des Purpur - aus Tieren oder Pflanzen (z.B. Gelb aus Safran *(Crocus sativa L.),* Rotgelb aus Wau *(Reseda luteola L.)* oder Blau aus Waid *(Isatis tinctoria L.)* gewonnen. Glas wurde mit Metalloxyden gefärbt.- In der röm. Malerei wurden als F. vor allem Erd- oder Tonfarben (mineralische Farben) benutzt, z. B. für Rot gebrannte Erde oder für Gelb gebrannter Ocker (Plinius, Naturalis Historia 35, 29-50). Für Weiß nahm man Bleiweiß (ein basisches Bleikarbonat), das ein besonders hohes Deckvermögen hat. Schwarz wurde aus Ruß hergestellt, der aus dem Verbrennen von Harz, Pech oder Holz entsteht.

fasti *(dies fasti),* Tage der Rechtsprechung (von *fari* sprechen), die *pontifices* (→pontifex maximus) führten einen Kalender, in dem zwischen *dies fasti* und *dies nefasti* (→Feiertage) unterschieden wurde. Aus diesem Kalender war zu ersehen, an welchen Tagen staatliche (gerichtliche) Handlungen vollzogen werden durften. Der Dichter Ovid hat nach diesem Kalender seinen poetischen Festkalender, die Fasten, verfaßt.

fatum, der „Spruch" (von *fari* sprechen), das Schicksal. Das personifizierte f. wurde den griech. Moiren (lat. *Parcae* die Parzen) gleichgesetzt, die den Lebensfaden der Menschen spinnen. Daher auch der Plural *fata,* der dann als Femininum Singular gedeutet wurde. Daraus ist das Wort „Fee" (ital. *fata)* entstanden. — Eine große Rolle spielt der Begriff *fatum* in der stoischen Philosophie: Nach der Lehre der Stoa herrscht im Kosmos lückenlose Kausalität, so daß jedes Ereignis mit „Schicksalsnotwendigkeit" eintritt. In diesem Sinn ist das f. die vernünftige, rationale und göttliche Ordnung der Welt. Von Cicero haben wir eine Schrift über das Schicksal („De fato").

Faunus, italische Gottheit, Beschützer der Viehherden und Viehzüchter. F. hatte einen

Tempel auf der Tiberinsel.- Fauna war seine Schwester und Tochter.- Die röm. Gelehrten bezogen den Namen des F. auf *favere* („begünstigen") und erklärten ihn als den „gütigen, hilfreichen Gott". Er wurde mit dem griech. Pan gleichgesetzt.- Die Bronze-Plastik eines tanzenden F. wurde in der Casa del Fauno in Pompeji gefunden (das Original befindet sich im Museo Nazionale in Neapel).

Bronzestatue aus der Casa del Fauno in Pompeji

Fechtmeister *(lanista),* Aufkäufer von Sklaven zwecks Ausbildung zu Gladiatoren, auch Ausbilder von Gladiatoren.

Feiertage *(feriae* oder *dies nefasti).* Im röm. Kalender, den Fasten, waren zahlreiche staatliche oder religiöse Feste zu Ehren verschiedener Götter verzeichnet (z.B. Luperkalien, Saturnalien). Die Feste wurden meist mit Spielen und Umzügen gefeiert. An den F. ruhte die Arbeit. Es fanden kein Schulunterricht und keine Verwaltungsarbeit statt. In der Zeit der Republik gab es 65 F. Mark Aurel setzte die Zahl der F. auf 133 fest (pro Jahr).- Wichtigste Informationsquelle: Ovid, Fasten.

Feldzeichen *(signum),* Abzeichen zur Kennzeichnung militärischer Einheiten, dienten der Befehlsübermittlung, der Orientierung der Soldaten auf dem Marsch und in der Schlacht und der moralischen Unterstützung der Truppe, die sich mit ihrem F. identifizierte. Das F. galt als heilig, sein Verlust als Schande. Ursprünglich bestand ein F. aus einem an einer Lanzenspitze befestigten Heubündel, später aus einem Tierbild (z.B. Wolf, Eber, Pferd). Seit Marius war der Adler aus Silber das F. einer Legion. Es gab - vor allem für die Reiterei - auch Fähnchen *(vexillum)* aus Stoff, z. B. mit einer aufgemalten Siegesgöttin (Victoria).

Fenster *(fenestra).* F. dienten der Beleuchtung und dem Rauchabzug (→Herd, →Küche) und waren oft nur in Form von Mauerschlitzen vorhanden (mit Schießscharten vergleichbar). Größere F. hatten meist Eisengitter oder Läden; mitunter waren sie auch verglast (→Glas). Das röm. Haus hatte zur Straße hin gewöhnlich keine F.; sie blickten zum *peristylium.* Die F. der mehrstöckigen Mietskasernen gingen jedoch zur Straße hinaus.

Fernstraßen. Der F.bau gehört zu den größten und nachhaltigsten kulturellen Leistungen der Römer, die im Laufe der Jahrhunderte im gesamten Reich ein gewaltiges F.netz (unter Trajan 80.000 km) anlegten, um ihre Eroberungen zu erhalten, ihre Verwaltung zu gewährleisten und das wirtschaftliche Leben in Gang zu halten (→Reisen). Zu den ältesten F. gehören die Via Appia (312 v. Chr. gebaut), die zunächst bis Capua, später über *Beneventum* und Tarent bis *Brundisium* führte, die Via Flaminia, die von Rom durch Umbrien nach Norden bis zum heutigen Rimini verlief, und die Via Aemilia von Rimini über Bologna nach Piacenza.-Die F. wurden nach ihren Erbauern benannt.- Sie waren in mehreren Schichten befestigt (Grobschich-

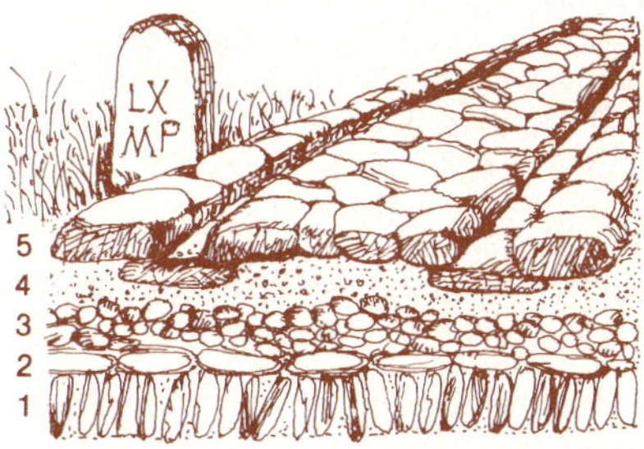

Querschnitt durch eine römische Fernstraße

1 Grobschichtung 2 Querlage 3 Grobschüttung 4 Feinschüttung 5 Plattenlage

tung, Querlage, Grobschüttung, Feinschüttung, Plattenlage in der Nähe größerer Ortschaften). Ihr Verlauf war möglichst gradlinig, so daß man Geländeaufschüttungen, Brücken, Viadukte und sogar Tunnel benötigte.- Auf den F. standen in Abständen von einer Meile Meilensteine mit Entfernungsangaben.

fetiales, aus 20 Mitgliedern bestehendes Priesterkollegium (→Kollegien, →Priester), regelten die Beziehungen und die Verständigung zwischen Rom und fremden Völkern, z. B. bei Vertragsabschlüssen, Kriegserklärungen, Waffenstillstandsabkommen, Friedensverträgen. In späterer Zeit gehörten auch Kaiser zu den f. Mark Aurel erklärte den Markomannen in seiner Eigenschaft als Mitglied der f. den Krieg.

Feuerwehr *(vigiles* Wächter). Unter Augustus wurde in Rom eine wirksame F. organisiert, die aus 7000 Mann bestand und zugleich Polizeiaufgaben (→Polizei) hatte. In anderen Städten bestand die F. aus Lumpensammlern, die über Tücher und Decken zum Ersticken des Feuers verfügten, und aus Bauarbeitern, die das zur Feuerbekämpfung geeignete Gerät besaßen (z.B. Äxte und Leitern). Brände waren sehr häufig - vor allem wohl wegen des Gebrauchs offenen Feuers (→Herd) in den Wohnhäusern. Rom brannte mehrfach fast vollständig nieder. Eine Feuerversicherung gab es nicht.

figura etymologica, neuzeitlicher Fachausdruck für die Verbindung von etymologisch zusammengehörigen Wörtern (→Etymologie): Verbindung eines Verbs mit einem stammverwandten Substantiv als sog. innerem Objekt, z. B. *vitam iucundam vivere* (ein angenehmes Leben leben).

Finanzwesen. Das organisatorische Zentrum des röm. F. der republikanischen Zeit war die Staatskasse *(aerarium).* In der Kaiserzeit kam der *fiscus Caesaris* zur Finanzierung des Staatshaushaltes hinzu. Die Ausgaben des Staates z.B. für die Verwaltung, das Militär, das Bauwesen, die Spiele, die Feste und die Fürsorge bildeten die Grundlage der Wirtschaft. Die Einnahmen wurden vor allem durch die Abgaben der oft durch rücksichtslose Ausbeutung ausgepreßten Provinzen (→Repetunden), durch Kriegsbeute, Zölle und Pachtzins erzielt. Aufgrund der Steuerfreiheit der röm. Bürger (seit 168 v. Chr.) waren Steuern keine wesentlichen Bestandteile des F.- In der Zeit der Republik waren die Zensoren und Quästoren für die Verwaltung des Staatshaushaltes zuständig; in der Kaiserzeit hatten bei wachsender Bedeutung des *fiscus Caesaris* die kaiserlichen Finanzminister mit einer ständig sich vergrößernden Verwaltung die Verantwortung für den Ausgleich des Staatshaushaltes. - Zur Finanzierung größerer wirtschaftlicher Projekte konnten Banken in Anspruch genommen werden, die gegen Zinsen Kredite zur Verfügung stellten. Auch bargeldloser Zahlungsverkehr (Giroverkehr) war bekannt. - Eine erhebliche Belastung des staatlichen F. waren die öffentliche Ernährung und Fürsorge des stadtröm. Proletariats, die Haushaltsführung der kaiserlichen Familie und die Sozialhilfe für Witwen und Waisen. - Das nichtstaatliche F. wurde von den Rittern und Freigelassenen beherrscht. - Die politischen Rechte und Pflichten eines röm. Bürgers hingen von der Vermögensklasse ab, der er aufgrund seiner finanziellen Möglichkeiten zugehörte.
→aureus, Bankwesen, Besoldung, Denar, Geld, Gold, Markt, Mieten, Münzen, Pacht, Preise, procurator, proletarius, publicanus, quadrans, Sesterz, Zensus

Fischfang war in Verbindung mit dem Fischhandel ein wichtiger Wirtschaftszweig. Fische wurden geangelt, mit dem Dreizack oder Speer erlegt oder in Netzen und Reusen gefangen. Eine anschauliche Darstellung des F. in der Mosel gibt Ausonius: „Dort, wo man leicht ins Wasser kommt, wühlt die Masse der Fischer den Grund auf, um Fische zu finden. Einer zieht sein Netz mitten durch den Fluß und kehrt die Schwärme zusammen. Ein anderer legt an einer ruhigen Stelle Reusen an. Der nächste sitzt auf einem Stein und wirft seine Angel mit dem tödlichen Köder aus. Die arglosen Fische stürzen sich darauf und merken zu spät den Stich des Hakens. Sie ziehen den Schwimmer hinunter. Der Angler holt seine Beute mit pfeifendem

Schwung heraus..." In Rom gab es in der Nähe des Tiber einen besonderen Fischmarkt *(piscarium)*. Fische wurden dort frisch oder gepökelt verkauft.

fiscus Caesaris, eig. „Körbchen des Kaisers", seit Augustus kaiserliche Schatzkammer, Teil der Staatskasse, unterstand dem kaiserlichen Verfügungsrecht, wurde vor allem gefüllt mit Einnahmen aus den kaiserlichen Provinzen (z.B. aus Ägypten). Der f.C. diente zur Finanzierung der Militärausgaben, der kaiserlichen Hofhaltung, der Spiele, des Bauwesens und der Fürsorge.

flamines, eig. „diejenigen, die das (Opfer-) Feuer anblasen" (von *flare* blasen), Priester, die bestimmten Göttern zugeordnet waren, z.B. der *flamen* des Mars *(f. Martialis)*.

Flaschenzug, Hebevorrichtung, die Kraft auf Kosten des Weges spart, für schwere Lasten, wie z.B. für große Steine für den Mauerbau, meist an einem Kran befestigt. - Als Erfinder des F. gilt Archimedes (Beschreibung bei Vitruv, De architectura 10, 2, 1-14).

Rekonstruktion römischer Flaschenzüge

Flora, italische Göttin der Pflanzenwelt. Sie hatte in Rom einen eigenen *flamen* (→flamines). In ihrem Tempel auf dem Quirinal wurden ihr blühende Ähren dargebracht. Außerdem ehrte man sie mit den *ludi Florales* (→Spiele).

Flotte. Eine röm. Kriegsflotte - Kriegsschiffe heißen *naves longae* - wurde erst während des 1. Punischen Krieges geschaffen; sie hatte jedoch nie eine besondere militärische Bedeutung, abgesehen von der Seeräuberbekämpfung (→Piraten). Die F. diente darüberhinaus dem Transport von Getreide aus den überseeischen Provinzen oder dem Truppentransport z.B. bei Cäsars Expeditionen nach Britannien.- Die F. war in Kriegshäfen des Mittelmeeres stationiert, z.B. in Misenum, Aquileia und Ravenna.- Militärisch nicht ganz unbedeutend war die auf den großen Flüssen (Donau, Rhein, Nil) unterhaltene F.

Formel *(formula)* bedeutet im juristischen Sinn die Klageformel, mit der der Prätor dem Richter vorschreibt, nach welchen rechtlichen Voraussetzungen das Urteil zu sprechen ist. Der Richter hat nur über die Rechtsfragen zu entscheiden, die in der F. enthalten sind. Die F. besteht aus Bedingungssätzen: Wenn sich das Begehren des Klägers als berechtigt erweist, soll der Richter den Beklagten verurteilen *(Si paret ..., condemnato)*; im anderen Fall soll er ihn freisprechen *(si non paret, absolvito)*. Die F. beginnt mit der Einsetzung des Richters. Darauf folgt eine Sachdarstellung *(demonstratio)* oder bereits das Klagebegehren *(intentio)*. Am Ende steht die Anweisung, unter den genannten Bedingungen zu verurteilen oder freizusprechen *(condemnatio* oder *absolutio)*. Im →Edikt des Prätors wurden Muster für die F. aufgeführt. Dabei gebrauchte man Blankettnamen für den Richter *(Titius)*, den Kläger *(Aulus Agerius)* und den Beklagten *(Numerius Negidius)*. Beispiel für eine F.: *Titius iudex esto. Si paret rem, qua de agitur, ex iure Quiritium Auli Agerii esse, neque ea res arbitrio iudicis restituetur, quanti ea res erit, tantam pecuniam iudex Numerium Negidium Aulo Agerio condemna, si non paret, absolve* (NN soll Richter sein. Wenn es sich erweist, daß die Sache, um die geklagt wird, nach dem Recht der Quiriten dem Kläger *(Aulus Agerius)* gehört, und diese Sache nicht nach dem Ermessen des Richters dem Kläger herausgegeben wird, dann sollst du, Richter, den Beklagten *(Numerius Negidius)* zugunsten des Klägers zu einer so hohen Geldzahlung verurteilen, wie die Sache wert ist; wenn sich das nicht erweist, sollst du ihn freisprechen). — Der mit Hilfe der schriftlichen F. geführte Prozeß löste unter Augustus das ältere Legisaktionsverfahren ab (→legis actio), bei dem die Parteien feierliche Spruchformeln sagen mußten.

Fortuna, röm. Göttin des Gelingens mit zwei berühmten Kultstätten in Latium. F. erteilte auch Orakel. In Rom befand sich ein Tempel der *F. populi Romani* (F. des röm. Volkes). Noch heute sichtbar sind die gewaltigen Stützmauern des F.-Tempels in Palestrina östl. von Rom. Als *F. Augusta* war sie Schutzgöttin der Kaiser. Sie trug meist ein Beiwort, das ihre spezielle Funktion im Einzelfall kennzeichnete (z.B. *F. redux* F. der glücklichen Heimkehr). Zur Zeit des Plinius (Naturalis Historia 2, 22) war F. für viele Menschen die einzige Gottheit.- Sie wurde als Standbild mit Füllhorn, Steuerruder und Rad (Zeichen der Unsicherheit des Glückes) oder als Münzbild (→Denar) dargestellt.

forum Romanum, Mittelpunkt des öffentlichen und politischen Lebens und wirtschaftliches Zentrum in Rom, Talsenke zwischen Kapitol, Palatin und Esquilin, durch die *cloaca maxima* entwässert, mit zahlreichen Tempeln (z.B. der Concordia, der Vesta oder des Saturnus), Markthallen, Verwaltungsgebäuden, z.B. der *curia*, dem goldenen Meilenstein *(miliarium aureum),* mit Ehrensäulen (z.B. des Trajan), mit dem Haus der Vestalinnen, mit den *rostra.* Über das Forum ging der Triumphzug zum Kapitol (→Triumph). In christlicher Zeit wurden einige Gebäude in Kirchen verwandelt (→Christentum) und blieben so erhalten; die meisten verfielen oder wurden als Steinbrüche genutzt. In der Neuzeit weideten Hirten ihre Herden auf dem f. R., das deshalb Campo vaccino (ital. Kuhfeld) genannt wurde. Erst seit dem Ende des 19 Jh. wird das Forum systematisch aus dem meterhohen Schutt der Jahrhunderte ausgegraben.

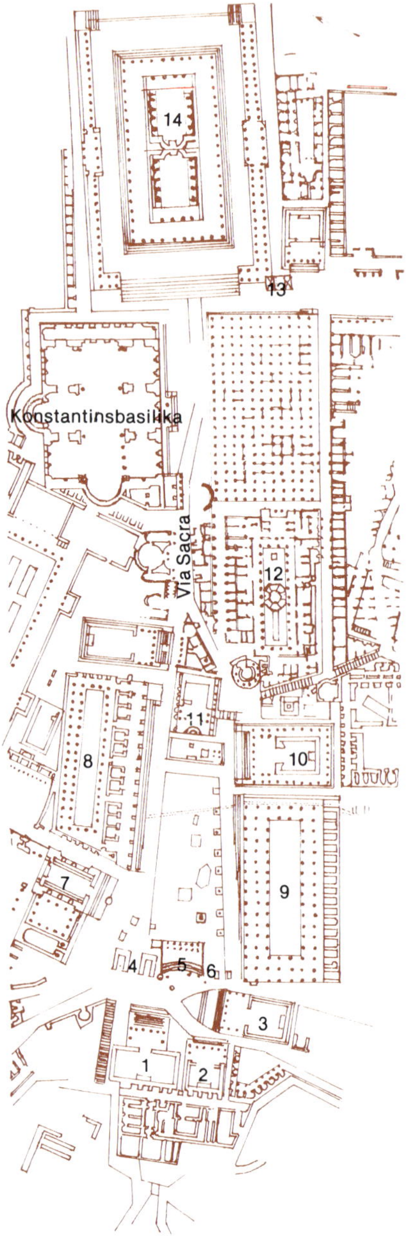

Forum Romanum vom Kapitol aus

1 Tempel der Concordia 2 Tempel des Vespasian und Titus 3 Saturn-Tempel 4 Bogen des Septimius Severus 5 rostra 6 Miliarium aureum 7 curia 8 basilica Aemilia 9 basilica Iulia 10 Castor-Tempel 11 Cäsar-Tempel 12 Haus der Vestalinnen 13 Bogen des Titus 14 Tempel der Venus und Roma

Frau *(fẹmina* weibliches Wesen, *mụlier* weibliche Person, *ụxor* Ehefrau, *cọniunx* Ehefrau, *mạter famịlias* Hausfrau, *matrọna* Familienmutter, *dọmina* Gebieterin). In der Zeit der Republik war die F. rechtlich vom Mann, entweder vom Ehemann (→Ehe) oder vom Vater (→pater familias), abhängig. Erst in der Kaiserzeit war sie dem Mann rechtlich etwa gleichgestellt und konnte z.B. über ein eigenes Vermögen verfügen. Unter dem Einfluß des Christentums wurde die relativ freie Stellung der F. wieder beschränkt.- In älterer Zeit blieb die F. von politischer Tätigkeit ausgeschlossen; sie konnte keine Staatsämter bekleiden (→cursus honorum, →Magistrate). Ihre Aufgaben waren vor allem die Verwaltung des Hauses als *mater familias* und Gebieterin der Sklaven *(domina* oder *era)* in der *familia* und die Erziehung der Kinder. Dennoch erhielt sie eine ihrer Herkunft und ihrem Vermögen entsprechende Schulbildung (→Schule) und konnte in begrenztem Rahmen auch berufstätig sein. Über ihren Ehemann konnte sie mitunter auch politischen Einfluß gewinnen (wie Cornelia, die Mutter der Gracchen).- Im religiösen und sakralen Bereich hatte die F. eine hohe Stellung (→Vestalinnen, →Sibylle), vor allem auch in den Kulten der Isis und der Kybele. Weibliche Gottheiten wurden in großer Zahl verehrt (Ceres, Concordia, Diana, Fortuna, die Grazien, Juno, Minerva, die Musen, die Nymphen, die Parzen, Proserpina, Venus, Vesta, Victoria).- In den Kaiserfamilien hatten F. oft großen Einfluß (z.B. Agrippina, Messalina, Poppäa). Im Verschwörerkreis um Catilina spielten Frauen wie z.B. Sempronia eine bedeutende Rolle.-Es gab auch Dichterinnen, z.B. Sulpicia. In der römischen Sage wurde den Frauen ein hoher Rang eingeräumt, z.B. Lucretia.

Freigelassener *(libẹrtus),* ehemaliger Sklave, blieb seinem Herrn (→Patron) durch Dienstleistungen verpflichtet und hatte diesem Gehorsam zu leisten; so mußte z.B. ein freigelassener Schauspieler für seinen früheren Herrn und dessen Freunde umsonst spielen, ein freigelassener Arzt seinen Patron ohne Honorar behandeln (Julian, Digesten 3, 1, 27). Mit dem förmlichen Vollzug der Freilassung (→manumissio) erhielt er Namen und Würde eines röm. Bürgers (→Bürgerrecht). Meist erfolgte die Freilassung durch eine testamentarische Anordnung des Herrn (→Testament). Sklaven konnten sich mit Hilfe eigener Ersparnisse auch selbst freikaufen. Man schätzt, daß in der Kaiserzeit etwa 80 % der Einwohner von Rom entweder selbst F. waren oder von F. abstammten. Viele F. waren als Bankiers, Geschäftsleute, Lehrer, Ärzte usw. tätig und konnten auch in den Stand der Ritter aufsteigen. In der Kaiserzeit gab es zahlreiche F., die großen Einfluß auf den jeweiligen Herrscher hatten.

Fresko (ital. *fresco* frisch), Art der Malerei (→Wandmalerei), bei der die Farben auf den noch feuchten Wandputz aufgetragen werden.

Friedhof, außerhalb der Stadt gelegenes Gelände zur Bestattung der Toten. Schon durch das Zwölftafelgesetz wurde die Anlage von F. innerhalb der Stadt verboten.- Gräber wurden durch Grabmale oder Grabsteine mit Grabinschriften gekennzeichnet. Bei den Etruskern gab es F. in Form regelrechter Totenstädte (Nekropolen). Die Römer bestatteten ihre Toten nicht nur in Einzel- oder Massengräbern auf F., sondern auch an den Rändern der großen Ausfallstraßen (z.B. →Via Appia). Außerdem gab es unterirdische F., die Katakomben, die vor allem von den frühen Christen als F. benutzt wurden.

Frontịnus *(Sẹxtus Iụlius Frontịnus),* röm. Feldherr, Beamter und Schriftsteller, um 40 - um 103 n. Chr. Nach seinem ersten Konsulat (73) war F. Statthalter in Britannien (Vorgänger des Agricola, →Tacitus). Im Jahr 97 wurde er *curator aquarum,* d. h. Leiter der röm. Wasserversorgung. Dieses Amt verwaltete er mit großem Erfolg, wie wir aus seiner Schrift über die röm. Wasserleitungen ersehen können, in der er alle seine Erfahrungen und Kenntnisse, die für seinen Amtsnachfolger wichtig sind, festgehalten hat: für uns ein hochinteressantes Dokument über die technischen, organisatorischen und juristischen Probleme der röm. Wasserversorgung. — Von den übrigen Werken des F. sind nur die „Kriegslisten" („Strategemata") in vier Büchern erhalten.

Fürsorge *(annona).* Besitz- und erwerbslose röm. Bürger (→Bürgerrecht) bekamen schon zur Zeit der Republik staatlichc Unterstützung in Form von Lebensmitteln (→Getreide). Im 2. Jh. n. Chr. lebte mindestens ein Drittel der stadtrömischen Bevölkerung (→Bevölkerungszahl) von der öffentlichen F. Schon unter Augustus erhielten 200 000 in Rom lebende Bürger kostenlos je 396 kg Weizen pro Jahr; monatlich durften rund 33 kg gegen eine Berechtigungsmarke abgeholt werden.

Fuß *(pes),* röm. Längenmaß; 0, 296 m. 5 F. sind ein *passus* = 1,48 m.

Gabel *(furca* oder *furcilla),* als Werkzeug in der Landwirtschaft und im Haushalt verwendet, nicht aber als Eßgerät.

Gaius, röm. Jurist aus der zweiten Hälfte des 2. Jh. n. Chr., dessen Biographie uns nicht bekannt ist. Von seinen juristischen Schriften sind nur die vier Bücher „Institutiones" als →Palimpsest erhalten (1816 entdeckt). Das Lehrbuch des G. ist nach Personen-, Sachen- und Prozeßrecht *(personae, res, actiones)* gegliedert. Diese Gliederung bildet auch die Grundlage für die moderne Zivilrechtssystematik. Die „Institutiones", die um 161 n. Chr. entstanden, waren im ganzen röm. Reich verbreitet. Sie dienten als Vorlage für Justinians →Institutiones.
→Corpus iuris civilis

Galba *(Servius Sulpicius Galba)* 5 v. Chr.- 69 n. Chr., 68-69 Nachfolger Neros als röm. Kaiser. Er verwaltete zuvor mehrere Provinzen, bekleidete hohe Staatsämter (→Magistrate), und wurde von den Prätorianern ermordet, weil er die Soldaten für ihre Unterstützung bei seiner Machtergreifung nicht belohnt hatte.

Galen, griech. Arzt aus Pergamon (Kleinasien). Er verfaßte zahlreiche medizinische Schriften und praktizierte nach 161 n. Chr. in Rom. G. war kaiserlicher Leibarzt und der letzte bedeutende Mediziner (→Medizin) der Antike. G. galt bis zur Renaissance als unbestrittene Autorität.

Gallien *(Gallia),* das Land zwischen Rhein, Ozean, Pyrenäen, Mittelmeer und Alpen *(Gallia Transalpina* das Land nördlich der Alpen). G. wurde in folgende Teile gegliedert: *Aquitania* (von den Pyrenäen bis zur Loire) mit der Hauptstadt *Burdigala* (Bordeaux) seit dem 2. Jh., *Lugdunensis* (zwischen Loire und Seine) mit *Lugdunum* (Lyon) als Hauptstadt, *Belgica* (im Norden zwischen Ozean und Mosel) mit *Augusta Treverorum* (Trier) als Hauptstadt. Die *Gallia Transalpina* wurde zwischen 58 und 51 v. Chr. von Cäsar erobert. Zuvor hatte der Gallierführer Vercingetorix fast alle Stämme zum Widerstand gegen Rom vereinigt. In der Schlacht bei Alesia wurden die Gallier besiegt. Der Süden von G. war als *Narbonensis* bereits seit 121 v. Chr. röm. Provinz.- In G. lebten zu römischer Zeit etwa 15-20 Millionen Menschen. Die Zahl der röm. Soldaten und Siedler betrug dagegen kaum mehr als 300 000.- Seit der Mitte des 3. Jh. wird G. von feindlichen Völkern heimgesucht (Alamannen, Franken, Vandalen, Burgunder u.a.). Im 5. Jh. entstehen in Süd-G. ein westgotisches und an der Rhone ein burgundisches Königreich. Auch das heutige Oberitalien gehörte zu G. Es hieß *Gallia Cisalpina* (= das Land südlich der Alpen). Auf dem Gebiet des früheren G. zeugen noch heute zahlreiche Bauwerke von der röm. Zivilisation.

Gans *(anser),* der Göttin Juno heiliges Tier. Gänse retteten der Sage nach die Römer beim Einfall der Gallier 387 v. Chr. (→Brennus) durch ihr Geschnatter (Livius, Ab urbe condita 5,47).- G. wurden gemästet und als Leckerbissen genossen.
→Lebensmittel, Viehzucht

Garten *(hortus, hortulus),* meist im hinteren Teil des röm. Hauses gelegen. Die Mauern, die den G. begrenzten, waren oft mit Landschaftsbildern bemalt, um den G. größer erscheinen zu lassen. Viele G. waren auf allen vier Seiten von einem *peristylium* umgeben. Im Mittelpunkt des G. befand sich oft ein Brunnen oder Wasserbecken. Kleinere G. dienten meist als Wirtschafts-G. mit Küchenkräutern, Gemüse usw.; in größeren G. standen auch Bäume und Sträucher. Größere Villen hatten parkähnliche G.anlagen. In

Pompeji gab es auch eine Gärtnerei. Wer keinen G. hatte, zog Blumen vor den Fenstern.

Gasthaus *(taberna, caupona).* Gasthäuser, in denen Speisen und Getränke serviert wurden, gab es in allen Städten des röm. Reiches. Auffallend viele G. sind in Pompeji, dem wichtigsten Handelszentrum von Kampanien, entdeckt worden. Man hielt sich gern in G. auf, um sich zu unterhalten oder um zu spielen. Man trank Wein oder Punsch - Spirituosen waren unbekannt - und saß auf Stühlen oder Bänken; nur in besseren Lokalen gab es Speisesofas. In die gemauerten Schanktische (Tresen) waren Tonkrüge für die Getränke eingelassen. Die G. waren täglich von morgens bis tief in die Nacht geöffnet. In manchen G. waren Gästezimmer über dem Schankraum zu vermieten; diese waren in der Regel jedoch nicht besonders gut ausgestattet. Das beweist u.a. eine Kritzelei in einem G. in Pompeji: *Miximus in lecto; fateor, peccavimus, hospes. Si dices: „Quare?" Nulla matella fuit.* Wir haben ins Bett gemacht; das gebe ich zu, wir haben gesündigt, Gastwirt. Wenn du fragen wirst „Warum?" Es war kein Nachttopf da (CIL IV 4957). - Bisweilen gab es auch Schilder und Preistafeln: *Assibus hic bibitur: dipundium si dederis, meliora bibes; quattus si dederis, vina Falerna bibes.* Für einen *as* kann man hier trinken; wenn du ein Zwei-*as*-Stück hinlegst, dann wirst du besseren Wein bekommen; für vier *as* kannst du Falerner trinken (CIL IV 1679).

Gefängnis *(carcer).* Der Aufenthalt im G. war in der Regel keine Strafe, er diente der vorübergehenden Verwahrung von Personen nach der Verhaftung oder vor der eigentlichen Bestrafung (→Mamertinischer Kerker).

Geld war bei den Römern als Zahlungsmittel in Form von Metallbarren oder Münzen seit etwa 450 v. Chr. in Gebrauch; vorher diente Vieh als G.; daran erinnert das Wort für G., *pecunia,* das mit *pecus,* „Vieh", verwandt ist. →as, aureus, Denar, Sesterz

Gellius *(Aulus Gellius).* Der um 130 n. Chr. geborene röm. Schriftsteller verfaßte während seines Aufenthaltes in Athen ein Sammelwerk „Noctes Atticae" (Attische Nächte); in diesem werden zahlreiche Themen aus verschiedenen Wissensgebieten in unterhaltsamer Form dargestellt.

Genius, Lebensgeist, Schutzgeist, Schutzengel des Mannes. Besondere Verehrung genoß der G. des Hausherrn (→pater familias); auf ihn berief man sich bei der Leistung eines Eides. Es gab auch einen G. des römischen Volkes *(G. populi Romani)* und des Kaisers *(G. Augusti).* Auch beim G. des Kaisers wurden Schwüre abgelegt. Daß die Christen es ablehnten, beim G. des Kaisers zu schwören (vgl. die Akten der →Scilitanischen Märtyrer), war eine wesentliche Ursache für ihre Konflikte mit den röm. Behörden.- Der Geburtstag des Schützlings war das Fest des G. Als Schutzengel der Frau galt Juno.

gens (Geschlecht, Abstammung, Familienverband). Die Angehörigen einer g. (die *gentiles)* waren durch Abstammung, Namen, gemeinsamen Kult (→Ahnenkult), gemeinsame Tradition (→mos maiorum) verbunden. Die *gentes* waren die entscheidenden sozialen Einheiten seit der Entstehung des röm. Staates. Mit der Gründung der Republik entwickelten sich die g. der Patrizier, die anfangs allein das volle Bürgerrecht hatten, zu den tragenden politischen Kräften, so daß man die Republik in ihren Anfängen als „patrizischen Geschlechterstaat" bezeichnen kann.- Blutsverwandtschaft brauchte nicht das wesentliche Merkmal der Zugehörigkeit zu einer g. zu sein. Es konnten auch nichtverwandte Familien zu einer g. gehören.- Die g. bot ihren Angehörigen Schutz und Unterstützung, verpflichtete diese aber auch zu entsprechendem Einsatz.

Germanicus *(Gaius Iulius Caesar Germanicus),* Sohn des Drusus, 15 v. bis 19 n. Chr. G. wurde von Tiberius adoptiert (→Adoption), er war verheiratet mit der älteren Agrippina, mit der er neun Kinder hatte, u.a. Caligula und die jüngere Agrippina, die Mutter Neros. G. war ein erfolgreicher Feldherr besonders in Germanien; er ließ die Gebeine der im Jahre 9 n. Chr. im Teutoburger Wald (→Varus) gefallenen Römer bestatten.

Germanien *(Germania),* Urheimat der Germanen, etwa das Gebiet, das sich in einem Radius von 500 km um das heutige Kopenhagen erstreckt. Nachrichten über G. und seine Bewohner verdanken wir Cäsars Schrift ,,De Bello Gallico'' (6, 21-28). Tacitus hat Land und Leute in seiner Schrift ,,Germania'' beschrieben. Weitere Informationsquellen sind Inschriften und bildliche Darstellungen (→Relief), ferner Ausgrabungsergebnisse und Bodenfunde.- Die Germanen stießen am Ende des 2. Jh. v. Chr. zum ersten Mal mit den Römern zusammen (→Kimbern, →Teutonen, →Marius, →Aquae Sextiae). Cäsar unternahm zwei Feldzüge nach G. Drusus drang tief in germanisches Gebiet vor. Varus verlor im Teutoburger Wald drei Legionen (→Arminius). Germanicus hatte wieder Erfolge gegen die Germanen und konnte für die Niederlage des Varus Rache nahmen.- Der Limes wurde neben zahlreichen Kastellen und Lagern zum Schutz gegen Angriffe aus G. gebaut. Die Aurelianische Mauer sollte Rom gegen germanische Einfälle schützen. In der ausgehenden Antike waren die Germanen entscheidend am Untergang des römischen Reiches beteiligt.

Geschichtsphilosophie, die deutende und wertende Betrachtung der Geschichte, begegnet schon im frühen Griechenland, ohne daß dafür ein entsprechender Begriff verwendet wird. Die Geschichte wird entweder zyklisch verstanden (ständiges Untergehen und Neubeginnen unendlich vieler Kulturperioden) oder pessimistisch als Abstieg vom Goldenen Zeitalter zur verkommenen Gegenwart gedeutet; auch ein optimistischer Fortschrittsglaube wird von manchen Philosophen vertreten. Bei den Historikern, vor allem bei Thukydides, finden wir die Auffassung von der gleichbleibenden Natur des Menschen.- Die röm. G. konzentriert sich auf die Frage nach den Ursachen des Aufstiegs und Niedergangs des röm. Reiches (→Sallust, →Tacitus).- Die christliche G. ordnet die röm. Geschichte in die universale Heilsgeschichte ein. Augustinus' Vorstellung vom Kampf der *civitas terrena* mit der *civitas dei,* der die Geschichte bestimme, prägte das mittelalterliche Geschichtsbild.

Geschichtsschreibung war für die Römer die angesehenste Gattung der Prosaliteratur. Anders als bei den Griechen, wo sich die G. aus Berichten über Forschungsreisen zu fremden Völkern und Kulturen entwickelte, wurzelt die röm. G. im Traditionsdenken der röm. Aristokratie. Röm. Historiker sind oft selbst politisch tätig gewesen. Als Quellen benutzten sie ursprünglich die vom *pontifex maximus* veröffentlichten Jahrbücher (→Annalen); die annalistische Ordnung wurde in der röm. G. jahrhundertelang weithin beibehalten.- Am Beginn der röm. G. stehen griech. geschriebene Werke (Fabius Pictor und die ältesten Annalisten, 3./2. Jh. v. Chr.), die die röm. Politik in der griech. Welt rechtfertigen sollten. Erst mit den ,,Origines'' (,,Ursprünge'') des Marcus Porcius Cato (234-149 v. Chr.) beginnt die lat. G. Catos Werk ist ,,pragmatische'' G., d.h. es reiht nicht einfach wie in der Annalistik die Begebenheiten in chronologischer Folge aneinander, sondern stellt sie in ihren Zusammenhängen dar und fragt nach Ursachen und Hintergründen. Die G. nach Cato ist teils annalistisch (sog. ältere Annalisten 150 - 90 v. Chr.), es bilden sich aber auch Sonderformen wie die historische Monographie, die Zeitgeschichte und die Autobiographie heraus. Die jüngeren Annalisten der sullanischen Zeit schmückten die röm. Frühgeschichte romanhaft aus und verfälschten nicht selten die historische Wahrheit, um den Ruhm ihres eigenen Geschlechts zu erhöhen.- Cäsars Berichte über den Krieg in Gallien und über den Bürgerkrieg gehören nur in einem weiteren Sinne zur G., da ihr Ziel vor allem die Rechtfertigung der eigenen Politik ist; die Form des →commentarius verzichtet auf die in der G. übliche literarische Gestaltung des Stoffes. Am Ende der Republik erreicht die röm. G. in Sallust ihren ersten Höhepunkt. Seine Monographien über die Verschwörung des Catilina und über den Krieg gegen Jugurtha und seine (fast ganz verlorene) Zeitgeschichte (,,Historiae'') schildern den Niedergang Roms als Folge des moralischen Verfalls. Der große Geschichtsschreiber der augusteischen Zeit, Livius, entwirft in seinen 142 Büchern ,,Ab urbe condita'' (,,Von der Gründung der Stadt Rom an'') ein idealisiertes Bild der röm. Geschichte (erhalten sind die Bücher 1-10 und 21-45). Eine Universalgeschichte, in deren Mittelpunkt das makedonische Reich steht, schrieb Pompeius Trogus. Eine Zeitgeschichte von Asinius Pollio und eine Geschichte der Bürgerkriege von Marcus Valerius Messala Corvinus sind verloren. In der Zeit zwischen Augustus (gest. 14 n. Chr.) und Hadrian (Regierungsbeginn 117 n. Chr.) schrieb Aufidius Bassus ein zeitgeschichtliches Werk, das der ältere Plinius fortsetzte („A fine Aufidii Bassi", d.h. Vom Ende des Geschichtswerks des Aufidius Bassus an), der auch 20 Bücher über die Kriege mit den Germanen verfaßte. Eine Zeitgeschichte vom Beginn der Bürgerkriege an veröffentlichte auch der ältere Seneca. Ein unkritisches, die Regierung des Tiberius verherrlichendes Werk ist die „Historia Romana" des Velleius Paterculus. In düsterem Licht erscheint diese Epoche dagegen in den Annalen des Tacitus, des bedeutendsten röm. Geschichtsschreibers, der erst nach der Ermordung des Domitian sich offen mit dem Prinzipat auseinandersetzen konnte. Mit kunstvollen Mitteln gestaltet er den dramatischen Konflikt von *libertas* (Freiheit) und Prinzipat. Nach Tacitus gibt es in der röm. G. keine überragenden Werke mehr. Weder die Kaiserbiographien Suetons und der Scriptores Historiae Augustae noch die Kompendien und Auszüge aus der röm. Geschichte (z.B. Eutropius) kommen der analytischen Schärfe und der Darstellungskraft des Tacitus nahe. Bedeutender ist nur die Fortsetzung der taciteischen Historien durch Ammianus Marcellinus (4. Jh. n. Chr.).- Die meisten historischen Werke der Römer sind verloren oder in nur wenigen Bruchstücken überliefert. Erhalten sind Cäsars „commentarii", Sallusts Monographien und einige Reden aus den Historien, ein Viertel des livianischen Werks, Velleius Paterculus, Tacitus' Agricola, Germania, Dialogus de oratoribus und etwa die Hälfte der Historien und Annalen, Suetons Biographien, die Scriptores Historiae Augustae, die Hälfte der „Res gestae" des Ammianus Marcellinus.

Gesellschaftliche Gliederung. Die gesellschaftliche Stellung und die politischen Rechte und Pflichten eines röm. Bürgers hingen von der →Vermögensklasse *(classis)* ab, der er aufgrund seines materiellen Vermögens zugehörte. Die Voraussetzung für alle öffentlichen Tätigkeiten war der Besitz des Bürgerrechtes. Hinzu kamen die familiäre Herkunft und die geschichtliche Bedeutung der Familie, der man entstammte. — In der Frühzeit der Republik zerfiel das röm. Volk in zwei soziale Gruppen: die Patrizier und die Plebejer. Die Patrizier bekleideten anfangs allein die Führungspositionen im Staat. Ihre Macht wurde noch durch zahlreiche Klienten vergrößert. Die Plebejer, die ursprünglich wohl aus den Familien der Handwerker und Händler bestanden, bildeten bis in die Zeit der Ständekämpfe die gegenüber den Patriziern auch rechtlich erheblich benachteiligte *plebs.* Nachdem sie die rechtliche Gleichstellung erreicht hatten, waren ihnen auch höchste Staatsämter nicht mehr verschlossen. Im Laufe der Zeit entwickelte sich eine aus den patrizischen und einigen plebejischen Familien bestehende neue Führungsschicht, die Nobilität, deren Angehörige unabhängig von ihrer ursprünglichen sozialen Herkunft die höchsten Ämter bekleideten und in den Senat aufgenommen werden konnten (→cursus honorum). Die große Masse der röm. Bürger wurde politisch durch die Volksversammlung repräsentiert, in der jedoch der Wert der Einzelstimme von dem Vermögen des einzelnen abhing. — Eine soziale Mittelstellung zwischen der Masse des Volkes und der Nobilität nahm der Stand der Ritter ein, die normalerweise keinen Zugang zu den Ämtern der Nobilität hatten, aber aufgrund ihres Vermögens die Wirtschaft und das Bank- und Finanzwesen beherrschten. Die Ritter waren kapitalkräftige Großunternehmer und Finanzmanager. — Die wirtschaftliche Basis der röm. Gesellschaft bildete die Arbeitskraft der Sklaven, die als Sacheigentum ihrer Herren angesehen wurden und keine Rechte besaßen. Sklaven konnten freigelassen werden. Als Freigelassene bildeten sie eine ständig wachsende Schicht von Geschäftsleuten, Experten auf verschiedenen Gebieten und Spezialisten in den verschiedensten Berufszweigen; sie konnten aufgrund ihres Könnens und Vermögens in den Stand der Ritter aufsteigen. — Im Laufe der Kaiserzeit verloren die führenden Schichten der röm. Republik zunehmend an Einfluß und Bedeutung. Senat und Volksversammlung sanken allmählich zu politisch einflußlosen und nur noch formal existierenden Gremien hinab. Die Beamten der kaiserlichen Verwaltung wurden nicht mehr nach ihrer gesellschaftlichen Herkunft, sondern nach den Fähigkeiten, die dem jeweiligen Kaiser zusagten, eingesetzt. Infolge der Ausdehnung des röm. Reiches und der oft nicht-röm. Nationalität der Kaiser erhielten viele Ausländer politische Führungspositionen und hohe Ämter in der kaiserlichen Verwaltung.

Gesellschaftsspiele. Zu den beliebtesten G., die von den öffentlichen Spielen zu unterscheiden sind, gehörten a) Ball-Spiele, b) Würfel-Spiele, c) Rate-Spiele, d) Brett-Spiele. — Zu a): Eine Szene aus einem Ballspiel schildert z. B. Petronius in der Cena Trimalchionis (Satyricon 27, 1-6): „Wir schlenderten ein wenig umher und sahen plötzlich einen Glatzkopf mit einer roten Tunika, der mit einigen langhaarigen Jungen Ball spielte ... Er hatte Sandalen an und spielte mit grünen Bällen. Wenn einer auf die Erde gefallen war, dann hob er ihn nicht wieder auf, sondern ein Sklave hatte einen Beutel mit Bällen und versorgte die Spieler. Am Rand des Spielplatzes standen zwei Eunuchen. Der eine hatte einen silbernen Nachttopf in der Hand, der andere zählte die Bälle, doch nicht die, die mit den Händen aufgefangen und zurückgeworfen wurden, sondern die, die zur Erde fielen..." — Zu b): Würfel-Spiele wurden mit Knöcheln oder Steinchen *(tali)* gespielt. Sie hatten vier ebene Flächen mit den Zahlen 6, 3, 4 und 1 (2 und 5 fehlten). Man nahm vier Würfel, schüttelte sie und warf sie auf eine ebene Fläche. Der beste Wurf war dann erzielt, wenn alle vier Würfel vier verschiedene Zahlen zeigten. Er hieß „Venus". Der schlechteste Wurf, der „Hund", bestand darin, daß alle Würfel eine 1 hatten. — Es gab auch Würfel mit sechs Seiten und den Zahlen 1 - 6 *(tesserae)*. — Mit beiden Würfeln wurden verbotene (Horaz, Oden 3, 24, 58) Glücksspiele um Geld gespielt. Zu c): Bei dem beliebten Rate-Spiel des *ludere par impar* ließ man den Gegner raten, ob man eine gerade oder eine ungerade Zahl von Geldstücken oder anderen Gegenständen in der Hand hatte. — Zu d): Brett-Spiele waren z. B. die *ludi latrunculorum* („Straßenräuber- oder Soldaten-Spiel"), ein Belagerungsspiel, dem Schachspiel vergleichbar. Man mußte die Steine des Gegners schlagen oder festsetzen.

Gesetzgebung. Der erste röm. Gesetzgeber war der Sage nach der König Servius Tullius (Tacitus, Annalen 3, 26-28); es soll vor ihm jedoch schon Gesetze des Romulus gegeben haben. — In den Jahren 451 und 450 wurde bisheriges Gewohnheitsrecht im Zwölftafelgesetz der *decemviri* aufgeschrieben. In der Zeit der Republik wurde ein Gesetz *(lex)* auf Antrag eines Magistrats *(auctor* oder *lator legis)* von der Volksversammlung nach einer Aussprache beschlossen oder verworfen. Angenommene Gesetze *(leges datae)* wurden unter dem Namen ihrer *auctores* veröffentlicht (z. B. in Form einer Inschrift). Beispiele: Die *lex Aemilia* (115 v. Chr.) *de libertinorum suffragiis* bestimmte, daß die Freigelassenen bei ihren Abstimmungen auf die vier städtischen *tribus* (→Volksversammlung) beschränkt blieben; die *lex Aufidia* (114 v. Chr.) gestattete die Einfuhr wilder Tiere für die Spiele; die *lex Canuleia* (445 v. Chr.) erlaubte die Ehe zwischen Patriziern und Plebejern. — In der Kaiserzeit war die G. ein Vorrecht der Kaiser (→Recht).

Gẹsta Romanọrum, „Taten der Römer", anonym überlieferte Sammlung von etwa 300 Sagen, Märchen, Anekdoten, Legenden und Novellen aus Antike und Mittelalter, die wohl zu Beginn des 14. Jh. entstanden ist. Das in über 200 Handschriften verbreitete Buch geht mit der antiken Geschichte sehr frei um: Alexander und Hannibal z.B. treten als röm. Könige auf, Sokrates ist ihr Berater. Die G. R. waren ein beliebtes Lesebuch zur röm. Geschichte, das Unterhaltung und Erbauung bot. In den G. R. fanden viele Autoren den Stoff für ihre Werke: z.B. Boccaccio (Decamerone), Chaucer (Canterbury Tales), Hans Sachs (Schwänke), Schiller (Die Bürgschaft), Thomas Mann (Der Erwählte).

Getreide. Von den heute bekannten G.arten wurden in der Antike vor allem Weizen, Roggen und Gerste angebaut (→Landwirtschaft). Der Weizen wurde für die Herstellung von Brot verwendet. Im Rahmen der staatlichen →Fürsorge erhielten die Berechtigten Weizen, der aus Ägypten, Nordafrika oder Sizilien herbeigeschafft und in G.speichern des *emporium* aufbewahrt wurde.

Gewichte. Die wichtigsten Maßeinheiten für G. sind das röm. Pfund *(libra)* mit 327,450 g und die Unze *(unica)* mit 27,288 g. Gewogen wurde mit zweischaligen Waagen *(libra)* oder mit einschaligen Waagen mit Waagebalken und Gewichten. Auch Hohlmaße ließen sich zum Wiegen z. B. von Getreide verwenden. Ein Scheffel *(modius)* faßte 8,733 l oder ca. 6,6 kg Getreide. Jeder Bürger erhielt im Rahmen der staatlichen →Fürsorge monatlich fünf *modii* Weizen.

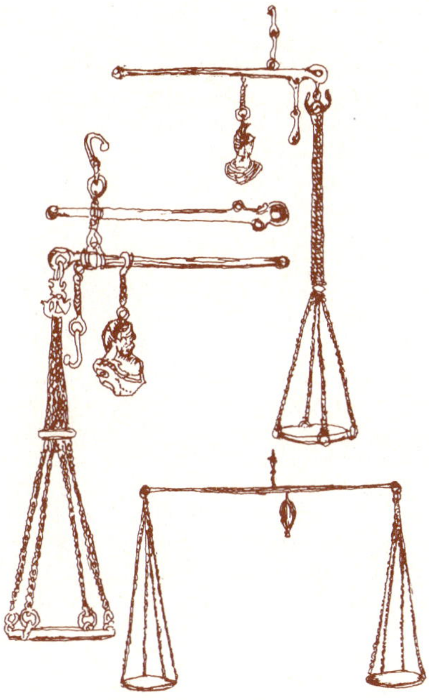

Römische Waagen und Gewichte

Gewölbe, in einer Bogenkonstruktion ausgeführte Decke, meist aus Ziegelsteinen gemauert, aber auch mit Hilfe von Mörtel gegossen. Man unterscheidet verschiedene G.formen: z. B. das halbkreisförmige Tonnen-G. mit seitlichen Stützmauern, das aus zwei sich kreuzenden Tonnen-G. bestehende Kreuz-G., das Kuppel-G. mit kreisförmigem Unterbau. Derartige G.konstruktionen sind in Thermen, Basiliken und im Pantheon erhalten.

Gewürze, pflanzliche oder mineralische Stoffe zur Geschmacksverbesserung von Lebensmitteln; außer den in Europa vorhandenen G. wie z. B. Salz, Zwiebeln und Knoblauch wurden vor allem Pfeffer und Zimt aus dem Orient eingeführt (→Ernährung).

Gladiator *(gladius)*, berufsmäßiger Kämpfer mit dem Schwert und anderen Waffen; der G. war meist ein Sklave. — In Rom fanden 264 v. Chr. zum ersten Mal G.kämpfe auf Leben und Tod im Rahmen von Bestattungsfeierlichkeiten (→Bestattung) statt. Die Römer hatten die Sitte der G.kämpfe von den Etruskern übernommen. Möglicherweise waren sie aus religiös begründeten Menschenopfern (→Opfer) hervorgegangen. — G.kämpfe wurden im Amphitheater (→Kolosseum) ausgetragen. Die G. wurden in G.schulen von Fechtmeistern streng und gründlich ausgebildet. Sie lernten es durch jahrelanges Training, in unterschiedlicher Bewaffnung (mit Schwert und Schild oder mit Netz und Dreizack) miteinander oder gegen wilde Tiere zu kämpfen. Die G. wurden medizinisch betreut und gut ernährt. — Oft wurden auch Kriegsgefangene, Sklaven und verurteilte Verbrecher zum G.kampf gezwungen. Auch Christen mußten manchmal als G. im Amphitheater um ihr Leben kämpfen (→Märtyrer). Besonders tapfere G. wurden von der Masse als Stars verehrt. Sie konnten, wenn sie viele Kämpfe glücklich bestanden hatten, freigelassen werden. — In Pompeji sind zahlreiche Graffiti erhalten, die von Verehrerinnen und Verehrern von G. stammen. Der berühmteste G. war Spartacus aus der Gladiatorenschule von Capua, der im 1. Jh. v. Chr. einen Aufstand organisierte und anführte. — Es gab auch immer wieder Männer und sogar Frauen, die freiwillig als G. kämpften: So hat z. B. der Sohn des Kaisers Mark Aurel, Commodus, das Handwerk des G. gelernt und ist im Amphitheater — gegen ein hohes Honorar — öffentlich aufgetreten. Mark Aurel war wahrscheinlich der einzige röm. Kaiser, der die G.kämpfe abgelehnt hat. Ein entschiedener Gegner der G.kämpfe war auch der Philosoph Seneca. — Vor dem Beginn eines Kampfes marschierten die G. in feierlichem Aufzug in die Arena und grüßten vor der Ehrentribühne den Veranstalter oder den Kaiser, falls er anwesend war, mit dem Gruß: „Die Todgeweihten grüßen dich" *(morituri te salutant)*. Der darauf beginnende Kampf wurde von Musik begleitet. Der besiegte, aber noch lebende G. durfte das Publikum um sein Leben bitten. Die Zuschauer konnten den Unterlegenen mit dem Zeichen des nach oben gerichteten Daumens begnadigen. Falls ein schwerverwundeter G. noch Lebenszeichen von sich gab, wurde er mit einem eigens dafür bestimmten Hammer erschlagen. Tote G. wurden von einem Beamten mit einem Haken aus der Arena geschleppt. Viele röm. Mosaiken und Wandmalereien stellen G. dar.

Gladiatorenkampf. Nach einem Mosaik aus der römischen Villa bei Nennig

Gladiatorenschulen *(l̲udi gladiato̲rii)* dienten der Ausbildung und dem Training der Gladiatoren. G. gab es nicht nur in Rom, sondern auch in anderen Städten Italiens. Besonders bekannt ist die G. von Capua durch Spartacus. Eine G. bestand aus mehrstöckigen Häusern mit kleinen Kammern für die Gladiatoren, einer Waffenschmiede, einer Waffenkammer, der Küche, den Arrestzellen und den Räumen des Fechtmeisters und des Arztes. Neben den Häusern befanden sich große viereckige Übungsplätze (→palaestra), auf denen die Gladiatoren gründlich trainiert wurden, bevor sie im Amphitheater auftreten durften. Die Disziplin wurde durch strenge Strafen aufrechterhalten (Auspeitschen, Einschluß in Fuß- und Handschellen, Brandmarkung mit glühendem Eisen). In der G. von Pompeji hat man eine Arrestzelle mit Leichnamen von vier Gladiatoren freigelegt, die offensichtlich während der Verschüttung der Stadt durch den Ausbruch des Vesuvs von ihren Bewachern im Stich gelassen worden waren. In der pompejanischen G. hat man auch zahlreiche Waffen und Ausrüstungsgegenstände gefunden (Helme, Schulterpanzer, Beinschienen).

Glas *(vi̲trum)*, bereits im 4. Jahrtausend v. Chr. von den Ägyptern als Schmelzprodukt aus Sand, Pottasche oder Soda und Kalk (bei Temperaturen bis 1000 Grad) erfunden. Die Griechen stellten aus Guß-G. kleinere Gefäße her und dekorierten Plastiken mit G.einlagen. Die Technik des G.blasens wurde um Christi Geburt in Syrien erfunden. Dadurch wurde die Produktion billiger Konsumgüter aus G. in jeder Form und Größe möglich. — Ein bedeutendes Zentrum der Herstellung von G.produkten war das röm. Köln. Erhalten sind zahlreiche Gegenstände wie Becher, Schalen, Flaschen, Krüge, Parfümfläschchen, Schmuckstücke (→Schmuck). Angeblich wurde der Erfinder eines unzerbrechlichen G. von einem röm. Kaiser hingerichtet (Petron, Cena Trimalchionis 51), nachdem er diesem die Unzerbrechlichkeit einer gläsernen Schale demonstriert hatte; der Kaiser befürchtete, daß dieses G. so wertvoll würde, daß das Gold demgegenüber seinen Wert verlöre. — G. konnte geschliffen, zerschnitten, gebohrt, mit Metall verziert und unter Zusatz von Metalloxyden gefärbt werden. Es gab sogar verglaste Sänften. In der Kaiserzeit waren in Blei eingefaßte Fensterscheiben (→Fenster) aus G. üblich. Für die Herstellung von Mosaiken wurde gefärbtes G. verwendet.

Glykonẹus, nach dem hellenistischen Dichter Glykon benannte Versform ⏓⏒–⏑⏑–⏑⏓. Glykoneen kommen in den Gedichten des

Catull und Horaz, in den Komödien des Plautus, in Senecas Tragödien und bei Prudentius und Boethius vor. Durch Erweiterung um einen Bakcheus (⏑ – –) wird aus dem G. der →Hendekasyllabus, durch Einfügung eines weiteren Chorjambus (– ⏑⏑ –) der →Asklepiadeus minor und durch Einschub eines dritten Chorjambus der Asklepiadeus maior.

Götter. Der Glaube an G. und die Verehrung von G. in vielfältigen Formen war für die Römer eine wesentliche Grundlage und ein maßgebender Inhalt ihres öffentlichen und privaten Lebens. Ihre kulturellen Leistungen und politischen Einrichtungen, ihr Selbstverständnis, ihre Selbstdarstellung, ihre Kunst (Malerei, Plastik, Relief, Standbilder, Wandmalerei) und Literatur sind ohne die Überzeugung von der Wirklichkeit und Allgegenwart von G. nicht denkbar. Feste und Feiern, Riten, Gewohnheiten und Bedürfnisse sind Ausdrucksformen eines Glaubens an die Wirksamkeit der G., die von Staats wegen und im Interesse der Allgemeinheit mit Altären und Tempeln geehrt wurden, an Straßen und öffentlichen Plätzen Standbilder — sogar in öffentlichen Bedürfnisanstalten — bekamen und von Priestern versorgt und vertreten wurden. Neben den großen G., die man gnädig stimmen oder um Hilfe bitten konnte (→Opfer), wurden Hausgötter und Beschützer des Hauses, ferner die Vorfahren und persönliche Schutzgötter religiös verehrt und gnädig gestimmt. Aus dem Orient übernahm man G. und Mysterienkulte, um religiöse Bedürfnisse, denen die offiziellen Kulte nicht engegenkamen, zu befriedigen. Schicksalsmächte und röm. Wertbegriffe erhielten göttliche Verehrung. In der Kaiserzeit wurden die Kaiser als G. verehrt. Unerläßliche Einrichtungen des wirtschaftlichen und politischen Lebens standen unter der Verwaltung eines *pontifex maximus* (→Annalen, Jahreszählung, Kalender). Selbst Volksbelustigungen fanden nicht ohne G. statt (→Spiele). Die außerordentlich starke religiöse Komponente der röm. Kultur war nicht zuletzt eine wesentliche Voraussetzung für das Erstarken des Christentums.
→Äskulap, Ahnenkult, Altar, Apollo, Ara pacis Augustae, Attis, Auguren, Auspizien, Bacchus, Castor, Ceres, Concordia, Diana, Eingeweideschau, Fasten, Faunus, fetiales, flamines, Fortuna, Genius, Hausaltar, Herd, Herkules, Isis, Janus, Jenseitsglaube, Juno, Jupiter, Kaiserkult, lares, Kybele, Lustration, Liber, Luperkalien, Manen, Merkur, Minerva, Mithras, Musen, Neptun, Orakel, Pantheon, Penaten, Priester, Prodigien, Proserpina, Quirinus, religio, Säkularfeier, Saturnalien, Serapis, Sibylle, Sibyllinische Bücher, Tempel, Venus, Vesta, Vestalinnen, Victoria, Vulcanus

Gold *(aurum),* wertvollstes Edelmetall, in röm. Zeit vor allem in Gallien, Spanien und den Donauländern gewonnen (→Bergbau), diente zur Herstellung von Schmuck, Münzen (→aureus), Eß- und Trinkgeschirr. Standbilder und sogar Wände (z. B. in der →Domus aurea) wurden mitunter vergoldet oder mit G.blech verkleidet, Webarbeiten mit G.fäden durchwirkt, Zähne durch G.zähne ersetzt (→Zahnersatz).

Grabinschrift *(tịtulus).* Seit dem 3. Jh.v.Chr. war es in Rom üblich, Grabmonumenten wie z. B. Statuen, Säulen oder Reliefs G. beizufügen oder besondere Grabsteine mit G. aufzustellen (→Bestattung). Die einfachsten G. bestehen aus dem Namen des Toten. Die Angabe der Lebensdaten ist selten. Mitunter treten zum Namen Gruß- oder Gebetsformeln hinzu (z. B. *sit tibi terra levis* die Erde sei dir leicht; *Dis Manibus* den →Manen). Angaben über den Stifter des Grabsteines oder Berufs- und Amtsbezeichnungen konnten hinzukommen. Häufig sind auch G. in Form von Grabepigrammen (kleinen Gedichten), die den Verstorbenen preisen. Nicht selten wird der Vorübergehende durch eine G. direkt angesprochen (z. B. „Bleib stehen, Wanderer, und lies" oder „Du, der du dies liest, lebe, bleibe gesund, liebe und laß dich lieben bis zu deinem letzten Tag"). Der Tote sollte auf diese Weise unter den Lebenden gegenwärtig bleiben und an das gemeinsame Los aller Menschen erinnern.

Anhang I c

Grabmal *(monumẹntum),* aufwendiger Grabbau für die Bestattung begüterter oder prominenter Verstorbener. Die bekanntesten G.

in Rom sind die Engelsburg, das G. für den Kaiser Hadrian, das G. der Caecilia Metella an der Via Appia und das Mausoleum des Augustus *(tumulus Caesarum),* in dem Augustus, Tiberius, Claudius und Nerva beigesetzt wurden. Berühmt ist auch das G. des Bäckers Vergilius Eurysaces und seiner Frau an der Aurelianischen Mauer in Rom; es hat die Form eines antiken Backofens. Das G. des Cestius aus dem Jahre 18 v. Chr. hat die Gestalt einer Pyramide. In Pompeji sind G. in der Form kleiner Häuser, Tempel oder Altäre erhalten; diese bilden beiderseits der Via delle tombe (Gräberstraße) eine regelrechte Totenstadt (Nekropole). Die Urnen mit der Asche der Verstorbenen und ihrer Angehörigen standen meist in einer besonderen Grabkammer unter dem G. — In der Nähe von Trier ist ein turmförmiges G., die ,,Igeler Säule'', erhalten; dieses G. ist mit zahlreichen Reliefs verziert, die u. a. das Alltagsleben der Familie, der das G. gewidmet war, illustriert. — In der Cena Trimalchionis (71) des Petron gibt Trimalchio Anweisungen zum Bau seines eigenen G.

Grabstein, die einfachere und billigere Ausführung eines Grabmals, die mit einer Grabinschrift oder einem Relief versehen an den Verstorbenen erinnern und ihm auf diese Weise ein Weiterleben in den Gedanken der Lebenden ermöglichen soll.

Gracchen, Angehörige des Geschlechts der Sempronier; die berühmtesten G. waren (1) Tiberius Sempronius Gracchus und (2) Gaius Sempronius Gracchus. Zu 1: Er lebte von 162-133 v. Chr., war 133 Volkstribun, versuchte eine Bodenreform durchzuführen, um besitzlosen Bürgern Land zu beschaffen. Die Großgrundbesitzer sollten Teile ihres Landes billig verpachten. Der Senat und die Optimaten widersetzten sich diesen Plänen. Tiberius Gracchus wurde ermordet. — Zu 2: Der jüngere Bruder von 1; er lebte 153-121 v. Chr. und war 123 und 122 Volkstribun. Er wollte das Reformwerk seines Bruders fortsetzen u. a. durch die Planung und Durchführung von Koloniegründungen (→colonia) außerhalb Italiens. Beim Ausbruch des Bürgerkrieges beging er Selbstmord. Plutarch hat eine Biographie der beiden G. verfaßt.

Graffito, in eine Wand eingeritzte oder eingekratzte Inschrift. In Pompeji sind zahlreiche Graffiti erhalten, die sich vor allem auf Alltagsprobleme beziehen. Beispiel: ,,Verrichte deine Notdurft woanders; die Brennesseln sind zu hoch.'' Auch Karikaturen wurden in G.technik in Hauswände geritzt.

Graffito: Karikatur des Rufus in Pompeji

Grammatik (griech. *grammatikę tęchne,* urspr. Kunst des Lesens und Schreibens) wurde als wissenschaftliche Disziplin von den Sophisten des 5. Jh. v. Chr. begründet. Zur Zeit des Aristoteles, um 350 v. Chr., war der größte Teil der Laut- und Formenlehre in eine systematische Ordnung gebracht, die Syntax dagegen wurde nur am Rande behandelt. Die sprachwissenschaftlichen Forschungen der Stoiker und der alexandrinischen Philologen schufen in hellenistischer Zeit die Voraussetzungen für die Grammatik des Dionysios Thrax (2. Hälfte des 2. Jh. v. Chr.), mit dessen Augen ,,die Kulturnationen des Abendlandes über den Schulunterricht (...) Sprache (und damit Welt) (...) sehen gelernt haben'' (Latacz). Die lat. G. entstand noch vor dem Erscheinen der G. des Dionysios Thrax, wurde aber danach davon stark beeinflußt. Die röm. Rezeption griech. G. beginnt mit den Vorlesungen, die Krates von Mallos 168 v. Chr. in Rom hielt. Bei Varro (116-27 v. Chr.) und Remmius Palaemon (1. Jh. n. Chr.) ist bereits der Einfluß des Dionysios Thrax zu erkennen. Remmius Palaemon gelang es in seiner (verlorenen)

„Ars grammatica", das griech. System den Eigenheiten der lat. Sprache anzupassen. Den Abschluß der lat. G. bilden die 18 Bücher „Institutiones grammaticae" (Lehrbuch der Grammatik) des Priscianus (Anfang 6. Jh. n. Chr.). Sein Werk ist die vollständigste lat. G. bis ins 19. Jh. Es ist die Hauptquelle für die lat. G. des Mittelalters und der Renaissance, die über die Reproduktion des antiken Systems nicht hinausgehen. Eine Ausnahme sind nur die sog. Modistae des 12. Jh., die grammatische Regeln auf universallogische Prinzipien zurückzuführen versuchen und nach der Beziehung zwischen Wörtern und Dingen fragen. Prinzipien der modernen Transformationsgrammatik, wie die Unterscheidung von Oberflächen- und Tiefenstruktur, sind hier schon vorweggenommen. Die Zeit zwischen der Renaissance und 1850 bringt eine Erweiterung und Verfeinerung in der Beobachtung des sprachlichen Materials, ohne das System zu ändern. Auch die sprachwissenschaftlichen Entdeckungen des 19. Jh. führen nicht zu grundlegenden Neuerungen. Wie weit die modernen G.-Theorien das traditionelle System der lat. G. verändern werden, ist noch nicht abzusehen. Bis heute lernen wir G. in der Terminologie und im System der Spätantike, die wiederum auf hellenistische und z.T. sogar vorsokratische Theorien zurückgreift - eine der vielleicht am wenigsten beachteten und doch erstaunlichsten Verbindungen zwischen Gegenwart und Antike.

Grazien *(Gratiae,* griech. Chariten), Göttinnen der jugendlichen Anmut und Grazie. Sie werden häufig in Gestalt von drei nackten jungen Mädchen dargestellt, z. B. als Wandgemälde in Pompeji oder als Standbilder.

Griechenland *(Graecia),* nach dem Sieg der Römer über Makedonien (168 v. Chr.) röm. Provinz; seitdem setzte ein so starker kultureller Einfluß der Griechen auf die Römer ein, daß der Dichter Horaz (Episteln 2, 1, 156) schreiben mußte: *Graecia capta ferum victorem cepit et artis intulit agresti Latio* (Griechenland ist zwar erobert worden, aber in Wirklichkeit hat es den rohen Sieger besiegt und die Kultur in das unterentwickelte und ungebildete Latium gebracht). — Aufgrund der von G. aus seit dem 8. Jh. v. Chr. betriebenen Kolonisation Süditaliens (→Cumae) waren Voraussetzungen für Berührungen zwischen Griechen und Römern seit frühester Zeit gegeben (Handelsaustausch, kriegerische Auseinandersetzungen vor allem seit dem ersten →Punischen Krieg). — Griech. Kriegsgefangene übten als Sklaven wichtige Berufe aus (→Medizin). — Zu den bedeutendsten Freunden und Förderern griech. Kultur in der Zeit der Republik gehörte der jüngere Scipio, der von dem griech. Gelehrten Polybios (seit 166 als Geisel in Rom) in griech. Bildung eingeführt wurde. Ein Kreis von Griechenfreunden bildete sich um Scipio (→Scipionenkreis). — Von erheblicher Bedeutung war auch die Gruppe griech. Philosophen (Kritolaos, Karneades und Diogenes), die 155 v. Chr. von Athen als Gesandte nach Rom geschickt worden waren und die röm. Jugend durch ihre Vorträge beeindruckten. Bald zogen viele junge Römer zum Studium nach G. (vor allem nach Athen und Rhodos). — Die griech. Literatur, die seit der Mitte des 3. Jh. v. Chr. röm. Autoren zunächst zu Nachschöpfungen angeregt hat, befähigte die Römer zur Entwicklung einer eigenen, aber den griech. Vorbildern stets verpflichteten Literatur. — Ciceros große literarische Leistung war die Vermittlung griech. Philosophie an die Römer. Griechisch wurde bald zur Zweitsprache des gebildeten Römers. Auch auf religiösem Gebiet (→Götter) gingen starke Impulse aus G. auf die Römer aus. Das Christentum kam über G. nach Rom. — Die bildende Kunst (→Standbilder) und der Tempelbau (→Tempel) sind weitere Beispiele für die von G. auf die Römer ausgehenden Anregungen.

Griechisch, seit 168 v. Chr. (→Griechenland) die wichtigste Fremdsprache des gebildeten Römers, im Osten des Reiches die zweite Amtssprache. Röm. Schriftsteller konnten meist G. und gestalteten ihre Werke vielfach nach griech. Vorbildern. — Schon früh wurden die griech. Schriftzeichen von den Römern für die Entwicklung der lateinischen Schrift verwendet. — G. wurde auch in der Schule als Fremdsprache gelehrt.
→Anhang V

Grundschule. Unterricht in Lesen, Schreiben, Rechnen erhielten die jungen Römer mit dem 7. Lebensjahr entweder zu Hause oder in einer (Privat-)Schule (→Schule). Eine staatliche Schulpflicht gab es nicht. Die G. wurde von privater Initiative getragen. — Die Kinder wurden oft von einem Sklaven, einem *paedagogus* („Kinderführer"), in die G. gebracht bzw. getragen. — Für Schreibübungen dienten die Wachstafel und der *stilus* oder Blätter aus Papyrus oder Pergament, die Rohrfeder und Tinte. Die Kinder saßen auf Holzschemeln; sie hielten ihre Tafeln auf den Knien. Der Lehrer *(magister ludi)* saß auf einem Podest *(cathedra).* Prügelstrafe war zur Herstellung der Disziplin an der Tagesordnung. „Die Hand für die Peitsche hinhalten" war gleichbedeutend mit „in die Schule gehen". Martial (9, 68) beklagt sich über das ständige Geschrei des Lehrers und den Lärm, der die Morgenruhe stört.

Haarpflege. Über oft sehr kunstvolle Haarfrisuren besonders bei Frauen sind wir durch bildliche Darstellungen (→Porträt, →Standbild) und Münzbilder unterrichtet. Wohlhabende Frauen hatten eigene Friseusen. — In der älteren Zeit wurde das Haar der Frauen in der Mitte gescheitelt und zu Zöpfen geflochten, die auf dem Kopf oder im Nacken mit Haarnadeln zu einem Knoten oder zu Schnecken zusammengesteckt wurden. Manchmal trug man auch ein Haarnetz oder eine Haube. — In der Kaiserzeit benutzte man gern (blonde) Perücken. Das Färben der Haare sollte bei Frauen und Männern zur Verschönerung beitragen. Martial (3, 43) berichtet z. B. von einem älteren Mann, der sich die Haare färben ließ: „Du täuschst einen jungen Mann vor, Laetinus, mit gefärbten Haaren, so bist du plötzlich ein Rabe, der du eben noch ein Schwan warst. Nicht alle täuschst du; Proserpina weiß, daß du grau bist: Diese Maske wird sie dir herunterreißen" (→Perücke). — Auch die Verwendung von Haaröl war nicht unbekannt. — Männer hatten in der Zeit der Republik das Haar kurz geschoren, in der Kaiserzeit setzten sich Lockenfrisuren durch.

Hadrian *(Publius Aelius Hadrianus),* stammte aus Spanien, lebte 76-138 und war Kaiser seit 117. Er wurde von Trajan adoptiert (→Adoption, →Adoptivkaiser), erbaute in Britannien den „Hadrianswall" und ließ den Limes verstärken. Er bereiste in mehreren Jahren fast alle röm. Provinzen. — Seit H. gibt es für die Rechtsprechung das *edictum perpetuum,* das unveränderliche Edikt, die zweite große Sammlung röm. Rechtes nach dem Zwölftafelgesetz. — H. war ein großer Verehrer der griech. Kultur und ließ in Athen prächtige Bauwerke errichten. In Rom wurde sein Mausoleum, die spätere Engelsburg, gebaut. In der Nähe von Tivoli befand sich H.s Villa mit Bauwerken und Anlagen, die ihn an seine Reisen erinnern sollten. — Die Niederschlagung des letzten Aufstandes der Juden unter Bar Kochba 132-135 fällt in H.s Regierungszeit.

Hadrianswall *(vallum Hadriani),* unter Hadrian 122-128 in Britannien zum Schutz gegen die Pikten erbaute Grenzbefestigung, mit dem Limes vergleichbar.

Hadrianswall in Nordengland

Hafen *(portus).* Für die Anlage von H. nutzte man möglichst natürliche Voraussetzungen wie Felsriffe zum Schutz gegen Wellen oder Flußmündungen (→Ostia). Hinzu kamen Ingenieurbauten: Molen, die das H.becken zur Seeseite hin schützten; sie bestanden aus Steinschüttungen oder Mauern. In Ostia wurden für die Anlage der Molen Schiffe mit Steinen oder Mörtel gefüllt und am vorgesehenen Platz versenkt. Beim Bau des röm. Flughafens „Leonardo da Vinci" hat man derartige Schiffe wiedergefunden. Oft wurde auf der Mole ein Leuchtturm errichtet. Am Rande des H.beckens befanden sich Speicher, Büros und Tempel, ferner Ladekräne und Werftanlagen (→Schiffbau). Im Winter lagen die H.anlagen still, da die

Schiffahrt in dieser Jahreszeit ruhte. — H. dienten nicht nur der wirtschaftlichen Versorgung und dem Reiseverkehr, sondern auch der Aufnahme der Flotte.

Hagiographie (griech.), Beschreibung des Lebens von Heiligen, wobei neben historisch-biographischen Angaben oft auch →Legenden begegnen. Großen Einfluß auf das Mönchs- und Heiligenideal gewann die „Vita Antonii" des Bischofs Athanasios aus Alexandria (um 357 n. Chr.), die bald ins Lateinische übersetzt wurde. Die hagiographische Literatur ist sehr umfangreich. Seit 1643 werden die Heiligenbiographien von Brüsseler Jesuiten in den „Acta Sanctorum" herausgegeben.

Handel. Die Landwirtschaft galt bei den Römern als der vornehmste und würdigste Erwerbszweig (Cicero, De officiis 1, 150 f.). Den H. bezeichnete Cicero dagegen als ein „unsauberes Geschäft", abgesehen von dem „ehrlichen" Großhandel, der die Römer mit Gütern aus aller Welt versorgte. — Erst nach dem 1. Punischen Krieg entstand in Rom ein nennenswerter Groß- und Fernhandel. Allerdings war den Angehörigen des Senatsadels eine Beteiligung am H. verboten. Deshalb lag der H. vor allem bei den Rittern. — Die wichtigsten H.häfen (→Hafen) waren Puteoli und Ostia. In der Kaiserzeit bestanden H.verbindungen bis nach Indien und China (über die „Seidenstraße"). Durch den ständigen Ausbau des röm. Fernstraßennetzes (→Fernstraßen) wurde der H. erheblich gefördert. Auf den Straßen legte ein Warentransport bis zu 60 km pro Tag zurück; auf dem Seeweg benötigten die H.schiffe z. B. von Ägypten nach Rom acht bis neun Tage oder bis zur Krim im Schwarzen Meer etwa dreizehn Tage. — Aus Italien wurden Öl, Wein, Getreide, Textilien, Gegenstände aus Glas, Bronze und Ton exportiert, aus Ägypten und Afrika wurden Getreide, aus Indien Luxusgüter wie Gewürze und Edelsteine, aus China Seide importiert. Aus Nordafrika kamen außerdem Elfenbein, Pferde, Sklaven, aus Kleinasien Holz, aus Germanien Pferde, Sklaven, Häute, aus Britannien Blei, Kupfer,

Römischer Fernhandel

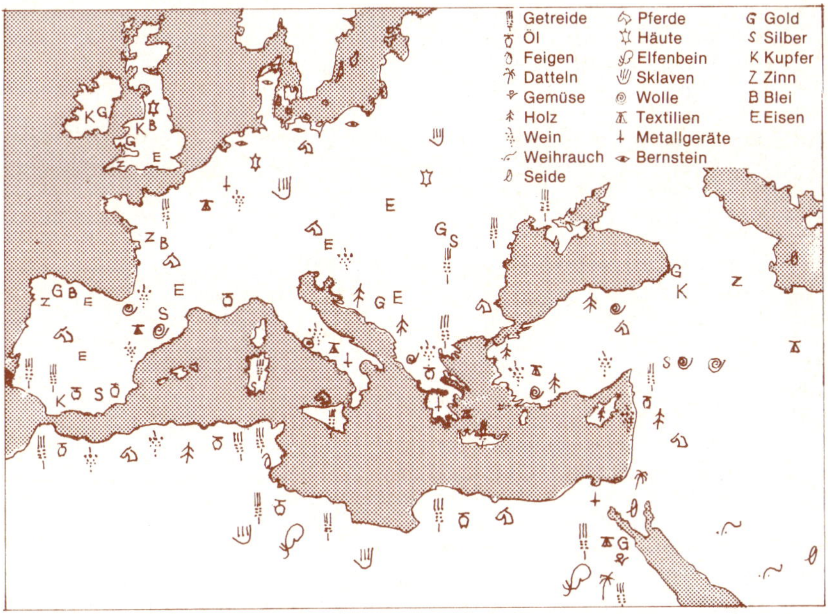

Gold, aus Spanien Zinn, Blei, Eisen, Silber, Pferde, Öl. — Während es im Fern-H. keine Spezialisierung gab, wurde der Nah-H. z. B. von Obst, Gemüse, Fleischwaren, Büchern und Korbwaren von Fachleuten, die meist zugleich die Hersteller der Waren waren, durchgeführt (→Läden).

Handwerker. In Pompeji wurden nachweislich Dutzende von handwerklichen Berufen ausgeübt. Die H. waren meist Sklaven im Dienst von Freigelassenen. Sie waren in Kollegien (Zünften oder Gilden) zusammengeschlossen. Ihre Werkstätten und Läden hatten sie meist in den Erdgeschossen der Mietskasernen. Zu den wichtigsten Fachrichtungen gehörten: a) holzbearbeitende, b) steinbearbeitende, c) metallbearbeitende H., d) Töpfer und Glashersteller, e) Weber, textil- und lederverarbeitende H. — Von grundlegender Bedeutung waren (a) die holzbearbeitenden H.; zu ihnen gehörten u. a. Holzfäller, Brettschneider, Zimmerleute, Brückenbauer, Brunnenbauer, Tischler, Stellmacher, Küfer. Die (b) wichtigsten steinbearbeitenden H. waren Steinbrecher, Steinhauer (→Marmor, →Säule, →Travertin), Steinmetze (→Inschrift), Maurer, Bildhauer (→Standbilder), Stukkateure (→Stuck), Mosaikleger (→Mosaik). Die (c) metallbearbeitenden H. waren auf Bergleute (→Bergbau) angewiesen, die die Metalle zu Tage förderten. Diese wurden verarbeitet von Schmieden, Bronzegießern (→Bronze), Münzern (→Geld), Klempnern (→Blei). Die Töpfer (d) entwickelten als einzige H. bereits großindustrielle Produktionsformen. Ihr Werkstoff war Ton, aus dem Gefäße und Behälter jeder Art und Größe hergestellt wurden (→Keramik). Auch Lampen waren meist aus Ton. Ferner produzierten die Töpfereien Dachpfannen und Ziegelsteine. Die Produkte der Glashersteller (→Glas) verdrängten vielfach die Gefäße aus Ton. Die (e) Weber, die textil- und lederverarbeitenden H. sorgten vor allem für die Kleidung. Zu ihnen sind auch die Färber und Schneider zu rechnen. Schuster und Sattler verarbeiteten Leder zu Schuhen, Schürzen, Mützen, Gürteln, Schilden, Geldbeuteln, Sätteln, Zaumzeug, Schläuchen, Riemen.

Hannibal, bedeutender Feldherr aus Karthago. Er lebte 247-183 v. Chr. und war ein erbitterter Gegner der Römer. Im 2. Punischen Krieg zog H. über die Alpen nach Italien und schlug die Römer in mehreren Schlachten: 218 am Ticinus (nördl. Nebenfluß des Po) und an der Trebia (südl. Nebenfluß des Po), 217 am Trasimenischen See, 216 bei Cannae. H. umging Rom, zog durch Süditalien, wurde nach Karthago zurückberufen und erlitt 202 bei Zama seine erste militärische Niederlage durch die Römer. Um sich der Auslieferung an die Römer zu entziehen, floh H. nach Kleinasien und endete angesichts seiner drohenden Verhaftung durch die Römer durch Selbstmord. Livius berichtet in seinem Geschichtswerk ,,Ab urbe condita'' ausführlich über H.

Haus. Im antiken Italien bestand das private, nur von einer Familie bewohnte H. gewöhnlich aus einem von Zimmern umgebenen Innenhof *(atrium).* Nach hinten hatte es einen kleinen Garten, der mitunter von einem Säulengang *(peristylium)* umgeben war. Hinter dem *atrium* lag ein großer Arbeitsraum *(tablinum).* Vom *atrium* aus erreichte man auch die Schlafzimmer *(cubicula),* das Eßzimmer *(triclinium)* und die Küche. Von der Straße aus trat man zuerst durch einen kleinen Vorraum *(vestibulum)* und den Flur *(ostium)* in das *atrium.* — Die Grundfläche des H. betrug gewöhnlich 800-900 qm. Zur Straße hin hatte es keine Fenster; mitunter verfügte es über eine Etage mit einigen kleineren Zimmern, in denen die Bediensteten (Sklaven) wohnten; die Küche war oft auch

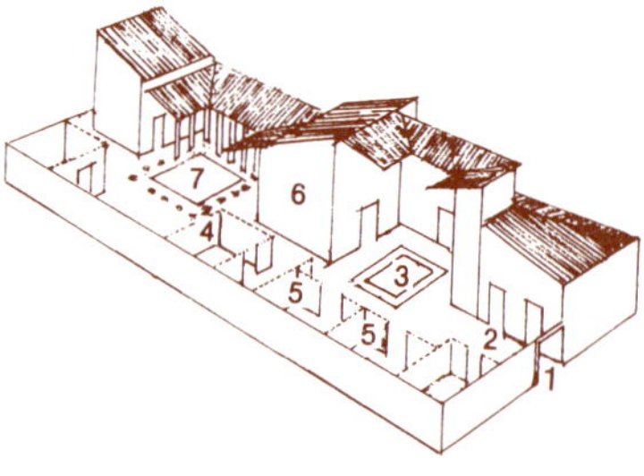

Schnitt durch ein römisches Haus

1 vestibulum 2 ostium 3 atrium 4 triclinium 5 cubicula 6 tablinum 7 peristylium

Toilettenraum (→Mietskaserne). Der Fußboden des H. bestand aus Marmorplatten, aus einer Schicht Mörtel, aus hochgestellten Ziegelsteinen oder aus Mosaik.

Hausaltar, Stätte der Verehrung (→Altar) für die Schutzgötter des Hauses *(lares,* Penaten) im *atrium* oder am Herd.

Haustiere. Die wichtigsten von den Römern gehaltenen H. sind: Esel, Hund, Katze, Pferd, Rind, Schaf, Ziege, ferner Ente, Gans, Huhn, Taube (→Viehzucht). — Die H. wurden als Nutz- oder Schlachttiere, ferner als Opfertiere (→Opfer) gezüchtet. — H. dienten auch als Spielgefährten (z. B. Hunde, Katzen, Vögel) für Erwachsene und Kinder. Vgl. die Passer-Gedichte des Catull (Carmen 2 und 3) und das Issa-Gedicht (1, 109) des Martial.

Hedonismus (griech. *hedonę* Lust), philosophische Lehre, nach der die Lust das höchste Gut und Ziel des menschlichen Strebens ist. Begründer einer auf dieser Lehre aufgebauten Schule ist Aristippos von Kyrene (um 435 -355 v. Chr.). Auch die Ethik Epikurs setzt die Lust als höchsten Wert an.

Heer *(exęrcitus).* In Rom waren ursprünglich alle röm. Bürger (→Bürgerrecht) mit Ausnahme der besitzlosen Proletarier (→proletarius) vom 17. - 60. Lebensjahr zu aktivem H.dienst verpflichtet. Zur Zeit des Marius um 100 v. Chr. wurde das aus Wehrpflichtigen bestehende H. in ein Söldner-H. aus Berufssoldaten umgewandelt, die nicht nur aus Italien, sondern auch aus den Provinzen stammten. Marius stellte auch Proletarier, Freigelassene und Sklaven in sein H. ein. — In der Kaiserzeit wurden die H. an den jeweiligen Standorten in den Provinzen rekrutiert. — Das röm. H. bestand aus →Legionen. Beim Regierungsantritt des →Augustus standen 30 Legionen mit zusammen rd. 180000 Mann unter Waffen. — Der Oberbefehlshaber *(dux)* des H. war ein Magistrat (Konsul, Prokonsul, Prätor, *magister equitum, dictator).* — Die Söldner erwarben nach 20 Dienstjahren als Veteranen einen Anspruch auf Altersversorgung.

Heizung. Neben der kostspieligen Zentralheizung des *hypocaustum* gab es die Möglichkeit, in freistehenden Kohlebecken aus Metall (→Dreifuß) Holzkohle zu verheizen. Auch der Herd in der Küche des Wohnhauses (→Haus) diente der H. In Pompeji hat man Kohlebecken mit Warmwasserbereitern gefunden, an denen sich sogar Zapfhähne befanden.

Hellenismus. Als geschichtlicher Epochenbegriff bezeichnet H. die Zeit zwischen der Gründung des Alexanderreiches 336 v. Chr. und der Entstehung des augusteischen Prinzipats 31 v. Chr. In die Zeit des H. fällt der Beginn der Ausdehnung des röm. Reiches über die Grenzen Italiens hinaus und der Aneignung der griech. Kultur, Literatur und Wissenschaft durch die Römer. — H. bedeutet zugleich die Entstehung einer griech. geprägten Weltkultur, die Entwicklung der griech. Sprache zur Weltsprache (Koine) und den starken Aufschwung der Wissenschaft auf vielen Gebieten (z. B. Naturwissenschaften, Mathematik, Philologie, Medizin, Geographie, Geschichtsschreibung). Einflußreiche philosophische Schulen wie der Epikureismus und der Stoizismus gewannen eine weltumspannende Bedeutung. Die klassische Philosophie der platonischen Akademie und der Schule des Aristoteles (Peripatos) wurde durch bedeutende Gelehrte weiterentwickelt. In Alexandria, Pergamon, Antiochia, Rhodos und Athen bildeten sich lebendige Zentren der geistigen Welt, die auch von vielen Römern besucht wurden (→Studium). Die röm. Literatur erhielt von den griech. Schriftstellern des H. ihre wichtigsten Anregungen. Die für den H. grundlegende Verschmelzung von griech. und orientalischer Kultur bildete den geistigen Rahmen für die Entfaltung und Begründung des röm. Selbstverständnisses und Sendungsbewußtseins.

Hellenistische Dichtung ist der Sammelbegriff für die griech. Literatur in der Zeit von Alexander d. Gr. bis zum Ende des Ptolemäerreichs, also von ca. 336-30 v. Chr. Geistiges Zentrum der H.D. war die Stadt Alexandria, in deren Bibliothek eine enge Verbindung von Dichtung und philologischer Gelehrsamkeit entstand *(poeta doctus* gelehrter Dichter). Charakteristisch für die H.D. ist, daß manche der alten Literaturgattungen wie Heldenepos, Tragödie, Komödie und Chorlyrik hinter neuen poetischen Formen zurücktraten. Allerdings erschweren die großen Verluste der H.D. ein sicheres Urteil über den Rang der einzelnen Gattungen. Jedenfalls erscheinen viele literarische Stoffe in einem neuen Licht. Im Mythos wird anstatt des Heroischen das Alltägliche, Intime betont, an den Göttern werden die menschlichen Züge hervorgehoben, beliebt sind erotische Themen. Die ausgefeilte kleine Form wird gegenüber dem Großepos bevorzugt. Besonders schätzt man das Kleinepos (Epyllion), das Kurzdrama (Mimos), das Hirtengedicht (Bukolik), den Hymnus, die Elegie, das Epigramm. Vom hellenistischen Heldenepos bekommen wir nur durch die ,,Argonautika'' des Apollonios von Rhodos einen Eindruck, alles andere ist verloren. Ein besonderer Reiz für die gelehrten Dichter lag im Lehrgedicht: Je schwieriger der Gegenstand war, um so mehr Kunstfertigkeit konnte der Dichter beweisen, wenn er ihn in poetischer Form darstellte. Die tragische und komische Dichtung ist ganz verloren. Die bedeutendsten Dichter des Hellenismus sind neben dem schon genannten Apollonios Rhodios der ebenfalls in Alexandria tätige Kallimachos, der reizvolle Epyllien und Aitia (Ursprungssagen) schrieb, ferner Theokrit, dessen Hirtengedichte Vergil zum Vorbild für seine Eklogen nahm, sowie Arat und Nikander, die wichtigsten Vertreter des Lehrgedichts.- Unabsehbar ist der Einfluß der H.D. auf die röm. Literatur. Vor allem die Neoteriker machten sich die formalen Prinzipien der hellenistischen Dichter zu eigen. Aber auch die großen Werke der augusteischen Zeit sind ein Ergebnis fruchtbarer Auseinandersetzung mit der H.D.

Hemiepes (griech.) ,,halber epischer Vers'', d.h. halber Hexameter, der mit der Länge des dritten Metrums endet. Die Verdoppelung des H. ergibt den →Pentameter.

Hendekasyllabus (griech. ,,Elfsilbler''), nach dem griech. Dichter Phalaikos auch Phalaeceus genannter elfsilbiger Vers, aus einem →Glykoneus bestehend, der um einen Bakcheus (⏑ – –) erweitert ist: ⏓ ⏓ – ⏑⏑ – ⏑ – ⏑ – ⏓ Die Neoteriker führten diesen frühgriech. Vers in die röm. Dichtung ein. Von Catull wurde er häufig verwendet; berühmtes Beispiel: *Vivamus, mea Lesbia, atque amemus* (Laß uns leben, meine Lesbia, und lieben - Carmen 5).

Hendiadyoin (griech. ,,eins durch zwei''), Wiedergabe eines Gedankens durch Beiordnung zweier Substantive, von denen eines ein Attribut vertritt und daher oft mit einem Adjektiv übersetzt werden kann. Beispiel: Vergil, Georgica 2,192: *pateris libamus et auro* (wir opfern aus Schalen und aus Gold = wir opfern aus goldenen Schalen).

Hephthemimeres (griech. ,,aus sieben Halbteilen bestehend''), eine →Zäsur nach dem siebten halben Versfuß, also im vierten Versfuß. Im →Hexameter ist die H. meistens mit der →Penthemimeres (Zäsur im dritten Versfuß) verbunden. Statt oder neben der Penthemimeres kann die H. auch mit der →Trithemimeres (Zäsur im zweiten Versfuß) kombiniert werden.

Heraklit (griech. *Herakleitos),* griech. Philosoph aus Ephesos, um 540-480. In seiner Schrift ,,Über die Natur'' vertrat H. die Auffassung, daß die Welt in ständiger Bewegung sei (,,alles fließt''). Der Urstoff ist nach H. das Feuer, aus dem Wasser, Erde und Luft hervorgehen und in das sie sich wieder zürückverwandeln. Alles Geschehen in der Welt wird geregelt durch eine Weltvernunft, den Logos. — H. hat auf die Stoa stark gewirkt. →Kosmologie

Herculaneum, eine der beim Ausbruch des Vesuvs im Jahre 79 n. Chr. mit Schlamm verschütteten Städte am Golf von Neapel (→Pompeji), Fundort zahlreicher Kunstwerke, mit z. T. sehr gut erhaltenen Häusern (u. a. mit einer Bibliothek und noch erhaltenen Papyrus-Rollen).

Herd, aus Ziegelsteinen gemauert, mit bogenförmiger Öffnung an der Vorderseite zur Lagerung von Brennmaterial (Holz oder Holzkohle). Auf dem H. brannte ein offenes

Feuer. Töpfe und Pfannen standen meist auf einem Dreifuß. Auf einem Bratrost (Grill) konnte zusätzlich gebraten oder gegrillt werden. — Vesta war die Göttin des H.feuers; die Hausgötter *(lares*, Penaten) hatten ihren Platz am H. An den Feiertagen wurde der H. mit Blumen geschmückt. Die Braut legte nach Aufnahme in ihr neues Haus (→Ehe) ein →as auf den H.

Hẹrkules *(Hẹrcules*, griech. *Hẹrakles)*, Sohn des Gottes Zeus (→Jupiter) und der Alkmene, einer sterblichen Frau. Mit zwölf Heldentaten (u. a. Reinigung des Augias-Stalles, Kampf mit dem lernäischen Löwen, Bezwingung des Kerberos) erkämpfte er sich die Unsterblichkeit und galt als die Verkörperung von Kraft und Ausdauer, als Helfer und Retter, als Gott des Handels und des kaufmännischen Erfolges. H. wurde häufig als athletischer Mann mit Löwenfell und Keule dargestellt. Der Kaiser Commodus ließ sich als neuer H. verehren.

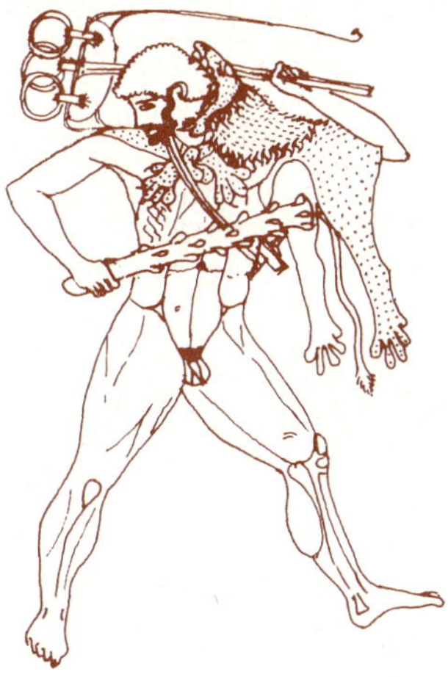

Herkules. Nach einem griechischen Vasenbild

Hẹrme, eine besondere Form des Standbildes. Auf einem viereckigen Pfeiler befindet sich eine plastische Darstellung eines Menschen vom Kopf bis zu den Schultern (Büste). Beliebt war auch die Doppel-H. mit einer Büste, die auf der Vorder- und der Rückseite ein Gesicht zeigt. H. von Schriftstellern und Philosophen waren oft in Bibliotheken aufgestellt. Auf die Pfeiler wurden mitunter Epigramme, Sinnsprüche oder Rätsel gesetzt. — Der Begriff „H." geht darauf zurück, daß die Standbilder des Gottes Hermes im frühen Griechenland keine Arme und Beine hatten.

Herodọt *(Herọdotus)*, um 484-425 v. Chr., griech. Geschichtsschreiber aus Halikarnassos, gilt mit seinem großen Erzählwerk „Historien" als der „Vater der Geschichtsschreibung".
→Ethnographie, Geschichtsschreibung, Kelten, Märchen, Novelle

Hesiọd, griech. Dichter um 700 v. Chr. Von Homer angeregt verfaßte er ein Epos in Hexametern, die „Theogonie" (eine mythologische Welterklärung), und ein Lehrgedicht, die „Erga kai Hemerai" (Werke und Tage), in dem er neben allgemeinen Lebensregeln auch persönliche Probleme darstellt. H. vertritt eine pessimistische Weltanschauung, die in seiner Auffassung vom unaufhaltsamen Niedergang der Welt gipfelt.
→Epos, Kosmologie, Lehrgedicht, Weltalter

Hexạmeter, Vers aus „sechs Metren", meist für „daktylischer H." (→Daktylus) gebraucht. Der H., das älteste antike Versmaß, ist der Vers des Epos und des Lehrgedichts. An die Stelle der Daktylen können Spondeen (→Spondeus) treten, selten im 5. Metrum (→Spondiakus); das letzte Metrum ist gekürzt (katalektisch):
– ⏖ – ⏖ – ⏖ – ⏖ –‘⏖’– ⏒
Die häufigsten →Zäsuren sind die →Penthemimeres und die →Hephthemimeres, seltener sind die →Trithemimeres und die →bukolische Dihärese. Der H. wird mit dem →Pentameter zum →Distichon verbunden.

Hiạt (lat. *hiạtus* klaffende Öffnung), Zusammenstoßen eines Vokals am Wortende mit einem Vokal am Wortanfang. Der H. wurde in der Dichtung und in der Kunstprosa als störend empfunden. Man suchte ihn durch Verschmelzung der Vokale (→Synaloephe) bzw. durch Unterdrückung des auslautenden Vokals (→Elision) zu vermeiden. In der altlat. Dichtung wird der H. öfter zugelassen als in der Klassik.

Hieronymus, 348-430 n. Chr., übersetzte die Bibel im Auftrag des Papstes Damasus ins Lateinische (→Vulgata). Außerdem übertrug er zahlreiche griech. geschriebene theologische und geschichtliche Werke in die lat. Sprache (u. a. die ,,Chronik'' des Eusebios). Sein sprachlich-stilistisches Vorbild war Cicero. — Von H. stammt die erste christliche Literaturgeschichte (De viris illustribus), in die er auch Seneca aufnahm. Unter seinen zahlreichen Werken verdienen seine etwa 120 erhaltenen Briefe besonderes Interesse; sie geben u. a. Auskunft über seinen Lebenslauf und seine geistige Auseinandersetzung mit der heidnisch-antiken Welt. — H. lebte zeitweilig als Mönch und Einsiedler in Bethlehem. Er vertrat ein schroff asketisches Lebensideal (extreme Bedürfnisbeschränkung und Enthaltsamkeit, größtmögliche Distanzierung von der Welt).

Hilfstruppen *(auxilia),* aus den Provinzen oder benachbarten und befreundeten Staaten angeworbene militärische Verbände zur Unterstützung des röm. Heeres. Die H. bestanden aus Reiterei und aus Leichtbewaffneten (→Waffen). Auch die Bundesgenossen hatten H. zu stellen.

Hinkjambus, griech. gleichbedeutend *choliambos* jambischer Trimeter (→Jambus), dessen vorletztes Element aus einer langen Silbe gebildet wird:
⏓ – ⏑ – /⏓ – ⏑ – /⏓ – – ⏓
(z.B. Catull 8,1: *Miser Catulle, desinas ineptire* Armer Catull, laß dein närrisches Tun). Der Versfluß wird dadurch abrupt gestört, der Vers ,,hinkt'', wirkt unharmonisch, widerspenstig. Als Erfinder des H. gilt der griech. Dichter Hipponax (um 540 v. Chr.); dessen in niederer Umgangssprache geschriebene, realistische und derbe Schmähgedichte machten den H. zum Vers des witzigen und satirischen Angriffs. Die Neoteriker führten ihn in die röm. Literatur ein. Catull, der den H. achtmal verwendet hat, erweiterte die Ausdrucksmöglichkeiten dieses Verses: Sein H. ist nicht immer grob-aggressiv, sondern wird zum lyrischen Ausdruck wehmütiger Gefühle und innerer Zerrissenheit. Der H. wird auch von Vergil (Catalepton 2,5), Petron, Persius und Martial verwendet.

Historia Augusta (lat. ,,Kaisergeschichte''), eine Sammlung von Biographien der Kaiser Hadrian bis Numerian (117-284 n. Chr.). Die Namen der sechs Verfasser sind möglicherweise Pseudonyme. Abfassungszeit ist wahrscheinlich das Ende des 4. Jh. n. Chr. Das Werk enthält neben wertvollem historischen Material auch Fälschungen und romanhafte Elemente. Die historischen Ereignisse werden aus der Sicht der heidnisch-konservativen Senatsaristokratie dargestellt.

Holz, wichtigster Werkstoff der Antike, Material für den Haus-, Schiff-, Brücken- oder Brunnenbau, für die Befestigung von Schutzwällen (→Limes), für Ackergeräte (→Landwirtschaft), für Waffen und Kriegsmaschinen (→Sturmbock), für den Bau von Wagen und Musikinstrumenten, für Möbel, Türen, Leitern, Treppen und Fässer, für Gebrauchsgegenstände des täglichen Lebens (Löffel, Teller, Schalen, Becher, Schuhe). — Auf H. wurde auch gemalt. Es gab Standbilder aus H. (Götterbilder). — Für die Schalung gegossener Mauern (→Mörtel) war H. erforderlich. Aus H. waren ursprünglich auch Amphitheater und Theater gebaut. — H. war in Form von Holzkohle das wichtigste Brennmaterial in Bädern und Thermen. Es diente schließlich auch zur Unterhaltung des Leuchtfeuers auf Leuchttürmen.

Holzkohle *(carbo),* im Meiler gebrannt, diente in großen Mengen als Brennmaterial für die Heizung (→hypocaustum) von Häusern, Bädern und Thermen und zur Erzielung hoher Temperaturen in den Brennöfen der Töpfereien (→Keramik) und zum Schmelzen von Glas. Der große Bedarf an H. führte allmählich zur Entwaldung der Mittelmeerländer.

Homer, der älteste Dichter Europas (8. Jh. v. Chr.). Unter seinem Namen sind die in griech. Hexametern abgefaßten Epen ,,Ilias'' und ,,Odyssee'' überliefert. Der röm. Dichter Livius Andronicus übersetzte die ,,Odyssee'' ins Lat. und wurde damit zum Begründer der röm. Literatur. Die Römer verehrten H. als den größten griech. Dichter (vgl. z. B. Quintilian, Institutio oratoria 10, 1, 46-51). Die bedeutendsten röm. Dichter nahmen sich

H. zum Vorbild; Vergil gestaltete seine „Aeneis" in Anlehnung an die homerischen Epen.

Homoiotẹleuton (griech. „gleich endigend"), Gleichklang der Endsilben mehrerer Wörter, antiker Vorläufer des →Reims. Das H. dient der Hervorhebung pathetischer Stellen. Beispiel: Cicero, In Catilinam 1,1: *quid superiore nocte egeris, ubi fueris, quos convocaveris, quid consili ceperis* (was du in der vorletzten Nacht getrieben hast, wo du gewesen bist, wen du zusammengerufen und welchen Plan du gefaßt hast).

họmo nọvus, Bewerber um ein Ehrenamt (→cursus honorum) ohne Vorfahren aus der Nobilität. Der h. n. mußte im Besitz außerordentlicher Fähigkeiten sein, um gewählt zu werden. →Cicero, Marius

Honig diente anstelle des nur selten verwendeten Zuckers zum Süßen von Speisen und Getränken (→Lebensmittel). Wegen der H.gewinnung betrieb man intensive Bienenzucht (vgl. Plinius, Naturalis Historia 11, 11-70; Vergil, Georgica 4).

Horaz *(Quịntus Horạtius Flạccus)*, 8.12.65 - 27.11.8 v. Chr., Sohn eines Freigelassenen. Er wurde in Rom und Athen literarisch und philosophisch ausgebildet, diente als Militärtribun im Heer der Cäsarmörder Brutus und Cassius und nahm an der Schlacht bei Philippi teil. Er verlor sein Vermögen und verdiente seinen Lebensunterhalt als →Schreiber. Von Vergil wurde er in den Kreis um Maecenas eingeführt und von diesem gefördert. — Zu seinen dichterischen Werken gehören zwei Bücher Satiren („Sermones"), zwei Bücher Briefe („Epistulae"), vier Bücher Oden („Carmina"). H. behandelt in den Satiren und Briefen immerwiederkehrende Grundsituationen des Menschen, menschliche Schwächen und Eigentümlichkeiten, soziale und philosophische Fragen von allgemeiner Bedeutung. Die „Carmina" sind lyrische Gedichte (→Lyrik) über Liebe und Freundschaft, über Götter und einzelne historische Ereignisse. H. war in seinen philosophischen Auffassungen ein Anhänger →Epikurs; er verherrlichte das Ideal eines Lebens in Selbstbescheidung und stiller Zurückgezogenheit. In der *aurea mediocritas* (der goldenen Mitte, dem Maßhalten, der Abweisung extremer Positionen) sah er die Grundvoraussetzung einer glücklichen Existenz. — H. gilt als der gedankenreichste röm. Lyriker. Neben Vergil ist er der wichtigste Repräsentant einer formvollendeten röm. Dichtkunst, die sich trotz ihrer griech. Vorbilder (u. a. Alkaios, Anakreon, Archilochos, Pindar, Sappho) durch unnachahmliche Originalität auszeichnet. — H. bekannte sich politisch zu Augustus und seiner Erneuerungspolitik, blieb aber immer ein unabhängiger Schriftsteller.

Hortẹnsius *(Quịntus Hortẹnsius)*, 114-50, Konsul, berühmter Redner (→Rhetorik) und Politiker, von Cicero häufig erwähnt. Im Prozeß gegen Verres war er der Verteidiger des Angeklagten.

Hose *(brạcae)*. In röm. Zeit wurden H. vor allem von den Galliern (→Gallien) bzw. Kelten getragen; *Gallia Narbonensis*, die heutige Provence, wurde deshalb auch *Gallia bracata*, das „behoste Gallien" genannt. Auch Reitervölker und Nomaden in kalten Ländern pflegten H. zu tragen.

Hrotsvith von Gandersheim, 935 - 1000 n. Chr., war die bedeutendste Schriftstellerin des Mittelalters. Sie schuf u. a. christliche Lesedramen, die die röm.-heidnischen Komödien des Terenz verdrängen sollten.

Hühnerorakel. Das Freßverhalten der Hühner galt als ein *prodigium* (→Prodigien), das vor allem vor einem Krieg oder einer Schlacht gesucht und gedeutet wurde (Cicero, De divinatione 1, 77). Deshalb ließ sich ein Feldherr von einem Hühnerwärter *(pullarius)* begleiten, der junge Hühner *(pulli)* in einem Käfig hielt. Wenn der *pullarius* die Hühner zum Fressen aus dem Käfig ließ und diese hastig fraßen, war dies ein gutes Vorzeichen. Wenn die Hühner aber nicht fraßen, galt dies als Zeichen künftigen Unglücks.
→Auspizien, divinatio

Humanismus *(humanus* menschlich, *humanitas* Bildung, Menschlichkeit, Kultur), eine geistige Bewegung, die die Auseinandersetzung mit der antiken Kultur für die möglichst allseitige Bildung des Menschen fruchtbar machen will. — Schon die Römer — vor allem Cicero — praktizierten einen H., indem sie sich die griech. Kultur aneigneten und für ihre eigene Weltorientierung nutzten. — Auch in der christlichen Spätantike und im Mittelalter gab es humanistische Bestrebungen. — Als Epochenbegriff wird H. oft gleichbedeutend mit ,,Renaissance'' verstanden. Man spricht daher auch von einem ,,Renaissance-H.'', der von Francesco Petrarca (1304-1374) durch seine neuartige Auseinandersetzung mit Cicero und Vergil begründet wurde. Seit Petrarca galten Ciceros Sprache und Stil als vorbildlich, und die *studia litterarum* (das Literaturstudium) wurden als ein Weg zu einem allseitig gebildeten Menschentum verstanden. — Bedeutende nordeuropäische Humanisten waren Johannes Reuchlin (1455-1522), Erasmus von Rotterdam (1466-1536) und Philipp Melanchthon (1497-1560).

Humor (lat. ,,Feuchtigkeit'') bedeutet seit dem Mittelalter entsprechend der antiken Theorie von den Körpersäften und ihrem Mischungsverhältnis ,,Laune'', ,,Stimmung''. H. im modernen Sinn, als eine Gemütsstimmung, die sich nachsichtig lächelnd über menschliche Schwächen erhebt, ist auch der Antike nicht fremd. In der lat. Literatur finden wir H. vor allem bei Horaz, Ovid, Petron und Martial. Vom H. sind →Satire und →Ironie zu unterscheiden.

Hund *(canis)*. Der H. war bereits Jahrtausende vor der röm. Zeit als Haustier des Menschen in verschiedenen Rassen vertreten. Es gab u. a. den Spitz, den Schäfer-H., den Wind-H., die Dogge. In der Satire 2, 6, 114 f. erwähnt Horaz die Molosser-H. als besonders furchterregende Wächter des Hauses. Der H. galt als treuer Freund, als Wächter und als Helfer des Menschen; er hatte einen Namen, wurde auch als Schoßhündchen geliebt und verwöhnt und nach seinem Tode mitunter im Grab der Familie beigesetzt. Ein H. konnte auch eine Grabinschrift erhalten. Bei den Römern war der H. den *lares* geweiht, weil er das Haus beschützte. Vor den Haustüren war oft die Inschrift *Cave canem* (,,Vorsicht! Bissiger Hund!'') zu lesen. Der H. diente auch als Schäfer- und Jagd-H. An den Hundstagen (Zeit der Sommerhitze) wurden H. geopfert (→Opfer), um Schäden von der Ernte abzuwenden. Das Wort ,,H.'' konnte als Schimpfwort verwendet werden, mit dem die Schamlosigkeit und Kriecherei eines Menschen zu brandmarken war.

Fußbodenmosaik aus Pompeji

Hygin *(Gaius Iulius Hyginus)*, Freigelassener des Augustus, der ihn zum Leiter der palatinischen Bibliothek ernannte. H. verfaßte wissenschaftliche Werke u.a. zur Landwirtschaft, Geographie und Philologie, die nicht erhalten sind. Unter seinem Namen sind eine astronomische Schrift und ein mythologisches Handbuch (,,Fabulae'') aus dem 2. Jh. n. Chr. überliefert.

Hyperbaton (griech. ,,Überschreitung''), ,,Sperrung'', Trennung von syntaktisch zusammengehörenden Wörtern durch den Einschub eines Satzgliedes, das syntaktisch nicht an diese Stelle gehört. Beispiel: Cicero, In Catilinam 1,1: *Quem ad finem sese effrenata iactabit audacia?* (Wie lange noch wirst du dich mit deiner zügellosen Frechheit brüsten?) Das H. dient der Hervorhebung der voneinander getrennten Wörter.

Hyperbel (griech. *hyperbole)*, rhetorischer Fachausdruck für eine Übertreibung, die über die Glaubwürdigkeit hinausgeht. Beispiel: Vergil, Aeneis 1,103: *fluctusque ad sidera tollit* — und er (der Wind) türmt die Fluten bis zu den Sternen empor.

hypocaustum (griech. ,,Heizung von unten''), zentrale Fußbodenheizung, bzw. hohler Raum unter dem Fußboden, in welchem warme Luft zirkulierte, um den darüberliegenden Raum zu erwärmen. Die Warmluft unter dem von ca. 80 cm hohen Ziegelsteinpfeilern getragenen Steinfußboden wurde von einem außerhalb des Hauses stehenden Ofen mit Hilfe von Holz oder Holzkohle geliefert. Die Luftzirkulation wurde durch Lüftungsöffnungen in den Wänden und unter dem Fußboden herbeigeführt. Die Bäder und Thermen hatten ein h., das die Raumtemperatur auf 22 - 25 Grad halten konnte. Da die Anlage und Unterhaltung des h. sehr teuer waren, gab es diese Heizmöglichkeit nur in den Häusern der Reichen (seit dem 1. Jh. v. Chr.).

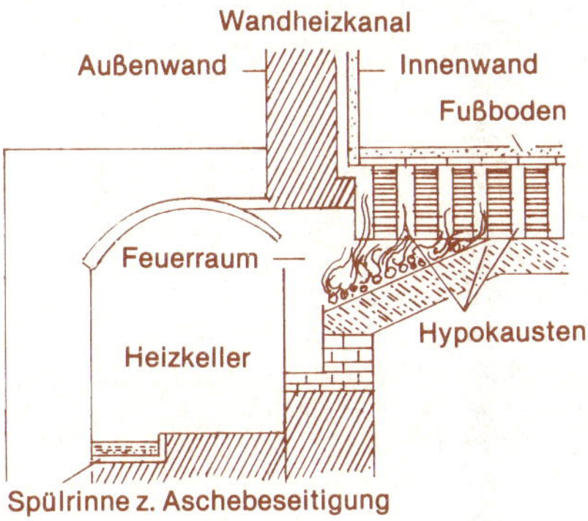

Hypokausten-Anlage

Ianiculum, Hügel am rechten Ufer des Tiber, nach Janus benannt, heute: Gianicolo, mit weitreichender Aussicht auf Rom.

Idus (Iden), Vollmond, Monatsmitte, im März, Mai, Juli, Oktober (M-IL-M-O) der 15., in den übrigen Monaten der 13. Monatstag. An den I. des März 44 v. Chr. ist Cäsar ermordet worden (→Kalender).

Igeler Säule. Bauwerk an der röm. Straße zwischen Trier und Reims. Das 22,5 m hohe säulenartige Grabmal aus rotem Sandstein wurde um 250 n. Chr. von den Angehörigen einer Tuchhändlerfamilie erbaut. Die I. S. zeigt Darstellungen von Unsterblichkeitsmythen und Szenen aus dem täglichen Leben und bietet Einblicke in den Alltagsbetrieb eines röm. Tuchhändlers.

Iktus (lat. ,,Schlag''), Betonung der Hebung im akzentuierenden Vers ohne Rücksicht auf die natürliche Wortbetonung. Die quantitierende Metrik der Römer kannte den Iktus wahrscheinlich nicht. Eine der natürlichen Wortbetonung widersprechende Betonung bestimmter Silben nach dem Muster der schweren und leichten Taktteile ist daher wahrscheinlich falsch. Es ist freilich schwierig (aber nicht unmöglich), im Vers Längen und Kürzen und zugleich den normalen Wortton zu beachten. Also: *Árma virúmque cắnō,* | *Trṓiāē quī prī́mus ab ṓrīs* (Die Waffen singe ich und den Mann, der als erster von Trojas Küsten -Vergil, Aeneis 1,1)

Illyrien *(Illyricum)*, röm. Provinz seit der Mitte des 2. Jh. v. Chr., im Norden und Osten begrenzt von der Donau. Zu I. gehören der nordwestliche Teil der Balkanhalbinsel und die Adriaküste (heute: östliches Österreich, Westungarn und Jugoslawien). Unter Augustus wurde I. in die Provinzen Dalmatien und Pannonien geteilt.

imperator, militärischer Oberbefehlshaber, später Ehrentitel für einen siegreichen Feldherrn, der von seinen Soldaten als i. begrüßt wurde und dem der Senat den Titel bestätigt hatte. Cäsar und Augustus erhielten den Titel i. auf Lebenszeit. Er wurde von den Kaisern in Anspruch genommen, weil er den Oberbefehl über das Heer und das Recht auf den Triumph beinhaltete.

Indogermanisch (oder **Indoeuropäisch),** sprachwissenschaftlicher Begriff, der 1. eine Gruppe von miteinander verwandten Sprachen, 2. ihre sprachlichen Gemeinsamkeiten und 3. die rekonstruierte Grundsprache, aus der die indogermanischen Sprachen hervorgegangen sind, bezeichnet. Der deutsche Sprachforscher Franz Bopp (1791-1867) erkannte, daß das Indische, Persische, die germanischen Sprachen, Griechisch, Latein und die slawischen Sprachen gemeinsame Merkmale aufweisen, die nur durch Abstammung von einer gemeinsamen Ursprache zu erklären sind. Im 3. Jahrtausend v. Chr. teilte sich das im nördlichen Mitteleuropa oder im westlichen Asien lebende Volk, das diese gemeinsame Ursprache sprach, in einzelne Völker, deren östlichstes die Inder und deren westlichstes die Germanen sind. — Das →Etruskische, das Finnische und das Ungarische gehören nicht zu den indogermanischen Sprachen.

in iure, „auf der Gerichtsstätte", vor dem Magistrat (→Rechtsprechung). Erster Abschnitt des zweigeteilten Verfahrens beim röm. Prozeß. Das Verfahren wurde durch die Ladung vor den Magistrat *(in ius vocatio)* eingeleitet. Vor dem Magistrat (→Prätor) wurde darüber entschieden, ob dem Kläger aus dem Sachverhalt ein Recht zustand, das er im Zivilprozeß geltend machen konnte. Ließ sich der Beklagte auf die Klage ein, dann wurde vom Gerichtsmagistrat zusammen mit den Parteien das „Prozeßprogramm" ermittelt (eine Prozeßformel, in der die Rechtsfragen enthalten sind, über die der Richter Beweise entgegennehmen und urteilen soll, →Formel). Ferner mußten sich die Parteien im voraus dem Gerichtsentscheid unterwerfen. Wenn der Richter bestellt war, konnte der zweite Abschnitt des Prozeßverfahrens beginnen (→apud iudicem).

Inschrift, in Stein gemeißelte oder in Metall gravierte, auf Wände gemalte oder eingeritzte (→Graffito) sprachliche Mitteilungen unterschiedlicher Art: u. a. Wahlaufrufe, private Bekundungen (z. B. in Pompeji erhalten), Gesetze (→Gesetzgebung, →Zwölftafelgesetz), Verträge, Testamente (→Monumentum Ancyranum), Grabinschriften, offizielle Texte auf Triumphbögen und öffentlichen Gebäuden, Legenden auf Münzen, Ehrungen für verdiente Persönlichkeiten, Fabrikationsmarken auf Tongefäßen (→Keramik) und Ziegelsteinen, Entfernungsangaben auf Meilensteinen. — Lateinische I. sind im Corpus Inscriptionum Latinarum (CIL) gesammelt und wissenschaftlich geordnet.

institutiones, lat. „Lehrbuch". Bekannt sind Quintilians „Institutio oratoria", das juristische Lehrbuch des Gaius („Institutiones"), die „Institutiones" Justinians, die einen Teil des →Corpus iuris civilis bilden, die „Divinae institutiones" des Laktanz und die „Institutiones divinarum et saecularium litterarum" des Cassiodor.

intercessio (oder *ius intercedendi),* eig. „das Recht dazwischenzutreten", das Recht der Volkstribunen, Anordnungen eines Konsuls aufzuheben, ein Recht auf Widerstand gegen die Staatsgewalt. Die Volkstribunen konnten auf Antrag *(appellatio)* eines Bürgers zwischen diesen und die →Liktoren des Konsuls treten *(intercedere),* um die Strafgewalt des Beamten aufzuheben.

Intermundien *(intermundia,* griech. *metakosmia),* Räume „zwischen den Welten", in denen nach Epikurs Lehre die Götter in vollkommener Glückseligkeit leben. Epikur nahm eine unbegrenzte Zahl von Welten an; auch in den I. können neue Welten entstehen.

Invektive (von *invehi* jemanden anfahren), Schmähschrift oder -rede gegen persönliche oder politische Gegner, Gegenteil der Lobrede *(laudatio).* Beispiele für I. finden wir in der röm. Literatur bei Catull (etwa gegen Cäsar und seinen Günstling Mamurra), Sallust (gegen Cicero; Ciceros Gegeninvektive ist unecht), Ovid („Ibis") und Claudian („In Rufinum" und „In Eutropium"). Natürlich kommen Invektiven in der Satire, in der Komödie und in der Rede vor.

inventio („Auffinden"), rhetorischer Fachausdruck, der das Auffinden der wesentlichen Gesichtspunkte für die Argumentation in einer Rede bezeichnet. Der i. als erstem Arbeitsgang bei der Anfertigung einer Rede folgt die Gliederung des Stoffes *(dispositio),* die stilistische Ausarbeitung *(elocutio),* das Auswendiglernen (memoria) und der Vortrag *(pronuntiatio).* Zur i. gehören Überlegungen über die Art der Beweisführung *(argumentatio)* und den juristischen Aspekt, unter dem die Beweisführung erfolgen soll *(status).* Die i. ist Gegenstand einer Jugendschrift Ciceros („De inventione").

Ironie (griech. *eironeia),* ursprünglich die Verstellung des Wissenden, der sich unwissend stellt; eine Methode des Sokrates, mit der er das Scheinwissen der Sophisten zu entlarven pflegte. In der Rhetorik versteht man unter I. die Ersetzung des eigentlichen Ausdrucks oder Gedankens durch den entgegengesetzten. Die I. muß vom Hörer sofort oder nach einer gewissen Zeit des Mißverständnisses als I. verstanden werden, wenn sie wirksam sein soll. Ziel der I. ist die Beschämung des Gegners, die zu besserer Einsicht führen soll, oder die versöhnliche Bloßstellung eigener und fremder Schwächen z. B. aus der Erkenntnis einer unüberbrückbaren Kluft zwischen Ideal und Wirklichkeit. I. ist ein Mittel der Satire und der Rede.

Isis, seit dem 4. Jh. v. Chr. über den ganzen Mittelmeerraum verbreitete und seit dem 2. Jh. v. Chr. auch in Rom verehrte ägyptische Göttin, die die Funktionen aller anderen Göttinnen in sich vereinte und u. a. als Helferin in Not, als Herrin des Schicksals, als Schöpferin von Kulturgütern galt. I. wurde von den frühen Christen (→Christentum) heftig bekämpft. Der I.-Kult war ein Mysterienkult (→Mithras), d. h. seine Anhänger wurden durch bestimmte religiöse Handlungen in die Geheimnisse der göttlichen Offenbarung eingeweiht und durften erst dann an den Gottesdiensten teilnehmen. Die Anhänger der I. hofften auf ein Leben nach dem Tode und bereiteten sich auf dieses durch Bußübungen und die Einhaltung strenger Reinigungsvorschriften vor. — Einen Eindruck vom Kult der I. und der Inbrunst, mit der sie verehrt wurde, vermittelt Apuleius (Metamorphosen 11, 24-25) mit einem schönen Dankgebet an I.

Isokrates, griech. Redner und Lehrer der Redekunst aus Athen, 436-338 v. Chr. I. verstand sich wie schon die Sophisten (→Sophistik) als Erzieher Griechenlands. Politisch empfahl er die Anerkennung der makedonischen Vorherrschaft in Griechenland. Mit seiner kosmopolitischen Gesinnung wurde er zu einem Wegbereiter des Hellenismus. Seine Überzeugung vom Wert der Bildung durch Sprache wurde zur Grundlage der späteren humanistischen Bildungsidee.

Itala, richtiger *(versio) Vetus Latina* (altlat. Übersetzung), Bezeichnung für die lat. Bibelübersetzungen vor der Übersetzung des Hieronymus (348 - 430 n. Chr.), die „Vulgata" genannt wird. Die ersten lat. Übersetzungen entstanden wohl noch vor 200.

Italien *(Italia),* von den Griechen im 3. Jh. v. Chr. übernommener Name für das von den Römern beherrschte Gebiet der Apenninenhalbinsel. Nord-I. mit *Gallia Cisalpina* gehörte jedoch erst seit Cäsar zu I. Bis in das 1. Jh. v. Chr. wurde zwischen Italikern und Römern unterschieden (→Bundesgenossenkrieg). — Nach dem Anschluß von *Gallia Cisalpina* und der Verleihung des Bürgerrechtes an ihre Bewohner im Jahre 49 v. Chr. war I. ein geschlossenes von Rom aus regiertes Staatsgebiet mit kommunaler Selbstverwaltung (→municipium), das ungefähr dem heutigen I. entspricht. — I. wurde von Augustus in elf Regionen eingeteilt: (1) *Campania* (Kampanien) und *Latium*, (2) *Apulia* und *Calabria* (Kalabrien), (3) *Lucania* und *Bruttium,* (4) *Samnium,* (5) *Picenum,* (6) *Umbria,* (7) *Etruria* (→Etrusker), (8) *Aemilia,* (9) *Liguria,* (10) *Venetia* und *Histria,* (11) *Gallia Transpadana (= Cisalpina).*

Italien

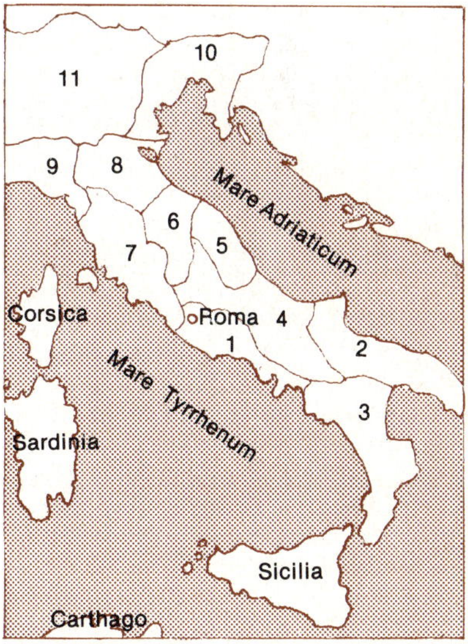

Italiker, zusammenfassender Begriff für die außer den Römern und Etruskern auf der Apenninenhalbinsel lebenden Stämme: Latiner, Umbrer, Sabiner, Samniten, Osker, Volsker. Die I. sprachen ursprünglich nicht lateinisch, sondern hatten ihre eigenen Sprachen, von denen nur noch wenig bekannt ist. Um 250 v. Chr. hatten die Römer alle italischen Stämme unterworfen und zu Bundesgenossen gemacht. Erst 88 v. Chr., nach Beendigung des Bundesgenossenkrieges, erhielten die I. das röm. Bürgerrecht.

Iudaea, röm. Provinz seit 70 n. Chr., vorher Teil der Provinz Syrien, seit dem 1. Jh. v. Chr. unter röm. Herrschaft. Von 37 - 4 v. Chr. wurde I. von dem von Rom abhängigen König Herodes d. Gr. regiert, von 6-41 und von 44-66 n. Chr. von einem röm. Prokurator und nach 66 von einem kaiserlichen Legaten verwaltet. Der heftige Widerstand der Bewohner (→Juden) führte zu zwei Aufständen 66-70 und 130, die mit der fast völligen Vernichtung der Bewohner endeten. Von Hadrian wurde I. im Jahre 135 in *Syria Palaestina* umbenannt.

Iulia (39 v. - 14 n. Chr.), die lebenslustige Tochter des Augustus. I. war dreimal verheiratet, zuletzt mit Tiberius. Sie war berüchtigt wegen ihres ausschweifenden Lebenswandels, der ganz im Gegensatz stand zu den Bemühungen ihres Vaters um eine Erneuerung der Moral u. a. mit Hilfe eines Gesetzes gegen den Ehebruch, der *Lex Iulia de adulteriis.* I. wurde für ihr unmoralisches Treiben von Augustus schließlich mit der Verbannung aus Rom bestraft.

ius honorarium, Honorarrecht, Amtsrecht, die Rechtsschöpfung der Gerichtsmagistrate, die das *ius civile* erweiterte, fortbildete und den jeweiligen Erfordernissen anpaßte. Die →Prätoren und die →Ädilen gaben bei ihrem Amtsantritt die Richtlinien ihrer Rechtsprechung bekannt (→Edikt). Es wurde üblich, daß der Amtsnachfolger die Grundsätze seines Vorgängers, soweit sie sich bewährt hatten, übernahm. Kaiser Hadrian ließ um 130 n. Chr. das Edikt des Prätors und der Ädilen in eine endgültige Fassung bringen, die nur noch vom Kaiser geändert werden konnte. Die sich überlagernden Rechtsschichten des *ius civile* und des *ius honorarium* verschmolzen durch die Kodifikation →Justinians miteinander.
→edictum perpetuum, Corpus iuris civilis

Jacobus de Voragine, 1230-1298, ist der Verfasser der ,,Legenda aurea'', der ,,goldenen Legende'', einer berühmten Sammlung von Märtyrer- und Heiligenlegenden, die zu einem vielgelesenen Volksbuch des Mittelalters wurde und auch auf die bildende Kunst einwirkte. Die Abfolge der Legenden entspricht dem Heiligenkalender des Kirchenjahres.

Jagd. Im Gegensatz zu den Persern und Griechen hatten die Römer im allgemeinen kein besonderes Interesse an der J. Zur Gewinnung von Tieren für die Spiele im Zirkus (→circus maximus) oder im Amphitheater war die J. jedoch von großer Bedeutung. So wurden z. B. Löwen und Elefanten in Gruben gefangen und in großer Zahl nach Rom gebracht. Gejagt wurden jedoch auch weniger gefährliche Tiere wie Hirsch, Wildschwein, Hase. Die J. war in diesem Falle eine sportliche Betätigung (→Sport) oder eine Möglichkeit des Zeitvertreibs. Sie fand u. a. als Hetzjagd zu Pferde statt. Als J.begleiter wurden Hunde verwendet. Zu den wichtigsten J.waffen gehörten Lanze, Pfeil und Bogen, Fangnetz, Hirschfänger. Beliebt war auch die Vogel-J. mit Hilfe von Leimruten

Jagdszene
Nach einem Mosaik aus Chiusi (Italien)

und Netzen. — Die Schutzgöttin der J. war Diana, der vor dem J.geschehen ein Opfer dargebracht wurde. — Plinius berichtet in einem Brief (1, 6) an Tacitus von einer J. auf Wildschweine, während der er an den Fangnetzen saß und auf Beute wartete.

Jahreszählung erfolgte in Rom bis auf Justinian (541 n. Chr.) nach den Amtsjahren der Konsuln oder eines Konsuls oder seit Augustus nach dem angenommenen Gründungsjahr der Stadt Rom: 753 v. Chr. Beispiele: *(Archias) Romam venit Mario consule et Catulo* (Cicero, Pro Archia 5): „A. ist nach Rom gekommen, als Marius und Catulus Konsuln waren" (= im Jahre 102 v. Chr.) — *(L. Licinius Crassus) Q. Caepione consule natus et C. Laelio* (Cicero, Brutus 161): „Crassus wurde geboren, als Q. Caepio und C. Laelius Konsuln waren" (= 140 v. Chr.). — Das Jahr 708 *ab urbe condita* z. B. entspricht 46 v. Chr., das übrigens das letzte Jahr vor Einführung des Julianischen Kalenders war. — Die J. „n. Chr. Geburt" wurde erst im 6. Jh. von dem Abt Dionysius Exiguus (gest. 556) erfunden. — Die Namen der röm. Konsuln sind erhalten in den *Fasti Capitolini* („kapitolinische Jahreslisten") und in den *Fasti Consulares* („konsularische Jahreslisten") (→fasti). Die *Fasti Capitolini* befanden sich ursprünglich auf Marmortafeln an einer Wand des Castortempels (→Castor); sie liegen jetzt gedruckt vor im Corpus Inscriptionum Latinarum, Bd. 1, 415 ff.

Jambus (gr. *iambos,* Etymologie unsicher), aus Kürze und Länge bestehender Versfuß (⏑ –). In der griech. Dichtung bilden zwei jambische Versfüße ein Metrum (Grundform: ⏑ – ⏑ –, Auflösungsmöglichkeiten: ⏓⏖⏑⏖), das vor allem als Trimeter („Dreimaß") verwendet wurde. Die älteren röm. Dichter gliederten jambische Verse nicht nach Metren, sondern nach Versfüßen, es können also alle Kürzen (außer in der letzten Senkung) durch eine Länge oder eine Doppelkürze ersetzt werden (jambischer →Senar). Als literarische Gattung bedeutet J. Gedicht in jambischen oder trochäischen Maßen, die ihrem Inhalt nach zumeist Spottgedichte oder Invektiven sind (→Hinkjambus). Der erste große Jambendichter ist →Archilochos (um 650 v. Chr.). In der klassischen Zeit wird der jambische Trimeter der Dialogvers der Tragödie. In Rom knüpft Horaz mit seinen *iambi* (Epoden) an die Jambendichtung des Archilochos an. Auch die →Neoteriker verwendeten den J. (→Catull).

Janus *(Ianus),* röm. Gott, Beschützer der Stadttore (nicht der *ianua,* der Tür des Privathauses), wahrscheinlich mit alter Kultstätte auf dem *Ianiculum* und mit einem Tempel auf dem *forum Romanum,* dessen Tore nur in Friedenszeiten geschlossen wurden (dreimal unter Augustus). Nach J. wurde der Monat *Ianuarius* benannt (→Kalender). — J. wurde mit einem Doppelkopf (mit zwei voneinander abgewandten Gesichtern mit Bart) dargestellt.

Janus

Jenseitsglaube. Die Vorstellung von einem Leben nach dem Tode kam bei den Römern in der Verehrung ihrer Toten (→Manen) zum Ausdruck. Den Toten waren Opfer darzubringen. Nach röm. Glauben ruhen die Toten in ihren Gräbern oder gehen auf der Erde umher. Vorstellungen von einem völlig anderen Jenseits, z. B. von einer Unterwelt, werden in der röm. Literatur zwar vielfach geäußert, sind aber meist aus der griech. Religion übernommen. Auch der Name *Dis Pater* ist nur eine röm. Bezeichnung für den griech. Unterweltsgott Pluton. Dasselbe gilt für *Orcus,* den Herrn der Toten. Dennoch zeugen auch die Riten bei der Bestattung von einem J. Viele uns erhaltene Grabsteine deuten mit ihren Grabinschriften darauf hin, daß die Menschen einen J. besaßen (→Mithras). So glaubte man etwa, daß die Seelen der Toten in die Welt der Sterne entrückt werden, um dort ein höheres Dasein zu gewinnen, und daß dem Menschen jenseits des Grabes die ewige Glückseligkeit zuteil wird - als Belohnung für ein tugendhaftes oder als Entschädigung für ein entbehrungsreiches Leben auf Erden. Vgl. auch das *Somnium Scipionis* in Ciceros Werk De re publica.

Jerusalem *(Hierosolyma)*, Stadt in *Iudaea* (Palästina), seit 63 v. Chr. unter röm. Herrschaft, von Pompeius eingenommen, Sitz der röm. Prokuratoren. Im Zusammenhang mit jüdischen Aufständen (→Juden) wurde J. 70 n. Chr. von Titus zerstört. Hadrian baute die Stadt 130 als röm. *colonia* unter dem Namen *Aelia Capitolina* wieder auf. — J. stand 900 Jahre lang zunächst unter griech., dann unter röm. Herrschaft.

Joch *(iugum)*. Ein besiegtes Heer mußte ein J. durchschreiten, das aus zwei in die Erde gesteckten und oben mit einer Querstange verbundenen Speeren bestand. Die Unterlegenen sollten auf diese Weise gedemütigt werden und ihre Niederlage anerkennen (→Samniten). Der Sieger kam dagegen in den Genuß des Triumphes.

Josephus *(Flavius Josephus)*, 37-100, jüdischer Geschichtsschreiber, Feldherr im jüdisch-röm. Krieg 66-70, geriet in röm. Kriegsgefangenschaft und wurde von Vespasian wieder freigelassen. Er schrieb in griech. Sprache sieben Bücher über den „Jüdischen Krieg" und zwanzig Bücher „Jüdische Geschichte".

Juden *(Iudaei)*. Die Kontakte zwischen J. und Römern waren durchweg feindselig; die J. wehrten sich gegen die Eroberung und Romanisierung von *Iudaea* (Palästina), die mit dem Sieg des Pompeius im Jahre 63 v. Chr. begann und zur Zerstörung von Jerusalem führte. — Jüdische Kriegsgefangene wurden nach Rom verschleppt und gründeten dort die erste jüdische Diasporagemeinde. — Die Niederschlagung des Aufstandes von 66-70 wurde von Vespasian und Titus durchgeführt. Jerusalem wurde belagert und erobert, die überlebenden J. größtenteils hingerichtet oder im Triumphzug durch Rom geführt. Auf den Reliefs des Titusbogens in Rom sind diese Vorgänge bildlich dargestellt. Hadrian provozierte die J. zu neuen Unruhen (132-135), da er Jerusalem als röm. *colonia* unter dem Namen *Aelia Capitolina* wieder aufbauen ließ. Eine halbe Million Menschen verloren in diesem Aufstand ihr Leben. — Während es unter Augustus keine nennenswerten Konflikte mit den J. gab, ließ Tiberius die jüdische Gemeinde in Rom verfolgen. Caligula wünschte, daß im jüdischen Tempel zu Jerusalem sein Standbild aufgestellt werde, um die J. zu verhöhnen. Die röm. Prokuratoren beuteten die J. rücksichtslos aus und scheuten sich nicht vor religiösen Provokationen.

Jugurtha, König von Numidien (heute: Algerien), führte Krieg gegen die Römer 111-105 v. Chr. (Sallust, Bellum Iugurthinum). Von Marius besiegt, floh J. zu seinem Schwiegervater Bocchus, dem König von Mauretanien (heute: Marokko), wurde von diesem an Rom ausgeliefert und im Mamertinischen Kerker hingerichtet.

Julian Apostata *(Flavius Claudius Iulianus)*, 332-363 n. Chr., röm. Kaiser 360-363. J. versuchte vergeblich, das Christentum zurückzudrängen und den röm. Götterkult wieder einzuführen. Daher bekam er seinen Beinamen *Apostata,* der Abtrünnige. — J. hinterließ zahlreiche Schriften (u. a. Briefe, Reden). →Ammianus Marcellinus, Christenverfolgung

Juno *(Iuno)*, röm. Göttin der Fruchtbarkeit, Schutzgöttin der Frau, Geburtsgöttin, bildete mit Jupiter und Minerva eine Dreiheit (Trias). J. wurde mit der griech. Göttin Hera gleichgesetzt (→Kapitol).

Jupiter *(Iup(p)iter* aus *Dieu-pater* „Göttervater"), Gott des hellen Himmels, ihm wurden nur weiße Tiere geopfert (→Opfer). Seine Kultstätten befanden sich auf Hügeln, z. B. auf dem Esquilin, dem Viminal, dem Caelius, dem Aventin und dem Quirinal (→Sieben Hügel). Am berühmtesten ist der J.-Tempel auf dem Kapitol, wo J. als *I. optimus maximus* („J., der beste und größte") zusammen mit Juno und Minerva (kapitolinische Trias) verehrt wurde. Durch den J.-Kult wurde das Kapitol die heiligste Stätte in Rom (→Triumphzug). — J. war auch der Gott der Naturkräfte und des Wetters, z. B. des Regens, und des heiligen Eides.

Juristen spielten eine wichtige Rolle in der röm. Rechtspflege und in der Rechtsfortbildung. Da die Gerichtsmagistrate (→Prätor, →Ädil, Statthalter in den Provinzen) keine Juristen, sondern Politiker waren, benötigten sie fachkundige Juristen als Ratgeber. Die J. berieten nicht nur die Magistrate, sondern auch die Geschworenen *(iudices),* die ebenfalls nicht rechtskundig waren, und sogar die Parteien. Da die Juristen oft jahrzehntelang als Berater tätig waren, war die Stetigkeit in der Rechtspflege gewährleistet, obwohl die Amtszeit der Gerichtsmagistrate jeweils nur ein Jahr dauerte. Die Fortbildung des Rechts geschah bei den Römern nur zum geringsten Teil durch Gesetze; sie blieb im wesentlichen den Gerichtsmagistraten überlassen; dieses Amtsrecht (→ius honorarium) ist inhaltlich wieder die Schöpfung der juristischen Berater der Magistrate (→Edikt). Auch bei der Gestaltung der Kaiserkonstitutionen (→constitutio) wirkten die J. mit. Die Gutachten der Rechtsgelehrten *(responsa prudentium)* hatten rechtsverbindliche Kraft, wenn der Kaiser den J. das Recht gewährt hatte, staatlich autorisierte Gutachten zu erteilen.

Justinian *(Flavius Petrus Sabbatius Iustinianus),* oström. Kaiser, 482 bei Skopje geboren, Neffe des Kaisers Justinus I., der ihn 527 kurz vor seinem Tod zum Mitregenten erhob; verheiratet mit der früheren Schauspielerin Theodora, die mit ihm zusammen regierte. J. versuchte in seiner langen Regierungszeit (527-564) nicht nur die Nord- und Ostgrenzen zu sichern, sondern auch das Westreich wiederzugewinnen. Seinen Feldherren Belisar und Narses gelang es, die Vandalen und die Ostgoten in Italien zu besiegen; mit den Persern schloß J. Frieden. Italien wurde als Provinz von Byzanz verwaltet. J. verstärkte die Bindungen zwischen Staat und Kirche. Er unterstützte die Orthodoxie und mischte sich selbst in theologische Fragen ein. Mit der Schließung der Akademie in Athen trat er dem Heidentum entgegen (529). In seiner Bautätigkeit (San Vitale in Ravenna, Hagia Sophia in Konstantinopel) und in der von ihm veranlaßten Kodifikation des gesamten röm. Rechts (→Corpus iuris civilis) zeigt sich sein Bestreben, die Größe des alten Rom wiederherzustellen.

Juvenal *(Decius Iunius Iuvenalis),* etwa 60 - 140, Dichter von 16 Satiren, in denen die Laster und der moralische Verfall der röm. Gesellschaft zur Zeit Domitians in düsteren und übertrieben wirkenden Bildern gebrandmarkt werden. Von J. stammt das geflügelte Wort *difficile est saturam non scribere* (Schwer ist es, keine Satire zu schreiben).

Käse *(caseus).* Die K.herstellung war eine von röm. Landwirtschaftsschriftstellern (→Varro) eingehend beschriebene wirtschaftliche Form, die Milch von Kühen, Ziegen oder Schafen über längere Zeit haltbar zu machen. Der K. war, in Formen gepreßt, geräuchert, gesalzen und mitunter auch gewürzt, ein wichtiges Lebensmittel.

Kaiser, auf den Namen Cäsars zurückgehender Beiname der röm. Kaiser (→Kaiserzeit) seit Augustus, der mit seiner Adoption durch Cäsar *C. Iulius Caesar Octavianus* hieß. „K." war zunächst kein Titel. Röm. K. hatten zahlreiche andere Titel, die sie als Inhaber traditioneller republikanischer Ämter (→Magistrate) auswiesen, z. B. *imperator, consul, pontifex maximus.* Seit Augustus verstanden sich alle K. bis Diokletian als *principes* (→Prinzipat), d. h. als die „ersten Männer" im Senat und im Staat. Sie blieben also offiziell dem Senat verantwortlich. Die Macht der K. beruhte demnach nicht auf einer rechtlich gesicherten Sonderstellung, sondern auf ihren materiellen Möglichkeiten, ihren Willen gegenüber Volk und Senat durchzusetzen. Erst Diokletian (284 - 305 Kaiser) führte den Dominat, die absolute Alleinherrschaft des K., ein. — Der K.kult beruhte seit Cäsar auf der Erhebung des *princeps* unter die Götter nach seinem Tod. — Die Verleihung des Titels *Augustus* an Octavian am 16.1.27 v. Chr. war eine weitere Voraussetzung für den K.kult. Einige Nachfolger des Augustus, z. B. Caligula, hatten sich schon zu Lebzeiten als Götter verehren lassen. →Anhang II

Kaiseraugst, Dorf im schweizerischen Kanton Aargau an der Stelle des um 300 n. Chr. errichteten röm. *Castrum Rauracense,* zeitweise Residenz der röm. Kaiser (→Augst). Bei Ausgrabungsarbeiten wurde dort 1961-62 ein aus 70 Teilen bestehendes röm. Tafelgeschirr aus Silber gefunden.

Kaiserforen, die neben dem *forum Romanum* von mehreren Kaisern errichteten repräsentativen Plätze. Nach Cäsar und Augustus ließen Vespasian, Nerva und schließlich Trajan eigene Foren anlegen. Am prächtigsten ausgestattet war das Forum des Trajan, ein 160 m langer und 95 m breiter, mit weißen Marmorblöcken ausgelegter Platz, der von zwei Seiten mit einer zweireihigen Säulenreihe aus farbigem Marmor begrenzt wurde. Hinzu kamen eine *basilica,* die *basilica Ulpia,* und zwei öffentliche Bibliotheken für Bücher röm. und griech. Autoren. Den Hintergrund des Trajansforums bildete ein fünfstöckiges Kaufhaus am Abhang des Quirinal.

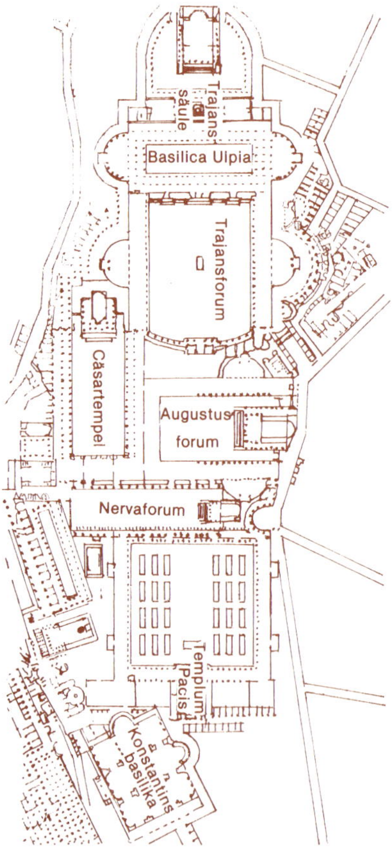

Kaiserforen

Kaiserkult. Seit Cäsar *(Divus Iulius)* wurden röm. Kaiser nach ihrem Tode durch Beschluß des Senates für ,,göttlich'' erklärt. Dieser Vorgang wird als Apotheose (,,Vergöttlichung'') bezeichnet. Die Kaiser bekamen den Titel *Divus* (,,Vergöttlichter'') und waren wie Götter zu verehren. Sie erhielten mitunter eigene Tempel und Priester, die für die ihnen zustehenden Opfer zu sorgen hatten. Von Juden und Christen wurde der K. abgelehnt (→Christenverfolgung). Diokletian (284-305) ließ sich sogar als *dominus et deus* (,,Herr und Gott'') anreden und begründete damit den Dominat. Kaiser Konstantin (306-337) verstand sich zwar nicht mehr als *dominus et deus,* statt dessen aber als ,,Stellvertreter Christi auf Erden'', der ebenso wie vor ihm Diokletian den Kniefall, die Proskynese, vor seiner Person verlangte.

Kaiserzeit. Sie dauerte vom 2. September 31 v. Chr., dem Tag der Schlacht bei Actium mit dem Sieg Octavians (→Augustus) über Antonius, oder vom 16. Januar 27 v. Chr., dem Tag der Ernennung Octavians zum ,,Augustus'', bis 476, dem Zeitpunkt der Entthronung des letzten weström. Kaisers Romulus Augustulus. Im oström. Reich dauerte die K. offiziell bis zum 29. Mai 1453, als Konstantinopel durch die Türken erobert wurde.

Kalabrien *(Calabria),* eine der elf von Augustus eingeteilten Regionen Italiens, die südöstliche Halbinsel des heutigen Apulien, ursprünglich von den Griechen kolonisiert. Wichtige Städte: Brundisium (Brindisi) und Tarentum.

Kalendae, (Abk. *Kal.)* der erste Tag des Monats im altröm. Kalender und der Beginn des Neumondes. Die K. wurden von einem Priester ausgerufen *(kalare),* der zugleich verkündete, ob in dem beginnenden Monat die *Nonae* auf den 5. oder den 7. Tag fielen.

Kalender. Romulus soll das Jahr ursprünglich in 10 Monate eingeteilt haben: den ersten habe er nach Mars *Martius,* den zweiten nach dem Aufgehen der Knospen *(aprire) Aprilis,* den dritten nach Maia, der Mutter des Merkur, *Maius,* den vierten nach Juno *Iunius* und die übrigen der Zahl nach *Quintilis, Sextilis, September, October, November, December* genannt. Numa Pompilius soll den *Ianuarius*, benannt nach Janus, und den *Februarius,* benannt nach dem Sühneopfer (→Opfer) *Februalia,* hinzugefügt haben. Dadurch entstand ein Mondjahr von 355 Tagen. Um einen Ausgleich zum Sonnenjahr herbeizuführen, schaltete man alle zwei Jahre einen Schaltmonat *(intercalaris)* zwischen dem 23. und dem 24. Februar ein. — Der Anfang eines Monats wurde nach dem Neumond bestimmt. Der *pontifex maximus* rief den Neumond aus *(kalare* ausrufen, daher *Kalendae).* Die *Kalendae* bildeten den ersten Tag des Monats, die *Idus* die Mitte des Monats und die *Nonae* den neunten Tag vor den *Idus.* Alle übrigen Tage wurden von den *Kalendae, Idus* und *Nonae* aus rückwärts als Vortage bezeichnet (z. B. drei Tage vor den *Idus).* — In seiner Eigenschaft als *pontifex maximus* ließ Cäsar mit Hilfe des Mathematikers Sosigenes aus Alexandria einen verbesserten K., den sogenannten Julianischen K., aufstellen, der zum 1. Januar 45 v. Chr. in Kraft trat. Damit bekam das Jahr 365 Tage. Alle vier Jahre wurde ein Schaltjahr mit 366 Tagen gezählt; dabei zählte man den 24. Februar doppelt. — Der Monat *Quintilis* erhielt zu Ehren Cäsars seit 44 v. Chr. den Namen *Iulius,* der *Sextilis* hieß seit 8 v. Chr. *Augustus.* — Die Woche zählte man nach Markt- oder Gerichtstagen *(nundinae),* an denen die Landbewohner nicht arbeiteten, sondern zur Besorgung ihrer Geschäfte nach Rom kamen; d. h. die Tage zwischen zwei *nundinae (novem dies)* bildeten eine Arbeitswoche (9 Tage). In der Kaiserzeit kam allmählich die 7tägige Woche auf, die sich schon im 2. Jahrtausend v. Chr. bei den Babyloniern durchgesetzt hatte und von den Juden und Christen im röm. Reich verbreitet wurde. Konstantin d. Gr. führte die 7tägige Woche 321 n. Chr. gesetzlich ein. Die Namen der Wochentage gehen auf die Siebenzahl der babylonischen Planetengötter zurück, die im röm. Reich mit lat. Namen wiedergegeben wurden: *Lunae dies* (Montag), *Martis dies* (Dienstag), *Mercuri dies* (Mittwoch), *Iovis dies* (Donnerstag), *Veneris dies* (Freitag), *Saturni dies* (Samstag) und *Solis dies* (Sonntag). Im Deutschen wurden die lat. Namen z. T. durch germanische Götternamen ersetzt. So trat an die Stelle von *Martis dies* (frz. *mardi)* ,,Tag des Thingsus'' (Thingsus war Beiname des Mars als Beschützer des germanischen Thing). *Iovis dies* wurde ausgetauscht gegen ,,Tag des Donar'' (Donar galt als der germanische Jupiter) und *Veneris dies* gegen ,,Tag der Freya'' (Freya entsprach der röm. Venus). Das Wort ,,Samstag'' geht wohl auf das hebräische Wort ,,Sabbat'' zurück. →Anhang VIII

Kamm. Der Bart wurde über den K. *(per pectinem* — Plautus, Captivi 268) mit der Schere geschnitten. Es gab Kämme aus Kupfer oder Bronze, aber auch aus Elfenbein oder Buchsbaum. Aus der Kaiserzeit sind reich verzierte K. erhalten.

Kampanien *(Campania),* Landschaft im westlichen Mittelitalien mit den Städten Neapel, Capua, Pompeji, Herculaneum, Stabiae, Puteoli und dem Vesuv. Im 2. Punischen Krieg stand K. auf der Seite Hannibals, wurde 211 von den Römern zurückerobert und

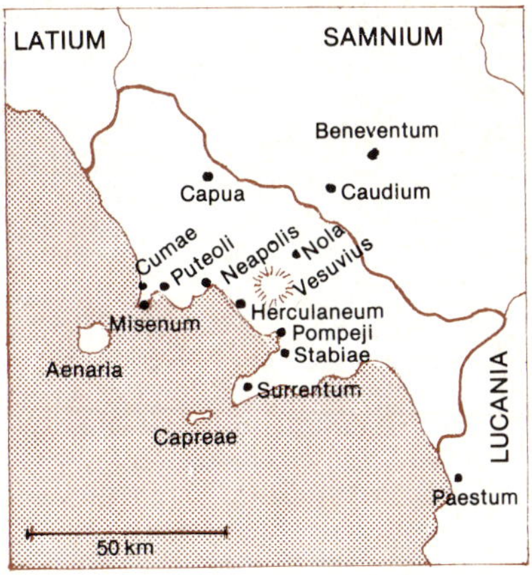

zum *ager publicus* erklärt. Das gesamte Land wurde an röm. Bauern verteilt. — Die wirtschaftliche Bedeutung K.s bestand in seinen überseeischen Handelsbeziehungen (z. B. durch die Hafenstädte Neapel und Puteoli), seiner Landwirtschaft aufgrund des fruchtbaren vulkanischen Bodens, seinen Töpfereien und seiner metallverarbeitenden Industrie.

Kapitol *(Mons Capitolinus* oder *Capitolium),* einer der Sieben Hügel Roms, der ,,Haupt"-Hügel *(caput* Haupt), aus zwei Anhöhen, der Burg *(arx)* und dem *Capitolium,* bestehend, mit dem Tempel der drei kapitolinischen Götter Jupiter, Juno und Minerva, Ziel des Triumphzuges, mit dem Staatsarchiv *(tabularium)* und dem Tempel der *Iuno Moneta,* der Münze von Rom. — Der Raum zwischen den beiden Anhöhen wurde von Michelangelo (1475-1564) zu einem großen Platz umgestaltet, auf dem das Reiterstandbild des →Mark Aurel steht.

Kardinaltugenden sind nach Platon die Tugenden, aus denen alle anderen erwachsen: Weisheit (griech. *sophia,* lat. *sapientia),* Tapferkeit (griech. *andreia,* lat. *fortitudo),* Besonnenheit (griech. *sophrosyne,* lat. *moderatio)* und Gerechtigkeit (griech. *dikaiosyne,* lat. *iustitia).* Das Christentum fügte noch Glaube, Liebe und Hoffnung hinzu.

Karneades (ca. 214-129 v. Chr.), griech. Philosoph, Akademiker, Begründer der Neuen Akademie. Er nahm zusammen mit dem Stoiker Diogenes von Seleukeia und dem Peripatetiker Kritolaos von Phaselis an der sog. Philosophengesandtschaft nach Rom teil (155 v. Chr.), die auf die röm. Jugend ungeheueren Eindruck machte und die Verbreitung griech. Philosophie in Rom sehr förderte. K. sprach dabei an einem Tag für, am nächsten Tag gegen die Gerechtigkeit. Er neigte dem →Skeptizismus zu, war aber der Auffassung, daß sich durch das Diskutieren nach zwei Seiten *(in utramque partem disserere)* das ,,Wahrscheinliche" *(verisimile* oder *probabile)* erweise. Seine Thesen sind in Ciceros philosophischen Schriften erörtert.

Karthago, Hauptstadt der Punier (→Punische Kriege, →Hannibal), die mit ihrer Flotte das westliche Mittelmeer beherrschten und mit Rom zwei große Kriege führten (264-241 und 218-201). Diese endeten für K. mit dem Verlust der wirtschaftlichen und militärischen Überlegenheit im westlichen Mittelmeer. 146 v. Chr. wurde K. in einem dritten Krieg (→Scipio) vollständig vernichtet, aber von Cäsar 44 v. Chr. als *colonia* in der Provinz *Africa* neu gegründet.

Kastell *(castellum),* kleines Lager zur Unterbringung militärischer Einheiten im Rahmen der Grenzsicherung (→Limes).

Katakomben, unterirdische, bergwerksähnliche Friedhöfe, benannt nach der alten Ortsbezeichnung *coemiterium ad catacumbas* (,,Friedhof bei den Schluchten") an der Via Appia in Rom, wo heute die Basilika San Sebastiano steht. — Die Toten wurden in viereckigen Nischen *(loculi)* beigesetzt, die in die Felswände unterirdischer Gänge von etwa 1 m Breite und 2-3 m Höhe gehauen waren. Die Nischen wurden nach der Grablegung zugemauert oder mit einer Marmorplatte verschlossen. Inschriften enthalten Angaben über den Namen und die Lebensdaten des Verstorbenen, ferner religiöse Symbole. — Bei Bedarf wurden die Gänge der K. weitergetrieben. Oft entstand so ein System von Gängen mit Grabnischen in mehreren Stockwerken. — K. wurden vom 1. - 5. Jh. vor allem von Christen und Juden zur Bestattung benutzt. In Rom gab es K. nicht nur an der Via Appia, sondern auch an anderen Stellen (z. B. die K. der Priscilla an der Via Salaria). Insgesamt sollen in röm. K. etwa sechs Millionen Leichname bestattet worden sein.

Kelten, die Angehörigen eines in der Antike weit verbreiteten Volkes, von den Römern auch *Galli,* ,,Gallier", genannt. Sie bewohnten →Gallien, das heutige Frankreich, Süd- und Westdeutschland, die Schweiz, den Donauraum, Britannien, Spanien, Norditalien. Nach dem Bericht des griech. Historikers Herodot erstreckte sich der Siedlungsraum der K. von den Quellen bis zur Mündung der Donau. — Im 4. Jh. v. Chr. stießen die K. unter Brennus bis Rom vor, wurden jedoch

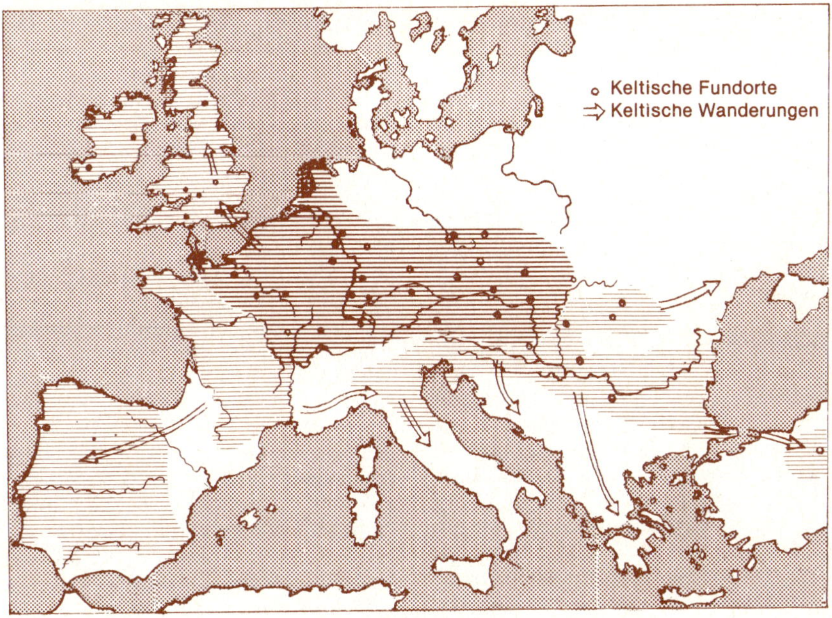

Ausbreitung der Kelten

im letzten Augenblick zurückgeschlagen. Nach dem Sieg über Hannibal im 2. Punischen Krieg wurde das von den K. bewohnte Oberitalien als *Gallia Cisalpina* von den Römern unterworfen und verwaltet. — Die K. brachten es trotz ihrer hohen Kultur in ihrem großen Verbreitungsgebiet nicht zu dauernden Staats- oder Reichsgründungen. In Gallien verloren sie ihre politische und kulturelle Eigenständigkeit nach der Eroberung ihres Landes durch Cäsar. Auch die K. in Britannien wurden großenteils von den Römern unterworfen. Allerdings gelang die Romanisierung der Insel-K. nicht in dem Maße wie die der K. in Gallien. →Druiden, Epona

Keramik (griech. *keramos* Ton, Gegenstand aus Ton), umfassender Begriff für alle Arten der Töpferei und ihrer Produkte. Der Grundstoff der K. sind Ton und Lehm; der weiche Ton wurde mit der Hand, mit einer Formschüssel oder mit Hilfe einer Töpferscheibe geformt, dann getrocknet, gegebenenfalls verziert oder bemalt, bei 800-960 Grad gebrannt und manchmal glasiert. Die hohe Temperatur wurde durch Verwendung von →Holzkohle erzielt. K. wurde in Rom in Form von Tafelgeschirr, Bechern, Krügen, Amphoren, großen Vorratsbehältern, Schüsseln, Lampen, Figuren verwendet. Die für Rom typische K. war die sogenannte Terra sigillata, d. h. das feine rote Tafelgeschirr mit reichen Verzierungen, das seit etwa 30 v. Chr. zunächst in Arretium (Etrurien), dann auch in den röm. Provinzen hergestellt wurde. Die K.-Herstellung war ein Wirtschaftszweig mit industriellen Produktionsweisen (Massenproduktion und -vertrieb).

Kilikien *(Cilicia),* Küstenlandschaft im südlichen Kleinasien, in der heutigen Türkei gelegen. In röm. Zeit war K. ein berüchtigter Schlupfwinkel für Piraten und seit 101 v. Chr. röm. Provinz, die vor allem als Basis für die Seeräuberbekämpfung diente. Tarsos, die Geburtsstadt des Apostels Paulus, war Sitz des röm. Statthalters von K.

Kimbern, germanischer Stamm, der ursprünglich im Raum Schleswig-Holstein und

Jütland siedelte und um 120 v. Chr. - vielleicht durch Sturmfluten vertrieben - nach Süden zog. Im Jahre 101 v. Chr. wurden die K. von Marius in der Schlacht bei Vercellae (bei Mailand) vernichtet, nachdem sie mehrfach röm. Armeen in Österreich und Südfrankreich geschlagen hatten.

Kirsche *(cẹrasum),* von Lucullus aus der Stadt Kerasos *(Cerasus)* an der südlichen Schwarzmeerküste nach Rom und Italien eingeführt.

Klassik. Lat. *classicus* bedeutet ursprünglich ,,Bürger der ersten Steuerklasse'', später ,,vorbildlich, mustergültig'', z.B. *classicus scriptor* ,,ein mustergültiger Autor'' (Gellius, Noctes Atticae 19,8,15). Der moderne Begriff des Klassischen wird seit dem französischen Humanisten Budé (1468-1540) für die griech.-röm. Antike verwendet, die erst in der Renaissance als eine durch ein ,,mittleres'' Zeitalter von der Neuzeit getrennte Epoche verstanden wurde, während im Mittelalter das Bewußtsein der Kontinuität herrschte. Weiter verstehen wir unter K. die vollkommene Entfaltung aller in einer Kultur angelegten Möglichkeiten im Sinne harmonischer Proportionen. In dieser Bedeutung bezeichnen wir (innerhalb des ,,klassischen'' Altertums) die Kunst und Literatur des 5. Jh. v. Chr. in Griechenland und die augusteische Literatur in Rom als klassische Epochen. In England und Frankreich gelten das 17. Jh., in Deutschland das 18. Jh., besonders die Goethezeit, als klassische Perioden. Schließlich versteht man unter ,,klassisch'' seit Heinrich Wölfflin (1864-1945) die geschlossene, klare Form, während für das barocke und das romantische Kunstwerk die offene Form, die Unendlichkeit und die malerische Unklarheit typisch sind.

Klassizismus nennt man jene Kunstrichtung, die sich an den Formprinzipien der klassischen griech. Kunst des 5. Jh. v. Chr. orientiert. Klassizistische Strömungen gibt es bereits seit der griech. Kunst des 4. vorchristl. Jh., klassizistisch ist in der röm. Kunst vor allem die Zeit des Augustus und des Trajan. In der Neuzeit bezeichnet man als K. den italienischen Baustil des Andrea Palladio (1508-1580) und die Epoche von 1770 bis 1830 (auch ,,Neoklassizismus'' genannt). Theoretischer Wegbereiter des K. ist J. J. Winckelmann (1717-1768): ,,Der einzige Weg für uns, groß, ja, wenn es möglich ist, unnachahmlich zu werden, ist die Nachahmung der Alten.''

Klausel, Rhythmisierung am Schluß der Periode, zur Verstärkung der rednerischen Wirkung. Metren, die in der Dichtung gebräuchlich waren, wurden vermieden. C. Gracchus (153-121 v. Chr. →Gracchen) ist der erste röm. Redner, bei dem wir rhythmisierte Satzschlüsse beobachten können. Mit größter Meisterschaft verwendet sie Cicero. Häufigste K. bei Cicero sind 1. der katalektische Dikretikus (–⏑––⏒), 2. der akatalektische Dikretikus (–⏑––⏑⏓), 3. der Ditrochäus (–⏑–⏒), 4. der Dispondeus (–––⏓), 5. Spondeus + Kretikus (–––⏑⏓), 6. Trochäus + Kretikus (–⏑–⏑⏓). An bestimmten Stellen können Längen in Doppelkürzen aufgelöst werden, z.B. beim katalektischen Dikretikus: –⏑⏑⏑–⏒ *esse videatur.*

Kleidung. Die K. der Römer unterschied sich von der heutigen K. des Europäers schon dadurch, daß die Römer weder Knöpfe noch Reißverschlüsse kannten. Das wichtigste K.stück war die *tunica,* eine Art Hemd, das von Frauen wie Männern zu Hause getragen wurde. Hinzu kamen die *stola,* ein bis auf den Boden reichendes Kleid der Frau, und die *toga*, die der Römer nur in der Öffentlichkeit und zu offiziellen Anlässen trug. Gegen Kälte und Regen usw. gab es verschiedene Arten von Mänteln, z. B. die *paenula,* die *palla* oder das *sagum*. — Im Prinzip bestanden alle K.stücke aus großen Tüchern, die den Körper lose bedeckten und mit Fibeln (Sicherheitsnadeln), seltener mit Nähten oder Gürteln zusammengehalten wurden. Die Stoffe (meistens Leinen, Wolle, selten Baumwolle, Seide) wurden in der Regel nicht gefärbt, sondern behielten ihre natürliche Farbe, so daß im Straßenbild einer Stadt wie Rom die Farbtöne Hellgrau bis Dunkelbraun vorherrschten. Wenn jedoch K.stücke gefärbt waren, dann bevorzugte man natürliche Farben (vgl. Ovid, Ars amatoria 3, 169-188). — Unterwäsche wurde nicht benutzt.

Die Frauen verwendeten eine Art Büstenhalter, die *fascia pectoralis* (eig. „Brustbinde"). — Strümpfe und Socken waren unbekannt. Wer fror, konnte sich die Beine mit Tüchern oder Lappen umwickeln. — Hosen waren den Römern von den Germanen her bekannt, wurden von ihnen aber nur gelegentlich in kalten Regionen getragen. — Die K. diente nicht nur dem unmittelbaren Zweck der Bedeckung des Körpers. Sie war auch äußeres Kennzeichen gesellschaftlicher Stellung, wie z. B. die mit Purpurstreifen verzierte *toga*, die nur von den Magistraten getragen wurde.
→Berufe, Handwerker, Schmuck, Schuhe

Kleinasien, ungefähr das Gebiet der heutigen Türkei, die Halbinsel zwischen Schwarzem Meer und Mittelmeer. In röm. Zeit war K. in mehrere Provinzen eingeteilt (u. a. *Asia,* Phrygien, Bithynien, Lykien, Kilikien).

Kleopatra, letzte Königin von Ägypten aus der Familie der Ptolemäer, der Nachfolger Alexanders d.Gr. K. lebte von 69-30 v. Chr. Sie wurde von Cäsar unterstützt, war dessen Geliebte und gebar ihm einen Sohn. 46-44 hielt sie sich in Rom auf. Nach Cäsars Tod heiratete sie Antonius und half diesem in seinem Kampf gegen Octavian (→Augustus). Nach Antonius' Niederlage bei Actium und nach dessen Selbstmord tötete sie sich mit Schlangengift. Cäsars Sohn wurde von Octavian ermordet.

Klient *(cliens)*, eine von einem Patron abhängige Person, die von diesem finanziell unterstützt wurde. Dafür war der K. verpflichtet, den Patron z. B. bei der Bewerbung um ein politisches Amt (→cursus honorum) oder bei seinen Geschäften zu unterstützen. K. und Patron durften vor Gericht nicht gegeneinander aussagen. — Es gab drei Gruppen von K.: (a) mittellose röm. Bürger, die sich unter den Schutz eines Patrons gestellt hatten; (b) Freigelassene; (c) Schmarotzer und Bettler, die sich eine milde Gabe erhofften. — Der Patron empfing seine K. jeden Morgen in seinem Haus; sie hatten zunächst im *vestibulum* zu warten und wurden dann durch das *atrium* in das *tablinum* geführt, wo sie ihre Wünsche und Bitten vorbringen konnten oder ihre Aufträge erhielten (→salutatio). Je größer die Zahl der K. war, desto höher war das Ansehen des Patrons.

Klimax (griech. „Leiter, Treppe"), besondere Form der Steigerung, die durch die Fortsetzung der →Anadiplose entsteht. Beispiel: Ad Herennium 4,25,34: *Africano virtutem industria, virtus gloriam, gloria aemulos comparavit* (Dem Africanus erwarb seine Tätigkeit Tugend, seine Tugend Ruhm, sein Ruhm Nebenbuhler). Das Schema dieser Wortfigur ist: a...b/ b...c/c...d. Unter K. versteht man in einem weiteren Sinn auch jede Art von Steigerung in der Abfolge von Wortgruppen.

Köln, ursprünglich Siedlung des germanischen Stammes der Ubier mit einer Kultstätte am Rhein, seit 9 n. Chr. Standort für zwei Legionen. Durch Agrippina, die als Tochter des Feldherrn Germanicus in K. geboren worden war, wurde die Siedlung zur *colonia* (daher der Name „Köln") erhoben (Tacitus, Annalen 12, 27; Germania 28) und erhielt den Namen *Colonia Claudia Ara Agrippinensis (Claudia* nach Kaiser Claudius, dem Ehemann der Agrippina, *Ara* nach der *ara Ubiorum,* dem Altar, der Kultstätte, der Ubier). — Die wirtschaftliche Bedeutung des antiken K. beruhte auf seinem Hafen und seiner Glas- und Keramikindustrie. Heute gibt das Römisch-germanische Museum in K. Einblicke in K.s röm. Kultur und Geschichte.

Könige. Nach röm. Überlieferung wurde Rom nach seiner Gründung durch Romulus und Remus (legendäres Datum: 21.4.753) von sieben Königen regiert: Romulus, Numa Pompilius, Tullus Hostilius, Ancus Marcius, Tarquinius Priscus, Servius Tullius, Tarquinius Superbus. Die letzten drei waren Etrusker. Tarquinius Superbus wurde 510 vertrieben. — Über die Königszeit erzählt Livius in seinem Geschichtswerk „Ab urbe condita".
→Brutus, Lucretia

Körperpflege. Das wichtigste Mittel der K. war das Baden in privaten und öffentlichen Bädern (→Bad, →Thermen). Nach dem Baden wurde der Körper mit Öl oder Parfüm eingerieben. Regelmäßige Massagen gehörten ebenfalls zur K. Besonderer Wert wurde auf die Haarpflege gelegt. Bartpflege durch Rasieren war seit dem 2. Jh. v. Chr. üblich. Zahnpflege wurde mit Zahnpflegemitteln (vgl. Plinius, Naturalis Historia 28, 178) und Mundwasser durchgeführt. Zahnbürste und Seife waren unbekannt.

Kohorte *(cohors),* aus 600 Mann bestehende Unterabteilung einer Legion, zu der zehn K. gehörten. Ursprünglich war die K. eine aus Hilfstruppen der Bundesgenossen bestehende Einheit im Gegensatz zu der aus Römern bestehenden Legion.

Kollegien, organisierte Gemeinschaften oder Vereine von Personen (Fachleuten) mit gleichen Aufgaben und Zielen, z. B. der Priester (→fetiales) oder der Handwerker. In den letzten Jahrzehnten der Republik hatten die K. auch eine große politische Bedeutung (heutigen Gewerkschaften vergleichbar); sie griffen in Wahlkämpfe und Volksabstimmungen (→Volksversammlung) ein; sie wurden z. B. von dem Volksführer Clodius für seinen Kampf gegen den Senat und die öffentliche Ordnung geschickt genutzt.

Kolone *(colonus,* eig. Bauer), Bewohner einer *colonia* und Kleinpächter eines Großgrundbesitzers. Der K. bewirtschaftete gegen einen Pachtzins ein Stück Land meist nur für den Eigenbedarf und nicht für den Lebensmittelmarkt. In der Spätantike traten die K. allmählich an die Stelle der Sklaven.

Kolosseum, unter Vespasian 72 n. Chr. begonnenes und unter Titus 80 n. Chr. vollendetes und mit 100tägigen Spielen, bei denen 5000 wilde Tiere getötet wurden, eingeweihtes Amphitheater in Rom; in der Antike trug es nach dem Familiennamen seiner Erbauer die Bezeichnung *Amphitheatrum Flavium.* Der Name „Kolosseum" rührt von dem in der Nähe des K. stehenden fast 40 m hohen Standbild (Koloß) des Kaisers Nero her. Martial rühmt das K. im 1. Epigramm aus dem „Buch der Spiele" als ein Bauwerk, das die Sieben Weltwunder noch übertreffe. — Das K. wurde an der Stelle eines Teiches innerhalb der Anlage der neronischen *Domus aurea* erbaut. Der elliptische Grundriß des aus marmorverkleideten Ziegelsteinen und Travertinblöcken (→Travertin) errichteten K. hat einen Umfang von 524 m; die Längsachse beträgt 188 m, die Querachse 156 m. Die Achsenlänge der Arena beträgt 86 und 54 m. Der Bau faßte 50.000 Zuschauer auf vier Stockwerken, die von Arkaden getragen wurden. Auf dem oberen Stockwerk waren 240 Mastbäume für ein schattenspendendes Sonnensegel angebracht. Für das Ausspannen des Segels wurden jeweils Matrosen aus Misenum nach Rom beordert. — Unter der Arena befanden sich Kellerräume und -gänge für die Unterbringung der Tiere und der für die Spiele notwendigen Gegenstände. Im Mittelalter diente das K. zeitweise als Festung. Von Papst Benedikt XIV. wurde der Bau im Jahre 1744 dem Leiden Jesu und dem Tod der Märtyrer geweiht, weil der christlichen Überlieferung gemäß viele Märtyrer im K. gestorben waren.

Komödie. Die röm. Komödie entwickelte sich aus altröm. Vorformen (Posse, Lustspiel, Mimus) und aus der Übernahme und Bearbeitung griech. K. In Rom hat Livius Andronicus um 240 v. Chr. die erste K. aufführen lassen. Die bedeutendsten röm. K.dichter waren Plautus (gest. 184 v. Chr.) und Terenz (gest. 159 v. Chr.). Nach Plautus und Terenz gab es keine bedeutenden K.dichter mehr. — Die K. hatte beim röm. Publikum, das andere Möglichkeiten der Unterhaltung bevorzugte (z. B. im Amphitheater oder im *circus maximus),* keinen besonderen Erfolg. Die literarische Wirkung röm. K. ist dagegen bis heute sehr groß.

Konstantin I. der Große, von seinen Truppen 306 n. Chr. zum röm. Kaiser ausgerufen, regierte zunächst mit mehreren Mitregenten, und von 324-337 als Alleinherrscher. Er baute den Dominat weiter aus. Im Jahr 330 erklärte er Konstantinopel zur Hauptstadt des röm. Reiches (aus strategisch-militärischen Gründen, aber auch aufgrund seiner Vorliebe für die griechisch-christliche Welt); mit dem Toleranzedikt von Mailand 313 wurde das Christentum als gleichberechtigte Religion anerkannt. K. trug erheblich zur Stärkung der christlichen Kirche bei, so daß er später als Vorbild eines christlichen Herrschers galt. Durch die sogenannte ,,Konstantinische Schenkung'' soll K. den Päpsten die westliche Reichshälfte mit Rom geschenkt haben; die Schenkungsurkunde ist von dem Humanisten Lorenzo Valla 1440 als mittelalterliche Fälschung entlarvt worden.

Konsul *(consul),* höchster Beamter (→Magistrate) der röm. Republik. Nach röm. Überlieferung (Livius, Ab urbe condita 2, 1) wurden nach dem Ende der Königsherrschaft (→Könige) zwei höchste Beamte eingesetzt, die zunächst als Prätoren, seit 450 v. Chr. als K. bezeichnet wurden. Anfangs durften nur Patrizier, seit 367 v. Chr. (Erlaß der *leges Liciniae Sextiae*) auch Plebejer K. werden. — Jährlich wurden zwei K. von der Volksversammlung gewählt; in der Kaiserzeit wurden sie vom *princeps* ernannt. Die K. beriefen die Volksversammlung und den Senat ein, leiteten die Versammlungen und Sitzungen und sorgten für die Ausführungen der Beschlüsse. Im Krieg waren die K. Oberbefehlshaber des Heeres. Nach Beendigung ihrer Amtszeit hatten sie das Recht, als Prokonsuln eine Provinz zu verwalten. — Bei Amtshandlungen wurden sie von zwölf Liktoren begleitet. — Die Jahreszählung erfolgte nach den Namen der K. →consul suffectus

Kosmetik. Schönheitspflege mit Hilfe von Schminke, Salbe, Öl oder Parfüm war bei den vornehmen Damen und Herren in der Kaiserzeit üblich (vgl. die Schilderung bei Lukian, Amores 39-41). Es gab ferner Mittel zur Förderung des Haarwuchses, Haarfärbemittel, Mittel zur Pflege des Teints und für die Beseitigung von Sommersprossen und Falten. Ein Gedicht über die Gesichts-K. (De medicamine faciei) hat Ovid verfaßt.

Kosmologie (griech. ,,Lehre von der Welt''), ein Teil der antiken Naturphilosophie, der die Gestalt und die Natur des Kosmos zu erklären versucht. Auf die mythischen K. des Orients, mit denen sich auch das Weltbild Homers und Hesiods vergleichen läßt, folgt die ,,wissenschaftliche'' K. der jonischen Naturphilosophen des 6. Jh. v. Chr.: Thales nahm als Urstoff der Welt das Wasser an, Anaximander das ,,Unbestimmte'' *(apeiron)*, Anaximenes die Luft, Heraklit erkannte als das Wesen des Kosmos den unaufhörlichen Wechsel von einem Zustand in einen anderen. Für die süditalische Schule der Pythagoreer war die Zahl, die mathematische Regelmäßigkeit, das Prinzip der Welt. Von den aus Elea (Unteritalien) stammenden Philosophen Parmenides, Melissos und Zenon wurde die Auffassung vertreten, das wirkliche Sein des Kosmos sei nicht mit den Begriffen des Werdens, der Bewegung und der Vielheit zu beschreiben. Dieses Problem suchte man auf verschiedene Weise zu lösen: Empedokles nahm vier unveränderliche Elemente an, aus deren Mischung und Trennung die Welt entsteht. Anaxagoras hielt alle Substanzen für unvergänglich; die Vielfalt der Welt ergebe sich aus wechselnden Mischungsverhältnissen. Leukipp und Demokrit nahmen winzige unteilbare Materieteilchen (,,Atome'') an, die sich im Leeren bewegten und aus deren Verbindungen der Kosmos entstanden sei.- Sokrates und Platon versuchten, die mechanistische K. der Vorsokratiker zu überwinden. Der Kosmos gehört nach Platon nicht zu dem, was immer ,,ist'', sondern zu dem, was ,,wird''; er ist von einem Weltschöpfer nach einem ewigen Vorbild geschaffen. Aristoteles übernahm von Empedokles die vier Elemente und fügte ein fünftes hinzu, den Äther, der sich kreisförmig bewege. Alle Bewegungen lassen sich nach Aristoteles auf einen unbewegten Beweger zurückführen. Die K. der Stoiker knüpft an Heraklit und vor allem an Aristoteles an. Nach ihrer Lehre geht der Kosmos periodisch im Feuer auf und wird vom Feuer wieder neu erschaffen. Während die Stoiker den Kosmos teleologisch (zweckgerichtet) und deterministisch (durch eine lückenlose Verkettung von Ursachen festgelegt) interpretieren, leugnet Epikur Zweck und Kausalität. Nicht nur die unendlich vielen Welten, sondern auch die Götter bestehen nach epikureischer Auffassung aus Atomen.- In der lat. Literatur finden wir kosmologische Texte bei Cicero (De natura deorum), Plinius dem Älteren (Naturalis historia II) und Seneca (Naturales quaestiones).

Kran. In seinem Werk ,,De architectura'' (10, 2) beschreibt Vitruv ausführlich die

Konstruktion eines für den Bau von Tempeln und öffentlichen Großbauten zu verwendenden K. Er besteht aus zwei oben verklammerten und unten gespreizten Balken, die durch Haltetaue aufrecht gehalten werden. Oben ist ein Kloben mit mehreren Rollen für einen Flaschenzug angebracht. Auf diese Weise konnten ohne weiteres Lasten von mehreren Tonnen bewegt werden.

Kreuzigung *(poena crucis),* besonders schimpfliche Form der Todesstrafe für Sklaven und Nichtrömer seit der Zeit der Punischen Kriege. — Die K. erfolgte durch Annageln oder Anbinden an ein meist T-förmiges Kreuz. Der Verurteilte mußte das Querholz zur Richtstätte tragen und wurde auf dem Weg dorthin ausgepeitscht. Das Querholz wurde mit dem Gekreuzigten am senkrecht eingerammten Pfahl hochgezogen und oben befestigt. An der Spitze des Kreuzes wurde über dem Kopf des Hingerichteten eine Tafel mit dem Namen und dem Delikt (z. B. Tempelraub, Fahnenflucht, Hochverrat, Aufruhr) des Verurteilten angebracht. Die Leiche blieb bis zur Verwesung hängen, falls sie nicht den Angehörigen zur Bestattung freigegeben wurde. →Spartacus

Krieg *(bellum).* Nach Cicero (De officiis 1, 34) ist der K. eine von zwei Möglichkeiten, einen Streit zu entscheiden: *...duo genera decertandi, unum per disceptationem, alterum per vim* (... die eine besteht in der verbalen Erörterung und Konfliktlösung, die andere in der Anwendung von Gewalt). Die erste Möglichkeit ist nach Cicero ein *proprium hominis,* d. h. die eigentlich menschliche Möglichkeit, die andere ist das Verfahren wilder Tiere. Man dürfe zu der zweiten Möglichkeit nur dann Zuflucht nehmen *(confugiendum est),* wenn die friedliche Auseinandersetzung erfolglos bleibe. Kriege - so Cicero - dürften nur geführt werden, damit man in einem gerechten und sicheren Frieden leben könne *(sine iniuria in pace).* — Der unterlegene K.gegner stand nach dem *mos maiorum* unter dem Schutz *(fides)* des siegreichen röm. Feldherrn, der die Rolle des Patrons *(patronus)* zu übernehmen hatte. — Nach röm. Auffassung konnte ein K. nur dann ein ,,gerechtfertigter K.'' *(bellum iustum)* sein, wenn er feierlich und mit dem nötigen religiösen Zeremoniell (→fetiales) erklärt wurde und damit eine rechtliche Grundlage erhielt. — Augustinus griff Ciceros Auffassung vom K. auf und bestimmte wie dieser den Frieden als das Ziel des K.: *pacis igitur intentione geruntur et bella* (um des Friedens willen werden also auch die Kriege geführt). Wenn ein Frieden ungerecht sei, dann sei der K. unvermeidlich, damit die Verbindung von Frieden und Gerechtigkeit wiederhergestellt werden könne (Augustinus, De civitate Dei 19, 12). — Die Römer unterschieden aufgrund ihrer geschichtlichen Erfahrung zwei Grundformen des K.: den Verteidigungs-K. zum Zweck der Existenzerhaltung und den K., der der Ausdehnung des röm. Imperiums diente. So führte man nach Cicero (De officiis 1, 38) gegen die Gallier (Kelten) und Kimbern einen K. um das Überleben, mit den Latinern, Sabinern, Samniten, Karthagern und mit Pyrrhus um die Vorherrschaft *(imperium* oder *gloria imperii): sic cum Celtiberis, cum Cimbris bellum gerebatur, uter esset, non uter imperaret, cum Latinis ... de imperio dimicabatur* (so wurde mit den Galliern und mit den Kimbern Krieg geführt, um zu entscheiden, wer überleben sollte, nicht wer die Vorherrschaft haben sollte, mit den Latinern ... wurde um die Vorherrschaft gekämpft). — Nach röm. Selbstverständnis (z. B. bei Livius, Ab urbe condita) wurden die K. der Frühzeit um das nackte Überleben geführt. Die K. der späteren Zeit hatten die *gloria imperii* zum Ziel. — Die K. wurden mit einem geschichtlichen Auftrag begründet, wie ihn z. B. Vergil (Aeneis 6, 846-853) als ,,Weltberuf des Römers'' formulierte: ,,Weicher werden aus Erz einst andere atmend Gebilde treiben, -ich glaube es -, formen lebendige Züge aus Marmor, führen gewandter das Wort vor Gericht und zeichnen des Himmels Bahnen genau mit dem Stab und künden steigende Sterne: du aber, Römer, gedenk - so wirst du leisten dein Wesen - Völker kraft Amtes zu lenken und Ordnung zu stiften dem Frieden, Unterworf'ne zu schonen und niederzukämpfen Empörer'' (Übers. Götte). — Vor und nach Vergil stellten röm. Historiker diese Rechtfertigung des K. jedoch in Frage. Sallust (Historien 4, 69) ließ Mithridates sagen, daß die

Römer von alters her nur einen einzigen K.grund gehabt hätten: ihre bodenlose Gier nach Macht und Reichtum *(cupido profunda imperi et divitiarum)* verbunden mit Niedertracht, Untreue, Hinterlist, Ausbeutung, Betrug. Die Römer hätten ihre Waffen gegen alle erhoben, bei denen sie größte Beute zu gewinnen hofften. Sie seien groß geworden, indem sie Kriege an Kriege gereiht hätten *(bella ex bellis serundo magni facti).* — In seiner Schrift „Catilinae coniuratio" (6-12) erklärt Sallust das Verlangen nach Ruhm *(cupido gloriae)* als Ursache für die zahlreichen K. der Römer bereits in früher Zeit. Dieser *cupido gloriae* entsprachen -so Sallust - ein gewaltiger Tatendrang, ein unaufhaltsamer Siegeswille und eine übermenschliche Opferbereitschaft. — Tacitus (Agricola 30-32) ließ den Britannierführer Calgacus über die Römer sagen, sie seien die Plünderer des Erdballes *(raptores orbis),* die die ganze Welt mit ihren K. verwüsteten. Stehlen, Morden und Rauben bezeichneten sie mit falschen Begriffen als Herrschaft *(imperium)* und als Frieden *(pax)* den Zustand totaler Vernichtung.

→Ara pacis Augustae, Bellonatempel, Bürgerkrieg, Bundesgenossenkrieg, Cäsar, Feldzeichen, Flotte, Gallien, Germanien, Heer, Jugurtha, Kastell, Kohorte, Kriegsgefangene, Kriegsschiffe, Lager, Legion, Leichtbewaffnete, Limes, Markomannen, Mars, Militärdienst, Misenum, Mithridates, Nachschub, Parther, Piraten, Provinz, Punische Kriege, Pyrrhus, Reiterei, Saalburg, Sturmbock, Teutoburger Wald, Teutonen, Triumph, Veteran, Victoria, Waffen

Kriegsgefangene *(captivi, bello capti),* Angehörige der Streitkräfte einer kriegführenden Macht, die in die Hände des Kriegsgegners gefallen sind. In röm. Zeit waren K. völlig rechtlos; sie konnten ihrer ganzen Habe beraubt, getötet oder versklavt werden (→Sklave). In Rom wurden K. oft zu Gladiatoren ausgebildet oder zur Ausübung ihrer Berufe in röm. Diensten gezwungen. Sie konnten auch zu schwerer Arbeit, z. B. in Steinbrüchen oder Bergwerken, herangezogen werden (→Travertin). Auch Zivilisten konnten K. werden. Sie gehörten zur Kriegsbeute. — K. wurden gegen Lösegeld freigelassen.

Kriegsschiffe *(naves longae,* eig. „lange Schiffe", die im Verhältnis zu ihrer Breite übermäßig lang waren, um möglichst viele Ruderer aufnehmen zu können; sie waren z. B. bei 40 m Länge 4 m breit). Über das Aussehen röm. K. sind wir u. a. durch Abbildungen auf Münzen oder Reliefs informiert. K. sind meist offene Ruderschiffe aus Holz mit geringem Tiefgang. Zusätzlich konnten sie mit Segeln ausgerüstet sein. Auf dem sehr hohen Hintersteven saß der Steuermann. Unter dem niedrigen Vordersteven waren ein Stoßbalken und ein Sporn *(rostrum)* zum Rammen und Zerstören feindlicher K. angebracht. Der hintere und der vordere Teil eines K. konnten ein Deck haben. Das hintere Deck trug eine Kapitänskajüte. Auf dem vorderen Deck standen Kriegsmaschinen, z. B. der Onager, ein Schleudergerät, und der Delphin, ein Eisen- oder Bleiklotz, den man auf feindliche K. fallen lassen konnte. Im Mittelschiff war Platz für 100-300 Ruderer, die auf Bänken saßen, und für die kämpfenden Soldaten, die sich auf Laufplanken bewegen konnten. — Ein K. hatte in einer Seeschlacht das operative Ziel, dicht an das feindliche K. heranzufahren und dessen Ruder zu zertrümmern. Dabei mußten die eigenen Ruder blitzschnell eingezogen und hochgestellt werden. Die K. hatten zwischen Vorder- und Hinterdeck eine Brustwehr gegen feindliche Geschosse. Oft waren sie auch mit Enterbrücken ausgerüstet. — Der häufigste Typ des röm. K. war die Trireme *(triremis),* ein Schiff mit drei Reihen von Ruderbänken übereinander. — Außer den *naves longae* gab es leichtere K. für schnelle Operationen

Rekonstruktion eines röm. Kriegsschiffes

und für Aufklärungsaufgaben, die *naves actuariae,* ferner die *naves Liburnicae,* kleine, wendige K., die z. B. von Agrippa in der Seeschlacht bei Actium eingesetzt wurden.

Kritolaos von Phaselis nahm neben Diogenes von Seleukeia und →Karneades an der sog. Philosophengesandtschaft 155 v. Chr. nach Rom teil. Er vertrat als Peripatetiker die Lehre des Aristoteles. →Griechenland

Küche, ursprünglich in der Mitte des *atrium* gelegen. Der Rauch des Herdes zog durch die im Dach befindliche Öffnung ab. Ein Kamin war nicht gebräuchlich. Später befand sich die K. in einem der seitlichen oder hinteren Räume. In der K. befanden sich ein Herd und ein Ausguß. Küchengeräte hingen an der Wand (Töpfe, Pfannen, Kochlöffel, Siebe). Auch die Toilette konnte in der Küche sein (Sitz neben dem Herd).

Kunst *(ars).* In der Antike umfaßte der Begriff K. weit mehr als z. B. nur Malerei, Dichtung, bildende K., Musik, Tanz. Die Grenzen zwischen K., Wissenschaft und Handwerk waren fließend. Selbst Medizin, Architektur, Landwirtschaft, Tierzucht, Kochkunst oder Sport wurden als K. angesehen. K. war auch keine zweckfreie Entfaltung eines schöpferischen Individuums. Sie stand im Dienst festumrissener Zwecke. Dazu gehörten die Dekoration (z. B. Ausschmückung eines Hauses mit Wandmalerei), die Verehrung der Götter (z. B. Tempelbau oder Götterstandbilder) und der Totenkult (z. B. Grabmalerei oder Grabdenkmäler). Als K. galt auch die Herstellung von Gebrauchsgegenständen (z. B. Glas, Keramik), von Zweckbauten (z. B. Basiliken, Thermen, Theater), von Schmuck, Münzen und Waffen, von Sarkophagen und Reliefs, die meist auch eine bestimmte Mitteilungsabsicht hatten. Darüber hinaus diente die K. - vor allem seit der Zeit des Augustus - der Darstellung politischer Absichten und Programme. — Die Römer selbst haben sich trotzdem nicht als Künstler begriffen, wie die Verse des Vergil (Aeneis 6, 847-853) beweisen: „Weicher werden aus Erz einst andere atmend Gebilde treiben, - ich glaube es -, formen lebendige Züge aus Marmor..." (Übers. Götte). Sie verstanden sich vielmehr als Schöpfer einer politischen Weltordnung. Vergil deutete damit an, daß die Römer ihre K. von den Etruskern und den Griechen übernahmen, griech. Kunstwerke kopierten, ausländische Künstler beschäftigten und eigene künstlerische Leistungen vor allem durch Umprägung übernommener Formen erbrachten. — So bestand die röm. K. der frühen röm. Republik im wesentlichen aus der Übernahme und Weiterentwicklung etruskischer und griech. Baukunst und Plastik. Zahlreiche griech. K.werke sind uns nur durch röm. Kopien erhalten. Die Römer lösten sich jedoch auf bestimmten Gebieten so weit von ihren Vorbildern, daß man hier durchaus von einer spezifisch röm. K. sprechen kann. Das gilt vor allem für die K. des Porträts und des Reliefs. Auch in der Architektur z. B. der Thermen- und Palastbauten entwickelten die Römer aufgrund ihrer technischen Fähigkeiten (Bogenkonstruktion, Gewölbe) weitgehend eigenständige Bauformen. Selbständige künstlerische Leistungen von hohem Rang sind auch die Mosaiken der Kaiserzeit, die eine vollkommene Beherrschung aller technischen Möglichkeiten der Mosaik-K. voraussetzten.
→Aquädukt, Architektur, artes liberales, Berufe, Bildungswesen, Bronze, Elfenbein, Farben, Glas, Götter, Gold, Grabmal, Griechenland, Handwerker, Hellenistische Dichtung, Herme, Kaiserforen, Keramik, Klassik, Klassizismus, Röm. Literatur, Maecenas, Malerei, Marmor, Mosaik, Münzen, Musen, Musik, Odeum, Pantheon, Plastik, Poetik, Porträt, Säule, Schauspieler, Schmuck, Silber, Standbild, Stuck, Tempel, Technik, Terrakotta, Terra sigillata, Theater, Thermen, Travertin, Triumphbogen, Vitruv, Wandmalerei, Wasserorgel, Ziegelstein

Kurzschrift. Marcus Tullius Tiro, Ciceros Sekretär, erfand eine K., mit der er Ciceros Reden protokollieren konnte: die Tironischen Noten, die sich an die in der röm. Schrift üblichen Abkürzungen z.B. für Vornamen, Titel, Daten anlehnten. Ganze Wörter oder Silben wurden mit besonderen Kürzelzeichen *(notae)* geschrieben. Diese *notae* waren bis in das Mittelalter in Gebrauch.

Viele röm. Schriftsteller beschäftigten Schreiber, die eine K. beherrschten. Ausonius setzte einem unbekannten Schreiber ein Denkmal: In der Ephemeris (7), in der Ausonius Szenen seines Tageslaufes schildert, heißt es: „Sklave, du Könner der Kurzschrift, komm schnell her. Glätte die Seiten deiner Schreibtafeln, auf denen viele Wörter mit wenigen Zeichen erscheinen, als ob sie nur einen einzigen Ausdruck darstellten... Ströme von Worten kommen aus meinem Mund... Du aber hörst alles genau, und mit wenigen Bewegungen fliegt deine Hand über das Wachs."

Kybele, Mutter- und Fruchbarkeitsgottheit aus Kleinasien (lat. *Cybele),* in Rom seit dem 3. Jh. v. Chr. auf Weisung der Sibyllinischen Bücher als Magna Mater („Große Mutter") verehrt; man glaubte, daß Hannibal durch die Verehrung der K. aus Italien vertrieben wurde. Als gute und gerechte Mutter bewahrt sie ihre Anhänger vor allem Bösen. Sie fährt mit einem Löwengespann durch die Welt, begleitet von ausgelassenen und tobenden Göttergestalten. Ihre Anhänger huldigen ihr mit wilden und verzückten Tänzen, die von lauter Musik begleitet werden. Ihre Priester, die zunächst keine röm. Bürger sein durften, peitschten und verstümmelten sich selbst in wahnsinniger Verzückung. K.s Partner ist Attis, der ihr untreu wurde und starb. — Eine Kultstätte der K. ist in Neuss erhalten.

Läden *(tabernae).* Verkaufslokale befanden sich im Erdgeschoß der Mietskasernen und Häuser, dienten auch als Warenlager, Werkstätten und Büros, waren zur Straße hin mit einer großen Tür zu öffnen. Über den L. waren durch Leitern erreichbare Hängeböden, die die Ladenbesitzer als Wohnraum verwendeten. Lebensmittelgeschäfte (→Lebensmittel) hatten gemauerte Theken, in denen sich große Tontöpfe als Vorratsbehälter für Getreide, Trockenfrüchte oder Flüssigkeiten befanden. In Pompeji sind Waagen aus Bronze gefunden worden.

Laelius *(Gaius Laelius Minor),* etwa 190-129 v. Chr., röm. Staatsbeamter, Redner und Politiker, Freund des Scipio und Angehöriger des Scipionenkreises. L. wird in Ciceros Schrift „Laelius, De amicitia" als ein vorbildlicher Römer der republikanischen Zeit dargestellt.

Lager *(castra),* mit Wall *(agger),* Graben *(fossa)* und Palisaden *(vallum* oder *valli)* befestigter und gesicherter Aufenthaltsort röm. Militäreinheiten, für kürzeren oder längeren Aufenthalt (z. B. als Winter-L.) bestimmt. Ein L. hatte meist einen quadratischen Grundriß und wurde von zwei sich rechtwinklig kreuzenden Hauptstraßen *(via principalis* und *via decumana)* durchschnitten. Durch vier Tore *(porta decumana, porta principalis sinistra, porta principalis dextra* und *porta praetoria)* war das L. zugänglich (→Saalburg). — Die Unterkünfte der Soldaten bestanden für den kurzen Aufenthalt aus Lederzelten, für den längeren Aufenthalt aus Holz- oder Steinbaracken. Der Feldherr hatte sein Quartier im *praetorium* gegenüber der *porta praetoria.* — Steinerne L. verfügten zusätzlich über Krankenhäuser, Bäder, Tempel. — Aus den für längeren Aufenthalt bestimmten L. *(castra stativa)* entwickelten sich in Verbindung mit den →canabae außerhalb des L. oft ganze Städte (z.B. Augsburg, Bonn, Friedberg, Mainz, Regensburg, Xanten).

Laktanz *(Lucius Caecilius Firmianus Lactantius),* christlicher Schriftsteller aus Nordafrika (um 300 n. Chr.). Diokletian berief ihn um 290 nach Nikomedia (Hauptstadt von Bithynien) als Rhetoriklehrer. Nach seinem Übertritt zum Christentum gab er diese Stelle auf und begann die christliche Lehre in mehreren Schriften darzustellen; sein Hauptwerk sind die 7 Bücher „Divinae institutiones", in denen dem gebildeten röm. Publikum die christliche Heilslehre vorgestellt wird. Im Jahre 317 wurde L. von Konstantin als Erzieher des Prinzen Crispus nach Trier berufen. Die Humanisten nannten L. wegen seines eleganten, an Cicero orientierten Stils *Cicero christianus.*

Lampen *(lucernae).* Zur Beleuchung von Innenräumen dienten Wachs- oder Talgkerzen mit einem Docht aus →Papyrus. Häufiger jedoch benutzte man Öl-L. (→Öl). Diese bestanden aus einem tönernen Ölbehälter mit einem engen Hals, in den ein Docht aus Hanf oder Flachs hineingeschoben wurde. Mitunter waren die Ölbehälter auch aus Metall. Die L. wurden hingestellt oder aufgehängt. Meist benötigte man zur Beleuchtung eines Raumes eine größere Zahl von L. Im Freien verwendete man Fackeln oder Laternen (→Straßenbeleuchtung).

Römische Lampen

Landkarten. Auf der Grundlage von Küstenbeschreibungen, Reiseberichten und Landvermessungen ließ Agrippa eine L. der damals bekannten Welt herstellen (vgl. Plinius, Naturalis Historia 3, 17). Die Ausweitung und Sicherung des röm. Reiches war eine Voraussetzung für die dazu notwendigen geographischen Beobachtungen. — Der berühmte Astronom und Geograph Ptolemaios (83-161 n. Chr.) schuf die wertvollste L. der antiken Welt. Sie reichte im Westen bis Irland, im Norden bis Skandinavien, im Süden bis zum Tschadsee und im Osten bis China. — Die Kopie einer antiken röm. L. ist unter dem Namen Tabula Peutingeriana (benannt nach ihrem vormaligen Besitzer Konrad Peutinger, 1465-1547) in der Österreichischen Nationalbibliothek in Wien aufbewahrt.

Landvermessung war bereits in der Antike eine wichtige Voraussetzung für das Zeichnen von Landkarten, für die Errichtung von militärischen Lagern und Siedlungen, für die Ackerverteilung und für Straßen-, Tunnel- und Wasserleitungsbau. — Die L. war Aufgabe der Auguren, die von Feldmessern unterstützt oder ersetzt werden konnten. Auf allen Feldzügen wurden L. mit Hilfe von Vermessungsinstrumenten (z. B. Meßlatte, Visier, Senklot, Wasserwaage) durchgeführt.

Landwirtschaft war bei den Römern die wirtschaftliche Lebensgrundlage. Sie wurde zunächst von Kleinbauern, später unter Einsatz zahlreicher Sklaven von Großgrundbesitzern betrieben. Die landwirtschaftlichen Betriebe waren dorfähnliche Gutshöfe *(villa)*, in denen die Produkte auch verarbeitet wurden (z. B. Brot, Öl, Wein). Die Verbesserung des Bodens erfolgte durch Düngung und Ent- bzw. Bewässerung. Die Dreifelderwirtschaft mit Fruchtwechsel war bekannt. — Der Anbau von Getreide erfolgte in der Zeit der Republik vor allem auf Sizilien, Sardinien und in Kampanien, in der Kaiserzeit in Ägypten und in den nordafrikanischen Provinzen. Auf der Apenninenhalbinsel wurden in Gartenkulturen überwiegend Gemüse, Obst und Wein angebaut. — Die Hilfsmittel in der L. waren Pflug und Egge, ferner Kleingeräte wie Sichel, Sense, Dreschflegel, Mistgabel, Schaufel, Spaten, Hacke, Körbe, außerdem Wagen, Pferd, Esel, Ochsengespann. — Die L. war auch ein bevorzugtes Thema einschlägiger Fachliteratur (Cato, Columella, Varro) und der Dichtung (Vergil).

lares, Schutzgötter des Hauses und der Familie. Bilder der l. standen in einem kleinen Schrank *(lararium)* mit einem Altar im *atri-*

Römische Hauskapelle

um oder am Herd. Auch an Kreuzwegen *(compita)* hatten sie als Schutzgötter der Bauernhöfe kleine Kapellen, wo ihnen an ihrem Fest, den *Compitalia*, Weihgaben dargebracht wurden. Die *Compitalia* wurden in späterer Zeit vor allem von den Sklaven gefeiert.

Lateinisch, aus einem indogermanischen Dialekt hervorgegangene Sprache der Bewohner von Latium, die im 2. Jahrtausend v. Chr. aus dem nördlichen Mitteleuropa nach Italien eingewandert sind. Bis zum Beginn des 1. Jh. v. Chr. wurde L. nur im Gebiet von Rom und seinen Kolonien gesprochen. Erst als die anderen italischen Völker das röm. Bürgerrecht bekommen hatten, verbreitete sich auch die Sprache der Römer über Italien (mit Ausnahme von Neapel und Rhegion, wo sich das Griechische hielt). Neben der röm. Umgangssprache entwickelte sich eine literarische Sprache, deren „klassische" Vollendung mit der Prosa Ciceros und Cäsars und mit der Dichtung Vergils erreicht wurde. Aus der lateinischen Volkssprache entstanden die →romanischen Sprachen (→Vulgärlatein). Daß sich diese voneinander unterscheiden, liegt daran, daß die in den eroberten Gebieten ursprünglich gesprochenen Sprachen verschieden auf das L. einwirkten. Im Mittelalter hatten sich die romanischen Sprachen vom L. so weit entfernt, daß das einfache Volk die lat. Schriftsprache nicht mehr verstand. Das L. wurde zur Sprache der Gebildeten, zur Literatur-, Wissenschafts- und Verwaltungssprache. Erst die in der Renaissance einsetzende Orientierung am Stil Ciceros beendete die lebendige Entwicklung des gesprochenen L. — Älteste Zeugnisse des L. sind die Inschrift auf der Gewandspange von Palestrina (um 600 v. Chr.), deren Echtheit allerdings umstritten ist, die Inschrift auf einem Pfeiler unter dem Lapis niger auf dem röm. Forum, Gesetzestexte (→Zwölftafelgesetz) u. a. Das Altlateinische kennen wir vor allem durch die Komödien des Plautus und Terenz. Die von Cicero und Cäsar geschaffene Hochsprache gab dem L. die für die Folgezeit entscheidende Form. — Phonetische Besonderheiten des L.: 1. Weitgehende Übereinstimmung von Aussprache und Schriftbild, d. h. Diphthonge werden nicht als Umlaute gesprochen, also *qua-e,* nicht *quä; ti* ist kein Zischlaut, also *ratio,* nicht *razio; c,* das sich aus dem griech. Gamma entwickelt hat, besitzt immer den Lautwert *k,* also *Kaesar,* nicht *Zäsar.* Erst in der Spätantike wurden *c* (vor *e* und *i)* und *ti* zu Zischlauten. 2. Typische Lautgesetze sind die Vokalabschwächung *(rapio* ich raube - *diripio* ich plündere), der Rhotazismus *(mos* die Sitte, Gen. *moris),* die Vereinfachung komplizierter Konsonantenverbindungen z. B. durch Assimilation (**con-rumpere* > *corrumpere* verderben), die Beseitigung kurzer Silben durch Synkope (**valide* > *valde* sehr).— Morphologische Besonderheiten: Das L. ist eine „synthetische" Sprache, d. h. es bildet seine Formen nicht durch sog. Formwörter, sondern durch Veränderung der Wortendungen (z. B. *am-a-b-o* ich werde lieben). — Syntaktische Besonderheiten: Da die syntaktischen Beziehungen durch die Endungen festgelegt sind, ist die Wortstellung im Satz sehr frei. Syntaktisch zusammengehörende Wörter können - das geschieht vor allem in der Dichtung - weit getrennt werden (Hyperbaton), ohne daß ihre Beziehung unklar wird. Die syntaktische Eindeutigkeit der Wörter ermöglicht weitgespannte Satzkonstruktionen. Typisch für den lat. Satzbau ist die Hypotaxe (Unterordnung von Gliedsätzen unter einen Hauptsatz, →Periode), die in der Prosa der klassischen Zeit in vollendeter Eleganz zur nuancenreichen Entfaltung eines Gedankens verwendet wird. — Besonderheiten im Wortschatz: Das L. besteht überwiegend aus indogermanischen Erbwörtern, von denen durch Suffixe zahlreiche Ableitungen erfolgen können. Einige Wörter stammen aus vorindogermanischen Sprachen, einige aus dem Etruskischen, aus dem Oskisch-Umbrischen und aus dem Keltischen, sehr viele aus dem Griechischen.

Latiner, italischer Stamm (→Italiker). Ihre Heimat war Latium. Die L. wurden seit 600 v. Chr. von den Etruskern beherrscht. — Die Gemeinden der L. schlossen sich zum sog. Latinerbund zusammen, der sich auf dem *mons Albanus* zu festlichen Veranstaltungen zu versammeln pflegte (→Albanergebirge). Im Bundesgenossenkrieg (90 - 88 v. Chr.) erkämpften sich die L. das röm. Bürgerrecht.

Latium, Landschaft im westlichen Mittelitalien, Gebiet der →Latiner. Rom liegt in L. Die Sprache der Römer hat ihren Namen von L. und den Latinern. Nach der Vertreibung des Tarquinius Superbus im Jahre 510 v. Chr. und der Beseitigung der seit 600 v. Chr. andauernden Herrschaft der Etrusker nahm die Macht Roms ständig zu. Nach zahlreichen kriegerischen Auseinandersetzungen zwischen Römern und Latinern kam es allmählich zur völligen Eingliederung von L. in den röm. Herrschaftsbereich. L. wurde mit Rom zum Mittelpunkt des Reiches.

laudatio funebris, Lobrede auf Verstorbene, Grabrede, die von einem Verwandten oder, bei Staatsbegräbnissen, von einem Beamten gehalten wurde. Dabei wurden die Leistungen des Toten und seiner Familie gerühmt. Wegen dieser biographischen Angaben benutzte man die Grabreden oft als Geschichtsquellen. Überliefert sind nur einige Fragmente von Grabreden auf Frauen, z. B. die „Laudatio Turiae".

Lebensmittel. In einem Haus in Herculaneum hat man einen Tisch aus der Schlammlava gegraben, auf dem noch Brot, Salat, Eier, Kuchen und Obst standen. Zu den üblichen L. gehörten ein Grützebrei mit Zwiebeln, Bohnen, Erbsen, Lauch, Kohl, Rüben, Fisch, Käse, Feigen, ferner Brot und seltener Fleisch und Geflügel (→Mahlzeiten). Zum Süßen von Speisen nahm man Honig, selten Zucker. Unbekannt waren den Römern Apfelsinen, Bananen, Schokolade, Tee, Kaffee und die Kartoffel. Die erste Stelle unter den Obstsorten nahm der Apfel ein; ferner aß man Birnen, Nüsse, Mandeln und Pflaumen. Durch die Ausweitung des röm. Reiches lernten die Römer auch neue Nahrungs- und Genußmittel kennen, so z. B. die Kirsche, die Lucullus nach Rom gebracht hat. Das Hauptgetränk war der Wein. Bier spielte allenfalls in den nördlichen Provinzen eine Rolle. — Der Dichter Ovid schildert in seinen Metamorphosen (8, 637-678) eine einfache röm. Mahlzeit *(cena)*. Einfache Speisen des Römers werden auch von Martial (11, 52) aufgezählt.
→Ernährung, Mahlzeiten

Leder *(pellis* oder *corium),* wichtiges Material für die Herstellung von Schuhen, Schläuchen für Wein und Öl, Riemen, Sätteln, Zaumzeug, Polsterungen (z. B. in Helmen), Zelten, Segeln. L. diente auch als Schreibmaterial (→Pergament). — Durch Gerben wurde die Tierhaut haltbar gemacht. Sie wurde zuerst eingeweicht, gereinigt und enthaart, dann mit pflanzlicher Gerbsäure durchtränkt. L. konnte auch gefärbt werden (→Farben).

Legat *(legatus,* eig. „Gesandter des Senats"), Kommandeur einer Legion, wurde nach seinem Oberbefehlshaber (→Heer) z. B. als *legatus pro praetore* („der einem Prätor unterstellte L.") oder *legatus pro consule* („der einem Konsul unterstellte L.") bezeichnet.

Legende (lat. *legenda* „die lesenswerte Geschichte"), ursprünglich Lesung aus einer Heiligenbiographie beim Gottesdienst, dann erbauliche Erzählung von wunderbaren Ereignissen aus dem Leben von Heiligen. Die bedeutendste mittelalterliche Sammlung von L. ist die „Legenda aurea" des Jacobus de Voragine (13. Jh.).

Legion *(legio),* größte militärische Einheit des röm. Heeres, bis zu 6000 Mann zu Fuß. Die L. wurde untergliedert in 10 Kohorten zu je 600 Mann. Die Kohorte bestand aus drei Manipeln, der Manipel aus zwei Zenturien. — Zu jeder L. gehörten 300 Reiter, ferner Hilfstruppen und eine mit Katapulten ausgerüstete Artillerie. Die L. verfügte außerdem über Kriegsgerät, Werkstätten und Einrichtungen zur Versorgung der Legionäre. — Eine L. wurde von einem Legaten kommandiert (→Feldzeichen).

legis actio, „Spruchformelverfahren", Verfahrensform im ältesten röm. Prozeßrecht: förmlicher Rechtsakt, mit dem ein Verfahren für einen Rechtsstreit oder ein Vollstreckungsverfahren eröffnet wird. Die *legis actio* ist mit feierlichen Spruchformeln verbunden, die von beiden Parteien (bzw. bei der Vollstreckung nur vom Verfolger) gesprochen werden müssen. Charakteristisch für das Legisaktionsverfahren ist die Zweiteilung →in iure und →apud iudicem. Das altertümliche Legisaktionsverfahren wird schon in der Republik vom Formularprozeß abgelöst, in dem die Spruchformeln wegfielen und das Streitprogramm in einer schriftlich abgefaßten Prozeßformel (→Formel) niedergelegt wurde. In der Kaiserzeit bildet sich das Kognitionsverfahren heraus, in dem die Zweiteilung aufgegeben und der ganze Prozeß von staatlichen Organen (beamteten Richtern) durchgeführt wird.

Lehrer. Den Formen der Schule entsprechend gab es drei L.-Gruppen: (a) *ludi magister*, der L. der Elementarschule; er lehrte die Kinder gegen Entlohnung durch die Eltern, ohne besondere Fähigkeiten nachweisen zu müssen, das Schreiben, Lesen und Rechnen. Über das geringe gesellschaftliche Ansehen des Elementar-L. informiert z. B. ein Epigramm des Martial (9, 68). Disziplin hielt der L. mit Hilfe körperlicher Züchtigung aufrecht. ,,Die Hand für die Peitsche hinhalten'' bedeutete damals ,,zur Schule gehen''. — (b) *grammaticus,* der L. der höheren Schule; er lehrte - von den Eltern bezahlt - griech. und lat. Literatur. Erst im 5. Jh. n. Chr. wurden die *grammatici* vom Staat bzw. von den Gemeinden angestellt, erhielten aber auch privates Honorar; sie mußten sich vor ihrer Anstellung einer Prüfung unterziehen. — (c) *rhetor* oder *orator*, der L. in der Rhetorikschule; er unterrichtete Rhetorik anhand der großen Reden des Demosthenes und des Cicero und bereitete seine Schüler bzw. Studenten auf ihren Beruf z. B. als Juristen oder Politiker vor. Schon im 1. Jh. n. Chr. wurden einzelne L. staatlich besoldet.

Lehrgedicht, von Hesiod (um 700 v. Chr.) geschaffene literarische Gattung, in der eine ethische, philosophische oder wissenschaftliche Lehre in der poetischen Form des Heldenepos dargestellt wird (epische Sprache, Hexameter). Für die hellenistischen Dichter bestand der Reiz des L. vor allem darin, daß ein völlig unpoetischer Gegenstand in kunstvolle dichterische Form gebracht wurde. Die didaktische Dichtung der Römer knüpft an das hellenistische und an das frühgriech. L. an. Von den erhaltenen lat. L. sind die bedeutendsten die 6 Bücher des Lukrez ,,De rerum natura'' und Vergils ,,Georgica'' in 4 Büchern. Aus dem 1. Jh. n. Chr. stammen die ,,Astronomica'' des Manilius und das kurze L. über den Aetna. Ovids kosmetischer Ratgeber (,,De medicamine faciei femineae''), seine Liebeskunst (,,Ars amatoria'') und seine ,,Heilmittel gegen die Liebe''(,,Remedia amoris'') parodieren das philosophische L.

Leichtbewaffnete *(vẹlites),* Soldaten zu Fuß, die meist nur mit Speeren, Pfeil und Bogen oder Schleuder ausgerüstet waren. Die L. hatten die Aufgabe, durch schnelle Angriffe den Feind zu beunruhigen und sich dann wieder zurückzuziehen. L. wurden auch zur Bekämpfung feindlicher Kriegselefanten eingesetzt.

Leoninische Hexameter, reimende Hexameter, die in der Antike (als besonderes Kunstmittel: →Homoioteleuton) gelegentlich gebildet wurden *(quod caelum stellas, tot habet tua Roma puellas* wieviele Sterne der Himmel, soviele Mädchen hat dein Rom - Ovid, Ars amatoria 1, 59), aber erst in der mittelalterlichen Dichtung als feste Form verwendet wurden. Im einfachsten Fall reimt sich das Wort vor der →Penthemimeres in zwei Silben mit dem letzten Wort.

Lẹpidus *(Mạrcus Aemịlius Lẹpidus),* 90-12 v. Chr., Anhänger Cäsars, 46 v. Chr. Konsul zusammen mit Cäsar, unterstützte nach dessen Tod Antonius und wurde *ponifex maximus.* Im Herbst 43 schloß er mit Octavian und Antonius das zweite Triumvirat. L. wurde u.a. Spanien als Einflußgebiet zugesprochen. 40 erhielt er noch *Africa.* 36 kämpfte er mit Octavian gegen den jüngeren Sohn des Pompeius. Nach Streitigkeiten mit Octavian zog er sich in das Privatleben zurück.

Leuchtturm *(phạrus),* diente der Schiffahrt als Orientierungshilfe vor allem bei Nacht. Der berühmteste L. der Antike war der im 3. Jh. v. Chr. gebaute ,,Pharos'' auf der Insel Pharos vor Alexandria. Er war weit über 100 m hoch und galt als eines der →Sieben Weltwunder. Erst 1326 stürzte er ein. Der um 100 n. Chr. erbaute L. von La Coruña (Nordwestspanien) wird heute noch benutzt. Eine L.ruine ist z. B. auf Capri neben der Villa des Tiberius erhalten; dieser L. diente als Signalstation für den 30 km entfernten Kriegshafen Misenum. In Dover (Südküste Englands) steht der am besten erhaltene L. aus röm. Zeit (um 50 n.Chr. errichtet). Bei Nacht wurde in der Laterne des L. ein offenes Feuer (→Holz) unterhalten; bei Tag konnten Rauchzeichen gegeben werden.

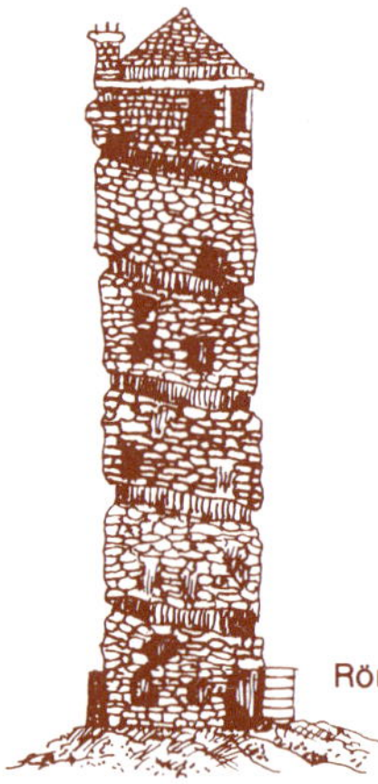

Römischer Leuchtturm von La Coruña (Spanien)

Leukipp, griech. Philosoph um 460 v. Chr., Lehrer des Demokrit und Begründer der Atomlehre.
→Kosmologie, Materialismus

lex, Gesetz. Im röm. Staatsrecht sind zwei Arten von Gesetzen möglich: die auf Antrag eines Magistrats von der Volksversammlung beschlossenen Gesetze *(leges rogatae)* und die einseitig von einem Imperiumsträger erlassenen Gesetze *(leges datae)*. Die Gesetze wurden nach dem Antragsteller und nach dem Gegenstand benannt, z. B. *Lex Calpurnia de repetundis* (Gesetz des Lucius Calpurnius Piso über die Einsetzung ständiger Gerichtshöfe für Erpressungsklagen). In der Republik wurden die Gesetze von den Zenturiatskomitien beschlossen *(leges centuriatae)*. Seit 287 v. Chr. wurden durch die *Lex Hortensia* die Beschlüsse der Plebs *(plebiscita)* den *leges centuriatae* gleichgestellt und damit für alle Bürger verbindlich. →Gesetzgebung, Volksversammlung, Zenturie

Lex Hortensia, Gesetz aus dem Jahr 287 v. Chr. (→lex), durch das →Plebiszite Gesetzeskraft erhielten. Ende des Kampfes der →Plebs um die Gleichberechtigung (→Ständekämpfe).

Liber, altitalischer Gott der Fruchtbarkeit und vor allem des Weines, mit Ceres und Libera (Proserpina) in einem Tempel auf dem Aventin gemeinsam verehrt (→Ädilen). L. wurde später durch Bacchus verdrängt.

Liktoren *(lictores),* Beamte, die den höheren Magistraten zugeordnet waren und diese in der Öffentlichkeit begleiteten. Dem Konsul standen 12, dem *dictator* 24 L. zu. Sie trugen als besonderes Kennzeichen die →Rutenbündel *(fasces)* auf der linken Schulter. Sie hatten außerdem polizeiliche Aufgaben, z. B. die Durchführung von Verhaftungen.

Liktor. Nach einer Darstellung auf dem Triumphbogen in Benevent

Limes, eine 550 km lange Grenzbefestigung, die vom Rhein nördlich von Andernach bis Eining bei Regensburg an der Donau reichte. Er diente der Abwehr der germanischen Stämme. — Ursprünglich bedeutete das Wort L. ,,Feldweg'', und die Vorläufer des späteren L. waren Grenzwege oder Waldschneisen, die zur besseren Überwachung der Grenze dienten. Erst →Domitian faßte den Plan zu einer zusammenhängenden Grenzbefestigung. Der nördliche ,,obergermanische L.'' führte bei Bad Ems über die Lahn, am Taunus entlang nach Nordosten, umfaßte die Wetterau, bog dann nach Süden bis Seligenstadt am Main. Dann bildete der Main bis Miltenberg die natürliche Grenze. Von dort verlief der L. in gerader Linie nach Lorch. Daran schloß sich in einer Biegung nach Osten der „rätische L." (→Rätien) bis zur Donau an. — Der obergermanische L. bestand anfangs nur aus einem geflochtenen Zaun. Zur weiteren Sicherung dienten Holztürme und Kastelle. Später wurde der einfache Zaun durch hölzerne Palisaden ersetzt, hinter denen sich auf röm. Seite ein spitzer Graben und ein Wall befanden. — Der rätische L. wurde anfangs nur durch Kastelle gesichert; unter Hadrian entstand ein hölzerner Palisadenzaun. Caracalla ließ zusätzlich eine bis zu 3 m hohe Mauer bauen. — In kurzen Entfernungen von - je nach Gelände - einigen hundert bis zweitausend Metern standen Wachttürme, deren Besatzungen sich durch Rauch oder Feuer verständigen konnten (→Nachrichtenübermittlung). Truppen in Stärke von einer Kohorte waren in Kastellen aus Stein im Hinterland untergebracht. — Der L. trug entscheidend dazu bei, daß sich - vor allem im Schutz der Kastelle und Lager - zivile Siedlungen entwickelten, aus denen vielfach unsere heutigen Städte hervorgewachsen sind. Andererseits verhinderte der L. eine Ausbreitung der röm. Kultur in die Gebiete jenseits der Reichsgrenze. Im 3. Jh. n. Chr. wurde der L. von den Alamannen durchbrochen und verlor damit seine Aufgabe als Verteidigungslinie.

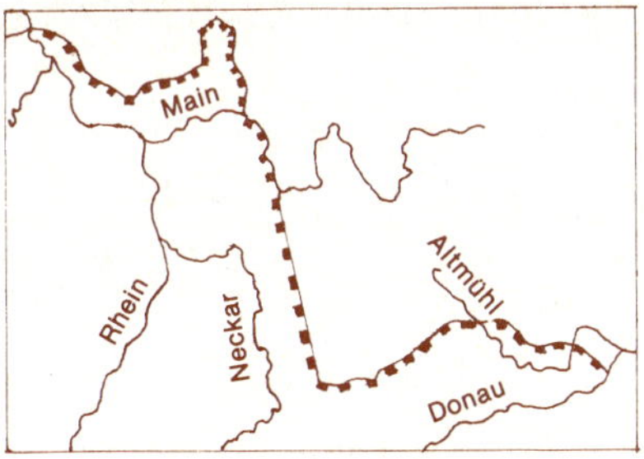

Verlauf des Limes

Litotes, Umschreibung des Gemeinten durch die Verneinung des Gegenteils, dadurch Verstärkung. Beispiel: *non ignoro* ich bin nicht unwissend = ich weiß sehr wohl.

Livius *(Titus Livius)*, röm. Geschichtsschreiber, 59 v. Chr. - 17 n. Chr., geb. in Patavium (Padua), Freund des Augustus. Sein Hauptwerk ist die „Römische Geschichte" mit dem Titel „Ab urbe condita" (seit der Gründung der Stadt). In 142 Büchern stellt L. die gesamte röm. Geschichte bis zum Jahr 9 n. Chr. dar. Erhalten sind aber nur die Bücher 1-10, die die Zeit von 753-293 v. Chr. behandeln, und die Bücher 21-45 mit den Punischen Kriegen und den Ereignissen bis zur Unterwerfung Makedoniens 167 v. Chr. Von den übrigen Büchern sind nur Inhaltsangaben aus dem 4. Jh. n. Chr. erhalten. — Das Werk des L. gehört seiner Form nach zur annalistischen Geschichtsschreibung (→Annalistik). — Es war nicht die Absicht des L., eine in allen Einzelheiten zuverlässige und exakte Darstellung zu geben; er war kein wissenschaftlicher Historiker. Er wollte vielmehr ein Gesamtbild der röm. Geschichte zeichnen, das mit seinen idealisierenden Zügen erzieherisch im Sinne einer Wiederbelebung der alten röm. Tugenden *(virtutes)* wirken und die Größe Roms auf ein würdiges Fundament stellen sollte.
→mos maiorum, Wertbegriffe

Livius Andronicus (3. Jh. v. Chr.), erster namentlich bekannter Dichter, der in lat. Sprache schrieb; gebürtiger Grieche, der aus Tarent als Kriegsgefangener nach Rom kam und dort freigelassen wurde. Mit L. A. beginnt die röm. Rezeption der griech. Literatur. Er übersetzte die Odyssee in lat. →Saturnier („Odusia"); diese Homerübersetzung wurde bis ans Ende der Republik als Schulbuch verwendet. L. A. übertrug ferner griech. Tragödien und Komödien. Die erste Aufführung eines Dramas fand im Jahr 240 v. Chr. statt (Epochendatum der röm. Literatur). Von den Werken des L. A. sind nur Fragmente erhalten.

Löffel *(cochlear* oder *ligula)*, das wichtigste Eßgerät. Messer und Gabel wurden bei Tisch nicht benutzt. Die Speisen kamen bereits mundgerecht zerlegt auf den Tisch, oder das Zerlegen wurde einem besonderen Diener *(scissor* Zerleger) überlassen. Antike L. aus verschiedenem Material (Bronze, Silber, Horn, Knochen) sind erhalten.

Lorbeerkranz. In der röm. Antike galt der Lorbeer *(laurus)*, dessen Blätter auch als Gewürz oder zum Räuchern benutzt wurden, als Symbol der Macht. Daher trug der siegreiche Feldherr im Triumph einen L. (→Auszeichnungen), der auf dem Kapitol im Tempel des Jupiter niedergelegt wurde. — Auf Münzen waren die röm. Kaiser meist mit einem L. dargestellt (→Denar).

Lucilius *(Gaius Lucilius)*, ca. 180-102 v. Chr., Schöpfer der lat. Verssatire (→Satire). Wohlhabender Ritter, Freund des jüngeren Scipio Africanus. In seinen nur fragmentarisch erhaltenen 30 Büchern Satiren kritisierte er mit scharfem Witz das politische, gesellschaftliche und literarische Leben seiner Zeit. Dabei scheute er auch vor namentlichen Angriffen nicht zurück (während die späteren Satiriker persönliche Polemik vermieden). L. verwendete zunächst verschiedene Metren, später den →Hexameter, der seitdem das Versmaß der röm. Satire ist. Horaz, sein großer Nachfolger, tadelte seine stilistische Nachlässigkeit, rühmte ihn jedoch wegen seiner entschiedenen Kritik an den Lastern seiner Mitbürger. Seine „Reise nach Sizilien" ist das Vorbild für das „Iter Brundisinum" („Reise nach Brindisi") des Horaz (Satire 1, 5).

Lucretia, Frau des Tarquinius Collatinus, die von einem Sohn des Tarquinius Superbus zum Ehebruch gezwungen wurde und daraufhin Selbstmord beging. Dieses Ereignis war der Auslöser für die Vertreibung des Tarquinius Superbus und für den Beginn der röm. Republik (Livius, Ab urbe condita 1, 57-60).

Lucullus *(Lucius Licinius Lucullus)*, 117-57 v. Chr., berühmter Feinschmecker und Genießer, aber auch ein erfolgreicher Feldherr im Osten des Reiches unter dem Oberbefehl des Sulla. L. erwarb ein riesiges Vermögen, besaß u. a. eine große griech. Bibliothek und eine Sammlung von Kunstgegenständen. Aus Kleinasien soll er die Kirsche nach Europa eingeführt haben. — Der griech. Schriftsteller Plutarch verfaßte eine Biographie des L.

Lukan *(Marcus Annaeus Lucanus)*, 39 - 65 n. Chr., Neffe Senecas, von Nero wegen angeblicher Teilnahme an der Pisonischen Verschwörung gegen das Leben des Kaisers zum Selbstmord gezwungen. L. war ein sehr erfolgreicher Dichter und erregte dadurch Neros Neid. Erhalten sind von seinen zahlreichen Werken nur die „Pharsalia", ein historisches Epos, das den Bürgerkrieg zwischen Cäsar und Pompeius darstellt. Das Werk beginnt mit Cäsars Übergang über den Rubico (49 v. Chr.) und endet mit der Schlacht bei Pharsalos (48 v. Chr.). Durch Cäsars Herrschaft - so L. - wurde die Freiheit der Republik vernichtet, die von Pompeius noch einmal - erfolglos - verteidigt worden war. Neben Pompeius wird vor allem Cato Uticensis als Verteidiger der Freiheit verherrlicht. Die Bewunderung L.s für Cato erregte schon deshalb bei Kaiser Nero Anstoß, weil Cato als Anhänger der stoischen Philosophie (→Stoa) ein entschiedener Gegner jeder Tyrannei war.

Lukian, etwa 120-180 n. Chr., griech. Schriftsteller und Lehrer der Redekunst. Er verfaßte etwa 80 Schriften über unterschiedliche Themen. Am berühmtesten sind seine Satiren und Dialoge, in denen er u. a. den herkömmlichen Götterglauben, aber auch die vielfältigen religiösen Sekten und philosophischen Schulen seiner Zeit kritisierte.
→Kosmetik, Satire, Übersetzungen

Lukrez *(Titus Lucretius Carus)*, 96-55 v. Chr., verfaßte ein großes Lehrgedicht „über das Wesen der Welt" (De rerum natura). Er gibt darin eine poetische Darstellung der Lehren griech. Philosophen und vor allem des Epikur. L. hatte das hohe Ziel, durch die dichterische Vermittlung der epikureischen Weltanschauung, zu der u. a. die Lehre von den Atomen gehört (→Demokrit), den Menschen von der Furcht vor dem Tode und vor den Göttern zu befreien, indem er ihn über seine Stellung in der Welt aufzuklären versuchte. Darüber hinaus geht L. auf zentrale Fragen seiner Gegenwart ein und klagt vor allem über den durch den Fortschritt des Menschen ständig wachsenden Schrecken des Krieges. L. beendete sein Leben durch Selbstmord. Sein Werk wurde von Cicero herausgegeben.

Luperkalien *(lupercalia),* am 15. Februar zu Ehren des Faunus *(Lupercus)* gefeiertes Fruchtbarkeitsfest (→fasti, →Feiertage). Die Priester, die *luperci,* opferten einen Bock und einen Hund (→Opfer), dann liefen sie nackt um den Palatin herum und schlugen die entgegenkommenden Frauen mit einem aus dem Fell des geopferten Bockes geschnittenen Riemen, um deren Fruchtbarkeit zu erhöhen. Vgl. die Erzählung bei Ovid, Fasti 2, 267-452.

Lustration *(lustratio)*, Durchführung eines Reinigungs- oder Sühneopfers, des *lustrum;* dabei wurden die →Opfertiere (→Opfer) Schwein, Schaf und Rind *(suovetaurilia)* um das von den →Zensoren neu eingeteilte und gemusterte und auf dem Marsfeld angetretene Volk (→Zensus) herumgeführt. Die Tiere wurden dann dem Mars geopfert, um die Tätigkeit des Zensors zu besiegeln.

lustrum, Reinigungs- und Sühneopfer zur Abwehr von Unheil als Abschluß der Tätigkeit der Zensoren, wurde alle fünf Jahre wiederholt; daher ist ein l. auch der Zeitraum von fünf Jahren (→Lustration).

Lyrik sind ursprünglich nur die Gedichte, die von der Lyra, einem Saiteninstrument, begleitet vorgetragen wurden, während z. B. die →Elegie vom Aulos (einer Art Oboe) begleitet wurde. Der moderne Begriff der L. ist weiter, er umfaßt die Elegie, die Jambendichtung und das Epigramm, grenzt also verschiedene Kleinformen gegen das Epos und das Drama als Gattung ab. — Die literarische L., für die man natürlich weit zurückreichende volkstümliche, mündlich überlieferte Vorstufen annehmen muß, beginnt in Griechenland im 7. Jh. v. Chr. Die wichtigsten Formen sind das Einzellied (monodische L.), das Chorlied, der Jambus, die Elegie und das Epigramm; die bedeutendsten Dichter sind Sappho, Alkaios, Archilochos, Anakreon, Alkman, Stesichoros, Ibykos, Simonides, Pindar und Bakchylides. — Die röm. L. entwickelt sich unter dem Einfluß der griech. L. nach nationalen Vorstufen (Arbeits- und Kultlieder) seit dem 3. Jh. v. Chr. Eine charakteristische röm. Ausprägung erfuhr die L. durch die Neoteriker, vor allem durch Catull, der zum erstenmal in der röm. L. subjektives Gefühl bewußt darstellte. Horaz, der bedeutendste röm. Lyriker, führte den Formenreichtum der griech. L. in die röm. Dichtung ein. Eine eigenständige Weiterentwicklung der griech. Elegie ist die subjektive Liebesdichtung der drei Elegiker Tibull, Properz und Ovid.— Mit Horaz hat die röm. L. ihren Höhepunkt erreicht, die Kaiserzeit bringt weniger bedeutende Lyriker hervor, wenn man von den Epigrammen Martials absieht. In der Nachfolge des Horaz schreibt der christliche Dichter Prudentius (348 bis nach 405 n. Chr.). Ein neuer Stil begegnet in den Hymnen des Ambrosius, die durch ihren einfachen Bau und durch ihre einprägsamen, leicht verständlichen Bilder in wirkungsvoller Weise den neuen Glauben verkünden. Mit Ambrosius beginnt der Übergang zur akzentuierenden Metrik, die für die mittelalterliche Vagantendichtung charakteristisch ist. — Formal zeichnet sich die röm. L. durch die von den Griechen übernommenen Vers- und Strophenformen aus. Der Reim wird im Gegensatz zur mittelalterlichen und neuzeitlichen L. nicht verwendet. Der thematische Rahmen ist weit gespannt: wichtigstes Thema ist zwar die Liebe, daneben gibt es aber auch das Naturgedicht, das Preislied, das Klagelied, Hochzeitslieder, Spottverse, das gelehrte aitiologische Gedicht (Ursprungssagen), die politische Lyrik.

Lysias, bedeutender attischer Redner und Rechtsanwalt, etwa 450-380 v. Chr. Er war für die Vertreter des →Attizismus ein großes Vorbild.

Macrobius *(Ambrosius Theodosius Macrobius),* röm. Schriftsteller und hoher Staatsbeamter, der zum Kreis des →Symmachus gehörte, um 400 n. Chr. In seinen „Saturnalia" wird im Rahmen eines Gastmahls am Saturnalienfest (→Saturnalien) über philologische, philosophische und kulturhistorische Themen gesprochen. Dabei geht es zu einem großen Teil um die Erklärung Vergils. Außerdem sind von M. eine grammatische Schrift über das griech. und das lat. Verb und ein Kommentar zum *Somnium Scipionis* („Scipios Traum" am Ende des 6. Buches von Ciceros De re publica) erhalten, der aus neuplatonischer Sicht geschrieben ist.

Maecenas *(Gaius Cilnius Maecenas)*, röm. Ritter aus etruskischer Familie (→Etrusker), Freund des Augustus, der ihn zeitweilig mit politischen Aufgaben betraute. Berühmt war er als Förderer junger Dichter (Horaz, Properz, Vergil), die dadurch sorgenfrei leben und arbeiten konnten.

Märchen gab es in der Antike sowohl in der Form des Volks- als auch des Kunstmärchens. In den Rang einer literarischen Gattung wurde das Volksmärchen allerdings nicht erhoben, wir finden es aber in anderen literarischen Formen wie dem →Epos, der →Fabel und sogar in der →Geschichtsschreibung (Herodot). In der lat. Literatur begegnen uns Märchenmotive vor allem in den Metamorphosen Ovids; das berühmteste lat. Kunstmärchen ist das M. von →Amor und Psyche in den Metamorphosen des Apuleius.

Märtyrer, Zeuge, der für seinen (christlichen) Glauben den Tod auf sich nimmt. Als M. gelten u. a. die Christen, die im Amphitheater öffentlich zu Tode gefoltert oder erschlagen wurden, weil sie nicht bereit waren, ihren Glauben aufzugeben. Der Kirchenschriftsteller Eusebios (um 260-339 n. Chr.) berichtet eingehend über grausige Martyrien, die einige im Jahre 177 festgenommene Christen aus Vienne und Lyon im Amphitheater zu erleiden hatten. Die Volksmassen wollten die Standhaftigkeit der gequälten Opfer gebrochen sehen und verlangten in ihrer rasenden Wut immer grausamere Torturen: sie mußten ohne Waffen gegen wilde Tiere kämpfen, auf glühenden Eisenstühlen sitzen, sie wurden an Pfähle gefesselt von wilden Tieren zerfleischt, in Netzen von Stieren durch die Arena gestoßen , lebendig verbrannt. In der 2. Hälfte des 2. Jh. entstehen die ersten M.-Akten, die über das Schicksal der von den röm. Behörden verfolgten Christen berichten. →Christentum, Christenverfolgung, Gladiator, Kolosseum

magister equitum, Reiteroberst, Stellvertreter und Gehilfe des →*dictator.*

Magistrate *(magistratus),* Bezeichnung für die röm. Staatsämter *(honores),* die in der Zeit der →Republik von der →Volksversammlung übertragen wurden, und für die Amtsinhaber. Die Amtsführung war gewöhnlich auf ein Jahr begrenzt (Prinzip der Annuität); sie unterlag der Kontrolle durch die Volksversammlung, die die M. nach Beendigung ihrer Amtszeit zur Rechenschaft ziehen konnte. Wiederwahl war ungewöhnlich. Die Tätigkeit wurde nicht besoldet (→Besoldung). Alle M. wurden mit mindestens zwei Personen besetzt (Prinzip der Kollegialität). — Außer den im →cursus honorum zu erreichenden Positionen gab es das Amt des *dictator* und das Amt des Zensors. — Die höheren M. verfügten über das *imperium,* d. h. die höchste Form der Amtsgewalt (z. B. Kommando über das Heer und Vorsitz in der Rechtsprechung). Die Träger des *imperium* (→Konsul, →dictator, →Prätor) wurden von Liktoren begleitet. Äußere Zeichen der M. vom kurulischen Ädil aufwärts waren die *toga praetexta (*→praetextatus, →toga) und die *sella curulis.* Alle M. erhielten nach Ablauf ihrer Tätigkeit einen Sitz im Senat. — Für die Verwaltung der Provinzen wurden ehemalige Prätoren oder Konsuln als Proprätoren oder Prokonsuln verwendet. — In der Kaiserzeit ging die Bedeutung der M. durch die Einrichtung einer kaiserlichen Verwaltung zurück. Die Ämter blieben jedoch weiterhin bestehen.

Mahlzeiten. In alter Zeit waren drei M. (→Lebensmittel) üblich: (1) *ientaculum,* Frühstück in der 3. oder 4. Stunde (→Zeiteinteilung), das aus Brot mit Honig oder Käse und Kuchen bestand. (2) *cena*, die Hauptmahlzeit, bzw. das Mittagessen in der 6. oder 7. Stunde. (3) *vesperna*, Abendessen. — In späterer Zeit änderten sich mit den Bedingungen des städtischen Lebens und unter dem Zwang der Termine z. B. im Senat oder bei Gericht die M.: Die *cena* wurde in die Abendstunden verlegt, da der Arbeitstag bis zur 9. oder 10. Stunde dauerte, und auf das *ientaculum* folgte ein zweites, reichlicheres Frühstück, das *prandium.*

Mainz *(Mogontiacum),* eine ursprünglich keltische Ortschaft (→Kelten). Nach der Niederlage im Teutoburger Wald 9 n. Chr. (→Varus) wurde M. das Hauptquartier des röm. Heeres in Obergermanien. Schon vorher diente das Gebiet des späteren M. als Stützpunkt für militärische Operationen. So hat z. B. Drusus 13 v. Chr. ein festes Lager bauen lassen, das allmählich durch zivile Siedlungsanlagen erweitert wurde. Dort stand u. a. eine heute im Mittelrheinischen Landesmuseum in M. befindliche Säule mit einem bronzenen Jupiter als Bekrönung. Diese Säule war von den Bewohnern der zivilen Siedlung Kaiser Nero gewidmet worden, nachdem er der Pisonischen Verschwörung entgangen war. Die Reliefs auf der Säule zeigen verschiedene röm. Götter und auch die keltische Pferdegöttin Epona. — M. war mit einem rechtsrheinisch gelegenen Kastell *(Castellum Mattiacorum)* durch eine feste Rheinbrücke verbunden. — Durch die Errichtung des Limes unter Domitian erlebte M. als Hauptstadt Obergermaniens eine erste wirtschaftliche Blütezeit. Das bezeugen u. a. Reste von Säulenhallen und Triumphbögen, ein Theater und eine 5 km lange Wasserleitung. Im Jahre 406 n. Chr. wurde M. von einfallenden Germanenhorden zerstört.

Majestätsbeleidigung, ein nach der *Lex Iulia de maiestate* aus dem Jahre 46 v. Chr. definiertes Verbrechen, das *crimen minutae* oder *laesae maiestatis.* Dieses beinhaltete Verrat *(proditio)* und Gefährdung des Staates u. a. durch Verschwörungen und Aufstände. In der Kaiserzeit kamen Angriffe auf die Person des Kaisers, Meineid beim Namen des Kaisers (→Eid) und illegales Prägen von Goldmünzen hinzu. Unter Tiberius galten schon Worte gegen den Kaiser und Angehörige seiner Familie als M. Alle Taten, die als Respektlosigkeit gegenüber dem Kaiser auslegbar waren, konnten als M. geahndet werden (vgl. Sueton, Tiberius 58). Jedermann war verpflichtet, den Gerichten Fälle von M. anzuzeigen. — Die Strafen für M. waren Verbannung oder Todesstrafe. — Für die Christenverfolgung konnte das Gesetz gegen M. eine rechtliche Grundlage bilden.

Malaria, eig. „schlechte Luft", eine von einer Sumpfmücke übertragene Fieberkrankheit, die bis in die erste Hälfte unseres Jahrhunderts die Umgebung von Rom regelmäßig heimsuchte.

Malerei *(pictura).* Holztafeln, Leinwand, Steine, Wände, Decken, Gefäße u. a. bildeten den Untergrund röm. M. Am berühmtesten und am besten erhalten ist die Wand-M. aus Pompeji. — Auf dem Gebiet der Tafel-M. war die Darstellung geschichtlicher Ereignisse (Historien-M.) ein beliebtes Thema (Plinius, Naturalis Historia 35, 22 ff.). Von Plinius wissen wir auch, daß es eine naturalistische Porträt-M. gab (Naturalis Historia 35, 4), die allerdings allmählich von Marmor- und Bronzeporträts (→Porträt) verdrängt wurde. — Ein Fabius Pictor („Maler") soll der erste röm. Maler gewesen sein und den Tempel der Salus („Göttin des Heils") auf dem Quirinal (→Sieben Hügel) im Jahre 304 v. Chr. ausgemalt haben (Cicero, Tuskulanische Gespräche 1, 4). Der Dichter Pacuvius (220-130 v. Chr.) stellte ein Gemälde im Tempel des Herkules auf dem Rindermarkt in der Nähe des *forum Romanum* her (Plinius 35, 19 f.) — Tafelbilder mit historischen oder mythologischen Themen wurden auch als Geschenke vor den Tempeln aufgestellt; so ließ z. B. Cäsar einen Aiax und eine Medea vor dem Tempel der Venus aufstellen (Plinius 35, 26). — Auch in die Wände öffentlicher Gebäude wurden gemalte Bilder eingesetzt. — Petron (Satyricon 29) erzählt, daß im Hauseingang des neureichen Trimalchio ein riesiger Kettenhund naturgetreu an die Wand gemalt war, um die Eintretenden zu erschrecken. Darüber hinaus hatte Trimalchio seinen Lebenslauf an die Wand malen lassen. — Petron läßt an einer späteren Stelle (83) einen seiner Helden einen Besuch in einer Gemäldegalerie *(pinacotheca)* beschreiben.

Mamertinischer Kerker *(carcer Mamertinus),* öffentliches Gefängnis in Rom, am *forum Romanum* gelegen, Hinrichtungsstätte (→Todesstrafe) für Kriegsgefangene und politische Häftlinge (→Catilina, →Jugurtha, →Vercingetorix). Der Apostel Petrus soll hier inhaftiert gewesen sein und den Kerkermeister mit dem Wasser einer im Tullianum, einem Raum des Kerkers, entspringenden Quelle getauft haben. Heute steht über dem M. K.

eine Kapelle mit dem Namen S. Pietro in Carcere. Ob der Name „Mamertinisch" von dem latinischen (→Latiner) Kriegsgott Mamers (Mars) herzuleiten ist, ist unsicher.

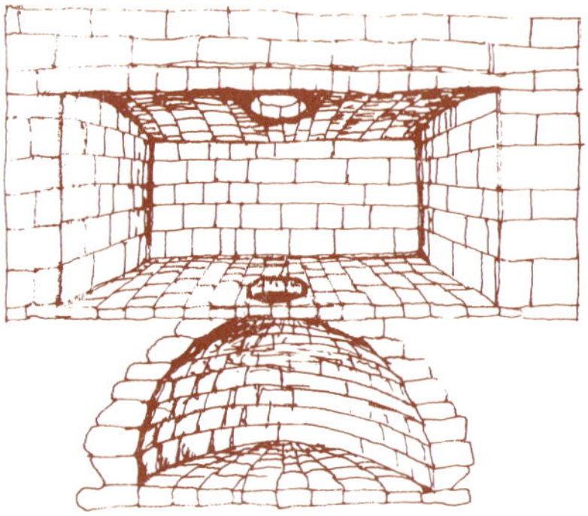

Schematischer Querschnitt durch den Mamertinischen Kerker

Manen *(di manes* gute Götter), Totengeister, die Seelen der Verstorbenen (→Jenseitsglaube), denen man den Grabstein weihte, indem man ihn mit der Inschrift *DM (Dis Manibus* „den M.") versah. Die M. waren gute Geister. Sie beschützten die Gräber. Man hatte ihre Strafe zu fürchten, wenn man den Totenkult vernachlässigte (Ovid, Fasti 2, 54 ff.).

Manichäer, Anhänger des Mani (gest. um 276 n. Chr.), des Begründers der religiösen Strömung des Manichäismus. Die M. glaubten an den radikalen Dualismus von Licht und Finsternis: Dem Herrscher des Lichtes (Gott, Vernunft, Denken, Einsicht) steht der König der Finsternis (Teufel, Feuer, Rauch, Wind, Materie) gegenüber. Aus der Vermischung von Licht und Finsternis sind die Welt und der Mensch entstanden, deren Rettung nur mit Hilfe von Abgesandten des Lichtes (z. B. Christus) möglich ist; denn diese können die Trennung von der Materie und die Rückkehr in das Reich des Lichtes herbeiführen. Die M. fördern diese Rückkehr durch strengen Verzicht auf Fortpflanzung, durch Enthaltsamkeit von fleischlichen (materiebezogenen) Genüssen und Vermeidung von anderen Kontakten mit der Materie. →Augustinus

Mantel. Es gab verschiedene M.-Arten: (a) *lacerna,* ein über der *toga* zu tragender M. aus dünnem Stoff für den Sommer, aus dickem Stoff für den Winter als Regenschutz; (b) *paenula*, ein langer Reise-M. aus Leder oder Filz, oft mit Kapuze; (c) *sagum,* kurzer M. der Sklaven und der Soldaten. Auch die Kelten und Germanen pflegten das *sagum* zu tragen; (d) *caracalla,* keltisch-gallischer M. (→Caracalla).

manumissio, „Entlassung aus der Gewalt *(manus)*", d. h. Freilassung des Sklaven. Die m. erfolgte entweder als Belohnung für die persönlichen Verdienste des Sklaven oder aus ökonomischen Gründen; denn da der Freigelassene seinem ehemaligen Herrn zu verschiedenen Leistungen verpflichtet war, konnte die m. für diesen wirtschaftlich vorteilhafter sein als der Sklavendienst. Die m. ist ein privates Rechtsgeschäft des Herrn. Sie ist in verschiedenen Formen möglich: 1. *manumissio vindicta:* ursprünglich ein Fall der Abtretung vor Gericht: ein Bürger behauptet vor dem Prätor, daß der Sklave, den er mit einem Stab *(vindicta)* berührt, frei sei. Indem der Herr die Gegenbehauptung, der Sklave gehöre ihm, unterläßt, erkennt er den Anspruch des anderen an; 2. *manumissio censu:* Eintragung des Sklaven in die Liste der freien Bürger bei der alle fünf Jahre abgehaltenen Volkszählung (→Zensus); 3. *manumissio testamento:* Der Herr erklärt in seinem Testament, daß der Sklave die Freiheit erlangen soll; 4. *manumissio in sacrosanctis ecclesiis* (seit Kaiser Konstantin): der Herr erklärt vor der Christengemeinde die Freilassung; 5. In der späteren Republik entstehen Freilassungsformen, die nicht wie die oben genannten das Bürgerrecht gewähren, sondern nur die faktische Freiheit: durch die Erklärung vor Zeugen, durch einen Freibrief, durch Zuziehung zur Tafel, durch Adoption. Später erhielten auch diese Freigelassenen eine beschränkte Rechtsfähigkeit und seit Justinian das röm. Bürgerrecht.

Marcellus *(Marcus Claudius Marcellus)* (1) zwischen 222 und 208 v. Chr. fünfmal röm. Konsul, belagerte und eroberte im 2. Punischen Krieg Syrakus (→Archimedes,

→Sizilien). — (2) Konsul des Jahres 51 v. Chr., politischer Gegner Cäsars, der ihm im Jahre 46 in einer Senatssitzung die Versöhnung anbot; Cicero hielt in dieser Sitzung seine berühmte Rede „Pro Marcello", in der Cäsar verherrlicht wird. — (3) Neffe des Augustus, war als dessen Nachfolger ausersehen, starb aber lange vor Augustus, der ihm zu Ehren ein von Cäsar begonnenes und 14-15 000 Zuschauer fassendes Theater in Rom fertigstellen ließ und nach ihm benannte.

Marius *(Gaius Marius),* 156-86 v. Chr., röm. Feldherr und Politiker, Führer der Popularen, Sieger über die Kimbern und Teutonen und über Jugurtha. M. war siebenmal Konsul. Er reformierte das Heer durch Aufnahme besitzloser Proletarier, deren Ausrüstung vom Staat zu bezahlen war, und verwandelte auf diese Weise das Heer in eine Armee freiwillig dienender Berufssoldaten. — Sein politischer Gegner wurde Sulla (→Bürgerkrieg), der als Anhänger der Optimaten im Krieg gegen Mithridates von Pontos (am Schwarzen Meer) den Oberbefehl erhielt (88 v. Chr.). Die Popularen wollten dagegen M. den Oberbefehl übertragen. Es ergaben sich daraus blutige Auseinandersetzungen (→Proskription) zwischen M. und Sulla. — M. ist neben Cicero einer der berühmtesten *homines novi* (→homo novus).

Mark Aurel *(Marcus Aurelius Antoninus),* 121-180 n. Chr., Kaiser seit 161 (→Adoptivkaiser), führte mehrere Kriege u. a. gegen die Parther und die Markomannen, ist berühmt als Philosoph der Stoa, gilt als der „Philosoph auf dem Kaiserthron"; sein Hauptwerk sind die griech. geschriebenen „Selbstbetrachtungen", von denen er Teile im Feldlager in Carnuntum verfaßt hat. Ein bronzenes Reiterstandbild des M. A. steht heute auf dem Kapitol in Rom.

Markomannen, germanischer Stamm aus dem Maingebiet. Sie wurden unter Drusus nach Böhmen verdrängt; die M. verwickelten die Römer in mehrere heftige Kriege (unter Domitian und Mark Aurel) und wanderten später in das Gebiet des heutigen Bayern.

Markt *(mercatus).* Lebensmittel mußten in Rom täglich auf dem M. gekauft werden, da man zu Hause keine geeigneten Vorratsräume hatte. Es gab in Rom mehrere M.-Hallen (→basilica), in denen die verschiedensten Waren angeboten wurden. Größere Städte hatten mehrere M.-Plätze *(fora)* für spezielle Warensorten, z. B. Fleisch-M., Gemüse-M., Süßwaren-M. — In Pompeji gab es einen Lebensmittel-M. *(macellum),* der aus einer großen Halle mit offenem Innenhof bestand. — Der Einkauf wurde vom Hausherrn (→pater familias) selbst, von der Frau oder von einem Sklaven getätigt. Der M.-Betrieb (Hygiene, Preise, Gewichte) wurde regelmäßig von einer M.-Polizei (→Ädil) kontrolliert.

Marktszene. Nach einem Relief (Museo della Civiltà Romana, Rom)

Marmor, ein kristalliner Kalkstein, wichtigster Werkstoff für die Herstellung von Bauwerken, Verkleidungen und Kunstprodukten (Porträt, Relief, Sarkophag, Standbild). Es gab verschiedene M.-Arten (z. B. weißer, gelblicher, mehrfarbiger M.). M. wurde vor allem aus Griechenland eingeführt oder in Italien (Carrara) gewonnen. — M. wurde von Steinbrechern aus M.-Brüchen herausgebrochen und dort bereits zu groben Blöcken für den Abtransport zugehauen. Zum Heben großer Blöcke benötigte man einen Kran mit Flaschenzug.

Mars, röm. Gott des Krieges. Man glaubte, daß er Unheil hervorrufen oder abwehren konnte. Der Monat März *(Martius)* ist nach M. benannt. Ebenso hat das Marsfeld, der *Campus Martius,* seinen Namen von M. — Der Sage nach ist M. der Vater von Romulus und Remus. Daher nannten sich die Römer gern ,,Söhne des M.'' Die Priester des M. waren die Salier. Cato überliefert in seinem Werk ,,De agricultura'' (141) ein Gebet an M.: ,,Mars, Vater, ich bitte dich, sei gnädig mir, meinem Haus und meiner Familie. Ich habe auch befohlen, die Suovetaurilia zu veranstalten, damit du sichtbare und unsichtbare Krankheiten, Verwaisung und Verwüstung, Unheil und Unwetter abwehrst und vertreibst, damit du die Früchte des Feldes, Weinstock und Weiden wachsen und gedeihen läßt, Hirten und Herden gesund erhältst und Heil und Gesundheit mir, meinem Haus und der ganzen Familie zuteil werden läßt...''

Marsfeld *(campus Martius),* das Gelände im Tiberbogen (→Tiber) gegenüber der Engelsburg, nördlich des Kapitols, mit einem Altar des Mars, ursprünglich außerhalb des *pomerium* gelegen, im Osten begrenzt von den Hügeln Quirinal und Pincius. Auf dem M. fanden die Volksversammlungen statt, hier stand die *porta triumphalis,* der Triumphbogen (→Triumph), durch den der Triumphzug in die Stadt einzog. Am südlichen Ende befand sich der Bellonatempel. In einer großen Säulenhalle ließ Agrippa eine das gesamte Reichsgebiet umfassende Landkarte ausstellen. Augustus errichtete die Ara pacis Augustae auf dem M. Ebenso befindet sich hier sein Mausoleum. Erst in der Kaiserzeit wurde das M. dichter bebaut, z. B. mit Theatern (→Marcellus), Thermen, Geschäften und Lokalen.

Martial *(Marcus Valerius Martialis),* etwa 40-102 n. Chr., verfaßte ein aus 35 Epigrammen bestehendes ,,Buch der Spiele'', den ,,liber spectaculorum'', anläßlich der im Jahre 80 von Kaiser Titus mit 100-tägigen Spielen gefeierten Einweihung des Kolosseums, und außerdem noch 14 Bücher Epigramme, die über das tägliche Leben in Rom, über die röm. Gesellschaft zur Zeit Domitians und über Schwächen und Besonderheiten röm. Menschen Auskunft geben. M. charakterisiert und verspottet mit wenigen Worten und pointierten Wortspielen auffallende röm. Typen, z. B. unfähige Ärzte, Mitgiftjäger, törichte Verliebte, unbegabte Dichter, betrogene Ehemänner, eitle Schönlinge, würdelose Greise und Freudenmädchen. — M. war bereits in der Antike im ganzen röm. Reich bekannt (vgl. Martial, Epigramm 6, 60). — In einem Brief an seinen Freund Priscus (3, 21) drückt Plinius sein Bedauern über den Tod des Dichters aus, den er als einen talentierten, geistreichen und scharfsinnigen Mann lobt; er sei in seinen Epigrammen sehr witzig und angriffslustig, aber auch ehrlich und aufrichtig. — M. hat die neuzeitliche Epigramm-Dichtung entscheidend beeinflußt. John Owen (um 1560-1622) dichtete nach dem Vorbild des M. neulat. Epigramme; Lessing schrieb eine Abhandlung über M. und übertrug viele seiner Gedichte.

Martianus Capella, Verfasser einer Enzyklopädie aus dem 5. Jh. n. Chr. mit dem Titel ,,De nuptiis Mercurii et Philologiae'' (Hochzeit Merkurs mit der Philologie). Das Werk wurde noch im Mittelalter als Handbuch benutzt.

Masken. Der ältere Plinius (Naturalis Historia 35, 6) berichtet, daß die Römer im *atrium* ihres Hauses Schränke hatten, in denen die aus Wachs modellierten Gesichter der Vorfahren aufbewahrt wurden. Diese M. wurden bei der Bestattung eines Familienmitgliedes im Leichenzug unmittelbar hinter der Leiche mitgeführt, so daß sich jeder Verstorbene stets in der Gemeinschaft seiner Familie befand (→Ahnenkult). — M. wurden auch von den Schauspielern im Theater getragen.

Theatermasken

Maße. a) Längenmaße: 1 *pes* (Fuß) = 0,296 m; 1 *passus* = 5 *pedes* = 1,48 m; 125 *passus* = 185 m; 1000 *passus* oder *mille passus* = 1 Meile = 1480 m. b) Flächenmaß: 1 *iugerum* (Joch) = 240 x 120 Fuß = 2523,34 m² = 1 Morgen = rd. 1/4 Hektar. c) Hohlmaße: 1 *sextarius* = rd. 1/2 l; 1 *congius* = 6 *sextarii* = rd. 3 1/3 l; 1 *amphora* = 8 *congii* = rd. 26 l; 1 *modius* (Scheffel) = rd. 9 l.

Materialismus, d. h. die Auffassung, daß alle Wirklichkeit, also auch Seele, Geist, Denken aus Materie besteht, begegnet uns bei einer Reihe von bedeutenden antiken Philosophen. Nicht nur die jonischen Naturphilosophen nahmen einen materiellen Urgrund der Welt an (→Kosmologie), auch Empedokles, Anaxagoras, Leukipp und Demokrit führten alles Werden und Vergehen auf stoffliche Teilchen zurück. Die folgenreichste materialistische Theorie der Antike ist der Atomismus Demokrits und Leukipps, der von Epikur und Lukrez übernommen wurde und die neuzeitliche Physik entscheidend bestimmt hat. Aber auch die den Atomismus ablehnenden Stoiker faßten alle Wirklichkeit als etwas Körperliches auf.

Mauerwerk. Im Laufe der Geschichte des röm. Bauwesens wurden verschiedene Formen von M. entwickelt: (1) *opus siliceum* aus großen vieleckigen rohen Blöcken, die einfach ineinandergefügt wurden (etwa im 4. Jh. v. Chr. üblich); (2) *opus quadratum* aus übereinandergelegten behauenen Steinen; (3) *opus incertum* aus einem Bruchsteinkern, der mit kleinen unregelmäßig angeordneten Steinen verblendet ist (2. Jh. v. Chr.); (4) *opus reticulatum,* ein Bruchsteinkern wurde mit kleinen Steinen netzartig verkleidet (Mitte des 1. Jh. v. Chr.); (5) *opus testaceum,* der Bruchsteinkern ist mit Ziegelsteinen verblendet, die in Lagen angeordnet sind; (6) *opus mixtum* bestehend aus Ziegelsteinen, behauenen Steinen und stellenweise netzartiger Verblendung.

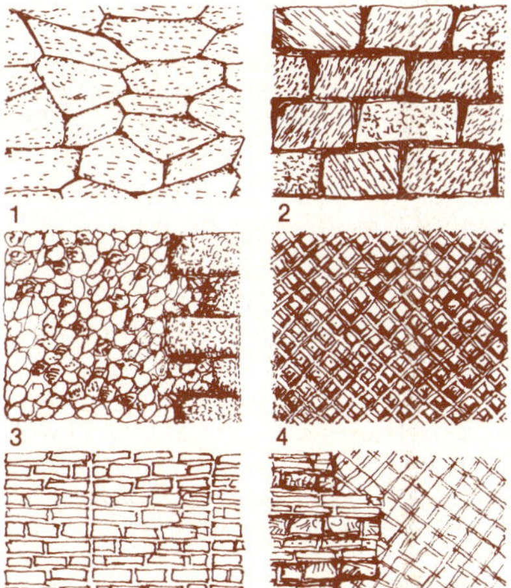

Mausolẹum, nach dem für Maussolos von Karien im südwestl. Kleinasien im 4. Jh. v. Chr. errichteten Bauwerk benanntes Grabmal. Bezeichnung für einen monumentalen Grabbau, z. B. für das M. des Hadrian (→Engelsburg) oder das M. des Augustus in Rom, an dessen Eingang ursprünglich zwei große Bronzetafeln mit einer von Augustus selbst verfaßten Grabinschrift standen, die über seine Leistungen berichtete. Eine Abschrift des Textes existiert heute noch: →Monumentum Ancyranum.

Medien *(mẹdium* Mittel), Mittel der Verständigung (Kommunikation) zwischen Menschen (heute: u. a. Zeitung, Film, Fernsehen, Buch). In der röm. Antike war das Buch das wichtigste M. der Vermittlung von Wissen und der Verbreitung von Information. Hinzu kamen der Brief (→Post), die Inschrift, die Zeitung und natürlich das gesprochene Wort, z. B. der öffentlichen (politischen) Rede, des Vortrags oder des privaten Gesprächs. Eine beliebte Sonderform der Verständigung oder Mitteilung war der Graffito (z. B. erhalten in Pompeji). Auch Münzen sind als M. anzusehen, wenn ihre Prägung Mitteilungen über den jeweiligen Herrscher und sein Programm oder über historische Ereignisse bot. Ein M. von hohem künstlerischem Rang war der Fries (bandartiger Bilderstreifen an einer Wandfläche oder Säule) mit Relief-Darstellungen an Bauwerken (Tempeln, Altären). Relief-Bänder an Säulen (z. B. Trajans-Säule in Rom) oder Reliefs an Triumphbögen (z. B. Titus-Bogen in Rom) waren ebenfalls informative M. Auch das Porträt und das Standbild waren M. mit einer oft bedeutsamen Mitteilungsfunktion und Propagandawirkung.

Mediolanum, heute: Milano/Mailand, Stadt in *Gallia Cisalpina* (→Gallien). Seit 222 v. Chr. war M. in römischem Besitz und seit Augustus wichtiger Verkehrsknotenpunkt zwischen Italien, Gallien, Helvetien und Germanien. In der Spätantike war M. die bedeutendste Stadt Italiens (→Ambrosius) und seit Diokletian Residenz der röm. Kaiser. Von M. aus erfolgte die Gleichstellung des Christentums mit den heidnischen Kulten durch das sogenannte Mailänder Edikt, das 313 in M. zwischen den Kaisern Konstantin und Licinius geschlossene Übereinkommen, das den Christen die gleiche gottesdienstliche Freiheit wie allen anderen Kulten einräumte und ihnen ihre Besitztümer zurückerstattete.

Medizin wurde als wissenschaftliche Heilkunde von den Griechen entwickelt, in Rom aber nur unter praktischen Gesichtspunkten betrieben (Ausnahmen: Celsus, Galen). Medizinische Fachgebiete wie z. B. die Chirurgie wurden zunächst von griech. Sklaven oder Freigelassenen vertreten. Dennoch galt der Beruf des Arztes im allgemeinen als *ars honesta* („ehrenwerte Kunst"), wie Cicero (De officiis 1, 42) hervorhebt. — In den Gladiatorenschulen und in den Lagern des Militärs gab es Ärzte zur Behandlung von Verwundungen. Ansonsten praktizierten sie in der Regel in Gasthäusern gegen gutes Honorar. — Durch einen Erlaß Cäsars erhielten 46 v. Chr. alle griech. Ärzte in Rom das Bürgerrecht (Sueton, Divus Iulius 42). — Die Kaiser verfügten über Leibärzte. — Krankenhäuser im heutigen Sinne gab es nicht; vielleicht war der Tempel des Äskulap auf der Tiberinsel eine Stätte der Krankenpflege. — Im allgemeinen betrieb man die „Hausmittel"-M. Man behandelte Kranke mit Diät-und Badekuren oder durch Anwendung von Heilkräutern. — Apotheken gab es nicht; Medikamente wurden in Drogenhandlungen verkauft oder von den Ärzten selbst hergestellt. — Zur Behandlung und Vorbeugung nutzte man auch die Wirkung von Mineralquellen (z. B. in Baden-Baden, Badenweiler, Wiesbaden). Der hohe Stand der Hygiene aufgrund des sauberen Trinkwassers und der Abwasserbeseitigung (→cloaca maxima) und eine gesunde Lebensweise halfen in Rom viele Krankheiten vermeiden. — Im übrigen wurde auch der Hilfe der Götter für die Gesunderhaltung und Heilung des Körpers eine beachtliche Bedeutung beigemessen (→Opfer).

Meile *(passus mille)*, röm. Längenmaß = 1000 Doppelschritte *(passus)* oder 1480 m.

Meilenstein *(miliarium)*, runde Steinsäule, etwa 2 m hoch, mit dem Namen und dem Titel des Kaisers, zu dessen Regierungszeit der M. gesetzt oder erneuert worden war, und mit Entfernungsangaben: Die Zahl III bedeutete z. B. „drei Meilen (ca. 4,5 km) bis zur nächsten Stadt". Mitunter war auch die Entfernung nach Rom verzeichnet. — In Rom war auf dem *forum Romanum* ein „goldener M." *(miliarium aureum)* aufgestellt, auf dem alle von Rom ausgehenden Straßen mit ihrem Ziel verzeichnet waren.

Meilenstein in der Nähe von Nîmes (Südfrankreich)

memoria (lat. „Gedächtnis"), einer der fünf Arbeitsgänge des Redners (→inventio, →dispositio, →elocutio, memoria, →pronuntiatio): das Auswendiglernen der Rede. Obwohl die m. vor allem als Naturanlage galt, entwickelte die Rhetorenschule vielfältige Methoden für das Gedächtnistraining.

Menander, 342-291 v. Chr., griech. Dichter der Neuen Komödie. Nur eine seiner 100 Komödien ist vollständig erhalten. Plautus und

Terenz verfaßten einige ihrer Komödien nach den Vorlagen des M.

Menippeische Satire, eine Form der Satire, in der Prosa und Poesie gemischt sind (→Prosimetrum). Der Name kommt von dem griech. Philosophen Menippos von Gadara (3. Jh. v. Chr.), der sich in seinen Schriften dieser Mischform bediente. Die M. S. wurde Vorbild für Varro, Seneca und Petron.

Menippos von Gadara, 2. Hälfte des 3. Jh. v. Chr., schuf die literarische Gattung der →Menippeischen Satire. Varro, Petronius, Seneca (Apocolocyntosis) und Lukian ließen sich von M. anregen.

Merkur *(Mercurius),* röm. Gott der Händler und der Reisenden (→Reisen). Er wurde dem griech. Hermes gleichgesetzt. Sein Name hängt mit *merx* („Ware") zusammen. Vor dem Capenischen Tor in Rom befand sich ein Altar des Gottes unweit des sog. Wassers des M., wo die Kaufleute opferten und ihre Waren mit Wasser besprengten, um sie vor Verlust oder Zerstörung zu schützen. Die Verehrung des M. beschreibt Ovid (Fasti 5, 663-692). Zu M. wurde auch gebetet, um betrügerische Geschäfte mit Gewinn abzuschließen. — M. diente den anderen Göttern als Bote. Außerdem war er Begleiter der Seele in das Totenreich (vgl. die Sage von Orpheus und Eurydike).

Messalina, dritte Ehefrau des Kaisers Claudius, an einer Verschwörung gegen diesen beteiligt und 48 n. Chr. hingerichtet. Ihr Lebenswandel wird von Juvenal (6. Satire) angeprangert (vgl. auch die Berichte des Tacitus, Annalen 11, 12, 26-38 und des Sueton, Claudius 26).

Metalle. Zu den in röm. Zeit gewonnenen (→Bergbau) und weiterverarbeiteten (→Handwerker) M. gehörten vor allem Eisen, Kupfer, Zinn, Blei, Bronze, Silber, Gold. Die verschiedenen M. hatten einen vielfältigen Gebrauchswert. Sie dienten zur Herstellung von Waffen und Gebrauchsgegenständen (z. B. Becher, Kessel, Töpfe, Hufeisen, Eßgeschirr, Werkzeug, Schmuck, Münzen, Musikinstrumente, Standbilder, Porträts, Wasserleitungen, Schlüssel, Möbel, landwirtschaftliche Geräte). — Zur Ausschmelzung der M. aus dem metallhaltigen Gestein benötigte man Schmelzöfen, die mit Holzkohle beheizt wurden. Die so gewonnenen M. wurden durch mechanische oder chemische Bearbeitung (z. B. durch Schmieden, Hämmern, Treiben, Gießen) in die gewünschte Form gebracht. — M.-Gegenstände konnten auch gestanzt, graviert oder ziseliert werden. M.-Teile wurden durch Löten und Schweißen oder Nieten zusammengefügt.

Metamorphosen (griech. „Verwandlungen"). Verwandlungssagen wurden in hellenistischen Lehrgedichten erzählt, wie wir aus überlieferten Titeln schließen können. Die berühmtesten röm. M. stammen von Ovid. Sein Werk mit über 250 M. hatte eine unabsehbare Wirkung auf die europäische Kunst, Literatur und Musik. — Auch der Roman des Apuleius hat den Titel „Metamorphoses", da er Erlebnisse des in einen Esel verwandelten Helden erzählt.

Metapher (griech. „Übertragung"), Ersatz des eig. Wortes durch einen bildlichen Ausdruck, abgekürzter Vergleich. Aus dem Vergleich „Er kämpfte wie ein Löwe" wird die M. „Er war ein Löwe in der Schlacht."

Metonymie (griech. „Umbenennung"), Ersetzung des eig. Wortes durch ein anderes, das in einer realen Beziehung zu ihm steht; so kann z. B. der Autor für das Werk genannt werden *(Vergilium legere* „Vergil lesen" statt „die Gedichte Vergils lesen"), die Gottheit für ihren Funktionsbereich *(Mars* statt „Krieg", *Amor* statt „Liebe"), der Besitzer für den Besitz (Vergil, Aeneis 2, 311: *iam proximus ardet Ucalegon* „schon brennt dicht daneben Ucalegon" = „Ucalegons Haus"); die Wirkung für die Ursache (Vergil, Aeneis 10,140 = *vulnera dirigere:* „Wunden schießen" statt „Pfeile, die verwunden, schießen"), das Material für den besonderen Gegenstand *(ferrum:* „Eisen" statt „Dolch"), das Gefäß für den Inhalt („einen Becher trinken"), der Ort für die Personen (Cicero, De oratore 3, 42, 167: *curia* „die Kurie" statt „der Senat"), das Konkrete für das Abstrakte (Cicero, De oratore 3, 42, 167: *arma* „die Waffen" statt „der Kricg"). Von der M. zu unterscheiden ist die →Metapher, bei der keine reale Beziehung zwischen dem eig. Wort und dem Ersatz besteht.

Metrik (griech. *metrikę tęchne,* Versmaß-Kunst), Lehre von den Versmaßen. Die antike M. unterscheidet sich prinzipiell von der deutschen, da der antike Vers nicht durch den Wechsel von betonten und unbetonten, sondern von langen und kurzen Silben entsteht (quantitierende M.). Die lat. Dichtung hat (wohl mit Ausnahme des →Saturniers) griech. Verse, zum Teil mit gewissen Besonderheiten, übernommen. Wie im Griechischen gibt es daher metren- und silbenzählende Verse. Zu den ersteren gehören z. B. der epische Hexameter und der jambische Trimeter (der Sprechvers der Tragödie), zu den letzteren die im Äolischen (griech. Dialekt) verwendeten Versmaße wie Glykoneus, Hendekasyllabus u. a. Während beim metrenzählenden Vers im allgemeinen eine Länge durch zwei Kürzen ersetzt werden kann (im Hexameter z. B. bilden ein Daktylus oder ein Spondeus ein Metrum), ist in den äolischen Versen die Anzahl der Silben festgelegt, d. h. daß an bestimmten Stellen eine Länge durch eine Kürze ersetzt werden kann. Doch zeigt sich im Lat. eine Tendenz zur Normierung; so beginnen z. B. bei Horaz alle Glykoneen (mit einer Ausnahme) mit einem Spondeus.— Umstritten ist, ob sich der Wortakzent im lat. Vers dem Wechsel von langen und kurzen Silben angepaßt hat (also z. B. *árma virúmque canó, Troiáe qui prímus ab óris* die Waffen und den Mann besinge ich, der als erster von den Küsten Trojas -Vergil, Aeneis 1, 1). Wahrscheinlich blieb der natürliche Wortakzent im Vers erhalten (also *cắnō* und *Trṓiāe).* Er war wohl ohnehin weniger stark ausgeprägt als der germanische Akzent, der unveränderlich auf der Stammsilbe liegt, während der lat. Wortakzent nach dem Pänultimagesetz (→Betonung) wechseln kann. — Beim Lesen lat. Verse sollte unter Beibehaltung des Wortakzents exakt die Silbenquantität beachtet werden. Gerade das Auseinanderfallen von Wort- und Versakzent (→Iktus) macht den Vers lebendig. — In der Spätantike vollzog sich der Wechsel von der quantitierenden zur akzentuierenden Metrik (→Ambrosius, →rhythmische Dichtung).
→Alkäische Strophe, Anapäst, Archilochische Strophe, Asklepiadeische Strophen, Asklepiadeus, Bukolische Dihärese, Daktylus, Dihärese, Distichon, Elegie, Epigramm, Epode, Epos, Glykoneus, Hendekasyllabus, Hephthemimeres, Hexameter, Hinkjambus, Jambus, Klausel, Lehrgedicht, Leoninische Hexameter, Lyrik, Menippeische Satire, muta cum liquida, Ode, Pentameter, Prosodie, Sapphische Strophe, Saturnier, Senar, Spondeus, Spondiakus, Strophe, Synaloephe, Synizese, Synkope, Trithemimeres, Trimeter, Trochäus, Vagantendichtung, Zäsur

Mętrum (griech. *mętron),* Versmaß (z. B. Daktylus, Jambus, Spondeus, Trochäus), Einheit von zwei oder mehr Silben. Mehrere Metren bilden einen Vers, z. B. einen daktylischen Hexameter oder einen jambischen Senar.

Mieten. Der Dichter Juvenal behauptete, daß man sich für die Jahresmiete einer Wohnung in Rom auf dem Lande ein ganzes Haus kaufen könnte. Dem Mietwucher wurde dadurch Vorschub geleistet, daß die Hauseigentümer ihre Häuser an gewerbsmäßige Untervermieter vermieteten, die möglichst große Gewinne zu erzielen versuchten. Die Mieter mußten einen Teil ihres Wohnraumes untervermieten, um ihre M. bezahlen zu können.

Mietskasernen *(įnsulae)* sollten der dauernden Wohnungsnot in Rom abhelfen. Sie hatten oft eine beträchtliche Höhe (20 m) bei verhältnismäßig geringer Grundfläche und bestanden in der Regel aus drei bis vier Stockwerken. Im Erdgeschoß befanden sich meist Läden *(tabernae)* und Werkstätten (→Handwerker). Die höheren Stockwerke waren durch Steintreppen von der Straße aus zu erreichen. Die Wohnungen hatten zur Straße hin große Fenster, manchmal auch Balkone oder Loggien *(pergula),* waren jedoch kaum beheizbar und hygienisch mangelhaft ausgestattet (in der Regel ohne Toilette); die Bewohner mußten gegen Entgelt eine öffentliche Bedürfnisanstalt benutzen.

Rekonstruktion römischer Mietskasernen

Militärdienst. Die Dienstpflicht im Heer bestand für den röm. Bürger (→Bürgerrecht) vom 17. - 60. Lebensjahr. Ein Römer war verpflichtet, während seines Lebens an mehreren Feldzügen teilzunehmen. — Seit der Heeresreform des Marius wurde der M. weitgehend auf Berufssoldaten beschränkt, die auch aus Proletariern (→proletarius), Sklaven und Freigelassenen bestehen konnten. Die M.-Zeit der Söldner dauerte gewöhnlich 20 Jahre. Die Söldner hatten anschließend Anspruch auf Versorgung und Abfindung. — In der Kaiserzeit wurde der M. ausschließlich von Berufssoldaten wahrgenommen.

Militärtribun *(tribunus militum),* Stabsoffizier von untergeordneter militärischer Bedeutung; vor dem Eintritt in den *cursus honorum* konnte man das Amt des M. bekleiden. Ursprünglich war der M. der Vorsteher einer *tribus* und Kommandeur einer Legion, in der es sechs M. gab, die abwechselnd das Kommando inne hatten.

Milo *(Titus Annius Milo),* Volkstribun und Gegner des Clodius, dessen Terrorbanden er mit eigenen Schlägertrupps im Auftrag des Senats bekämpfte. M. wurde wegen seiner Gewalttaten vor Gericht angeklagt, nachdem er Clodius im Jahre 52 v. Chr. ermordet hatte. Obwohl Cicero ihn verteidigte (Rede ,,Pro Milone''), wurde er verurteilt und ging in die Verbannung nach Massilia (Marseille).

Mimesis (griech. ,,Nachahmung''), zentraler Begriff der antiken Kunsttheorie, in der Kunst als Nachahmung und Nachgestaltung der Natur verstanden wurde. Von Platon wird die Kunst als bloßer Schein abgewertet, da sie die Dinge nachbildet, die ihrerseits Nachbildungen der ewigen, unveränderlichen Ideen sind. Durch die Poetik des Aristoteles wirkt die Mimesis-Theorie auch auf die Kunsttheorie der Neuzeit und wird erst in der Romantik aufgegeben. Die moderne Vorstellung, daß Kunst wesentlich Schöpfung ist und auf Kreativität und Phantasie beruht, taucht in der antiken Kunsttheorie nur am Rande auf.

Mimus, in Rom sehr beliebte, volkstümliche Form der Unterhaltung, ein Possenspiel mit oft sehr deutlichen und obszönen Szenen aus dem täglichen Leben. Mit dem M. wurden menschliche Verhaltensweisen, wie z. B. Parasitentum, Dummheit, Ehebruch, Freßorgien, ,,nachgeahmt'' (→Mimesis). Der M. diente im Theater zunächst als Zwischenspiel bei Aufführungen von Tragödien und Komödien, verdrängte dann aber allmählich alle anderen szenischen Darbietungen. Durch Gesangs- und Tanzeinlagen wurde seine Beliebtheit noch erhöht.

Mimus. Nach einem Mosaik vom Aventin in Rom (Vatikanische Museen, Rom)

Mineralwasser, aus Heilquellen gewonnenes mineralhaltiges Wasser, das zur Erzielung von Heilwirkungen (→Medizin) in röm. Zeit in zahlreichen Badeorten zu Trink- oder Badekuren genutzt wurde, z. B. in Baiae, Baden-Baden, Badenweiler, Wiesbaden.

Minerva, röm. Göttin der Ärzte, Künstler, Lehrer und Handwerker. M. hatte zusammen mit Jupiter und Juno als Angehörige der kapitolinischen Trias („Dreiheit") auf dem →Kapitol einen Tempel. Sie wurde der griech. Athene gleichgesetzt. An ihrem Fest, das vom 19. März an fünf Tage lang gefeiert wurde, erhielt sie Opfer-Gaben (Kuchen, Öl, Honig). An drei Tagen wurden Spiele *(ludi gladiatorii)* veranstaltet. Am fünften Tag fand eine Trompetenweihe statt, weil die Trompete der M. heilig war und die Trompeter unter ihrem besonderen Schutz standen. — Während des M.-Festes hatten die Kinder keine Schule, und sie übergaben ihren Lehrern das Schulgeld *(minerval)*.

Minucius Felix, um 200 n. Chr., röm. Schriftsteller, der zum Christentum übertrat. Er wurde berühmt durch seinen Dialog „Octavius", mit dem er beweisen wollte, daß die Lehren des Christentums mit den Errungenschaften der griech.-röm. Kultur vereinbar seien. Denn die heidnischen Schriftsteller bereiteten nach Meinung des M. dem Christentum den Weg. — Der „Octavius" ist auch ein wertvolles Zeugnis der antichristlichen Propaganda, die die Christenverfolgungen begleitete.

Misenum, röm. Flottenstützpunkt am Golf von Neapel, von Agrippa zur Zeit des Augustus ausgebaut. M. war eine bevorzugte Wohngegend mit Villen des Marius, des Lucullus und des Tiberius, der 37 n. Chr. in M. starb.

Mithras, persische Gottheit, wurde seit dem Ende des 1. Jh. n. Chr. zu einem der bedeutendsten Götter des röm. Reiches. Die M.-Mysterien (→Mysterienkulte) waren bis zum Ende des 4. Jh. der wichtigste Kult der nichtchristlichen Welt. Nero und Commodus waren Anhänger des M. Kaufleute und Soldaten verbreiteten seinen Kult. Viele unterirdisch angelegte M.heiligtümer (Mithräen) mit dem Kultbild des M. sind erhalten. M. wurde im Jahre 307 n. Chr. als „unbesiegbarer Sonnengott" *(Sol invictus)* zum Reichsgott erklärt. — Die persische Legende erzählt, daß M. in einer Zeit, bevor es den Menschen gab, aus einem Felsen hervortrat. Es war Nacht, und M. erleuchtete die Finsternis. Er kam als Helfer des guten Gottes in die Welt, um gegen den Gott der Finsternis zu kämpfen. M. hatte viele Abenteuer zu bestehen. Einmal überwältigte er einen Stier und tötete ihn mit seinem Schwert. Dieser Vorgang ist in zahlreichen uns erhaltenen bildlichen Darstellungen festgehalten. Aus dem Körper des Stieres entstanden die Pflanzen und Tiere, aus dem Rückenmark das Getreide und aus dem Blut der Wein. Der Gott der Finsternis aber versuchte, dieses Schöpfungswerk zu vernichten; er schickte Schlange und Skorpion - aber ohne Erfolg. In den Himmel zurückgekehrt wird M. zum Mittler zwischen Gott und den Menschen und zu deren Helfer im beständigen Kampf gegen das Böse. Er hilft ihnen, die Wahrheit zu achten, Gerechtigkeit zu üben und die niederen Instinkte zu unterdrücken. Der M.kult war in mancher Hinsicht dem Christentum verwandt: Als Geburtstag des M. galt der 25. Dezember; die Anhänger des M. wurden getauft und konfirmiert; sie feierten ein heiliges Abendmahl mit Brot und Wein; M. ist Retter des Menschen vor dem Bösen; er führt die Seelen seiner Getreuen nach dem Tod in die Seligkeit (→Jenseitsglaube); am Ende der Zeit findet eine Auferstehung der Toten statt; die guten Menschen werden unsterblich.

Mithras

Mithridates (oder Mithradates), eig. „Geschenk des →Mithras", 132-64 v. Chr., König der Parther, erbitterter Gegner der Römer. Im Jahre 88 ließ er an einem Tag 80 000 röm.

Zivilisten in Kleinasien ermorden. Er hatte große militärische Erfolge gegen die Römer, wurde dann aber (u. a. von Lucullus und Pompeius) besiegt, jedoch nicht vernichtet.

Mittelalter *(medium aevum),* das Zeitalter zwischen Antike und Neuzeit. Der Begriff M. wurde in der Renaissance für die Zeit zwischen dem Untergang der Antike und ihrer Wiedergeburt in Europa geprägt. Umstritten ist der Beginn des M. So bestimmen einige Geschichtsforscher bereits die Regierungszeit Konstantins I. d. Gr. (306-337) als die Wende von der Antike zum M. Andere sehen im Ende des weström. Reiches 476 oder erst in der Zeit Karls d. Gr. (um 800) den Beginn des M. Als das Ende des M. gilt zumeist das Jahr 1500. — Unter dem Blickwinkel der kulturellen Fortwirkung der röm. Antike lassen sich folgende Grundzüge des M. festhalten: Die lat. Sprache wird zur Kultur- und Bildungssprache Europas. Wissenschaft und Theologie bedienen sich des Lat. als eines internationalen Verständigungsmittels. Die Sprache der Römer wird zur Sprache der christlichen Kirche, die zugleich röm. Verwaltungserfahrung übernimmt und für ihre Zwecke zu nutzen versteht. Kirche und weltliche Herrscher können darüber hinaus die von den Römern geschaffene Infrastruktur Europas (Straßen, Siedlungen, Bauwerke) übernehmen und für ihre Zwecke weiterentwickeln. Die röm. Literatur und die antike Bildung (→artes liberales, →Enzyklopädie, →institutiones), das röm. Recht und die Medizin bleiben auch dem M. erhalten und werden von bedeutenden Persönlichkeiten weiterentwickelt (u. a. Boethius, gest. 524, Cassiodor, gest. um 583, Isidor von Sevilla, gest. 636). In den christlichen Klöstern werden röm. Autoren kontinuierlich abgeschrieben und vervielfältigt. Zahlreiche röm. Autoren stehen im M. in besonders hohem Ansehen (z. B. Cicero, Ovid, Persius, Phädrus, Quintilian, Terenz). Allmählich entsteht eine von röm. Autoren geprägte, aber auch weitgehend eigenständige mittellateinische Literatur (u. v. a. Archipoeta, Carmina Burana, Jacobus de Voragine). — Karl d. Gr. war ein wirksamer Förderer der antiken Bildung. An seinem Hof lebten und arbeiteten bedeutende lat. Schriftsteller und Gelehrte: u. a. Alkuin (etwa 730-804) und Einhard (etwa 770-840), der nach dem Vorbild Suetons eine Biographie Karls d. Gr. schrieb (Vita Karoli Magni). — Neben der Biographie und der Geschichtsschreibung erlebte auch das lat. Drama im M. eine neue Blüte: Hrotsvith von Gandersheim (935-1000) schuf sechs christliche Lesedramen, mit denen sie die anstößigen Komödien des Terenz ersetzen wollte. Die theologische Schriftstellerei wurde u. a. durch die Werke des Anselm von Canterbury (1033-1109), des Bernhard von Clairvaux (1090-1153), des Albertus Magnus (1193-1280) und vor allem des Thomas von Aquino (1224-1274) zum bedeutendsten Schwerpunkt der lat. Literatur des M. →Anhang IV

Mittellatein nennt man das mittelalterliche Latein vom 6. Jh. n. Chr. bis zur Zeit des Humanismus (14. Jh.). Das M. wurde in der ganzen abendländischen Welt im Bereich der Kirche, der Verwaltung, des Rechts und der Wissenschaft gesprochen. Das M. war eine lebendige Sprache, die sich durch neu gebildete Wörter, Bedeutungswandel und Veränderungen in der Syntax vom klassischen Latein unterschied. Erst als die Humanisten das mittelalterliche Latein durch die Orientierung an der Sprache Ciceros stilistisch zu verbessern suchten, brach die Entwicklung des gesprochenen Latein ab. Die mittellateinische Literatur ist sehr viel umfangreicher als die uns überlieferte antike Literatur in lat. Sprache. Es gibt eine bedeutende Geschichtsschreibung, Biographie (z. B. Einhards Leben Karls d. Gr., 9. Jh.), wissenschaftliche, theologische und philosophische Literatur (z. B. Peter Abälard, Albertus Magnus, Thomas von Aquin), ferner erzählende Literatur (Gesta Romanorum, Legenda aurea des Jacobus de Voragine), dramatische Dichtung (Hrotsvith von Gandersheim), epische (Waltharilied) und lyrische Dichtung (Carmina Burana).

Möbel *(mobilia* „das Bewegliche"). Im röm. Haus wurden nur wenige M. aus verschiedenen Werkstoffen (Bronze, Holz, Marmor) benutzt: Bett, Tisch, Speisesofa, Kleidertruhe, Stuhl, Kinderwiege. Der Schrank gehörte nicht zu den eigentlichen Wohn-M. Die Römer kannten auch keinen Schreibtisch. Ein besonders praktisches M.stück war der →Dreifuß.

Mörtel, Mittel zum Verbinden von Steinen und Ziegeln und zum Verputzen von gemauerten Flächen, Gemisch aus Wasser, Kalk, Sand und feingestoßenen Ziegeln, auch zur Herstellung von wasserdichtem Mauerwerk, das zwischen eine innere und äußere Begrenzung aus gemauerten Steinen oder eine Schalung aus Holzbrettern gegossen wurde. Nach dem Erhärten des M. entstand ein Baustoff, der in seinen Eigenschaften unserem heutigen →Beton sehr ähnlich war. Man nennt diesen röm. Beton *opus caementitium* (vgl. das Wort Zement). M. war auch der Untergrund für Mosaikfußböden (→Mosaik) und diente zur Abdichtung von Wasserrinnen (→Wasserleitung) und Zisternen und zur Befestigung des Untergrunds von Straßen.

Monumentum Ancyranum. Vor seinem Mausoleum in Rom ließ Augustus zwei Bronzetafeln mit einem von ihm selbst verfaßten Bericht über seine politischen und militärischen Taten und Erfolge *(res gestae)* aufstellen. Die Original-Inschrift ist nicht erhalten. Aber im 16. Jh. wurde eine lat. und eine griech. Abschrift im Tempel des Augustus und der Roma in Ancyra (Ankara) gefunden. Im 19. Jh. entdeckte man noch zwei fragmentarische Abschriften in zwei anderen kleinasiatischen Städten. Der Wortlaut des ganzen Textes läßt sich auf diese Weise rekonstruieren.

mos maiorum, „Sitten der Vorfahren" (→Ahnenkult), Normen für vorbildliches Verhalten eines röm. Bürgers, ungeschriebene Gesetze anständiger, ehrenhafter Lebensführung, z. B. im Sinne der →Wertbegriffe *virtus, pietas, gravitas, dignitas, fides.*

Mosaik *(opus musivum* „das unter dem Schutz der Musen stehende Kunstwerk"), ornamentale oder figürliche Auslegung von Fußböden, Wänden oder Decken mit kleinen Steinchen oder Glasstückchen *(tesserae)* von unterschiedlicher Form und Farbe (→Glas). Die Steinchen wurden in eine Mörtelschicht (→Mörtel) eingedrückt, auf die manchmal zuvor das gewünschte Bild mit Hilfe einer Schablone aufgezeichnet oder in seinen Umrissen ausgestochen wurde; meist jedoch wurden die Steinchen nach einer Zeichnung in eine der Bildoberfläche entsprechende vorgefärbte Mörtelfläche frei gesetzt. Nach der Erhärtung des Mörtels wurden die Steinchen glatt geschliffen. Auf diese Weise wurde nach und nach das Bild vervollständigt. — In Rom, Pompeji und anderen Städten (z. B. Trier) war das M. der beliebteste Bodenbelag für Wohnräume und andere Gebäude. Die Bildmotive paßten oft zur Bestimmung des Raumes (z. B. Fische, Meeresgötter für das Bad; Weinlese für das *triclinium).* Es wurden aber auch andere Motive verwendet (z. B. Szenen aus der Sage, Jagdszenen, Götter, Gladiatoren, Bilder aus dem Landleben). Sueton berichtet, Cäsar habe transportable M. in Form von Platten auf seinen Feldzügen mitgeführt, um seine jeweilige Unterkunft wie mit einem Teppich auslegen zu lassen. Unter dem Trierer Dom wurde im vorigen Jh. eine antike M.werkstatt mit einem Schmelzofen für die Herstellung von Glaswürfeln ausgegraben.

Mosel *(Mosella)*, Fluß in der röm. Provinz *Belgica* und wichtiger Schiffahrtsweg. Das M.-Tal war ein bedeutendes Wirtschaftsgebiet (Weinbau, Landwirtschaft, Tuchhandel) mit Städten wie Trier und Neumagen (Igeler Säule, Nennig). — Ausonius beschreibt die M.-Landschaft in seinem Epos „Mosella".

Müllabfuhr. In Rom und in anderen Gemeinden Italiens gab es eine regelmäßige M., Abfallbeseitigung und Straßenreinigung, die mit einem Gesetz Cäsars, der *Lex Iulia Municipalis*, geregelt war. Nach diesem Gesetz war es u. a. gestattet, daß die Müllwagen auch tagsüber Abfälle aus der Stadt transportierten. Die wohl größte Bedeutung für die Abfallbeseitigung hatte in Rom der Tiber.

Münzen wurden als Zahlungsmittel (→Geld) aus Metall wohl erst am Anfang des 3. Jh. v. Chr. in Rom eingeführt. Sie waren zunächst aus Kupfer (→as, der ursprünglich

273 g wog), später aus Silber (→Sesterz, →Denar). In der Kaiserzeit waren auch M. aus Gold (→aureus) ein allgemeines Zahlungsmittel. — M. trugen auf beiden Seiten eingeprägte Bilder, z. B. auf der Vorderseite das Bild des Kaisers, auf der Rückseite die Abbildung von Gegenständen (z. B. eine *quadriga).* M. hatten eine Legende (Aufschrift), die z. B. aus dem Namen des Kaisers und seinen Titeln (in Abkürzung) bestand und oft den Anlaß der M.prägung angab.

municipium (von *munera capere* Pflichten übernehmen), ursprünglich nicht-röm. Gemeinde in Italien, deren Bewohner das volle oder eingeschränkte röm. Bürgerrecht erhielten und dafür verpflichtet waren, Truppen für das röm. Heer zu stellen. Die *municipia* besaßen z. T. volle Selbstverwaltung oder wurden von röm. Präfekten verwaltet. Nach dem Bundesgenossenkrieg erhielten alle m. in Italien das volle Bürgerrecht. Seit Cäsar bekamen auch Gemeinden außerhalb Italiens den Status eines m.
→colonia, oppidum

Musen *(Musae),* die Göttinnen der Künste und Wissenschaften. Sie inspirierten und unterstützten die Dichter, Künstler und Wissenschaftler. In den →Proömien literarischer Werke wurden sie deshalb oft angerufen (Vergil, Aeneis). Erst in spätröm. Zeit wurden den insgesamt neun M. bestimmte Sachgebiete zugewiesen: Erato: Liebeslyrik, Euterpe: Flötenspiel, Kalliope: Epos, Klio: Geschichtsschreibung, Melpomene: Tragödie, Polyhymnia: Musik und Tanz, Terpsichore: Tanz, Thalia: Theater, Urania: Astronomie. (Merkhilfe für die Namen der Musen: KlioMeTerThal EuEr UrPoKal) — In Trier ist 1942 ein Mosaik mit Bildern der neun M. zu Tage gekommen. Einige der M. zeigen die für sie typischen Attribute: Thalia mit einer Theatermaske, Terpsichore mit einem Musikinstrument, Klio mit einer Schriftrolle, Urania mit einem Himmelsglobus.

Musik. Die M., eig. „die Kunst der Musen", spielte im kulturellen Leben der Römer eine große Rolle. Im Odeum fanden Gesangs-und Instrumentalaufführungen statt. Bei religiösen Festen, Prozessionen und Umzügen wurden Lieder (Kultlieder) gesungen (→Salier). Die Göttin Kybele wurde durch wilde Tänze und laute M. verehrt. Bei der Arbeit wurde gesungen. Es gab auch Kinder- und Liebeslieder, Spott- und Soldatenlieder. Sogar die Kämpfe der →Gladiatoren fanden unter M.-Begleitung statt. Beim Gastmahl sorgten Flötenspielerinnen und andere Virtuosen für Stimmung. Tänzerinnen wurden bei ihren Darbietungen von Musikinstrumenten begleitet. Straßenmusikanten verdienten ihren Lebensunterhalt unter freiem Himmel (vgl. das Mosaik des Dioskurides aus der Villa des Cicero in Pompeji). — Unter dem Einfluß der griech. Bildung wurde die M. in der Schule zum Unterrichtsinhalt. Selbst Kaiser betätigten sich, wie z. B. Nero, als Musiker.

Musikinstrumente. Die Römer haben die meisten ihrer M. von den Griechen oder Etruskern übernommen. Dazu gehörten militärische M. wie das *cornu* (Horn), die *tuba* (langgestreckte Trompete), der *lituus* (das helltönende Signalhorn der Reiterei), die *bucina* (ein leicht gekrümmtes Horn, mit dem die Dienstzeiten und überhaupt die Zeit an-, bzw. abgeblasen wurden). — Die *tibia* (Oboe oder Schalmei) und die *lyra* (ein Saiteninstrument) wurden bei Kulthandlungen verwendet. Bei den Kämpfen der Gladiatoren spielte

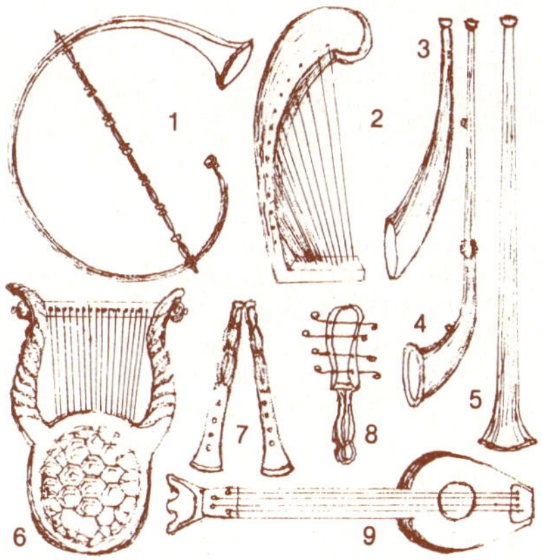

Musikinstrumente

1 cornu 2 Harfe 3 bucina 4 lituus 5 tuba 6 lyra 7 tibia 8 Rassel 9 Laute

man die Wasserorgel. Harfen und Lauten waren sehr beliebte M. Außerdem benutzte man Schlaginstrumente, Trommeln, Becken, Klappern an Händen und Füßen, Glocken und Schellen, z. B. bei Tanzvorführungen.

mu̱ta cum li̱quida (lat. „stummer" Laut mit „flüssigem" Laut), Verbindung von Verschlußlaut (muta: b, d, g, p, t, c) mit liquida (l oder r), die bei der Worttrennung nicht auseinandergerissen wird, z. B. *sim-plex, sa-crum, fla-gro.* Eine vorausgehende Silbe, die auf einen kurzen Vokal ausgeht, bleibt daher offen und damit nach den Regeln der →Prosodie kurz. Die Dichter verfahren jedoch in diesem Fall nicht einheitlich und messen die Silbe vor muta cum liquida bald kurz, bald lang.

Mysterienkulte, geheime, nur Eingeweihten zugängliche Götterkulte, die von dem Glauben an ein glückseliges Leben nach dem Tode bestimmt waren und daher das irdische Leben als streng geregelte Vorbereitung auf ein schöneres Leben verstanden. Die M. z. B. der Isis, des Mithras, der Kybele, des Bacchus oder des Attis hatten in Rom besonders seit der Kaiserzeit sehr viele Anhänger. Das Christentum trat mit seinen Verheißungen in scharfe Konkurrenz zu den M. und konnte sie erst nach langen und schweren Auseinandersetzungen verdrängen.

Mythos (griech. „Wort, Sage"), Götter- und Heldensagen, die von den Griechen schon früh in einem genealogischen System (Darstellung der verwandtschaftlichen Beziehungen) miteinander verknüpft wurden. Im homerischen Epos ist der M. bereits reich entfaltet. Die Chorlyrik und vor allem die Tragödie formen die mythischen Stoffe ständig weiter. Mit der lat. Odyssee-Übertragung des Livius Andronicus beginnen die Römer den griech. Mythos genauer kennenzulernen. Auch aus mythologischen Handbüchern eignen sich die Römer die Sagen der Griechen an. Den nationalen Mythos der Römer schuf Vergil mit seiner Aeneis. Von größter Bedeutung für die Mythenrezeption (Übernahme und Nachgestaltung der Mythen) in der abendländischen Kunst, Musik und Literatur sind Ovids Metamorphosen.

Nachrichtenübermittlung erfolgte vorwiegend durch Boten und Kuriere, die sich auf guten Fernstraßen zu Pferde oder mit dem Wagen schnell fortbewegen konnten. Augustus richtete für die staatliche N. einen Postdienst (→Post) mit Poststationen an wichtigen Straßen ein, wo Boten ihre Pferde wechseln konnten. — N. erfolgte mündlich oder schriftlich in Form des Briefes. Ein Privatmann mußte seine Briefe Reisenden oder Kaufleuten mitgeben, da er die staatliche Post nicht benutzen durfte. — N. konnte auch mit Hilfe von Brieftauben, akustischen (→Musikinstrumente) und optischen (→Limes) Signalen, z. B. mit Feuer oder Rauch, erfolgen. Die Behörden übermittelten ihre Nachrichten auf weißen Holztafeln *(in albo,* →album). Graffiti und Inschriften dienten der N. (bis zum heutigen Tag). Seit Cäsar gab es die *acta diurna*, eine öffentlich aufgestellte und kopierte Zeitung, die u. a. über die Verhandlungen im Senat berichtete.

Nachschub. Zur ununterbrochenen Versorgung der Teilnehmer eines Feldzuges mit Verpflegung, Futter, Material usw. diente der Troß, die *impedimenta,* eig. „das Gepäck eines Heeres einschließlich der Wagen, Zug- und Lasttiere mit dem zuständigen Personal". Weiterer N. wurde von mitziehenden Marketendern *(lixae)* und Händlern *(mercatores)* geliefert. Darüber hinaus mußten sich die Soldaten aus ihrem Operationsgebiet mit N. versorgen.

N̲a̲evius *(Gn̲a̲eus N̲a̲evius),* aus Kampanien stammender röm. Dichter des 3. Jh. v. Chr. N. schrieb Tragödien, Komödien und ein Epos über den 1. Punischen Krieg („Bellum Punicum" in 7 Büchern), an dem er selbst teilgenommen hatte. Er brachte zum erstenmal nationalrömische Stoffe auf die Bühne (→Prätexta) und begründete damit die literarische Darstellung röm. Selbstbewußtseins. In seinen Komödien scheute er nicht vor namentlichen Angriffen auf röm. Aristokraten zurück (z. B. auf die Meteller). Im Jahr 206 v. Chr. wurde er deswegen verhaftet und verbannt. Von seinen Werken sind nur Fragmente erhalten.

Natur *(natura).* Das lat. Wort *natura* bezeichnet u. a. die natürliche Beschaffenheit oder Gestalt eines Gegenstandes, das Wesen oder den Charakter eines Menschen, die Gesetzmäßigkeit und Ordnung der Welt oder die Welt als solche. N. ist alles, was einerseits von menschlicher Einwirkung oder Tätigkeit unabhängig existiert und andererseits das Dasein des Menschen ermöglicht und begrenzt. N. kann auch das Wesen der Götter oder des Göttlichen (vgl. Ciceros Schrift ,,De natura deorum'' Über das Wesen der Götter) oder die Weltordnung als Bau- und Funktionsplan alles Existierenden (vgl. Lukrez, ,,De rerum natura'' Über das Wesen der Welt) bezeichnen. N. ist oft auch die vollkommenste Weise des Seins, das der Mensch verwirklichen kann, seine ideale Form (vgl. Cicero, De legibus 1, 25: *est virtus nihil aliud nisi perfecta et ad summum perducta natura* sittliche Vollkommenheit ist nichts anderes als die vollkommene und zu höchster Vollendung gebrachte N.). — N. ist eine unveränderbare, dem menschlichen Zugriff nicht ausgesetzte Macht, der alles Geschehen in der Welt unterworfen ist und von der alles gesteuert wird (Cicero, De natura deorum 2, 81: *omnia subiecta ... naturae* alles ist der natürlichen Ordnung unterworfen). Cicero versteht in seiner Schrift ,,De natura deorum'' unter N. eine Ordnungsmacht *(ordo)*, ein vernünftiges System *(ratio),* ein Steuerungsprinzip der Welt *(natura mundum administrari* [wir behaupten, daß] die Welt von der N. gesteuert wird). — Der Begriff N. steht im Gegensatz zum Begriff der *ars* (Kunst, menschliche Einwirkung, Technik). Cicero (De natura deorum 2, 87) spricht der N. einen grundsätzlich höheren Wert zu als den Produkten der menschlichen *ars*, weil N. die optimale Weise des Seins ist. Dies veranschaulicht er (De natura deorum 2, 98 ff.) mit einer ausführlichen Beschreibung der ,,Schönheit'' *(pulchritudo)* der belebten und unbelebten N.: ,,... Aber wie groß ist erst die Schönheit des Meeres. Wie herrlich ist der Anblick des Ganzen. Wie vielfältig und abwechslungsreich sind die Inseln. Wie lieblich sind die Küsten und Ufer. Wie viele verschiedenartige Tiere leben im Wasser und auf dem Wasser oder hängen mit ihren Schalen an den Felsen ...'' Ciceros Preislied auf die N. bezeugt, daß die Römer die N. nicht nur unter dem Gesichtspunkt ihres praktischen Nutzens für den Menschen sahen (so z. B. Cicero, De natura deorum 2, 151 ff.), sondern auch als natürliche Umwelt bewunderten und liebten, die nach einem vernünftigen Plan von einem Schöpfergeist geschaffen und optimal geordnet wurde. — Da der antike Mensch nicht über die Mittel verfügte, die N. nachhaltig und in großem Umfang zu zerstören, gab es auch keinen N.-Schutz oder Umweltschutz. Eine Störung der natürlichen Ordnung überschritt die menschlichen Möglichkeiten, obwohl die kulturschöpferischen Leistungen des Menschen - wie Cicero (De natura deorum 2, 152) ausführt - durch eine Nutzung und auch Ausbeutung der N. zur Erschaffung einer ,,zweiten'' N. führen konnten: *nostris denique manibus in rerum natura quasi alteram naturam efficere conamur* (mit unseren Händen versuchen wir schließlich, in der Natur, die uns umgibt, eine gleichsam zweite N. zu erschaffen).

Naumachie *(naumachia),* griech. ,,Seeschlacht'', Kampfschauspiel auf einem meist künstlich angelegten See. Cäsar ließ die erste N. stattfinden, an der 1000 Seesoldaten teilnahmen (Sueton, Divus Iulius 39). Augustus veranstaltete zur Einweihung eines Tempels für *Mars Ultor* (,,den rächenden M.'') eine N., an der sich 3000 Soldaten beteiligen mußten. Claudius ließ auf dem *lacus Fucinus* (Fucinersee) in der Nähe von Rom eine N.

Naumachie
Ausschnitt aus einem Stadtplan von Rom

mit 19000 Mann durchführen (Sueton, Claudius 21). Angeblich fanden N. unter Titus und Domitian auch im Kolosseum statt. Bei allen N. ging es um Leben und Tod. Die Kämpfer waren in der Regel Kriegsgefangene oder verurteilte Verbrecher.

Nennig, Ortschaft im Saarland, 40 km südlich von Trier. 1835 wurden bei N. die Reste einer röm. Villa mit einem 160 qm großen Mosaik-Fußboden aus dem 3. Jh. n. Chr. ausgegraben. Das fast unversehrte Mosaik ist das größte erhaltene Kunstwerk seiner Art nördlich der Alpen. Abgebildet sind auf sechs achteckigen und einer quadratischen Fläche zumeist blutige Szenen aus der Arena (→Spiele).

Neoteriker (griech. „die Neueren"), Gruppe röm. Dichter um die Mitte des 1. Jh. v. Chr., die nach dem Vorbild der alexandrinischen Dichter (→Hellenistische Dichtung) das große Epos ablehnten und die kleine, kunstvoll ausgearbeitete, elegante Form (→Elegie, →Epigramm) pflegten. Leidenschaftliche Gefühle, Liebe und Haß werden scheinbar spontan und improvisiert, in Wirklichkeit jedoch in raffinierter Kunstform ausgesprochen. Mit ihrem hohen formalen Anspruch bereiten die N. die augusteische Klassik vor. Bedeutendster Vertreter der N. ist Catull. Von den anderen N. (C. Licinius Calvus, C. Helvius Cinna, Quintus Cornificius, Caecilius, Ticida, Valerius Cato) sind nur wenige Fragmente erhalten.

Nepos *(Cornelius Nepos)*, etwa 100-24 v. Chr., aus Oberitalien (vielleicht aus dem heutigen Pavia) stammender Schriftsteller. Über seine Person wissen wir kaum mehr, als daß er kein senatorisches Amt innehatte und mit Catull, Cicero, Varro und Atticus befreundet war. Seine Biographiensammlung „De viris illustribus" (Berühmte Männer), die mindestens 16 Bücher umfaßte, war so angelegt, daß bedeutenden Römern (Könige, Feldherren, Dichter, Redner, Historiker, Grammatiker) jeweils bedeutende Nichtrömer gegenübergestellt waren. Davon sind nur ein Buch über 23 ausländische Feldherren (u. a. Miltiades, Themistokles, Alkibiades, Hannibal) und aus dem Buch über röm. Historiker die Biographien des Cato (Auszug) und des Atticus erhalten. Seine übrigen Werke (eine Chronik und eine Anekdotensammlung) sind verloren. Die Biographien des N. sind zur Unterhaltung des Lesers geschrieben, wissenschaftlichen Anspruch erheben sie nicht. N. erzählt mit Lust am Detail und am Anekdotischen. Der dramatische Aufbau der Biographie ist N. wichtiger als die historische Genauigkeit.

Neptun *(Neptunus)*, italischer Gott des fließenden Wassers und der Rennbahn; deshalb dienten im *circus maximus* bronzene Delphine als Anzeigevorrichtung. — N. wurde dem griech. Poseidon gleichgesetzt.

Nero, geb. am 15.12.37 n. Chr., röm. Kaiser 54-68 n. Chr., hieß ursprünglich nach seinem leiblichen Vater *Lucius Domitius Ahenobarbus*. Seine Mutter war Agrippina die Jüngere. Claudius adoptierte (→Adoption) Lucius, der sich seitdem *Nero Claudius Caesar* nannte. N. erhielt durch den Philosophen Seneca eine gute Ausbildung und Erziehung. Seine ständigen Konflikte mit der Mutter, die ihn zu bevormunden trachtete, beendete er mit deren Ermordung. Ebenso beseitigte er seine Ehefrau Octavia, um Poppaea heiraten zu können. — N. betätigte sich als Wagenlenker, Schauspieler und Dichter (Tacitus, Annalen 14, 14-16). Für den großen Brand von Rom im Jahre 64 machte er die Christen verantwortlich, um sie grausam bestrafen zu können (Tacitus, Annalen 15, 44) (→Christenverfolgung). Beim Wiederaufbau der Stadt ließ er seine *Domus aurea* („Goldenes Haus") errichten. Im Jahre 65 schlug er die Pisonische Verschwörung nieder. Sein Lehrer Seneca mußte sich das Leben nehmen. Als die Prätorianer von N. abfielen, die Feldherrn Vindex und Galba sich gegen ihn erhoben und der Senat ihn ächtete (→Ächtung), beging er am 9.6.68 auf seiner Flucht aus Rom Selbstmord.

Nerva *(Marcus Cocceius Nerva)*, 30-98, wurde nach dem Tode →Domitians von 96-98 n. Chr. röm. Kaiser. Noch während Domitian herrschte, wurde N. von einem Wahrsager geweissagt, daß er einmal Kaiser werde. Das brachte ihn zeitweilig in Lebensgefahr. Mit N. wurde die Zeit der geistigen Unterdrückung, unter der Schriftsteller wie Tacitus besonders zu leiden hatten, beendet. N. war Adoptivvater Trajans, den er zu seinem Nachfolger bestimmte (→Adoption). Nach seinem Tode wurde N. im Mausoleum des Augustus beigesetzt.

Neumagen, Gemeinde in Rheinland-Pfalz, hervorgegangen aus der röm. Siedlung *Noviomagus* an der Straße Trier-Mainz. In N. wurden am Ende des 19. Jh. zahlreiche antike Fundstücke geborgen. Dazu gehören Reliefs von Grabdenkmälern mit sehr anschaulichen Darstellungen aus dem Alltagsleben in der röm. Kaiserzeit: Weinschiff, Pachtzahlung, Schulszene (jetzt aufbewahrt im Rheinischen Landesmuseum Trier).

Neuplatonismus, letzte Phase des Platonismus (→Akademie), in der platonische, aristotelische, stoische und pythagoreische Lehren mit orientalischer und christlicher Mystik verschmolzen. Die bedeutendsten Vertreter dieser vom 3. bis 6. Jh. n. Chr. lebendigen Philosophie sind Plotin (204-270), Jamblich (ca. 283-330), Porphyrios (ca. 232-301) und Proklos (410-485). Der N. erklärte die Welt als Emanation („Ausfluß") aus einer Gottheit. Prinzip des Göttlichen ist das Denken, Prinzip der Welt die Materie. Der Mensch hat die Aufgabe, sich von der Materie zu reinigen und durch Versenkung in die Gottheit zur Glückseligkeit zu gelangen. Der N. hatte großen Einfluß auf das christliche Denken und auf die Philosophie des deutschen Idealismus.

Nobilität, Adelsstand der *nobiles*, bildete sich nach der Beseitigung der gesellschaftlichen Grenzen zwischen Patriziern und Plebejern. Zur N. gehörten unabhängig von ihrer Herkunft aus patrizischen oder plebejischen Familien (→gens) alle Bürger, deren Vorfahren das Konsulat (→Konsul) bekleidet und dem Senat angehört hatten.

Nonae, der letzte Tag des ersten Mondviertels, das mit den *Kalendae* beginnt, der 9. Tag vor den→Idus. Im März, Mai, Juli, Oktober fielen die N. auf den 7., in den übrigen Monaten auf den 5. des Monats.
→Kalender

Noricum, röm. →Provinz südl. der Donau, im Osten von Rätien, im Westen von Pannonien begrenzt, etwa das Gebiet des heutigen Österreich. Um 15 v. Chr. wurde N. von den Römern ohne kriegerische Handlungen besetzt. Unter Mark Aurel wurde N. der Status einer kaiserlichen Provinz gegeben. In der Spätantike wurde N. in *N. ripense* und *N. mediterraneum* geteilt.

notarius (vgl. Notar), Schreiber oder Sekretär, der oft die Kurzschrift (Stenographie) beherrschte (→Tiro) und dem man Briefe oder andere Texte diktierte (vgl. Plinius, Briefe 9, 36).

Notstandsrecht. Das Recht des Staates zur Abwehr seiner Feinde bei Gefährdung der öffentlichen Sicherheit wurde vom Senat wahrgenommen. Es war die Grundlage für das *senatus consultum ultimum* („äußerster Senatsbeschluß"), das die Konsuln ermächtigte, mit allen Mitteln, d. h. auch mit solchen Maßnahmen, die unter normalen Umständen gesetzwidrig waren, gegen Staatsfeinde vorzugehen. Die Ermächtigungsformel lautete: *videant consules, ne quid detrimenti res publica capiat* (die Konsuln sollen alle Maßnahmen treffen, um Schaden vom Staat abzuwenden - Sallust, Coniuratio Catilinae 29, 2-3). — Das *senatus consultum ultimum* wurde zum ersten Mal gegen die Gracchen gefaßt und vollstreckt. — Wer auf der Grundlage des N. handelte, mußte seine Maßnahmen jedoch verantworten und nachweisen können, daß sie im Interesse des Staates lagen. Das N. gab also niemandem das Recht zu willkürlichen Handlungen (vgl. auch Cäsars Bedenken gegen das N. bei Sallust, Coniuratio Catilinae 51).

Novelle, lit. Gattung, die erst in der italienischen Frührenaissance entstand (Boccaccios „Decamerone" 1348-1353). In der Antike finden wir aber bereits novellenartige Erzählungen bei Herodot (Arion, Kroisos, Gyges, Ring des Polykrates); Aristeides von Milet (um 100 v. Chr.) schrieb erotische Geschichten („Milesiaca"), die von Sisenna (röm. Historiker, gest. 67 v. Chr.) ins Lateinische übersetzt wurden (nicht erhalten). Novellistische Geschichten sind in die Romane des Petron (Satyricon) und Apuleius (Der Goldene Esel) eingestreut.

Novellen *(novellae leges)*, „neue Gesetze", Teil des →Corpus iuris civilis. →Iustinian setzte seine 534 n. Chr. abgeschlossene Reformgesetzgebung, die aus den →Institutiones, dem →Codex Iustinianus und den →Digesten bestand, in zahlreichen Einzelgesetzen fort (seit 535 n. Chr.), die vor allem das Verwaltungs-, Kirchen-, Familien- und Erbrecht betrafen. Die amtliche Sammlung dieser N. kam nicht mehr zustande, einige private Sammlungen sind jedoch erhalten.

Numantia, Stadt in Spanien. Mit der Eroberung und Zerstörung von N. im Jahr 133 v. Chr. brach Scipio Africanus Minor Numantinus den Widerstand der gegen Rom revoltierenden Spanier.

Numa Pompilius, der Sage nach der zweite röm. König, ein weiser und frommer Mann, der u. a. die Äcker verteilt, die Spiele eingeführt und zahlreiche religiöse Einrichtungen und Ämter, z. B. die *fetiales,* die *flamines*, die Salier und die Vestalinnen, geschaffen haben soll. Bei seinen Entscheidungen soll ihn die Nymphe Egeria beraten haben. — Über N. P. erzählt Livius ausführlich (Ab urbe condita 1, 18 ff.).

Nymphen (griech. eig. „Bräute"), Töchter des Zeus (→Jupiter). Sie verkörpern natürliche Kräfte z. B. als Baum- oder Quell-N. in Gestalt schöner junger Mädchen und werden an Altären und in Grotten (Nymphäen) als segenspendende Naturgottheiten verehrt (→Mythos). Die N. konnten den Menschen aber auch gefährlich werden; sie galten als Urheberinnen von Wahnsinn und Verzückung. Man konnte von ihnen verführt und vernichtet werden. So verliebte sich z. B. eine N. in Hylas, den Gefährten des Herkules, und zog ihn in die Tiefe, als er in ihrer Quelle Wasser holen wollte.

Obelisk (griech. „Spießchen"), ein hoher viereckiger, nach oben sich verjüngender und mitunter spitz zulaufender Steinpfeiler meist aus Granit. Bei den alten Ägyptern war der mit Hieroglyphen beschriftete O. ein Kultsymbol des Sonnengottes. Die Römer brachten zahlreiche O. aus Ägypten nach Rom und stellten sie dort auf öffentlichen Plätzen auf. So ließ z. B. Augustus den ersten nach Rom transportierten O. auf der *spina* des →circus maximus aufstellen. Der heute auf dem Petersplatz in Rom stehende O. schmückte in der Antike Neros Zirkus, der sich auf dem Gebiet der heutigen Peterskirche und des Petersplatzes befand. — In Rom befinden sich noch heute weitere O. aus der Antike, z. B. auf der Piazza del Popolo und auf der Piazza S. Maria sopra Minerva. Einige der röm. O. sind jedoch Nachbildungen ägyptischer O., die z. B. im Auftrag Domitians geschaffen wurden, wie der O. auf der Piazza Navona, vor der Kirche Maria Maggiore und vor dem Quirinalspalast.

Obst. Die O.-Kultur gehörte zu den herausragenden Leistungen der Römer. Schon Varro (Res rusticae 1, 2, 6) nennt Italien einen „Obstgarten" *(pomarium)*. Die Kunst der Veredelung war hoch entwickelt. Man züchtete immer wieder neue Varianten der gängigen O.-Sorten und machte ausländisches O. in Italien heimisch. Die Eroberung neuer Provinzen bedeutete zugleich eine Bereicherung des röm. O.-Gartens. So kamen u. a. die Mandel als *nux Graeca* („griech. Nuß"), der Pfirsich als *malum Persicum* („persischer Apfel"), die Aprikose als *malum Armeniacum* („armenischer Apfel"), die Kirsche - durch Lucullus im Jahre 73 v. Chr. (Plinius, Naturalis Historia 15, 102) - als *cerasum* („Frucht aus Cerasus") und der Granatapfel als *malum Punicum* („punischer Apfel") nach Italien. Die Zitrone gelangte allerdings erst im Mittelalter durch die Kreuzfahrer in „das Land, wo die Zitronen blühn", und die Apfelsine wurde erst im 16. Jh. aus China nach Europa gebracht.

Ochsengespann. Schwere Wagen und landwirtschaftliche Geräte wurden meist von einem O. gezogen. Aufgrund unzureichender

Entwicklung und Anwendung des Zuggeschirrs wurden Leistungsfähigkeit und Zugkraft des O. nicht voll ausgenutzt. — Zwischen den Tieren des O. befand sich die Wagendeichsel. Die Zugtiere waren mit einem Joch aus Holz verbunden, das zugleich zum Ziehen diente.

Ochsengespann. Etruskische Terrakotta (Villa Giulia, Rom)

Ode (griech.), Lied, Gesang, ursprünglich mit Instrumentalbegleitung gesungen, später rezitiert. Die bedeutendsten Odendichter sind Sappho, Alkaios (um 600 v. Chr.) und Pindar (ca. 522-446 v. Chr.) in Griechenland und in Rom Horaz (65-8 v. Chr.), der seine Oden *carmina* nannte. In Deutschland wurde die Odenform vor allem von Klopstock und Hölderlin gepflegt.

Odẹum, Konzerthaus, überdachtes Theater für musikalische Aufführungen (→Musik). In Pompeji gab es ein O., das *theatrum tectum*, das zur Zeit Sullas erbaut worden war und etwa 1300 Menschen aufnehmen konnte. Das pompejanische O. lag neben dem großen Theater und der Gladiatorenschule. In Lyon stand ein erheblich größeres O. für 3000 Menschen. In den Odeen traten nicht nur Musiker und Sänger, sondern auch Dichter auf, die hier Lesungen hielten, um der Öffentlichkeit ihre Werke vorzustellen.

Odỵsseus (lat. *Ulịxes),* eine der wichtigsten Gestalten aus dem Sagenkreis um den trojanischen Krieg. O., der Sohn des Laertes, König von Ithaka, nimmt am Feldzug der Griechen gegen Troja teil, der um die von dem trojanischen Königssohn Paris entführte Gattin des Menelaos, Helena, geführt wurde. Während des zehnjährigen Kampfes um die Stadt zeichnet sich O. nicht nur als tapferer Held, sondern vor allem durch seine diplomatischen Fähigkeiten und durch seine Schlauheit aus. Seinem Rat vor allem verdanken die Griechen die Einnahme Trojas. Homer erzählt in seiner ,,Odyssee'' die Geschichte von der zehn Jahre dauernden Heimkehr des O. nach Ithaka. Auf dieser Fahrt erleben O. und seine Gefährten zahlreiche Abenteuer (z.B. bei den Kikonen, Lotophagen, Kyklopen, Laistrygonen, Sirenen, Phaiaken, bei Aiolos, Kirke, Skylla und Charybdis, Kalypso), aus denen sich O. als einziger retten kann. Nach seiner Ankunft auf Ithaka muß er seinen Palast wiedererobern, in dem zahlreiche junge Männer seine treu auf ihn wartende Gattin Penelope zur Heirat drängen. Mit Hilfe seines Sohnes Telemach, des Schweinehirten Eumaios und der Göttin Athene besiegt O. die frechen Freier.

Ö̱dipus (griech. *Oidịpus* Schwellfuß), Hauptfigur des thebanischen Sagenkreises. Laios, der König von Theben, wird vom delphischen Orakel vor der Geburt eines Sohnes gewarnt: Dieser werde seinen Vater töten und seine Mutter heiraten. Als er von seiner Gattin Iokaste tatsächlich einen Sohn bekommt, läßt er ihn, nachdem er ihm die Knöchel durchbohrt hat (daher der Name ,,Schwellfuß''), im Gebirge aussetzen. Das Kind wird jedoch von Hirten des Königs Polybos gefunden und zu diesem nach Korinth gebracht. Das kinderlose Herrscherpaar zieht ihn an Kindes Statt auf. Als Ö., inzwischen herangewachsen, Zweifel an seiner Herkunft bekommt, wendet er sich an das Orakel von Delphi und erhält die Antwort, er werde seinen Vater töten und seine Mutter heiraten. Um dieser schrecklichen Prophezeiung zu entgehen, kehrt er nicht mehr nach Korinth zurück. Unterwegs trifft er an einer engen Wegstelle mit dem ihm unbekannten Laios zusammen. Als er dem Wagenlenker des Laios nicht schnell genug ausweicht, kommt es zu einem Streit, in dem Ö. seinen Vater, ohne zu wissen, wer er ist, erschlägt. Ö. kommt nach Theben, das von einem Untier, der Sphinx, bedroht wird. Er befreit die Stadt von dieser Gefahr und erhält als Dank dafür die verwitwete Königin Iokaste, seine leibliche Mutter, zur Frau. Damit hat sich auch der zweite Teil des Orakels erfüllt. Aus der Ehe mit seiner Mutter gehen zwei Söhne, Eteokles und Polyneikes, und zwei Töchter, Antigone und Ismene, hervor.- Als Jahre später das delphische Orakel befragt wird, wie man die Stadt von der Pest befreien könne, lautet die Antwort, man müsse den Mörder des Laios bestrafen. Auf der Suche nach diesem findet Ö. schließlich heraus, daß er selbst der Täter ist. Als auch noch ans Licht kommt, daß Iokaste seine Mutter ist, blendet er sich. Die Königin erhängt sich. Der blinde Ö. wird von seinen Söhnen vertrieben. Von Antigone begleitet wandert er nach Attika und wird bei seinem Tod von den Göttern entrückt.- Die Ö.-Sage wurde in Tragödien u.a. von Sophokles (496 - 406 v. Chr.) und Seneca (4 v. Chr. - 65 n. Chr.) behandelt.

Öl. (1) Wohlriechende Öle und Salben *(unguenta)* wurden für die Körperpflege und Kosmetik verwandt (vgl. die Aufzählung bei Plinius, Naturalis Historia 13, 8-17). Grundstoffe für die verschiedenartigen Öle waren Pflanzen und pflanzliche Produkte: z. B. Rose, Lavendel, Krokus, Myrte, Zypresse, Nüsse. Die Essenzen wurden in besonderen

Olivenernte. Nach einem griech. Vasenbild (British Museum, London)

noch heute zahlreich erhaltenen Ölfläschchen z. B. aus Alabaster (einer Gipsart) aufbewahrt. (2) Olivenöl diente als Brennstoff in Lampen und als Einreibmittel bei Massagen, ferner als Nahrungsmittel. (3) Erdöl (vgl. Plinius, Naturalis Historia 35, 178-182), das man z. B. aus den Erdpechtümpeln in Syrien und Babylon oder in der Gegend des heutigen Baku am Schwarzen Meer gewann, wurde ebenfalls für den Betrieb von Lampen und auch zur Beheizung von Thermen benutzt.

Opfer *(sacrificium),* Gaben für die Götter (das Wort „O." kommt von *operari* „eine gottesdienstliche Handlung verrichten"), um deren Beistand zu erhalten, Unglück abzuwehren, sich zu bedanken, Verträge und Vereinbarungen zu bekräftigen. Geopfert werden konnte alles, was dem Menschen wertvoll war. Dazu gehörten Früchte, zubereitete Speisen, Honig, Öl, Milch, Wein. Durch das Opfern wurde die geopferte Gabe zum Eigentum der Götter. Die Gaben wurden auf einen Altar gelegt und mitunter dort verbrannt. Ferner konnten Tiere geopfert werden (→Opfertiere): Schwein, Schaf, Rind. Derartige O. hießen *suovetaurilia.* Für bestimmte Götter wurden noch andere Tiere als O. dargebracht (Pferde, Hunde, Hähne, Gänse). Die Tiere wurden entweder völlig verbrannt oder zum Teil von den Opfernden verzehrt. Der O.vorgang wurde nach strengen Vorschriften vollzogen, die den Zustand und das Aussehen der Tiere, die Form des Schlachtens und das dazu erforderliche Gerät, die Kleidung der Opfernden u. a. betrafen. Häufig bestand das O. im Darbringen von Weihgaben, die im Tempel als dauerhafte Geschenke an die Götter aufbewahrt wurden. Derartige Weihgaben waren den Göttern für eine Hilfeleistung in Form eines Gelübdes *(votum)* versprochen worden. So wurden z. B. den heilenden Göttern Nachbildungen von geheilten Körperteilen gegeben.

Opfertiere. Tiere waren bevorzugte Opfergaben. Es war festgelegt, welches Tier für welche Gottheit und bei welchen kultischen Anlässen als Opfer darzubringen war. Die häufigsten Tieropfer waren die *suovetaurilia,* d. h. die Opferung von Schweinen, Schafen und Rindern. Man opferte aber auch Ziegen

Opfertiere. Nach einem römischen Relief (Louvre, Paris)

und andere Haustiere. Hunde wurden anläßlich der Luperkalien geopfert. Ceres bevorzugte das Mutterschwein. Beim Abschluß von Verträgen opferte man Jupiter einen Eber. Äskulap bekam einen Hahn als O. Janus, Juno und Mars nahmen auch Stiere an. — Die himmlischen Götter erhielten in der Regel weiße, die unterirdischen (→Unterwelt) schwarze O. Alle O. mußten besondere Qualitätsmerkmale aufweisen und bestimmte Voraussetzungen erfüllen: Sie durften z. B. keine körperlichen Mängel haben, die Rinder durften noch nicht als Zugtiere gebraucht worden sein. — Während der Opferhandlung wurden die mit Bändern geschmückten O. getötet und zerlegt. Der *haruspex* (→Eingeweideschau) untersuchte die Eingeweide auf Abnormitäten hin. Anschließend wurden diese auf dem Altar verbrannt. Das genießbare Fleisch verzehrten die Teilnehmer der Opferhandlung.

oppidum, seit dem Bundesgenossenkrieg (89-88 v. Chr.) Bezeichnung für Städte oder stadtähnliche Ortschaften in den Provinzen. In Gallien z. B. gab es bereits vor Cäsars Ankunft befestigte *oppida* in großer Zahl.

Optimaten *(optimates)*, Interessenvertreter des röm. Senats im Bürgerkrieg, Gegner der Popularen.

Orakel *(oraculum)*, die heilige Stätte, an der man sich von einem Gott politische oder private Fragen beantworten ließ, und die dort erteilte Antwort. Von internationaler Bedeutung war das O. von Delphi (Griechenland). Ein Beispiel für die Befragung des delphischen O. bietet Livius (Ab urbe condita 1, 56): Tarquinius Superbus möchte in Delphi ein unheilverkündendes Zeichen gedeutet erhalten. — Während das O. für die Griechen von großer Bedeutung war, bedienten sich die Römer zumeist anderer Formen der Götterbefragung und Weissagung, z. B. des Losens, bei dem beschriftete Holz- oder Bronzetäfelchen gemischt und anschließend gezogen wurden, um eine Antwort zu erhalten. Diese Form des Los-O. war z. B. an den Kultstätten der Fortuna möglich. Außerdem wurden die Sibyllinischen Bücher befragt. Weitere Möglichkeiten zur Erforschung des göttlichen Willens waren die Auspizien, die von den Auguren durchgeführt wurden, und die Eingeweideschau. — Cicero beschreibt in seinem Werk ,,De divinatione'' die Fähigkeit, Zeichen (→Prodigien) zu beobachten und zu deuten (→divinatio).

Orpheus, mythischer Sänger aus Thrakien (Landschaft im Nordosten von Griechenland), der sogar Tiere und Pflanzen mit seinem Gesang bezauberte. Die Fahrt des O. ins Totenreich ist eine der berühmtesten Sagen: O. rührt mit seiner Kunst die Unterweltsherrscher so sehr, daß sie ihm erlauben, seine an einem Schlangenbiß verstorbene Gattin Eurydike zur Erde zurückzuführen. Da O. die Bedingung, sich nicht nach Eurydike umzuschauen, nicht einhält, muß diese zurück in die Unterwelt. Später wird der trauernde und zum Frauenfeind gewordene O. von thrakischen Frauen zerrissen. Die O.-Geschichte wird in Vergils ,,Georgica'' (am Ende des 4. Buches) und in Ovids ,,Metamorphosen'' erzählt. In der bildenden Kunst, in der Musik und in der Literatur wurde der Stoff immer wieder aufgegriffen.

Ostia, eig. ,,Mündungsgebiet'', Stadt an der Mündung des Tiber, wahrscheinlich die älteste röm. *colonia.* O. besaß zwei Häfen, den alten Flußhafen an der Tibermündung und einen von Kaiser Claudius angelegten, mit einer Mole gesicherten und von Trajan vergrößerten Hafen. Der Leuchtturm des Hafens stand auf einem Fundament, das durch Versenken und Ausbetonieren eines großen Schiffes geschaffen wurde (Plinius, Naturalis Historia 16, 201; Sueton, Claudius 20). Es soll das Schiff gewesen sein, mit dem Caligula den heute auf dem Petersplatz in Rom stehenden Obelisken aus Ägypten holen ließ. — Das antike O. wurde seit Anfang dieses Jh. mit zahlreichen gut erhaltenen öffentlichen Bauwerken, Wohnhäusern und Mietskasernen ausgegraben.

Rekonstruktion des Hafens von Ostia

Otho *(Marcus Salvius Otho),* 32-69, zeitweilig Ehemann der Poppäa, Freund Neros. Als Nachfolger Galbas war er für drei Monate röm. Kaiser. Er betrachtete sich als Erbe Neros. Er endete durch Selbstmord, nachdem er im Kampf um den Kaiserthron von seinem Rivalen Vitellius geschlagen worden war.

Ovid *(Publius Ovidius Naso),* 43 v.-18 n.Chr., der produktivste röm. Dichter, lebte in Rom und wurde 8 n. Chr. von Augustus aus nicht näher bekannten Gründen nach Tomi (Konstanza) am Schwarzen Meer verbannt (→Verbannung). O. schrieb Liebeselegien (Amores), dichtete ,,Liebesbriefe'' berühmter Frauen der Sage an ihre Geliebten (Heroides), verfaßte eine ,,Liebeskunst'' (Ars amatoria), mit der er zeigte, wie man eine Geliebte findet, ihre Liebe gewinnt und erhält, und die ,,Heilmittel gegen die Liebe'' (Remedia amoris), die dazu verhelfen sollten, eine nicht mehr gewünschte Liebe wieder loszuwerden. — Sein bekanntestes Werk sind die ,,Metamorphosen'', eine umfangreiche Sammlung von Verwandlungssagen von der Entstehung der Welt bis zu Cäsars Verwandlung in einen Stern. Außerdem beschrieb er den röm. Festkalender, die *fasti,* in dichterischer Form; in diesem Werk werden die röm. Feste und Gedenktage mit ihren Entstehungssagen geschildert. Aus der Verbannung schrieb O. Trauergedichte, die ,,Tristia'', und die Briefe aus dem Pontus (Epistulae ex Ponto), in denen er das langweilige und trübselige Leben am Schwarzen Meer beschreibt. — O. war schon bei seinen Zeitgenossen ein sehr beliebter und vielgelesener Dichter, wurde im Mittelalter gern gelesen und ist noch heute Schulautor. Seine Metamorphosen haben mit ihren mythologischen Inhalten auch die bildende Kunst und vor allem die Malerei bis heute befruchtet. — O.s Kunst und nachhaltige Wirkung beruhen auf seiner feinsinnigen psychologischen Beobachtungsfähigkeit, seinem überragenden Erzähltalent, seiner sprachlich-rhetorischen Meisterschaft und seiner profunden Kenntnis der antiken Mythologie.

Oxymoron (griech. ,,scharfsinnig-dumm''), eine besondere Form der →Antithese, bei der zwei sich scheinbar ausschließende Begriffe miteinander verbunden werden. Das Ergebnis ist jedoch nur scheinbar paradox, bei näherer Betrachtung erweist sich das O. als zugespitzter (pointierter) Ausdruck für einen komplexen Sachverhalt. Beispiel: Horaz, Episteln 1, 12, 19: *rerum concordia discors* die zwieträchtige Eintracht der Dinge.

Pacht, die Überlassung einer Sache an einen Pächter zur Nutzung für eine bestimmte Zeit und gegen Entgelt (Pachtzins). Man unterscheidet *conductio* (Pachtung durch den Pächter) und *locatio* (Verpachtung durch den Verpächter). Der juristische Begriff für P. ist *locatio conductio.* — Die Verpachtung von Grundstücken und Bergwerken, aber auch von Zolleinnahmen, Steuern (→publicanus) und Dienstleistungen war eine wichtige Einnahmequelle des Staates. Private Großgrundbesitzer verpachteten Land an Kleinpächter (→Kolone). Diese Form der P. setzte sich vor allem in der späten Kaiserzeit durch, da die Großgrundbesitzer aufgrund des Ar-

Pachtzahlung. Relief aus Neumagen (Rheinisches Landesmuseum, Trier)

beitskräftemangels nur einen kleinen Teil ihres Eigentums selbst bewirtschaften konnten. Sie mußten den größten Teil ihres Landes in Parzellen aufteilen und verpachten. Die Pächter wurden von den Grundeigentümern beschützt und gerieten allmählich in deren Abhängigkeit, so daß sich eine Art von Leibeigenschaft entwickelte. Das P.-Verhältnis wurde erblich und band die Familie an das Pachtland. Die Pächter übernahmen die wirtschaftliche Rolle der Sklaven.

Pacuvius *(Marcus Pacuvius)*, um 220-130 v. Chr., röm. Tragödiendichter. P. stammte aus Brundisium und war ein Neffe des Ennius. Die Stoffe seiner Tragödien entnahm er der griech. Mythologie. Er verfaßte aber auch eine →Prätexta.

palaestra, Kampf- und Übungsplatz, Sportplatz, insbesondere auch Trainingsstätte der Gladiatoren.

Palatin *(mons Palatinus* oder *Palatium)*, einer der Sieben Hügel Roms und der am frühesten besiedelte Teil der Stadt. Auf dem etwa 50 m hohen Hügel standen die ältesten Heiligtümer. Hier befand sich ein Tempel des *Iupiter Stator* („des Erhalters des Bestehenden"), in dem Cicero seine erste Rede gegen Catilina hielt. Augustus ließ auf dem P. eine Bibliothek einrichten. In der Kaiserzeit wurde der P. das bevorzugte Wohngebiet der röm. Kaiser. Die Reste zahlreicher kaiserlicher Palastbauten sind ausgegraben.

Palimpsest (griech. „wieder abgeschabt"), erneut beschriebene Handschrift aus →Pergament (selten →Papyrus), deren ursprünglicher Text abgewaschen oder ausradiert wurde. Gründe für die Wiederverwendung waren Materialmangel und Geringschätzung heidnischer Texte. Die frühere Schrift kann heute durch photographische Aufnahme wieder lesbar gemacht werden. — Berühmte Texte, die als P. überliefert wurden, sind Ciceros, „De re publica", die „Institutiones" des Gaius, Augustinus' „De civitate Dei".

palla, weiter Mantel der röm. Frau, den diese zum Ausgehen anzog und der die ganze Figur verhüllte und auch über den Kopf gezogen werden konnte.

Palliata, nach dem griech. Mantel *(pallium)* der Schauspieler benannte Art der röm. Komödie. Sie entnahm ihren Stoff im Gegensatz zur →Togata der griech. Welt, wie sie sich in der „Neuen" Komödie (etwa nach 320 v. Chr.) zeigt. In der P. wurden keine Masken, sondern Perücken getragen. Die 26 Stücke des Plautus und Terenz geben uns ein Bild von dieser Komödiengattung.

Panaitios *(Panaetius)*, etwa 180-110 v. Chr., Begründer der Mittleren Stoa. P. gehörte zusammen mit Polybios und anderen dem Scipionenkreis in Rom an. Er trug dadurch zur Verbreitung der stoischen Philosophie unter den Römern bei. Cicero wurde in seiner Schrift „De officiis" von P. beeinflußt.

Panegyrikos (griech.), Rede vor einer Festversammlung, Festrede. Berühmtestes griech. Beispiel ist die Preisrede des Isokrates auf Athen (380 v. Chr.). In Rom hielt der jüngere Plinius eine Lobrede auf Trajan (100 n. Chr.). Außerdem sind elf panegyrische Reden von unbekannten Autoren erhalten, die zwischen 289 und 389 n. Chr. vor röm. Kaisern gehalten wurden.

Pannonien *(Pannonia),* röm. Provinz, heute: östliches Österreich, Teile von Ungarn und Jugoslawien. Im Nordwesten wurde P. von Noricum, im Süden von Dalmatien, im Osten und Norden von der Donau begrenzt. Unter Tiberius setzte die intensive Romanisierung des Landes ein. Aus Militärlagern und Kolonien (→colonia) entwickelten sich größere Städte, z. B. Aquincum (Budapest), Carnuntum, Vindobona (Wien).

Pantheon (griech. „Tempel für alle Götter"), größter antiker Kuppelbau von 43,5 m Höhe auf dem Marsfeld in Rom. Der Durchmesser der Kuppel (→Gewölbe) beträgt ebenfalls 43,5 m. Das Licht dringt durch eine runde Öffnung von 9 m Durchmesser am Scheitelpunkt der Kuppel in den ursprünglich mit zahlreichen Götterstatuen geschmückten Innenraum. Vielleicht war das P. als eine Nachahmung des Himmelsgewölbes bzw. als eine Versinnbildlichung des Kosmos gedacht. — Das heutige P. wurde unter Hadrian errichtet, nachdem der ursprünglich von Agrippa im Jahre 27 v. Chr. erbaute Rundtempel 110 n. Chr. durch Blitzschlag zerstört worden war. — Das P. blieb bis heute erhalten, weil es nach der Beseitigung der röm. Götterstandbilder im Jahre 609 in eine christliche Kirche umgewandelt wurde. Doch Papst Urban VIII. aus der Familie der Barberini ließ im 17. Jh. die Innenverkleidung der Kuppel aus Bronze entfernen, um daraus Kanonen und den Baldachin über dem Hochaltar der Peterskirche in Rom herstellen zu lassen. Von den damaligen Römern wurde dazu der Spruch geprägt: *Quod non fecerunt barbari, fecerunt Barberini* (Was die Barbaren nicht zerstört haben, zerstörten die Barberini). — Heute befindet sich u. a. das Grab des italienischen Malers und Architekten Raffael (1483-1520) im P.

Pantomime (griech. *pantomimos* alles nachahmend), szenisches Spiel ohne Worte, nur durch Gestik und Tanz. Im kaiserzeitlichen Rom war die P. so beliebt, daß sie die Komödie verdrängte. Justinian verbot die P. wegen ihres oft unanständigen Inhalts (526 n. Chr.).

Papyrus, früher vor allem im Nildelta gedeihende Pflanze mit einem bis zu 4,65 m hohen Stamm, aus dem bis zu 1,85 m lange dreieckige Schäfte herauswachsen. Diese enthalten ein Gewebe, aus dem ein Beschreibstoff *(charta)* hergestellt wird (vgl. Plinius, Naturalis Historia 13, 74-82). Die Schäfte werden in möglichst dünne Streifen geschnitten, parallel auf ein mit Wasser angefeuchtetes Brett gelegt und mit Kleister bestrichen. Auf diese Lage wird quer im Winkel von 90 Grad eine zweite Lage von Streifen gelegt. Die aufeinanderliegenden Lagen werden gepreßt und geklopft, bis eine feste Verbindung entsteht, dann werden sie getrocknet und geglättet. Die fertigen P.-Blätter werden mit anderen Blättern zu einer Rolle von beliebiger Länge zusammengeklebt, die nun beschrieben werden kann (→Buch).

Paraklausithyron (griech.), Klagelied, das der ausgesperrte Liebhaber vor der verschlossenen Tür der Geliebten singt. Lat. Beispiele bei Horaz (Carmen 3, 10) und bei den Elegikern.

Parallelismus (griech. *parallelos* gleichlaufend), Wiederholung einer bestimmten Folge von syntaktischen Einheiten (Satzteilen oder Sätzen), die sich in der Wortzahl ungefähr entsprechen. Beispiel: Cicero, Pro A. Cluentio 6, 15: *vicit pudorem libido, timorem audacia, rationem amentia* Begierde siegte über die Scham, Dreistigkeit über Schüchternheit, Verrücktheit über die Vernunft.

Parenthese (griech. „Einschub"), Einschaltung eines Satzes in einen anderen Satz ohne syntaktische Verbindung. Die P. wird durch Gedankenstriche oder Klammern äußerlich gekennzeichnet. Beispiel: Cicero, Pro Milone 34, 94: *ego cum te - mecum enim saepissime loquitur - patriae reddidissem* als ich dich - mit mir spricht er nämlich am häufigsten - dem Vaterland zurückgegeben hatte.

Paris *(Lutetia Parisiorum),* ursprünglich eine Stadt der keltischen *Parisii* (→Kelten) auf einer Insel der Sequana (Seine), wichtiger Handelsplatz, von Cäsar mehrfach erwähnt (De Bello Gallico 6, 3 und 7, 57 f.).

Parmenides, griech. Philosoph um 500 v. Chr., aus Elea (Unteritalien). P. verfaßte ein Lehrgedicht, in dem er eine Zweiweltentheorie vertrat: Einer Welt des ewigen Seins, die nur dem Denken zugänglich ist, steht eine Welt des Scheins gegenüber, die nur in den Vorstellungen der Menschen existiert.

Parodie (griech. ,,Gegengesang, Nebengesang''), verzerrende Nachahmung eines bedeutenden Werks durch einen neuen Inhalt, der zur ursprünglichen Form, die beibehalten wird, in Kontrast steht und dadurch komisch oder satirisch wirkt. Älteste Beispiele in der Antike sind Parodien auf die homerischen Epen. In der lat. Literatur finden wir P. vor allem in den Komödien, bei Lucilius, Petron, in der mittelalterlichen Literatur (→Mittellatein) und in der Literatur des Humanismus.

Paronomasie (griech. ,,Veränderung eines Wortes''), Wortspiel, das auf der Ähnlichkeit des Klanges zweier Wörter beruht, die verschiedene oder entgegengesetzte Bedeutung haben. Beispiel: Cicero, Ad Atticum 1, 13, 2: *facie magis quam facetiis ridiculus* mehr wegen seines Aussehens als wegen seiner Witze lächerlich.

pars pro toto, eine Form der →Synekdoche, bei der das Ganze durch den Teil ausgedrückt wird, z. B. *tectum* ,,Dach'' für ,,Haus'', *puppis* ,,Hinterdeck'' für ,,Schiff''.

Parteien (von lat. *pars* Teil) als politische Gruppen, Vereinigungen oder Gemeinschaften im modernen Sinne gab es in Rom nicht, da die politisch wichtigen Stellungen (→cursus honorum) nicht allgemein zugänglich waren und daher nicht Ziel parteipolitischer Auseinandersetzungen und öffentlicher Meinungsbildungsprozesse sein konnten, wie dies in einem demokratischen Mehrparteiensystem der Gegenwart der Fall ist. — In der Zeit des Bürgerkrieges lieferten sich jedoch zwei parteiähnliche Machtgruppen, die Interessenvertreter des Senats, die →Optimaten, und die Vertreter des *populus,* der röm. *plebs,* die →Popularen, zeitweilig blutige Auseinandersetzungen. Beide Gruppen hatten prominente Führer, die die Macht im Staat erstrebten.

Parther, iranisches Reitervolk aus dem Gebiet südlich und östlich des Kaspischen Meeres, dehnten ihr 500 Jahre bestehendes Reich nach Westen bis Mesopotamien (heute: Irak) aus, gefährdeten ständig die östliche Grenze des von den Römern beanspruchten Einflußgebietes. Kriege gegen die P., die von den Römern nie unterworfen wurden, mußten Lucullus und Crassus, ferner Pompeius und später Trajan, Mark Aurel und Septimius Severus führen (→Mithridates).

Parzen *(Parcae).* Ursprünglich gab es wohl nur eine *Parca,* eine Geburtsgöttin. Später erhöhte sich die Zahl der P. auf drei. Sie bestimmten das Schicksal der Menschen. Sie wurden den griech. Moiren (Klotho, Lachesis und Atropos) gleichgesetzt und hatten die Aufgabe, den Lebensfaden zu spinnen, zu halten und eines Tages durchzuschneiden.

passus, röm. Längenmaß, ,,ein Doppelschritt'', 148 cm, das Fünffache des Fußes. 125 p. bilden ein *stadium* (185 m), 1000 p. eine Meile (1480 m).

pater familias, ,,Vater der Familie'', Haupt der röm. Familie; seiner hausherrlichen und strafrechtlichen Gewalt *(patria potestas)* waren die Ehefrau, sämtliche Kinder und die Sklaven unterworfen; allein der p. f. war ein *homo sui iuris,* d. h. ein rechtlich selbständiger und freier Mann, alle anderen Familienangehörigen waren *homines alieni iuris,* d. h. in ihrer Rechtsstellung zugunsten des p. f. beschränkt und konnten z. B. nicht über ein eigenes Vermögen frei verfügen. Die *patria potestas*, die ,,väterliche Gewalt'', die erst mit dem Tod des p. f. endete, war ursprünglich nur durch die Bindung an den *mos maiorum* beschränkt. In der Kaiserzeit verwandelte sich das absolute Herrschaftsrecht des p. f. in ein Erziehungsrecht. In christlicher Zeit wurde die dem p. f. früher erlaubte Tötung oder Aussetzung von Kindern als Verbrechen bestraft.

patres conscripti, Anrede der Senatoren im Senat, eig. *patres* (Mitglieder der patrizischen Familien, →Patrizier) *et conscripti* (zusätzlich in die Liste der Senatoren, das *album senatorium,* aufgenommene Mitglieder des Senats aus plebejischen Familien, →Plebejer).

Patrizier, Nachkommen der ältesten röm. Familien. Sie vermehrten ihre Macht und ihr Vermögen vor allem durch die Erweiterung des röm. Territoriums. Mit ihren Stimmen wurden die Entscheidungen der Volksversammlung herbeigeführt.
→Plebejer, Ständekämpfe

Patron *(patronus),* Beschützer und Nutznießer der Klienten, dann auch deren Verteidiger und Vertreter vor Gericht. Alle Freigelassenen standen als →Klienten unter dem Patronat ihrer ehemaligen Herren. Auch die eroberten Städte und Provinzen hatten einen P., der ihre Interessen in Rom zu vertreten hatte und moralisch zu Unterstützung und Fürsorge verpflichtet war. Diese Verpflichtung des P. zu fürsorglicher Wahrung des Wohles der von ihm Abhängigen hieß *fides* (Treue, Vertrauen, Zuverlässigkeit). Die Rechtsformel für das Verhältnis zwischen P. und Klient lautete: *in fidem se dare* („sich in die *fides* eines P. begeben") und aus der Sicht des P. *in fidem recipere* („einen Klienten in das *fides*-Verhältnis aufnehmen").

Paulus, 1. aus Tarsos (Kilikien) stammender jüdischer Schriftgelehrter, der nach seiner Bekehrung zum Christentum vor allem in Kleinasien, Makedonien und Griechenland als Apostel wirkte. Die Theologie des P. kennen wir aus seinen in griech. Sprache geschriebenen Briefen, die im Neuen Testament überliefert sind. Der Briefwechsel zwischen P. und Seneca ist unecht (wohl 3. Jh.). Im Jahr 56 wurde P. in Jerusalem festgenommen, zwei Jahre später nach Rom deportiert und dort (um 60) hingerichtet. Die Lehren des P. haben das Christentum entscheidend geprägt.
2. *(Iulius Paulus),* einer der bedeutendsten röm. Juristen, 2./3. Jh. n. Chr. Von seinen zahlreichen Schriften (75 Titel sind bekannt) sind nur Zitate in den →Digesten erhalten. P. verfaßte u. a. einen Kommentar zum prätorischen →Edikt und ein juristisches Lehrbuch.

Penaten *(Di penates),* nicht näher bestimmte Götter, die die Vorratskammer *(penus)* des Hauses verwalteten und schützten (→lares). Sie wurden am Herd verehrt. Man spendete ihnen Blumen, Eier, Wein u. a. an den *Nonae, Idus* und *Kalendae.* Die *Di penates populi Romani* wurden als Schutzgötter des röm. Volkes im Tempel der →Vesta verehrt.

Pentameter, aus „fünf Metren" gebildeter Vers, im allgemeinen der daktylische P.:

– ⏔ – ⏔ – / – ⏑⏑ – ⏑⏑ ⏓

In Verbindung mit einem vorausgehenden daktylischen →Hexameter bildet der P. das elegische →Distichon.

Penthemimeres (griech. „aus fünf Halbteilen bestehend"), die häufigste →Zäsur im lat. →Hexameter; Einschnitt nach der Länge im dritten Metrum: 1– ⏔ 2– ⏔ 3– ¦ ⏔ 4– ⏔ 5– ⏑⏑ 6– ⏓ Die P. ist oft mit einer zweiten Zäsur nach der Länge im vierten Metrum verbunden, der →Hephthemimeres:

1– ⏔ 2– ⏔ 3– ¦ ⏔ 4– ¦ ⏔ 5– ⏔ 6– ⏒

Auch ein dritter Einschnitt kann dazukommen, die →Trithemimeres nach der Länge im zweiten Metrum:

1– ⏔ 2– ¦ ⏔ 3– ¦ ⏔ 4– ¦ ⏔ 5– ⏑⏑ 6– ⏒

peregrinus, Ausländer, freier, aber nichtrömischer Bewohner einer röm. Provinz. Er konnte das röm. Bürgerrecht bekommen. Jeder p. war ein Untertan des röm. Volkes. In Rechtsangelegenheiten war in Rom ein besonderer Prätor, in den Provinzen der Statthalter für die *peregrini* zuständig.

Pergament, Haut vom Kalb, Schaf, Esel oder von der Ziege, verwendet als Beschreibstoff (→Buch, →codex). Die ungegerbte Haut wird von Haaren und Fleischteilen befreit und gereinigt, dann gespannt, getrocknet und mit Kreide oder Bimsstein geglättet. Die Blätter aus P. konnten im Gegensatz zum

→Papyrus beidseitig beschrieben und zu einem *codex* gebunden werden. — Das P. ist nach der Stadt Pergamon in Kleinasien benannt, wo die P.-Produktion in besonderer Blüte stand.

Periode (griech. *periodos* Umlauf), durch Unterordnung (Hypotaxe) eines oder mehrerer Gliedsätze unter einen Hauptsatz gebildetes Satzgefüge, das ein abgerundetes Ganzes bildet. Jede noch so umfangreiche P. besteht aus zwei Teilen, Protasis (Vordersatz) und Apodosis (Nachsatz), die sich wie These und Antithese, Frage und Antwort, Erwartung und Erfüllung, Spannung und Lösung gegenseitig ergänzen. Die P. soll eine gedankliche Einheit darstellen, daher wird nach Möglichkeit Subjektwechsel vermieden. Ferner soll sie übersichtlich, gut proportioniert, abwechslungsreich, wohlklingend und — besonders am Ende — rhythmisch gestaltet sein (→Klausel). Wenn der Gliedsatz dem Hauptsatz vorangeht, spricht man von steigender, wenn er dem Hauptsatz folgt, von sinkender P. — Ferner unterscheidet man zwischen historischer P. (Cäsar, Livius) und oratorischer P. (bes. Cicero): Die historische P. stellt eine Begebenheit und ihre Umstände in strenger Beachtung der zeitlichen Verhältnisse dar; die oratorische P. drückt in möglichst klaren Proportionen und mit allem rhetorischen Schmuck einen Gedanken aus, der sich aus mehreren zu einer Einheit verbundenen Sätzen ergibt.

Peripatetiker, die Schüler und Anhänger des Aristoteles. Sie haben ihren Namen von den Peripatoi, den Wandelgängen ihres Schulgebäudes in Athen. Die Schule der P. bestand von der Zeit des beginnenden Hellenismus bis in das 3. Jh. n. Chr. Der erste Schulleiter war der vor allem mit seiner Philosophiegeschichte bis in das Mittelalter wirkende Theophrast (373-288 v. Chr.). Die Bedeutung der P. beruhte nicht nur auf der ständigen Neuinterpretation der Schriften des Aristoteles, sondern auch auf eigenständigen wissenschaftlichen Leistungen.
→Antiochos von Askalon, Eklektizismus, Karneades

peristylium, um den Garten im hinteren Teil des röm. Hauses führender Säulengang.

peroratio, Schluß der Rede mit dem Zweck, die Hauptgesichtspunkte zusammenzufassen und die Affekte der Hörer zu erregen, um Zorn oder Abneigung gegenüber dem Gegner und Wohlwollen oder Mitleid für die eigene Position hervorzurufen.

Perser, kriegerisches Volk indogermanischer Herkunft, das im 6. Jh. unter seinem König Kyros ein riesiges Reich von Kleinasien bis Indien bildete (nördl. Begrenzung Schwarzes Meer, Kaspisches Meer, Aralsee, südl. Begrenzung Arabische Halbinsel, Persischer Golf und Indischer Ozean). Zeitweilig war auch Ägypten unter persicher Herrschaft. Im 5. Jh. versuchten die P. vergeblich, auch Griechenland ihrem Reich anzugliedern. Die Griechen besiegten die P. bei Marathon (490 v. Chr.) und bei Salamis (480 v. Chr.). — Alexander d. Gr. eroberte im 4. Jh. das Reich der P. — In röm. Zeit beherrschten die Parther große Teile des persischen Reiches. Die westlichen Gebiete wurden in röm. Provinzen umgewandelt (u. a. Asia, Phrygien, Bithynien, Kilikien, Syrien, Kappadokien, Pontus). Erst im 3. Jh. n. Chr. entstand wieder ein selbständiges P.-Reich.
→Jagd, Justinian, Mithras

Persius *(Aulus Persius Flaccus)*, röm. Dichter, 34 v. Chr. in Volaterrae (heute Volterra) geboren, etruskischer Herkunft; mit zwölf Jahren kam er nach Rom, wo er von hervorragenden Lehrern unterrichtet wurde. Er schloß sich dem stoischen Philosophen Lucius Annaeus Cornutus an und lernte Lukan und Seneca kennen. Zu seinen Freunden gehörte der Politiker Paetus Thrasea. Im Jahr 62 starb er an einer Magenkrankheit. Sein unvollendetes Satirenbuch wurde von einem Freund, dem Dichter Caesius Bassus, herausgegeben. Die sechs an Lucilius und Horaz orientierten Satiren, denen ein Prolog in →Hinkjamben vorausgeht, behandeln in dunkler, manchmal gesuchter Sprache moralphilosophische Themen in der Art der →Diatribe (z. B. die wahre innere Freiheit, der rechte Gebrauch des Reichtums u. a.). Wegen seiner ethischen Haltung war P. im Mittelalter sehr geschätzt.

persona, die Maske, der Schauspieler, die Rolle, der Charakter, die Persönlichkeit - ein noch heute lebendiges, wichtiges Wort, dessen Herkunft umstritten ist; vielleicht kommt es von griech. *prosopon* (Gesicht) oder von der griech. Unterweltsgöttin Persephone oder vom etruskischen Dämon *phersu* (der seinerseits auf das griech. Vorbild Persephone zurückgeht) oder von *personare* = *perzonare* verkleiden (aus griech. *zone* Gürtel).

Personennamen. Im 1. Jh. v. und im 1. Jh. n. Chr. bestand der Name eines röm. Bürgers (→Bürgerrecht) aus drei Bestandteilen: *praenomen* (Vorname), *nomen gentile* (Familienname) und *cognomen* (Beiname). Das *praenomen* bezeichnete die Person innerhalb ihrer Familie. Die elf häufigsten *praenomina* waren: *Aulus* (abgekürzt: *A.), Gaius (C.), Gnaeus (Cn.), Decimus (D.), Lucius (L.), Marcus (M.), Publius (P.), Quintus (Q.), Sextus (Sex.), Tiberius (Ti.), Titus (T.).* Seltener vorkommende *praenomina* waren: *Appius (Ap.), Kaeso (K.), Mamercus (Mam.), Manius (M'.), Numerius (N.), Servius (Ser.), Spurius (Sp.).* — Die *nomina gentilia* waren der wichtigste Bestandteil der P., weil sie die Zugehörigkeit zu einer bestimmten →gens angaben. — Die *cognomina* ergänzten die *praenomina.* Allerdings konnten auch diese wie die *nomina gentilia* erblich sein. — Als weitere Bezeichnungen einer Person kamen hinzu: der Name des Vaters, indem dessen *praenomen* im Genitiv verbunden mit *filius* („Sohn") genannt wurde, und der Name der →tribus, in der die Person wohnte. — Gewöhnlich wurde (und wird auch heute noch) nur e i n Namensbestandteil verwendet: z. B. statt *Marcus Tullius Cicero* nur „Cicero", statt *Quintus Horatius Flaccus* nur „Horatius" oder „Horaz". — Das *cognomen* war oft ein sprechender Name: *Flaccus* „großohrig", *Naso* „langnasig", *Nero* „stark", *Crassus* „dick", *Rufus* „rotblond", *Pansa* „Plattfuß", *Sulla* „blond". — Zum *cognomen* konnte noch ein weiteres *cognomen* oder *supranomen* treten: z. B. *Publius Cornelius Scipio Africanus.* — Wenn eine Person adoptiert (→Adoption) wurde, dann bekam der Adoptierte den Namen des Adoptivvaters, und sein ursprüngliches *nomen gentile* wurde erweitert und die Silbe *-an-* hinzugesetzt: Der Sohn des *Lucius Aemilius Paullus* hieß nach seiner Adoption durch *Publius Cornelius Scipio: Publius Cornelius Scipio Aemili-an-us.* — Die Freigelassenen übernahmen das *nomen gentile* und später auch das *praenomen* ihres ehemaligen Herrn mit dem Zusatz ihrer sozialen Stellung: *Publius Petronius Lucii libertus* = *Publius Petronius,* Freigelassener des *Lucius (Petronius).* — Die →Sklaven hatten nur ihren individuellen P. und das *praenomen* mit dem *nomen gentile* ihres Herrn: *Aphrodisius Marci Tulli servus.* — Frauen trugen nur das *nomen gentile* in weiblicher Form: *Cornelia, Iulia, Claudia.* Mitunter kamen der Name des Vaters und des Ehemannes hinzu (z. B. auf Inschriften). — In der Spätantike setzten sich wieder - wie zu Beginn der röm. Geschichte - die einteiligen P. durch: *Prudentius, Ambrosius, Honorius,* sprechende P. mit positivem Sinn.

Perücke. „Gekauftes Haar" war den Römern nicht unbekannt, diente zur Verhüllung von Glatzen oder grauen Haaren, um Jugendlichkeit vorzutäuschen. Man trug sie auch, um sich unkenntlich zu machen, wie z. B. Caligula (Sueton, Caligula 11), Nero (Sueton, Nero 26) oder Messalina (Juvenal 6, 120) bei ihren Ausflügen und Ausschweifungen im röm. Nachtleben. Zeitweilig war es Mode, blonde P. zu tragen, die vor allem aus Germanien eingeführt wurden (Ovid, Amores 1, 14, 45; Martial 5, 68; Petron 110). Auch Standbilder wurden mitunter mit P. geschmückt.

Petrarca *(Francesco Petrarca),* italienischer Dichter aus Arezzo, 1304-1374, Begründer des Humanismus und begeisterter Verehrer röm. Schriftstellerei, besonders Ciceros. P. verfaßte viele Schriften (u. a. „De viris illustribus" Berühmte Männer der Antike) und Briefe.

Petron *(Titus Petronius Arbiter),* röm. Schriftsteller, enger Vertrauter Neros. Er hatte am Hofe die Stellung eines *arbiter ele-*

gantiarum, d. h. eines Sachverständigen für feine Sitten, Anstand und guten Geschmack. Wegen angeblicher Beteiligung an der Pisonischen Verschwörung wurde er 66 n. Chr. von Nero zum Selbstmord gezwungen. Tacitus (Annalen 16, 18-19) gibt eine ausführliche Charakteristik des Mannes. — Sein literarisches Hauptwerk ist der satirische Roman mit dem Titel ,,Satyricon libri'' oder ,,Satyrica''. Berühmt ist das Hauptstück dieses Romans, die *cena Trimalchionis,* das ,,Gastmahl des Trimalchio''. P. schildert hier die Lebensweise eines reichen, aber völlig ungebildeten Emporkömmlings und gibt zugleich durch anschaulich-komische und realistische Personen- und Situationsschilderungen und novellistische Einlagen (→Novelle) einen Einblick in die sozialen Verhältnisse des 1. Jh. n. Chr. — Das sehr unterhaltsame Werk liefert nicht zuletzt Beispiele für die lebendige röm. Umgangssprache.

Pferd *(equus),* der wichtigste Helfer des Menschen in der Landwirtschaft, als Zugtier, als Transport- und Fortbewegungsmittel (→Post, Reisen, Wagen), bei der Nachrichtenübermittlung, auf der Jagd, im Kriegswesen und im Sport (→Pferderennen, quadriga, Wagenrennen). — Über Zucht und Erziehung des P. berichtet Vergil (Georgica 3). Tacitus nennt (Annalen 2, 5) Gallien als bevorzugtes Zuchtgebiet für Militär-P. — Schimmel waren besonders beliebt; man benutzte sie auch für die Triumph-Züge (Livius, Ab urbe condita 5, 23). — In früherer Zeit ritt man ohne Sattel und Steigbügel. Später entwickelte sich aus der P.-Decke *(ephippium)* der Sattel. Cäsars gallische Reiter waren *ephippiati equites,* d. h. sie ritten auf Decken, bzw. Sätteln, was bei den Germanen als unehrenhaft galt (Cäsar, De bello Gallico 4, 2).

Pferderennen, beliebte Veranstaltung im *circus maximus* (→quadriga, →Wagenrennen). Der Sage nach fanden seit Romulus in Rom P. statt. Tarquinius Priscus, der 5. König von Rom, soll P. schon an der Stelle des späteren *circus maximus* veranstaltet haben. Zu Ehren des Mars wurden Ende Februar und Anfang März P., die *equiria* (,,Pferderennen'') abgehalten (→Spiele).

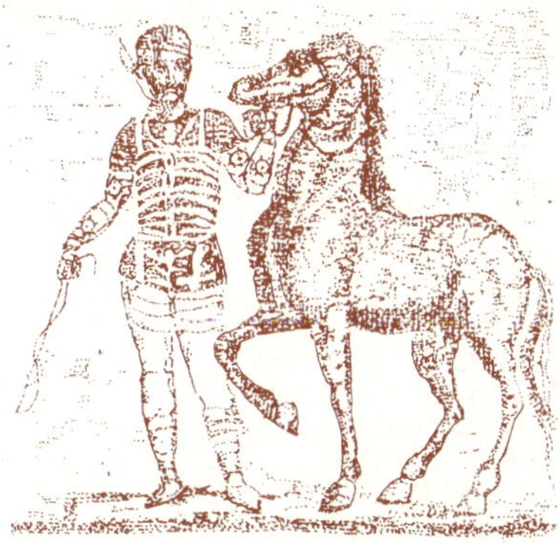

Vor dem Rennen. Nach einem Mosaik (Museo Nazionale Romano, Rom)

Phädrus, *(Phaedrus)* röm. Fabeldichter im 1. Jh. n. Chr., der in jungen Jahren als Sklave aus Makedonien nach Rom kam und von Augustus freigelassen wurde *(Augusti libertus).* Unter Tiberius wurde er von Sejan angeklagt, wahrscheinlich wegen kritischer Äußerungen in seinen Fabeln. Die Zeitkritik spielt in den fünf Büchern Fabeln des P. eine große Rolle. P. benutzte Fabeln des Äsop als Vorlage, dichtete aber auch vieles selbst hinzu. Die Sprache der in jambischen →Senaren verfaßten Fabeln ist schlicht und klar. P. wurde im Mittelalter und in der Neuzeit viel gelesen. Die Fabeldichtung von La Fontaine, Gellert und Lessing ist von ihm beeinflußt.

Pharsalos *(Pharsalus)*, Stadt in Thessalien, einer Landschaft in Nordgriechenland. In der Nähe von Ph. besiegte Cäsar im Jahre 48 v. Chr. Pompeius. Lukan schildert das Ereignis in seinem Epos ,,Pharsalia''.

Pherekrateus, ein von dem Komödiendichter Pherekrates (5. Jh. v. Chr.) verwendeter Vers, ein um die letzte Silbe verkürzter →Glykoneus (katalektischer Glykoneus):
⏓⏓ / – ⏑ ⏑ – / ⏑

Philippi, Stadt im nördlichen Griechenland; bei Ph. besiegte Antonius im Jahre 42 v. Chr. die Mörder Cäsars, Brutus und Cassius; später wurde Ph. berühmt durch den Brief des Paulus an die Philipper.

Philon von Larisa, griech. Philosoph aus der Schule Platons, der im 2./1. Jh. v. Chr. die Akademie leitete. Ph. rückte von der skeptischen Haltung der Akademie in der Frage nach der Möglichkeit der Erkenntnis teilweise ab. Im Jahr 88 v. Chr. kam er nach Rom. Cicero studierte bei ihm Philosophie.

Philosophenschulen entstanden erst im 4. Jh. v. Chr.; bei den früheren Gruppierungen kann man nicht von Schulen mit Lehrbetrieb usw. sprechen. — Die vorsokratische Philosophie gliedert sich in einen jonischen und einen italischen Zweig. Zu den jonischen Philosophen gehören die Milesier Thales, Anaximander, Anaximenes und die Atomisten Leukipp und Demokrit, zum italischen Zweig Pythagoras und die Eleaten Xenophanes, Parmenides, Zenon und Melissos von Samos. Heraklit, Anaxagoras und Empedokles lassen sich keiner dieser beiden Gruppen zuordnen. Gemeinsam ist den Vorsokratikern die Frage nach dem Wesen des Kosmos und des Seins. Seit Sokrates (470-399 v. Chr.), der ,,die Philosophie vom Himmel herunterholte und in den Städten ansiedelte'' (Cicero, Tusculanae disputationes 5, 10) tritt der Mensch ins Zentrum des Fragens. Die Sokratesschüler Antisthenes, Eukleides, Platon und Aristipp werden Gründer der sog. sokratischen Schulen, die wiederum Ausgangspunkt für die stoische (→Stoa) und peripatetische Philosophie sind. Neben diesen Schulen, die von jeweils verschiedenen Aspekten der sokratischen Philosophie ausgehen, gibt es in hellenistischer Zeit noch die Schule Epikurs, den ,,Garten'' (griech. *kepos),* und die Skeptiker (→Skeptizismus) sowie seit dem 2. Jh. v. Chr. die Neupythagoreer. Die erste Ph., die von Platon um 385 v. Chr. gegründete Akademie, blieb fast ein Jahrtausend lang lebendig; erst 529 n. Chr. wurde sie von Kaiser Justinian geschlossen. Überblick über die wichtigsten Philosophenschulen, die Schulgründer, ihren Ursprung und ihre bekanntesten Vertreter →Anhang VII.

Philosophie (griech. *philosophia* Liebe zur Weisheit) hatte in der Antike einen weiteren Bedeutungsinhalt als heute. Sie wurde in hellenistischer Zeit in drei große Bereiche eingeteilt: Logik, Physik und Ethik. Zur Logik gehörten auch Erkenntnistheorie, Sprachphilosophie und Rhetorik; zur Physik die Theologie, Metaphysik, Kosmologie, Meteorologie, Hydrologie, Seismologie, Geophysik, Erdkunde, Biologie, Psychologie und Physiologie; zur Ethik die Haushaltslehre (Ökonomik) und Politologie. — In Rom wurde die Ph. erst im 2. Jh. v. Chr. heimisch. Der praktische Sinn der Römer, die Vätersitte *(mos maiorum)* und die alle Bereiche des Lebens umfassende Religion setzten ihrem Denken feste Grenzen. Erkennen um der Erkenntnis willen, Lust am Denken, das Bedürfnis, der Welt auf den Grund zu gehen - diese griech. Eigenart war den Römern fremd. Auch nachdem man sich - vor allem im Kreis um den jüngeren Scipio - philosophischem Denken geöffnet hatte, konzentrierte sich das Interesse auf die Philosophie der Praxis, während Logik, Physik und Metaphysik nur in geringem Ausmaß aufgenommen wurden. Die Ethik stand auch bei den beiden wichtigsten hellenistischen Philosophenschulen, der Stoa und den Epikureern, im Vordergrund. Diese beiden Schulen fanden daher in Rom am meisten Resonanz. — Nach dem Sieg der Römer über Makedonien (168 v. Chr.) kamen bedeutende griech. Philosophen nach Rom, u. a. der Stoiker Panaitios, die Akademiker Karneades von Kyrene (Philosophengesandtschaft von 156/155 v. Chr.) und Antiochos von Askalon. Viele Römer studierten bei griech. Philosophen. Ihre Leistung auf philosophischem Gebiet ist vor allem die Entwicklung einer lat. Terminologie für die griech. Begriffe. Cicero war der erste, der den Römern griech. Ph. in ihrer eigenen Sprache vorstellte. Er machte sie mit den Gedanken der Stoa, Epikurs, der Akademie und des Peripatos bekannt (→Philosophenschulen). Lukrez stellte in seinem Lehrgedicht ,,De rerum natura'' (Vom Wesen der Dinge) die Physik Epikurs dar. Seneca vermittelte stoische Ph., vor allem des Poseidonios. Eine Synthese von spätantiker Ph. (besonders Neuplatonismus) und christlicher Theologie finden wir bei Augustinus. Der letzte und wohl bedeutendste röm. Philosoph ist Boethius, der der lat. Welt Platon und Aristoteles vermittelte und damit das Fundament der mittelalterlichen Philosophie errichtete.

Physik (griech. *physikę epistęme,* Wissenschaft von der Natur), neben Ethik und Logik einer der drei Teile der antiken Philosophie. Die antike Ph. unterscheidet sich sowohl in ihrem Objektbereich als auch in ihren Methoden von der heutigen Ph. Sie behandelte als Wissenschaft vom Kosmos (nach einem kaiserzeitlichen Handbuch) u. a. folgende Gebiete: Ursprung des Kosmos, das Wesen Gottes, Prinzipien der Welt (Stoff, Ursachen, Elemente, Teilung der Körper, Mischung, leerer Raum, Zeit, Bewegung, Kausalität, Notwendigkeit, Zufall), Form und Aufbau der Welt (Himmelskörper, meteorologische Erscheinungen, geophysikalische Phänomene), das Wesen der menschlichen Seele und des menschlichen Körpers. Die Ph. umfaßte also Gebiete, die heute zur Theologie, Metaphysik, Astronomie, Meteorologie, Geologie, Psychologie, Biologie und Physiologie gehören. — Im Gegensatz zur heutigen Naturwissenschaft ging es der Ph. nicht um Quantitäten, sondern nur um die Qualität der Erscheinungen. Sie untersuchte also z. B. nicht, wie weit entfernt, wie groß und wie schwer die Sonne ist, sondern fragte nach der Beschaffenheit, der Natur und dem Zweck dieses Himmelskörpers. — Neben der philosophischen Fragestellung der antiken Ph., die wir heute als Naturphilosophie bezeichnen, entwickelte sich in Griechenland schon seit dem 4. Jh. v. Chr. eine quantitativ vorgehende Naturwissenschaft, die freilich nicht zur Philosophie, sondern zu den ,,Künsten'' (lat. *artes liberales)* gerechnet wurde. Die Römer haben keinen selbständigen Beitrag zur Ph. und zur Naturwissenschaft geleistet. Lukrez vermittelte ihnen die Ph. Epikurs, Seneca die Meteorologie des Poseidonios; eine zusammenfassende Darstellung der naturwissenschaftlichen Erkenntnisse seiner Zeit gab Plinius d. Ä. in den 37 Büchern seiner ,,Naturalis Historia'' (Naturkunde).

Pincius, ein Hügel im Norden von Rom mit den Parks vornehmer Römer (heute ,,Pincio''). Daher hieß der P. ursprünglich *collis hortulorum* (,,Hügel der Gärtchen''). Sallust hatte dort seine Gärten, die *horti Sallustiani*, und Lucullus seine *horti Luculliani.*

Pinie *(pinus),* im Mittelmeergebiet verbreitete hochwachsende Kiefernart mit schirmförmiger Krone. Der P.-Samen galt als Mittel gegen Durst, gegen Magensäure und gegen Nierenleiden (Plinius). — Die P. wurde vielerorts als Gartenschmuck gepflanzt. Sie war der Diana heilig (Horaz, Ode 3, 22, 5).

Piraten, Seeräuber, verunsicherten vor allem gegen Ende des 2. und zu Beginn des 1. Jh. v. Chr. mit zahlreichen Schiffen das Mittelmeer. Kilikien mit seiner zerklüfteten Küste war ein beliebter Schlupfwinkel der P. Sie behinderten und gefährdeten das Reisen und den Verkehr auf dem Meer. Sie kaperten Schiffe, um Sklaven zu erwerben und zu verkaufen. Pompeius bereitete dem P.-Unwesen im Jahre 67 v. Chr. ein Ende. Er soll 1300 P.-Schiffe zerstört und fast 400 erbeutet haben. Mit dem Erstarken der röm. Flotte konnte dem P.-Unwesen auf Dauer Einhalt geboten werden.

Pisonische Verschwörung, gegen Nero gerichtet, benannt nach ihrem Haupt, dem Adligen Gaius Calpurnius Piso (Bericht über die P. V. bei Tacitus, Annalen 15, 48 ff.). Die Verschwörer wünschten und planten Neros Beseitigung im Jahr 65 aus ganz verschiedenen Motiven: Bedürfnis nach Rache für erlittenes Unrecht, Ehrgeiz, politisches Verantwortungsgefühl, Verlangen nach Umsturz. Zu den zahlreichen Verschwörern gehörte u. a. der Dichter Lukan. Über die Nachfolgefrage war man sich nicht einig: die einen wünschten sich Piso, die anderen Seneca als Neros Nachfolger. — Die P. V. wurde durch Verrat aufgedeckt. Die Verschwörer wurden hingerichtet oder, wie z. B. Seneca, zum Selbstmord getrieben. Im Zuge einer sich anschließenden ,,Säuberungswelle'' starben weitere dem Kaiser mißliebige Personen, z. B. der Senator Paetus Thrasea (Tacitus, Annalen 16, 34-35). Auch Petron (Tacitus, Annalen 15, 18-19) wurde wegen angeblicher Beteiligung an der P. V. zum Selbstmord gezwungen.

Plastik, die Kunst der Herstellung freistehender Figuren (Standbilder) oder Reliefs aus verschiedenen Materialien (Marmor, Bronze, Elfenbein, Holz, Terrakotta, Ton, Wachs,

Gold), auch Bezeichnung für die Produkte der plastischen Kunst. Themen dieser Kunst waren u. a. der menschliche Körper, Götterbilder, Köpfe (→Porträt), Ahnenbilder (→Ahnenkult, →Masken), historische Szenen.

Platon (lat. *Plato),* der bedeutendste griech. Philosoph, 427-347 v. Chr., aus altem athenischen Adel stammend. Unter dem Einfluß seines Lehrers Sokrates (470-399 v. Chr.) wandte er sich ganz der Philosophie zu. Nach dem Tod des Sokrates unternahm er Reisen zu dem Sokratesschüler Eukleides von Megara, vielleicht auch nach Kyrene (in Nordafrika, heute: Libyen) und Ägypten. In dieser Zeit entstanden die frühen Dialoge (Laches, Charmides, Lysis, Euthyphron, Hippias II, Ion, Apologie, Kriton, Protagoras). Nach einer Reise an den Hof des Tyrannen von Syrakus, Dionysios I., mit dessen Schwager Dion er sich befreundete, gründete P. in Athen eine philosophische Schule, die →Akademie (um 386 v. Chr.). In der Folgezeit verfaßte er unter anderem die Dialoge Symposion, Phaidon, Politeia, Phaidros, Theaitetos und Parmenides, die als Höhepunkte seines Werkes gelten. 366 v. Chr. fuhr er zum zweiten Mal nach Syrakus, um Dionysios II. für die Verwirklichung seiner Staatsutopie zu gewinnen. Dieser Versuch mißlang, und Dion wurde verbannt. Auch die dritte Reise (361 v. Chr.) war ein Fehlschlag; P. konnte nur unter größten Schwierigkeiten nach Athen zurückkehren. In der Zeit nach der zweiten sizilischen Reise bis in seine letzten Lebensjahre hinein schrieb P. die sog. Altersdialoge Sophistes, Politikos, Philebos, Timaios, Kritias und Nomoi. Zu diesen insgesamt 35 Dialogen kommt eine Sammlung von 13 Briefen, deren Echtheit zum Teil umstritten ist. Wichtige biographische Informationen und grundsätzliche Erläuterungen teilt der 7. Brief mit. — Im Mittelpunkt der platonischen Philosophie, die sich nicht abrißartig zusammenfassen läßt, da sie sich im Lauf seines Lebens immer weiter entfaltet hat, steht die Ideenlehre, d. h. die Auffassung, daß nicht die sinnlich wahrnehmbare Welt, sondern ewige, unveränderliche Dinge das wahrhaft Seiende sind. Die Kunst ist nach P. noch weiter vom Sein entfernt als die sichtbare Welt, da sie Abbilder von den Abbildern der Ideen herstellt (→Mimesis). Die höchste Idee ist die Idee des Guten, von der das Sein alles Seienden und seine Erkennbarkeit ausgeht. Die Erkenntnis der Ideen erklärt P. als eine Wiedererinnerung der Seele an das, was sie vor der Geburt im Reich der Ideen geschaut hat. Die politische Philosophie Platons geht von der Frage aus, wie ein Staat beschaffen sein muß, wenn sich in ihm Gerechtigkeit verwirklichen soll. P. entwirft in seiner „Politeia" das Bild eines Idealstaates, in dem politische Macht und philosophische Erkenntnis zusammenfallen: „Wenn nicht, sprach ich, entweder die Philosophen Könige werden in den Staaten oder die jetzt so genannten Könige und Gewalthaber wahrhaft und gründlich philosophieren und also dieses beides zusammenfällt, die Staatsgewalt und die Philosophie, (...) eher gibt es keine Erholung von dem Übel für die Staaten, lieber Glaukon, und ich denke auch nicht für das menschliche Geschlecht."— Der platonische Staat ist gemäß der Dreiteilung der Seele (Vernunft, Mut, Begehren) in drei Stände gegliedert: die Herrscher, d. h. die Philosophen-Könige, die Wächter und der Stand der Handwerker und Bauern, der für die physischen Bedürfnisse der Bürger sorgt. Für die Herrscher und Wächter sieht P. den Verzicht auf das Privateigentum und auf die Ehe vor. Auch die verschiedenen Verfassungsformen verbindet P. mit verschiedenen Seelenzuständen. Für die schlechteste Verfassung, die am weitesten von der Gerechtigkeit entfernt ist, hält er die Tyrannis (die sich leicht aus einer in Maßlosigkeit verfallenen Demokratie entwickeln könne). In der Altersschrift über die Gesetze (Nomoi) entwirft P. ein leichter realisierbares Staatsmodell, einen „zweitbesten" Staat, der die utopischen Forderungen der Politeia zugunsten der politischen Wirklichkeit zurückstellt. — Der Einfluß Platons auf das abendländische Denken ist unabsehbar.

Plautus *(Titus Maccius Plautus),* aus Umbrien stammender Komödiendichter, um 250 bis 184 v. Chr. Die uns erhaltenen 20 (bzw. 21, wenn man die Fragmente der „Vidularia" dazunimmt) Stücke werden schon von Varro als echte Werke des P. bezeichnet; sie sind in alphabetischer Reihenfolge überliefert: Amphitruo, Asinaria, Aulularia, Bacchides, Captivi, Casina, Cistellaria, Curculio, Epidicus, Menaechmi, Mercator, Miles gloriosus, Mostellaria, Persa, Poenulus, Pseudolus, Rudens, Stichus, Trinummus, Truculentus, Vidularia (Fragment). Die Komödien sind höchst bühnenwirksam gestaltet. Die Komik der Einzelszene ist P. wichtiger als die Einheit der Handlung oder die konsequente Darstellung eines Charakters. Kunstvolle Gesangspartien machten die Komödien zu operettenartigen Singspielen. Mit seinen griech. Vorlagen (der Neuen Komödie) ging P. sehr frei um. Die griech. Welt der Stücke wird von röm. Elementen durchsetzt, so daß eine phantastische Mischung entsteht. Die überaus bildkräftige Sprache der plautinischen Komödien ist umgangssprachlich gefärbt, verwendet griech. Fremdwörter und in reichem Maß Vulgarismen (gewöhnliche, gemeine, rohe Ausdrücke). — Seit dem 16. Jh. werden plautinische Komödien wieder aufgeführt. Ihr Einfluß auf die neuzeitliche Dramendichtung ist groß. So wurde der Stoff des Amphitruo z. B. von Molière (1668), Kleist (1807), Giraudoux (1929), Kaiser (1948) und Hacks (1968) aufgegriffen; die „Aulularia" (Goldtopfkomödie) bildet die Grundlage für Molières „L'Avare", die „Menaechmi" wurden von Shakespeare für die „Komödie der Irrungen" benutzt, die Figur des „Miles gloriosus", des prahlerischen Soldaten, taucht u. a. bei Shakespeare (Falstaff), Gryphius (Horribilicribifax) und M. R. Lenz (Der großprahlerische Offizier) wieder auf.

Plebejer, die Angehörigen der *plebs* (des „Volkes") im Gegensatz zu den Angehörigen der Adelsfamilien, den Patriziern. Im Verlaufe der Ständekämpfe erreichten die P. ihre politische und gesellschaftliche Gleichstellung mit den Patriziern. Das Zwölftafelgesetz war eine entscheidende rechtliche Grundlage für die Gleichberechtigung und den Schutz der P. — Mit den Volkstribunen erhielten die P. eine wichtige Interessenvertretung. — Im Laufe der Zeit entwickelte sich aus der Verbindung von Patriziern und den besonders einflußreichen Familien der P. die Nobilität, der neue Adel der *nobiles* („Vornehmen"), die die Magistrate bekleideten. Große Teile der P. waren aber verarmte Bauern, die sich in Rom ansiedelten, das städtische Proletariat (→proletarius) bildeten und sich von staatlicher Fürsorge unterstützen ließen. →Plebiszit, Popularen

Plebiszit *(plēbis scītum)*, Beschluß, der bei einer Versammlung der →plebs gefaßt wird, ursprünglich nur für Plebejer rechtsverbindlich. Seit der Lex Hortensia (287 v. Chr.) waren die Plebiszite auch für die Patrizier, also für das Gesamtvolk bindend. Beantragt wurde ein P. von einem Volkstribun. Von den Gracchen bis zum Tod Cäsars spielten P. eine besonders wichtige Rolle in der röm. Politik.

plebs, die Masse des röm. Volkes, die Plebejer, im Gegensatz zu den Patriziern. Im Bürgerkrieg kam es aufgrund scharfer sozialer und wirtschaftlicher Gegensätze zwischen der verarmten p. (→Popularen) und der Nobilität (→Optimaten) zu schweren blutigen Auseinandersetzungen.

Pleonasmus (griech. „Überfluß"), eig. überflüssige Hinzufügung eines oder mehrerer Wörter von gleicher oder ähnlicher Bedeutung, die inhaltlich nichts Neues ergeben. Beispiel: Quintilian, Institutio oratoria 8, 3, 54: *Ego oculis meis vidi* (Ich sah mit meinen eigenen Augen) statt bloßem *vidi* (ich sah). Der P. gilt im allgemeinen als Fehler, kann jedoch auch der Verstärkung der Aussage dienen.

Plinius der Ältere *(Gaius Plinius Secundus)*, röm. Offizier und Schriftsteller, geb. 23 n. Chr. in Novum Comum (Como), gestorben beim Vesuvausbruch des Jahres 79 n. Chr. Sein Neffe, der jüngere Plinius, schildert seinen Tod in einem seiner Briefe (6, 16): P., der damals Kommandant der Flotte am Kap Misenum war, fuhr, um das Naturereignis genauer verfolgen zu können und um Gefährdete zu retten, in die bedrohte Zone und kam dabei ums Leben. Er hatte sich sein Leben lang mit Literatur beschäftigt, zahllose Bücher exzerpiert und grammatische, rhetorische, historische (über die Germanenkriege der Römer und eine Zeitgeschichte) und naturwissenschaftliche Schriften verfaßt. Erhalten ist nur sein letztes Werk, eine umfangreiche enzyklopädische Naturgeschichte, die

„Naturalis Historia" in 37 Büchern (→Enzyklopädie). Seine Quellen dafür waren, wie aus dem Inhaltsüberblick im 1. Buch hervorgeht, 146 röm. und 327 nichtröm. Autoren. Das Werk gliedert sich in Kosmologie (Buch 2), Geographie (Buch 3-6), Anthropologie (Buch 7), Zoologie (Buch 8-11), Botanik (Buch 12-19), Medizin und Pharmakologie (Buch 20-32), Metallurgie, Mineralogie und Kunstgeschichte (Buch 33-37). Plinius zeigt sich in diesem Werk als gewissenhafter Sammler, nicht als eigenständiger Naturforscher. Dennoch galt er jahrhundertelang als Autorität und ist auch für uns noch eine unschätzbare Quelle, wenn wir uns ein Bild vom Wissen seiner Zeit machen wollen.

Plinius der Jüngere *(Gaius Plinius Caecilius Secundus)*, röm. Anwalt, Politiker und Schriftsteller, 62 n. Chr. in Novum Comum (Como) geb., nach dem Tod seines Vaters von seinem Onkel, dem älteren Plinius, adoptiert; Rhetorik-Studium bei Quintilian. P. machte als Anwalt und Redner Karriere; in einigen Prozessen trat er zusammen mit seinem Freund Tacitus auf. In seiner politischen Laufbahn wurde er nach einer Reihe anderer Ämter im September und Oktober 100 n. Chr. *consul suffectus* (nachgewählter Konsul). Seine Dankrede an den Kaiser Trajan arbeitete er zu einem großen →Panegyrikos, einer Lobrede auf die Leistungen des Kaisers, um. Im Jahr 111 n. Chr. wurde er kaiserlicher Legat in Bithynien und Pontus (→Provinzen). Für viele rechtliche und politische Entscheidungen holte er den Rat des Kaisers ein; dieser Briefwechsel mit Trajan bildet das 10. (wohl aus dem Nachlaß herausgegebene) Buch seiner Briefsammlung. Die 247 Privatbriefe (Buch 1-9) und die 121 amtlichen Briefe des 10. Buches sind für uns ein unschätzbares Dokument für das kulturelle Leben seiner Zeit. Es handelt sich um echte Briefe, die freilich im Hinblick auf eine spätere Publikation so sorgfältig formuliert wurden, daß man fast von „Feuilletons in Briefform" sprechen könnte. Besonders interessant sind die beiden Briefe, die den Vesuvausbruch des Jahres 79 n. Chr. schildern, bei dem der ältere Plinius ums Leben kam (6, 16 und 6, 20), und der Brief 10, 96, in dem P. den Kaiser fragt, wie er die in der Provinz verhafteten Christen behandeln soll, sowie Trajans Antwortschreiben (10, 97). — Von den übrigen literarischen Arbeiten des P. ist nichts erhalten.

Plutarch, etwa 40-120 n. Chr., griech. Schriftsteller, Anhänger der platonischen Akademie. P. schrieb Biographien, in denen er große Griechen und Römer vergleichend gegenüberstellte (z. B. Alexander und Cäsar), ferner die „Moralia", Schriften über verschiedenartige Themen aus allen Bereichen des Kultur- und Geisteslebens.

poeta doctus, „gelehrter Dichter", Bezeichnung für einen Dichter, der in seinen Werken „Gelehrsamkeit" beweist, d. h. auf mythologische Inhalte (Mythos) anspielt oder Vorgänge der mythologischen Überlieferung verarbeitet, wie z. B. Catull und die Neoteriker, Vergil, Tibull, Properz und Ovid.

Poetik (griech. *poietikę tęchne* Dichtkunst), Theorie der Dichtung. Die früheste erhaltene Spezialschrift ist die P. des Aristoteles (384-322 v. Chr.). Das 1. Buch behandelt die Poesie im allgemeinen sowie Tragödie und Epos; das verlorene 2. Buch enthielt eine Komödientheorie. An der Tragödientheorie des Aristoteles hat sich die P. der Neuzeit bis in die Gegenwart, sei es zustimmend, sei es kritisch, orientiert. Horaz' Epistel über die Dichtkunst („Ars poetica") handelt von den Ansprüchen, denen ein dichterisches Werk genügen muß, und den Forderungen, die an einen Dichter zu stellen sind. Berühmt geworden ist seine einprägsam formulierte These, der Dichter wolle zugleich Verstand und Gefühl ansprechen, zugleich belehren und erfreuen *(aut prodesse volunt aut delectare poetae aut simul et iucunda et idonea dicere vitae)*. Die erste deutsche P. verfaßte Martin Opitz (1624). Im 20. Jh. wandte sich Bertolt Brecht gegen die P. des Aristoteles.

Polizei. Die Ädilen hatten als Aufseher über Gasthäuser, Märkte, Straßen, Tempel, Thermen und Wasserleitungen polizeiliche Aufgaben im heutigen Wortsinn. Auch die Zensoren hatten Aufgaben, die heute der P. zufallen, z. B. die Aufsicht über die Sitten. — Eine reguläre P.-Truppe wurde aber erst von

Augustus eingerichtet (→Feuerwehr), die dem *praefectus urbi,* dem Stadtpräfekten, der ursprünglich die Konsuln bei Abwesenheit vertrat, unterstand. — In den Provinzen hatten die Statthalter die P.-Gewalt.

Polybios, griech. Historiker, um 200 v. Chr. in Megalopolis (auf der Peloponnes) geb., aus vornehmer Familie. P. bekleidete hohe politische und militärische Ämter. Nach dem röm. Sieg bei Pydna (168 v. Chr.) kam P. unter den tausend Geiseln aus der achäischen Oberschicht (→Achaia) nach Rom. Hier lernte er den achtzehnjährigen Publius Cornelius Scipio Aemilianus kennen und schloß Freundschaft mit ihm. Er begleitete ihn später auf seinen Feldzügen und setzte sich bei der Eroberung Korinths (146 v. Chr.) für seine Landsleute ein. Im Kreis um Scipio begegnete er wohl auch dem Philosophen Panaitios. Von seiner Universalgeschichte in 40 Büchern sind die Bücher 1-5 ganz, die übrigen in Auszügen und Fragmenten erhalten. P. schildert in diesem nüchtern geschriebenen Werk den Aufstieg Roms zur Weltmacht (220-146 v. Chr.). Das 6. Buch enthält seine Theorie der Staatsformen und des Verfassungskreislaufs. Die röm. „Mischverfassung", die monarchische, aristokratische und demokratische Elemente in sich vereinigte, hielt P. für eine wesentliche Ursache der Größe Roms. P. folgt in seiner pragmatischen Geschichtsauffassung Thukydides.

Polyptoton (griech. „in vielen Fällen"), Wiederholung eines Wortes in verschiedenen Fällen im selben Satz. Beispiel: *Homo homini lupus* (Der Mensch ist dem Menschen ein Wolf). Wie die →Paronomasie ist das P. eine Form des Wortspiels.

Polysyndeton (griech. „vielfach verbunden"), Wort- oder Satzreihe, die durch eine vielfach wiederholte Konjunktion verbunden ist, z. B. *... et ... et ... et ...* oder *...aut ... aut ... aut ...* Die verbundene Aufzählung betont die Häufung, verstärkt den Ausdruck und kann der Rede Würde und Gewicht verleihen. Beispiel: Cicero, In Catilinam 1, 9, 22: *ut te aut pudor unquam a turpitudine aut metus a periculo aut ratio a furore revocaverit* daß dich jemals Scham von Schande oder Furcht von Gefahr oder Vernunft von Wahnsinn zurückgehalten hätte.

pomerium, ursprünglich der längs der röm. Stadtmauer innerhalb und außerhalb frei gelassene Raum, der auch die städtischen Auspizien begrenzte. Innerhalb des p., der geweihten Stadtumgrenzung, waren Waffengewalt und Leichenbestattung (→Bestattung) verboten. Die Grenzen des p. waren durch Grenzsteine *(cippi pomerii)* markiert. Schon zur Zeit der sog. →Servianischen Mauer stimmten p. und Stadtmauer nicht mehr überein (→Aurelianische Mauer).

Pompeius *(Gnaeus Pompeius Magnus),* 106-48 v. Chr., bedeutender röm. Feldherr. Als junger Mann kämpfte er unter Sulla gegen die Anhänger des Marius. Ihm wurde der Triumph zuerkannt, und er erhielt den Beinamen *Magnus* („der Große"). — Im Jahre 67 v. Chr. säuberte er das Mittelmeer von den Piraten und erfocht militärische Siege im Osten des Reiches. In seiner Rede für den Oberbefehl des P. im Krieg gegen Mithridates (64 v. Chr.) rühmte Cicero die hohen Fähigkeiten des Feldherrn. Mit Cäsar und Crassus schloß er 60 v. Chr. das 1. Triumvirat. Nach dem Tod des Crassus strebte er die Alleinherrschaft an. Vom Senat erhielt er außerordentliche Vollmachten, um die durch Clodius verursachten Unruhen zu bekämpfen. Politisch stand er auf der Seite der Optimaten. Im Jahre 49 wurde er Befehlshaber der Senatstruppen, die gegen Cäsar eingesetzt werden sollten. Er verlangte von diesem die Entlassung seiner Legionen. Bei Cäsars Einmarsch in Italien zog er sich mit seinem Heer nach Griechenland zurück und wurde 48 von Cäsar bei Pharsalos geschlagen. Auf der Flucht nach Ägypten wurde er ermordet.

Pompeius Trogus, röm. Geschichtsschreiber, jüngerer Zeitgenosse des Livius, Verfasser einer Universalgeschichte in 44 Büchern (Historiae Philippicae), die im Gegensatz zu Livius nicht die röm. Reichsgeschichte in den Mittelpunkt stellt, sondern die Geschichte der orientalischen Großreiche und vor allem der Makedonen. Am Ende der einander ablösenden Mächte steht die Herrschaft der

Römer. Das Werk ist verloren, erhalten ist jedoch ein Auszug (Epitome) daraus, den Justinus, ein röm. Historiker des 3. Jh. n. Chr., hergestellt hat. Diese Kurzfassung verdrängte das Original und wurde bis ins Mittelalter viel gelesen.

Pompeji, Stadt in Kampanien, nach der Eroberung durch Sulla im Jahre 89 v. Chr. röm. *colonia.* Der offizielle Name von P. war *Colonia Veneria Cornelia Pompeiorum* nach Venus, der Schutzgöttin von P., und Cornelius Sulla, dem P. den Status einer röm. *colonia* verdankte. P. hatte wohl 8 - 10 000 Einwohner. Die meisten Überreste von P. stammen aus der Zeit nach 89 v. Chr. Im Jahre 63 n. Chr. wurde P. durch ein Erdbeben beschädigt und 79 n. Chr. durch den Ausbruch des Vesuvs völlig verschüttet. Etwa 2000 Menschen starben während dieser Naturkatastrophe. P. wird seit 1860 systematisch ausgegraben. Vier Fünftel der Stadt sind freigelegt. Die Umgebung von P. war ein beliebtes Erholungsgebiet der Römer. Cicero besaß eine Villa bei P. — Der Dichter Martial verfaßte ein Epigramm auf den Untergang von P. und Herculaneum (4, 44).

Pont-du-Gard, einer der besterhaltenen röm. Aquädukte in der Nähe von Nîmes, (röm. *Nemausus)*, erbaut von Agrippa zur Zeit des Augustus. Der Aquädukt überquert in einer Höhe von 54,8 m und in einer Länge von 269m den Gard, einen rechten Nebenfluß der Rhone (→Wasserleitungen).

pontifex maximus, der Vorgesetzte aller röm. Priester, das Oberhaupt von Kultus und Religion. Er wurde seit dem 3. Jh. v. Chr. von der Volksversammlung gewählt (→Wahl) und genoß höchstes Ansehen. Cäsar und alle Kaiser nach ihm hatten deshalb formell das Amt des p. m. inne. — Sein Amtssitz war die *regia.* — Er ernannte die *flamines* und die Vestalinnen. — Der p. m. hielt auch die wichtigsten Ereignisse eines Jahres auf großen Tafeln fest (→annales).

Pontius Pilatus, röm. Prokurator (Tacitus, Annalen 15, 44) in Iudaea. Er war für die Kreuzigung Jesu im Jahre 33 (?) verantwortlich. Angeblich endete er durch Selbstmord.

Poppäa *(Sabina Poppaea)*, um 31-65 n. Chr., verheiratet mit Otho, zunächst Geliebte, später Ehefrau Neros. Sie stiftete diesen zur Ermordung seiner Mutter Agrippina an und starb 65 an den Folgen eines Fußtrittes, den ihr Nero versetzt hatte (Tacitus, Annalen 16, 6). Der Geschichtsschreiber Tacitus sagt von ihr, sie habe alles besessen außer einem anständigen Charakter (Annalen 13, 45: *huic mulieri cuncta alia fuere praeter honestum animum).*

Popularen *(populares),* Interessenvertreter der besitzlosen röm. *plebs* im Bürgerkrieg; ihre Führer waren meist Adlige (Patrizier); ihre Gegner nannten sich Optimaten, die sich

Der Pont du Gard bei Nîmes (Südfrankreich)

für die Interessen und die Machtstellung des Senats einsetzten. Die berühmtesten Vertreter der P. waren die →Gracchen, Marius und Cäsar.

Porta Nigra. Das aus mächtigen Quadersteinen errichtete 30 m hohe Nordtor in der Stadtmauer von Trier ist mit seinen zwei Bögen und zwei Türmen das am besten erhaltene röm. Bauwerk auf deutschem Boden. Die P. N. wurde zwischen 166 und 220 n. Chr. ohne besondere militärische Notwendigkeit gebaut. Ihr guter Erhaltungszustand ist darauf zurückzuführen, daß sich Simeon, ein Einsiedler, im Jahre 1028 dort bis zu seinem Tode einschließen ließ. Er wurde, nachdem er 1035 gestorben war, 1047 heiliggesprochen. Daraufhin wurde die P. N. zur Kirche geweiht (St. Simeons-Kirche). — Der Name ,,Schwarzes Tor'' ist auf die schwarze Patina zurückzuführen, die sich im Laufe der Zeit auf dem ursprünglich roten Sandstein bildete.

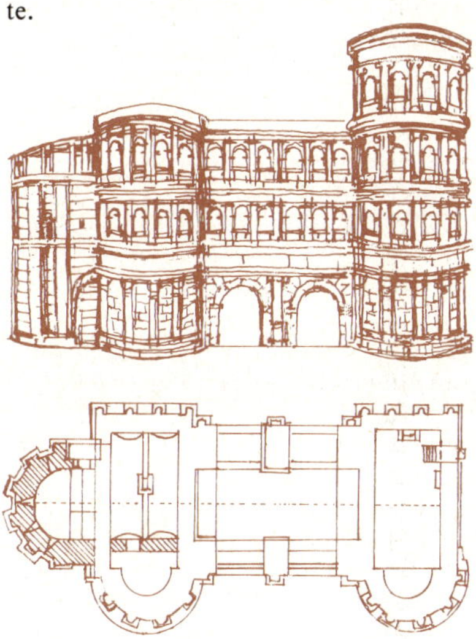

Die Porta Nigra in Trier

porticus, Säulenhalle, offener von Säulen getragener Vorbau eines Gebäudes. Marktplätze waren oft von allen Seiten mit einer p. umgeben. Sie diente als Sonnen- und Regenschutz. An ihrer geschlossenen Rückwand konnten Bilder angebracht werden. Die p. war ein beliebter Versammlungsraum. Auch Privathäuser konnten mit einer p. ausgestattet sein: Die Casa del Fauno in Pompeji verfügte über eine p., die einen als Garten gestalteten Innenhof umschloß.

Porträt, gemaltes oder in Marmor, Bronze und anderem Material plastisch gestaltetes Bildnis eines Menschen (→Malerei, →Plastik, →Relief), ein Standbild oder eine Büste, eine Abbildung auf einer Münze oder auf einer Gemme, in einem Mosaik oder in Form einer Herme. Er sind zahlreiche P. von Schriftstellern, Philosophen, Politikern, Kaisern und Göttern erhalten. — Eine besondere Form des röm. P. ist die Maske des Verstorbenen (→Ahnenkult). — Die röm. P.-Künstler bildeten ihre Modelle möglichst naturgetreu und unter Berücksichtigung ihres individuellen Aussehens ab und stellten die charakteristischen Züge des Gesichts besonders scharf heraus. Idealisierte Darstellungen waren jedoch beim Kaiser-P. üblich. Da die Römer auf die Abbildung des Gesichts besonderen Wert legten, zogen sie die Büste dem Standbild vor.

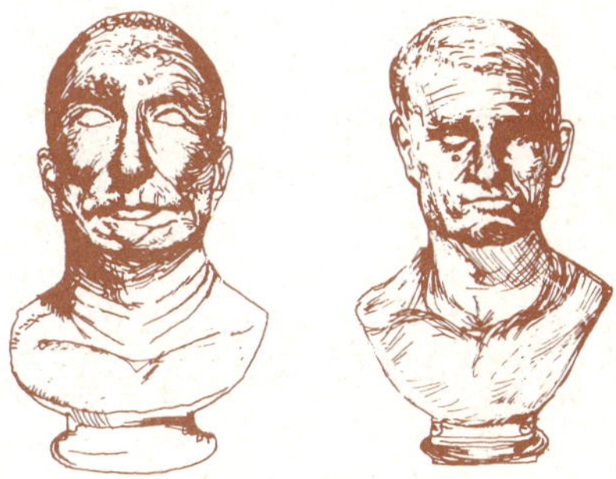

Porträts römischer Bürger
(Vatikanische Museen, Rom)

Poseidonios (lat. *Posidonius),* aus Apameia (Syrien) stammender stoischer Philosoph und Universalgelehrter, ca. 135-51 v. Chr.; Schüler des →Panaitios. P. gründete in Rhodos eine eigene Schule. Viele Römer, u. a. Pompeius, Cicero und Hortensius kamen dorthin, um bei ihm zu studieren. Er unternahm als rhodischer Beamter und als Forscher zahlreiche Reisen nach Italien, Sizilien, Spanien und Gallien. Obwohl seine Werke verloren sind, können wir uns teilweise ein

Bild von ihnen machen, da sie von anderen Autoren (z. B. von Cicero, Livius, Seneca, Plinius d. Ä.) benutzt wurden. P. schrieb ein Geschichtswerk, das die Weltgeschichte des Polybios fortsetzte (über die Zeit von 146-86 v. Chr.), und naturwissenschaftliche Schriften über den Ozean, über Meteorologie und Astronomie. Den Kosmos verstand P. als einen Organismus, dessen Teile miteinander „organisch" verbunden sind und aufeinander einwirken. Die stoische Philosophie der Kaiserzeit ist wesentlich von P. beeinflußt.

Post, eig. „Standort, Station" zum Pferdewechsel im Rahmen des von Augustus (Sueton, Augustus 49, 3) eingerichteten staatlichen P.-Dienstes *(cursus publicus)*, der vorrangig der Nachrichtenübermittlung durch reitende oder fahrende Kuriere (Boten) diente. Mit Hilfe der P.-Stationen konnten die Boten bis zu 200 km pro Tag zurücklegen. Privatleuten stand die P. nicht zur Verfügung.

Präfekt *(praefectus)*, „Vorsteher" in unterschiedlichen Funktionen: Die Befehlshaber der Bundesgenossen im röm. Heer hießen *praefecti sociorum;* die Anführer der Veteranen *(evocati)* waren die *praefecti evocatorum;* der *praefectus navis* war der Kommandant eines Schiffes, der *praefectus classis* der Admiral, der *praefectus castrorum* der Kommandant eines Lagers, der *praefectus vigilum* der Chef der Feuerwehr. — Der Kommandeur der Prätorianer trug seit Augustus die Amtsbezeichnung *praefectus praetorio* oder *praefectus praetoriarum cohortium.* — Der *praefectus urbi* war in früher Zeit Stellvertreter der Könige und später der Konsuln und Kaiser. Seit Augustus war er Chef der *cohortes urbanae* und damit der Polizei.

Präfix (lat. *praefixum* vorn angefügt), Vorsilbe, die wie die Nachsilbe (→Suffix) die Bildung neuer Wörter aus einem Wortstamm ermöglicht. Präfixe sind entweder selbständige Wörter wie Präpositionen *(cum* mit, *per* durch, *ante* vor) oder unselbständige Formen wie z. B. *in-, so-, dis-, re(d)- (in-nocens* unschuldig, *so-cors* sorglos, *dis-solvere* auflösen, *red-ire* zurückkehren).

Präteritio, rhetorische Figur, die darin besteht, daß der Redner kundtut, daß er einen Gegenstand übergeht *(praeterire).* Durch die Erwähnung der nicht weiter behandelten, scheinbar unwichtigen oder selbstverständlichen Sache kann diese jedoch gerade besonders hervorgehoben werden. Beispiel: „Nichts will ich darüber sagen, was der Staat, was ihr, was alle Gutgesinnten gewonnen haben" (Cicero, Pro Milone 30).

Prätexta *(fabula praetexta)*, nationalröm. Tragödie, benannt nach der Kleidung der Hauptpersonen, der mit Purpur besetzten *toga praetexta* der obersten Beamten. Stoff der P. ist die röm. Sage oder Geschichte. Begründer der Gattung ist →Naevius (3. Jh. v. Chr.). Außer der unter Senecas Namen überlieferten „Octavia", in der das Schicksal der Gattin des Kaisers Nero dargestellt wird, sind nur wenige Fragmente von Prätexten erhalten.

praetextatus, „der mit der *toga praetexta* Bekleidete". Die *toga praetexta* ist eine mit Purpurstreifen (→Purpur) versehene *toga,* die sowohl von hohen röm. Beamten (→Magistrate) als auch von freigeborenen Jungen bis zur offiziellen Beendigung der Kindheit, d. h. bis zum feierlichen Anlegen der Männertoga *(toga virilis)* - gewöhnlich mit 15 - 17 Jahren - getragen wurde.

Prätor. Nach der Vertreibung der Könige hatten die Konsuln als die höchsten Beamten die Amtsbezeichnung „Prätoren" („die Vorausgehenden"). Um die Mitte des 4. Jh. v. Chr. wurden besondere P. geschaffen, die den Konsuln unterstellt bzw. zugeordnet waren und die Gerichtsbarkeit (→Richter) übertragen bekamen. — Im *cursus honorum* nahm die Prätur die dritte Stufe ein (→Magistrate). — Seit der Mitte des 3. Jh. v. Chr. gab es einen P. für die städtische Gerichtsbarkeit, den *praetor urbanus,* und einen zweiten für die gerichtlichen Angelegenheiten der →peregrini, den *praetor peregrinus.* Der *praetor urbanus* war der Vertreter der Konsuln in Rom. Er konnte auch militärische Kommandogewalt erhalten. Mit dem Erwerb der ersten Provinzen wurden weitere P.-Stellen eingerichtet. Unter Cäsar gab es

16, unter den Kaisern 18 P. — Die P. waren verpflichtet, zu Beginn ihrer Amtszeit die Grundsätze ihrer Rechtsprechung in Form eines →Edikts bekanntzugeben.

Prätorianer, die Angehörigen der *cohors praetoria* (→Kohorte), die die Leibwache des Feldherrn und später des Kaisers bildeten und zugleich polizeiliche (→Polizei) Aufgaben hatten. Sie waren einem Präfekten *(praefectus praetorio* oder *praetoriarum cohortium)* unterstellt. Die P. waren zunächst nicht nur in Rom, sondern auch in anderen Städten Italiens stationiert. Erst Tiberius verlegte alle P. nach Rom und wies ihnen die *castra praetoria* als Quartier zu (Sueton, Tiberius 37). Unter Tiberius war Sejan Präfekt der P. — Im Verlauf der Kaiserzeit gewannen die P. auch einen erheblichen politischen Einfluß, indem sie oft zur Absetzung oder Einsetzung von Kaisern beitrugen.

Preise. Anhand von Graffiti aus Pompeji lassen sich P. für einige Bedarfsartikel feststellen: Ein *modius* (ca. 6,6 kg, →Gewichte) Roggen kostete 12 *as*, ein *modius* Weizen 30 *as*, 1 l einfacher Wein 1 *as*, 1 l guter Wein 4 *as*, ein Eimer 9 *as*, ein Teller 1 *as*, eine *tunica* 15 →Sesterzen, ein Maultier 520 Sesterzen, ein Sklave ca. 2500 Sesterzen. — Aus Pompeji ist eine Art von Haushaltsbuch erhalten, aus dem die Lebenshaltungskosten für einen in bescheidenem Wohlstand lebenden Pompejaner des 1. Jh. n. Chr. hervorgehen: Für Lebensmittel gab er täglich etwa 8 *as* pro Person aus. Er mußte demnach für eine vierköpfige Familie mindestens 32 *as* (= 2 Denare zu je 16 *as* oder 8 Sesterzen zu je 4 *as)* pro Tag verdienen, um das Existenzminimum zu erzielen.

Priester beaufsichtigten und veranstalteten die öffentliche und private Religionsausübung in Rom. Mit ihren ganz unterschiedlichen Aufgabengebieten unterstanden sie dem *pontifex maximus*, dem obersten Priester. — Die älteste Gruppe der P. waren die *pontifices.* Sie führten den Kult der Vesta, der Penaten und der kapitolinischen Trias (Dreiheit) durch. Sie unterstützten die Magistrate bei offiziellen Amtshandlungen, mit denen Gebete, Weihungen oder Gelübde verbunden waren. Sie sorgten für die Sühnung bei unheilverkündenden Prodigien und überwachten das beim Opfer einzuhaltende Ritual, die Begräbnissitten (→Bestattung), die Gebets- und Anrufformeln. Außerdem führten sie den Festkalender (→fasti) mit seinen *dies fasti* und *nefasti.* — Neben den *pontifices* gab es in Rom weitere P. Dazu gehörten u. a. die *flamines,* die den Kult des Mars und des Jupiter besorgten, die Kollegien der Salier und die *luperci* (→Luperkalien), ferner die P. für den Kaiserkult, die Auguren, die *decemviri,* die *fetiales* und die *haruspices* (→Eingeweideschau). — Man konnte nur dann P. werden, wenn man das röm. Bürgerrecht besaß, nicht vorbestraft war und keine körperlichen oder geistigen Gebrechen hatte. Die P. versahen ihr Amt in der Regel auf Lebenszeit. Sie waren vom Militärdienst befreit und brauchten keine Steuern zu zahlen.

Prinzipat *(principatus),* Bezeichnung der frühen Kaiserzeit, in der die Kaiser den Titel *princeps* („der erste Mann im Staat") trugen, und der Herrschaftsform dieser Zeit. Der P. ist zu unterscheiden vom Dominat. Augustus hatte 27 v. Chr. den Titel *princeps civium* („erster der Bürger") für sich beansprucht und damit den P. begründet. Der Titel war jedoch staatsrechtlich belanglos. Der P. gründete sich rechtlich auf die Häufung wichtiger republikanischer Ämter (→Magistrate, →Republik) in der Person des *princeps.*

procurator, seit Augustus für besondere Aufgaben ausgesuchter kaiserlicher Vertrauensmann, z. B. für die Steuerverwaltung *(fiscus Caesaris),* im Bergbau, in der Wasserversorgung (→Wasserleitungen), in der Verwaltung der kaiserlichen Provinzen. Oft waren die p. Freigelassene oder Ritter.

Prodigien *(prodigia),* sichtbare Zeichen in der Menschen- oder Tierwelt, die mit Hilfe der *divinatio* (Sehergabe) gedeutet wurden. Livius erwähnt P. bei vielen Gelegenheiten. — Wenn ein *prodigium* eintrat, das Unglück verhieß, war eine Sühnung z. B. durch Gebete oder Opfer erforderlich (→Priester). —

Auch Sueton berichtet in seinen Biographien immer wieder von P. So erwähnt er z. B. in der Biographie des ,,Divus Iulius'' mehrere unheilverkündende P. vor Cäsars Ermordung.

Prokonsul *(pro consule* anstelle des Konsuls), ein röm. Magistrat, der Machtbefugnisse eines Konsuls hatte. In der Kaiserzeit war ein Feldherr oder Statthalter oft ein P. anstelle eines Konsuls. Meist war ein P. vorher selbst Konsul.

proletarius, freier, aber besitzloser röm. Bürger (→Bürgerrecht), der dem Staat nur mit der Zeugung von Nachkommenschaft *(proles)* dienen konnte. Sein Lebensunterhalt wurde durch staatliche →Fürsorge gesichert.

Proömium (griech. ,,Vorspiel, Vorrede''), Einleitungsteil einer Rede, Vorrede eines Epos, eines historischen, philosophischen oder wissenschaftlichen Werks. Nach Aristoteles soll das P. das Wohlwollen des Hörers gewinnen und seine Aufmerksamkeit und Aufnahmefähigkeit wecken. Epische Proömien enthalten meist einen Anruf an eine Gottheit und eine knappe Inhaltsangabe. Berühmt sind die Proömien in den Lehrgedichten des Lukrez und des Vergil. Die Historiker Sallust, Livius und Tacitus entwickeln in ihren Proömien die Grundzüge ihres Geschichtsbildes. Cicero beschreibt in seinen Vorreden seinen literarischen, philosophischen und politischen Standpunkt.

Propemptikon (griech. ,,begleitend''), Geleitgedicht für einen abreisenden Freund, das gute Wünsche für die Fahrt, die Ankunft und die Rückkehr enthält. Als selbständiges Gedicht begegnet das P. erst seit dem Hellenismus. Beispiele aus der röm. Literatur: Horaz, Carmen 1, 3 (für Vergil), Ovid, Amores 2, 11 (für die Geliebte).

Properz *(Sextus Propertius),* um 50 v. Chr. in Assisi geborener röm. Dichter, lebte in Rom und wurde von Maecenas gefördert. Das übergreifende Motiv seiner Elegien und die Quelle seiner Poesie ist seine Liebe zu der gleichermaßen schönen wie gebildeten Hostia, die in seiner Dichtung Cynthia heißt. P. setzt seine persönlichen Gefühle, Empfindungen und seelischen Erschütterungen gern in Beziehung zu Geschehnissen des Mythos. Mitunter stellt er auch Verbindungen zu geschichtlichen Ereignissen her (z. B. zu der Schlacht bei Actium). Im 4. Elegien-Buch befaßt er sich überwiegend mit nationalen Themen, behandelt röm. Kulte und besingt den Ruhm des Augustus.

Proprätor *(propraetor),* ehemaliger Prätor und Statthalter einer Provinz oder Beamter im Range eines Prätors.

Proserpina, lat. Name für die griech. Toten-, Unterwelts- und Fruchtbarkeitsgöttin Persephone, Tochter der Ceres. P. wurde von *Dis Pater*, dem Herrn der Unterwelt (→Jenseitsglaube), entführt und zur Gemahlin erklärt. Ihre Mutter erreichte bei Zeus (→Jupiter), daß P. jeweils die Hälfte des Jahres auf der Erde verbringen durfte. Diese regelmäßige Wiederkehr der P. bedeutet das immer neue Wiedererwachen der Natur im Frühling. P. ist an die Stelle der altitalischen Libera (→Liber) getreten.

Prosimetrum (griech.), Dichtung, in der Prosa und Verse zugleich vorkommen. Beispiele in der lat. Literatur: Varros →Menippeische Satiren, Seneca ,,Apocolocyntosis'', Petrons ,,Satyricon''.

Proskription, namentliche Erfassung politischer Gegner in öffentlichen Listen (→Bürgerkrieg). Die Proskribierten verloren ihr Vermögen, wurden für vogelfrei erklärt und durften von jedermann umgebracht werden. Ihre Nachkommen wurden von allen öffentlichen Ämtern ausgeschlossen (→Sulla).

Prosodie (griech. ,,Hinzusingen'', ,,Betonung''), ursprünglich Lehre von den Akzenten der griech. Wörter, dann auch von der Quantität der Silben, die für die antike →Metrik entscheidend ist, da der griech. wie der lat. Vers auf der geregelten Abfolge langer und kurzer Silben beruht. Im Lateinischen sind langvokalische Silben lang, kurzvokalische Silben kurz, wenn sie offen, aber lang, wenn sie geschlossen sind (d. h. wenn sie auf einen Konsonanten enden und die folgende Silbe mit einem Konsonanten beginnt = „Positionslänge"). „h" zählt nicht als Konsonant, „x" und „z" zählen als zwei Konsonanten. Bei bestimmten Konsonantenverbindungen (→muta cum liquida) werden kurzvokalische Silben kurz oder lang gerechnet. Prosodische Besonderheiten ergeben sich beim Zusammentreffen von End- und Anfangssilben (→Hiat, →Elision, →Synaloephe).

Protreptik (griech. *protreptikos logos* ermahnende, auffordernde Rede), Werbeschrift für die Philosophie, Aufforderung zu sittlicher Besserung. Die P. entstand in der griech. Sophistik. Platon, Aristoteles, Cicero und Seneca u. a. verfaßten protreptische Schriften. Ciceros (verlorener) „Hortensius" entflammte in Augustinus die Liebe zur Philosophie. Senecas „Exhortationes" (Ermahnungen) sind nicht erhalten.

Provinz *(provincia),* ursprünglich der Amtsbereich eines röm. Magistrats. Nach dem Erwerb von Sizilien (242 v. Chr.), Sardinien und Korsika (227 v. Chr.) wurde jedes von den Römern gewonnene außeritalische Gebiet, das von einem Statthalter mit *imperium* verwaltet wurde, als P. bezeichnet. — Die P. erhielt eine Art Verfassung in Form einer *lex provincialis* („Gesetz für die P."). Die Einwohner mußten als →peregrini Steuern, Zölle und andere Abgaben an den Statthalter oder an die →publicani leisten. Der Statthalter erließ ein Edikt, das die Verwaltung der P. regelte (vgl. Cicero, Ad Atticum 6, 1, 15). — 27 v. Chr. wurden die P. in kaiserliche und senatorische P. aufgeteilt. Die kaiserlichen P. waren in der Regel die P., die eine militärische Besatzung erfordeten. Sie wurden von kaiserlichen *legati Augusti pro praetore* („kaiserlichen Kommissaren im Rang eines Prätors") oder von Prokuratoren verwaltet. — In den senatorischen P. standen keine Truppen (Ausnahme: Africa). Sie wurden von Prokonsuln verwaltet. — Der Kaiser hatte über beide P.-Formen die Oberaufsicht. Er war auch die Anlaufstelle für Beschwerden der P.-Bewohner. — Durch die Verleihung des Bürgerrechtes an die führenden Schichten in den P., durch die Eindämmung willkürlicher Ausbeutung, durch die Beteiligung der Einwohner an der Verwaltung, durch die röm. Toleranz gegenüber einheimischen Religionen und durch die röm. Siedlungspolitik kam es in den meisten P. zu intensiver Romanisierung. — Die *constitutio Antoniniana* des Caracalla (212 n. Chr.) brachte allen freien Bewohnern der P. das röm. Bürgerrecht. — Unter Diokletian wurde 297 der Unterschied zwischen kaiserlichen und senatorischen P. aufgehoben. Diokletian teilte das Gebiet des röm. Reiches in 101 kleinere P. neu ein und erreichte dadurch eine intensivere Verwaltung.
Übersicht über die röm. P. bis 117 n. Chr.: Sizilien (242 v. Chr.), Sardinien und Korsika (227), Spanien (197), Makedonien (148), Achaia (146), Afrika (146), Asia (129), Gallia Narbonensis (121), Kilikien (102), Gallia Cisalpina (81), Kyrene (74), Kreta (64), Pontus (63), Syrien (63), Zypern (58), Numidien (46), Ägypten (30), Galatien (25), Gallien mit Aquitanien, Lugdunensis und Belgica (16), Noricum und Rätien (15 v. Chr.), Pannonien (10 n. Chr.), Kappadokien (17), Mauretanien (42), Britannien (43), Thrakien (46), Iudaea (72), Moesia (86), Germania (90), Arabien (106), Dakien (107), Armenien (114), Mesopotamien und Assyrien (115).

Prudentius *(Aurelius Prudentius Clemens),* 348-410 n. Chr., war der bedeutendste christlich-lat. Dichter der Antike. Er verfaßte u. a. eine Sammlung von 10 Gedichten zum Tagesablauf eines Christen (z. B. zum Aufstehen beim Hahnenschrei) und 2 Liedern für Epiphanias und Weihnachten (Cathemerinon liber „Buch nach dem Tagesablauf") und ein Buch mit 14 Hymnen über das Leben christlicher Märtyrer (Peristephanon „Über die Märtyrerkronen"). Ferner stellte er zentrale christliche Lehrinhalte poetisch dar, z. B. den „Ursprung der Sünde" (Hamartigenia) und die Überwindung der heidnischen Sünden durch die christlichen Tugenden (Psychomachia „Seelenkampf"). — Gegen die Wiederbelebung heidnischer Kulte durch Symmachus verfaßte P. zwei Bücher „Gegen Symmachus". — Die Werke des P. zeugen von der Fähigkeit, großes dichterisches Darstellungsvermögen und Formtalent auf christliches Gedankengut anzuwenden und dabei antike Kultur und christliches Empfinden miteinander zu verschmelzen.

Prügelstrafe *(vẹrbera),* mit dem Stock *(fustis),* mit der Rute *(virga)* oder mit der Geißel *(flagellum)* vollzogene Strafe (u. a. für Verführung einer Vestalin) bis zum Eintritt des Todes. Im röm. Heer wurde die P. bis zum Tode bei schweren Pflichtverletzungen (Diebstahl, Desertation, Vergehen im Wachdienst) vollzogen. Bei Meuterei und Ungehorsam ganzer Einheiten wurde die Dezimierung durch Totprügeln durchgeführt. In der zivilen Gerichtsbarkeit wurde die P. zu Beginn des 2. Jh. v. Chr. für röm. Bürger abgeschafft.

Ptolemäer, griech.-makedonisches Herrschergeschlecht, Nachfolger Alexanders d. Gr. in Ägypten, wo die P. von 323-30 v. Chr. herrschten. Die letzte Königin aus dem Geschlecht der P. war Kleopatra.

Ptolemäus *(Klaudios Ptolemaios),* Mathematiker, Astronom, Astrologe und Geograph, der im 1. Jh. n. Chr. in Alexandria lebte (gest. nach 160). Die berühmtesten Werke des P. sind die astronomische Schrift ,,Almagest'' (arabischer Titel aus griech. *Megiste (syntaxis),* ursprünglich *Mathematike syntaxis),* das Standardwerk der europäischen Astronomie bis zu Kopernikus, und das astrologische Werk ,,Tetrabiblos''. Das Weltbild des P., das 1400 Jahre lang Gültigkeit hatte, ist geozentrisch, d. h. die Erde wird als (ruhender) Mittelpunkt des Weltalls verstanden: Um sie herum bewegen sich die sieben Planeten Mond, Merkur, Venus, Sonne, Mars, Jupiter und Saturn. Mit dieser Vorstellung steht P. in der Tradition des Aristoteles und des Eudoxos (Astronom und Mathematiker, ca. 400-350 v. Chr.); seine Beschreibung der Himmelsbewegungen kommt jedoch durch die Annahme von Epizykel, Exzenter und Äquant an die beobachteten Phänomene (d. h. vor allem die Abweichungen von der reinen Kreisbewegung) näher heran. Um die scheinbaren Schleifenbewegungen der Planeten zu erklären, nahm P. an, daß sich die Planeten auf Kreisen bewegen, deren Mittelpunkt wiederum eine Kreisbewegung um die Erde ausführt (Aufkreis, Epizykel). Dabei mußte die Ebene des Aufkreises gegen den Grundkreis geneigt sein. Um die veränderlichen Geschwindigkeiten der Planeten zu erklären, benützte P. einen Epizykel auf einem exzentrischen Kreis (d. h. auf einem Kreis, dessen Mittelpunkt außerhalb der Erde liegt). Für die Mondbewegung ließ er den Mittelpunkt eines Exzenters zusätzlich noch um die Erde rotieren. Um die von Himmelskörpern geforderte Gleichförmigkeit der Geschwindigkeit zu retten, nahm P. einen ,,Ausgleichspunkt'' *(punctum aequans* ,,Äquant'') an, von dem aus die Geschwindigkeit gleichmäßig erscheint. Wie Aristoteles hielt P. die Sphären für reale Körper aus Himmelsmaterie, da der von den Atomisten angenommene leere Raum von den anderen Schulen geleugnet wurde. — Im ptolemäischen Weltbild gibt es (wie schon bei Aristoteles) eine strikte Trennung zwischen der Welt unterhalb und jenseits der Mondsphäre: Der sublunare Raum kennt Werden und Vergehen, Unordnung und Zufall; im supralunaren Bereich dagegen herrschen die unveränderlichen Gesetze des Göttlichen. Aus diesem Grund wurden die Kometen (außer von Seneca) für atmosphärische Erscheinungen unterhalb des Mondes gehalten; ihre unregelmäßigen Bahnen konnten in das Sphärengefüge nicht eingeordnet werden. — Trotz seines komplizierten Aufbaus mit Epizyklen, Exzentern und Äquanten hatte sich das Weltbild des P. gegen das heliozentrische System des Aristarch von Samos (um 300 v. Chr.) durchgesetzt. Kopernikus (1473-1543) hatte bei seiner Kritik an P. nicht nur die naive Sinneserfahrung, sondern auch die sich auf die Autorität des Aristoteles stützende Tradition gegen sich. Daß er die Erde einerseits zu einem Himmelskörper aufwertete und andererseits ihrer zentralen Stellung im Kosmos beraubte, mußte als ungeheuerlich empfunden werden. Zudem störte ein um die Erde kreisender Mond das harmonische System der um einen Zentralkörper kreisenden übrigen Planeten. Auch für die damals noch eng mit der Astronomie verbundene Astrologie ergaben sich Schwierigkeiten: Wie sollten die Planeten auf die Erde einwirken, wenn sie gar nicht um sie, sondern um die Sonne kreisten? Außerdem war das kopernikanische System nicht weniger kompliziert als das ptolemäische: Auch Kopernikus verwendete Epizykel und exzentrische Kreise; auch an der Sphärenvorstellung hielt er fest. Erst die genaueren Beobachtungen von Tycho Brahe (1546-1601), Johannes Kepler (1571-1630) und Galileo Galilei (1564-1642) brachten plausiblere Argumente für die Ablösung des ptolemäischen Weltbildes durch ein heliozentrisches.

publicanus, Geschäftsmann aus dem Ritterstand (→Ritter), der mit dem Staat *(publicum)* in geschäftliche Beziehungen trat, z. B. als Pächter staatlicher Einnahmequellen, u. a. direkter und indirekter Steuern. Auch die Eintreibung von Kriegsschulden in den Provinzen konnte der Staat an *publicani* verpachten. Das führte oft zu rücksichtsloser Ausbeutung einer Provinz.

Punische Kriege, die drei Kriege der Römer gegen Karthago (264-241, 218-201, 149-146), mit denen durch die Zerstörung Karthagos und die Versklavung seiner Bewohner die röm. Vorherrschaft im westlichen Mittelmeerraum endgültig gefestigt wurde. — Der Sieg über Karthago im 1. P. K. wurde durch den raschen Aufbau der röm. Flotte ermöglicht, die die Karthager bei den Ägatischen Inseln vernichtete. Karthago mußte Sizilien und Sardinien an Rom abtreten. — Im 2. P. K. suchten die Karthager unter Hannibal eine erneute Auseinandersetzung, nachdem sie zuvor Spanien bis zum Ebro unter Hamilkar Barkas erobert hatten. Es kam unter Hamilkars Nachfolger Hasdrubal, dem Vater Hannibals, zunächst zu einem Vertrag mit den Römern, mit dem der Ebro als gemeinsame Grenze anerkannt wurde. Hannibal eroberte aber 219 Sagunt und brach den Vertrag. Daraufhin erklärten die Römer den Krieg. Hannibal überschritt mit seinem Heer die Alpen und fiel nach glänzenden Siegen an der Trebia (218) am Trasimenischen See (217) und bei Cannae (216) in Italien ein. Er zog einen Teil der röm. Verbündeten auf seine Seite. 15 Jahre lang konnte er sich unbehelligt in Italien bewegen, ohne daß es zu einer Entscheidungsschlacht gekommen wäre. Die Römer eroberten inzwischen jedoch Spanien und Sizilien zurück. Scipio landete 204 in Nordafrika, um dort die Entscheidung herbeizuführen. Hannibal wurde 203 nach Karthago zurückberufen und von Scipio 202 bei Zama besiegt. — Karthago erholte sich allmählich von der Niederlage. In Rom forderte eine karthagofeindliche Gruppe um Cato Censorius die völlige Vernichtung des Gegners. 149 erklärte Rom den 3. P. K., der 146 mit der Zerstörung Karthagos durch den jüngeren Scipio endete.

Bildnis des Hannibal auf einer karth. Münze

Purpur, ein kostbarer Farbstoff, den die P.-Schnecke liefert. Aus 12000 P.-Schnecken lassen sich nur wenige Gramm P. gewinnen. P. wurde zum Färben (→Farben) von Stoffen verwendet. P.-Gewänder oder mit P.-Streifen versehene Gewänder waren in Rom Amtsabzeichen der hohen Beamten; der siegreiche Feldherr trug im Triumph einen P.-Mantel.

Puteoli (heute: Pozzuoli), röm. Hafenstadt am Golf von Neapel, seit Augustus Umschlagplatz für die Getreidelieferungen aus Ägypten und bedeutendes Handelszentrum. Lucullus hatte in P. eine prächtige Villa. Caligula ließ P. und Baiae durch eine Schiffsbrücke verbinden. Für Nero war P. ein Lieblingsaufenthalt. In P. ist u. a. ein Tempel des Serapis erhalten.

Pydna, Stadt in Makedonien. Hier besiegten 168 v. Chr. die Römer unter Aemilius Paullus den makedonischen König Perseus und beendeten mit diesem Sieg die griech. Selbständigkeit. Aufgrund der unermeßlich großen Kriegsbeute herrschte in Rom seitdem weitgehend Steuerfreiheit.

Pyrrhus, König von Epirus (Nordgriechenland) von 306 bis 302 und von 297 bis 273. P. verstand sich selbst als Nachfolger Alexanders d. Gr. Als Verbündeter der griech. Stadt Tarent (Süditalien) gegen die Römer landete er 280 mit 25000 Mann in Italien und besiegte die Römer 280/279 unter hohen eigenen Verlusten („Pyrrhussieg"). — P. war zeitweilig König von Sizilien. 276 wurde er von den Römern bei Benevent in Samnium (→Italien) geschlagen und kehrte nach Epirus zurück.

Pythagoras, griech. Philosoph aus Samos, 2. Hälfte des 6. Jh. v. Chr. P. gründete die religiöse Gemeinschaft der Pythagoreer. Er vertrat die Auffassung, daß die Seele nach dem Tode eines Menschen einen neuen Körper erhalte (Seelenwanderung). P. verlangte von seinen Anhängern die Einhaltung bestimmter Ernährungsvorschriften und sittlicher Regeln. Unter seinem Namen wurden verschiedene mathematisch-geometrische Entdeckungen überliefert (u. a. der Satz des Pythagoras).

quadrans, röm. Münze, 1/4 →as.

quadriga, (meist Mehrzahl: *quadrigae)* Viergespann. Wagen mit vier nebeneinander gespannten Pferden wurden bereits im alten Orient im Kampf oder zur Jagd benutzt. Bei den Griechen war das Q.-Rennen seit 680 v. Chr. eine olympische Disziplin. In Rom fuhr

quadriga. Nach einem römischen Mosaik (Rheinisches Landesmuseum, Trier)

der siegreiche Feldherr während seines Triumphzuges (→Triumph) auf einer q. Im *circus maximus* fanden Q.Rennen statt.

Quästor *(quaestor),* röm. Magistrat, das erste Amt des *cursus honorum.* Der Q. war ursprünglich ein Untersuchungsrichter für Mordfälle *(quaestor parricidii),* später diente er als Gehilfe der Konsuln: Zwei Q. waren für die Verwaltung der Staatskasse zuständig; zwei weitere Q. waren als Begleiter der Konsuln auf Feldzügen für die Kriegskasse und die Proviantversorgung verantwortlich. — Die Zahl der Q. wurde im Lauf der Zeit von vier auf zwanzig, unter Cäsar sogar auf 40 erhöht. Sie unterstützten die Statthalter in den Provinzen und hatten dort auch richterliche Aufgaben.

Quintilian *(Marcus Fabius Quintilianus),* etwa 35-96, röm. Redner und Lehrer der Rhetorik in Rom seit 68 n. Chr. Er war der erste staatlich besoldete „Professor" der Rhetorik. Q. verfaßte ein umfassendes Lehrbuch der Rhetorik, die „Institutio oratoria", die die Ausbildung zum Redner auf einer weitgreifenden, bis in die Zeit des Humanismus wirksamen Pädagogik aufbaut. Das Werk ist also nicht nur eine praktische Anleitung für den künftigen Redner, sondern auch eine allgemeine Theorie der Bildung und Erziehung. — Das 10. Buch ist eine Geschichte der griech.-röm. Literatur. — Q. sah in Cicero sein Vorbild als Redner und Meister der Sprache.

Quirinal *(collis Quirinalis),* einer der Sieben Hügel Roms. Er ist benannt nach dem alten röm. Kriegsgott *Quirinus,* der seit 293 v. Chr. auf dem Q. einen Tempel hatte. Der Q. war ursprünglich von den Sabinern bewohnt.

Quirinus, altröm. Kriegsgott mit einem Tempel auf dem Quirinal. Romulus wurde als Q. verehrt. Für seine Verehrung war einer der *flamines* zuständig.

Quiriten. In den Volksversammlungen wurden die röm. Bürger mit *Quirites* angeredet. Das Wort hängt wahrscheinlich mit *Quirinus* zusammen; Q. bedeutet demnach „Söhne des Romulus".

Rätien *(Raetia),* Graubünden (Schweiz), Tirol und das Alpenvorland zwischen Schwäbischer Alb und Inn, von dem Volk der Räter bewohnt, unter Augustus, der die Reichsgrenze bis an die Donau vorschob, 15 v. Chr. erobert, unter Tiberius zu einer von einem *procurator* verwalteten kaiserlichen Provinz erhoben mit der Hauptstadt *Augusta Vindelicorum* (→Augsburg) im Gebiet des keltischen Stammes der Vindeliker. Weitere Städte: *Brigantium* (Bregenz), *Cambodunum* (Kempten), *Curia* (Chur). Unter Mark Aurel wurde *Castra Regina* (→Regensburg) zum Standort einer Legion im Krieg gegen die Markomannen. — Noch heute sprechen die Bewohner der südlichen Alpentäler einen dem Lateinischen eng verwandten Dialekt: Rätoromanisch.

Rasieren *(radere).* Nach Livius (Ab urbe condita 5, 41, 9) haben die alten Römer der Frühzeit lange Haare (→Haarpflege) und lange Bärte getragen. Cicero spricht in seiner Rede „Pro Caelio" (33) von dem „schaurig-struppigen Bart, den uns alte Standbilder und Gemälde zeigen". Gegen einen völligen Verzicht auf das R. sprechen jedoch Funde von Rasiermessern schon aus dem 6. Jh. v. Chr. Livius erwähnt das Vorhandensein des Rasiermessers *(novacula)* schon unter König Tarquinius Priscus. Plinius (Naturalis Historia 7, 21) weist für die spätere Zeit darauf hin, daß sich der jüngere Scipio täglich rasieren ließ ebenso wie Augustus, der stets das Rasiermesser benutzte (→Bartpflege). — Barthaare wurden jedoch auch mit der Schere geschnitten *(tondere)* und mit der Pinzette ausgerupft *(vellere).* — Die ersten Barthaare wurden den Göttern geweiht. Dieser Vorgang hieß *depositio barbae* („Niederlegung des Bartes"). Der Tag der *depositio barbae* wurde z. B. von Nero (Sueton, Nero 12) festlich begangen. — Wahrscheinlich trugen junge Männer auch noch zur Zeit Ciceros einen Bart, und nur über Vierzigjährige rasierten den Bart ab. — Wer trauerte, z. B. auch nach einer politischen oder militärischen Niederlage, angeklagt oder verurteilt war, ließ sich den Bart wachsen *(promittere barbam).* So ließ sich z. B. Augustus nach der Niederlage des Varus im Teutoburger Wald einen Bart wachsen. — Erst unter Hadrian kam der Vollbart vorübergehend wieder allgemein in Mode.

Recht *(ius),* Sammelbegriff für Normen (→mos maiorum) und Verhaltensbestimmungen (Gesetze). Ein erster Abschnitt in der Entwicklung des röm. R. ist das Zwölftafelgesetz; die praktische Anwendung des R. und die damit verbundenen Beschlüsse, Entscheidungen und Anweisungen der R.organe (→Rechtsprechung) führten zu ständiger lebensnaher Weiterentwicklung des R. Von besonderem Gewicht waren die Edikte der Prätoren. Durch eine dauernde und an die Lebenssituation angepaßte Gesetzgebung wurde immer wieder neues R. geschaffen bzw. altes R. reformiert. Die röm. R.wissenschaft - vor allem seit der Kaiserzeit (→Septimius Severus) - trug zur Verbesserung des R. bei, die in der Kodifizierung im →Corpus iuris civilis des →Justinian ihren Höhepunkt fand. — Begrifflich ist zu unterscheiden: 1. *ius civile,* das positive, d. h. schriftlich festgehaltene R. des römischen Volkes. 2. *ius gentium* und *ius naturae,* das allgemeine und natürliche Menschenrecht, das für alle Völker gilt; dieses R. hatte großen Einfluß auf die Fortentwicklung des *ius civile.*

Rechtsprechung, praktische Anwendung des Rechts. Zu den Einrichtungen und Organen der R. gehörten der *pater familias,* die höheren Magistrate, die über das *imperium* verfügten, und die Geschworenengerichte. — Man unterscheidet zwischen einer R. in (1) Strafsachen (Fällen von Straftaten) und (2) Zivilsachen (Streitfragen zwischen den Bürgern). — Zu 1: Die Strafgewalt der Magistrate wurde durch die Volksversammlung beschränkt, die als Berufungsinstanz angerufen werden konnte *(provocatio ad populum).* Seit der Mitte des 2. Jh. v. Chr. gab es Geschworenengerichte, die zunächst aus fachkundigen Angehörigen des Senats, später auch aus Rittern bestanden. Diese sprachen unter Vorsitz eines Prätors Recht. Die Organe der R. wurden nur auf Antrag tätig. Das galt auch für schwere Verbrechen (Mord, Erpressung, Unterschlagung, Gewalt, Betrug). Verhandlungen waren öffentlich. Der Angeklagte hatte einen Rechtsanwalt *(patronus)* als Verteidiger. Die Strafen waren in der Regel Geldstrafen, Ächtung oder Todesstrafe, ersatzweise Verbannung. In der Kaiserzeit trat die Berufung an den Kaiser an die Stelle der *provocatio ad populum.* — Zu 2: Zivilsachen wurden ursprünglich vor dem Konsul verhandelt, seit der Mitte des 4. Jh. v. Chr. vor dem Prätor, der über die Einsetzung eines Verfahrens entschied und das Prozeßprogramm festlegte (→in iure). Im zweiten Verfahrensabschnitt fällte der Richter gemäß der →Formel das Urteil (→apud iudicem). In der Kaiserzeit entwickelten sich die Gerichte zu kaiserlichen Behörden.

Regensburg, Stadt an der Mündung des Regen in die Donau, hervorgegangen aus einem röm. Kastell für eine Kohorte, das von den Markomannen zerstört wurde. Unter Mark Aurel und Commodus wurde 179 n. Chr. ein steinernes Lager als Standort für eine Legion mit einer Grundfläche von 535 x 445 m gebaut. Nach dem Fluß Regen wurde das Lager *Castra* Regina genannt (→Rätien). Der Grundriß des röm. Lagers ist im Plan der heutigen Altstadt noch erkennbar. Reste des Lagers sind erhalten (z. B. die *porta praetoria* und die Südwestecke der Lagermauer aus Quadersteinen aus der Zeit Diokletians um 300 n. Chr.).

regia, Dienstgebäude des *pontifex maximus* auf dem *forum Romanum* in der Nähe des Tempels der Vesta.

Regionen. Als R. bezeichnet man einerseits die 11 Gebiete, in die Augustus Italien eingeteilt hat, und andererseits die 14 Stadtbezirke der Stadt Rom, die von Augustus mit einer Zahl bezeichnet wurden und später noch einen Namen nach einem bedeutenden Bauwerk, einer Straße oder einer bestimmten Lage erhielten: I. *Porta Capena,* II. *Mons Caelius* oder *Caelimontium,* III. *Isis et Serapis,* IV. *Templum Pacis,* V. *Esquiliae,* VI. *Alta semita,* VII. *Via lata,* VIII. *Forum Romanum,* IX. *Circus Flaminius,* X. *Palatium,* XI. *Circus maximus,* XII. *Piscina publica,* XIII. *Aventinus,* XIV. *Trans Tiberim.*
→Stadtplan von Rom

Reim, in der antiken Poesie und Prosa nur vereinzelt als besonderer Schmuck verwendet (→Homoioteleuton). Erst in der christlichen Hymnendichtung, die sich von der quantitierenden Dichtung löst (→rhythmische Dichtung), finden sich häufiger Reime; seit dem 10./11. Jh. ist der R. in der lat. Dichtung weit verbreitet und geht von hier in die volkssprachlichen Literaturen ein.

Reisen. Das gut ausgebaute Netz röm. Straßen ermöglichte ein verhältnismäßig bequemes R. zu Fuß, zu Pferd, auf Eseln oder mit dem Wagen. Schiffbare Wasserwege, wie z. B. Rhein, Mosel und Donau, erleichterten das R. Das R. auf See blieb auf den Sommer beschränkt und spielte sich möglichst in Küstennähe ab. Man reiste aus dienstlichen Gründen (Soldaten und Beamte), als Händler und Kaufmann, als Tourist und Forschungsreisender oder als Besucher von Verwandten und Freunden. Auch Bildungs-R. wurden durchgeführt, um bei einem berühmten Gelehrten zu studieren (→Studium) oder um bekannte Orte zu besuchen. Die Reisegeschwindigkeit betrug mit dem Wagen durchschnittlich 70 km pro Tag. Reisende konnten - mit besonderer Genehmigung - auch die Beförderungsmittel der staatlichen Post benutzen. Zur Orientierung dienten Meilensteine, Reiseführer und Landkarten. Das R. wurde durch Gasthäuser, in denen man übernachten konnte, angenehmer. Der Reisende war unterwegs weniger durch Verkehrsunfälle als durch Straßenräuber gefährdet. Über die Schwierigkeiten des R. berichtet Plinius (Briefe 10, 15; 17a). Bei Schiffsreisen bestand immer die Gefahr des Schiffbruchs. Außerdem konnte man von Piraten ausgeraubt oder verschleppt und dann auf dem

Reisewagen
Nach einem Relief in Maria Saal (Österreich)

Sklavenmarkt verkauft werden. Man glaubte, diese Gefahren mit Hilfe des Gottes Merkur, des Beschützers der Reisenden, zu überstehen.

Reiterei *(equitatus).* Schon Romulus sollen 300 Reiter, die *celeres* („die Schnellen"), als Leibwache gedient haben. Auch die Ritter waren ursprünglich berittene Kämpfer, die ihren Militärdienst mit eigenen Pferden ableisten mußten. Seit dem 2. Punischen Krieg dienten keine röm. Ritter mehr in der R. Doch verfügte jede Legion über eine R. aus röm. Reitern *(equites legionarii),* dann aber in zunehmendem Maße aus Nichtrömern *(equites alarii* „Reiter an den Flanken des Heeres"). Die R. hatte Aufklärungs- und Sicherungsaufgaben (Flankenschutz). Sie wurde zur Verfolgung fliehender Feinde eingesetzt. — Die R. spielte eine untergeordnete Rolle im röm. Heer, dessen Schlagkraft stets auf dem soldatischen Können der Legionäre zu Fuß beruhte.

Relief. Das Wort „R." kommt von *relevare* „in die Höhe heben" und bedeutet eig. „das Hervorheben". Man versteht unter R. ein halbplastisches, meist aus Stein, Ton oder Metall „hervorgehobenes", herausgearbeitetes, herausgemeißeltes Bildwerk, eine besondere Form der Plastik; man unterscheidet nach der Tiefe des ausgehobenen oder abgetragenen R.grundes Flach-R., Hoch-R. und versenktes R. Das Flach-R. zeigt flache Formen, das Hoch-R. stärker herausgehobene Formen, das versenkte R. eine sehr tiefe Einarbeitung der Darstellung in die Fläche. Das R. diente u. a. zur Ausschmückung von Altären, Grabsteinen, Grabmalen, Sarkophagen, Triumphbögen. Beispiele: Die R. eines Grabmals aus Neumagen bei Trier im Trierer Landesmuseum und die R. der Igeler Säule stellen Szenen des täglichen Lebens dar, Situationen aus dem Alltag von Kaufleuten, Bauern und Handwerkern (z. B. das Weinschiff, die Pachtzahlung oder die Schulszene vom Grabmal aus Neumagen). Besondere Bedeutung hatte das historische R., das der Verherrlichung politischer Ideen und militärischer Erfolge diente (z. B. die R. der Ara pacis Augustae, mit denen die Befriedung des Erdkreises durch Augustus verherrlicht wird, die Säule des Trajan in Rom, auf der die Feldzüge des Kaisers in Dakien dargestellt werden, oder die Säule des Mark Aurel mit dessen Kriegszügen gegen die Markomannen).

religio. Das lat. Wort r. hat ein erheblich weiter greifendes Bedeutungsfeld als das deutsche Wort Religion. Es bezeichnet zunächst ganz allgemein „Gewissenhaftigkeit", „Sorgfalt", „Pflichtbewußtsein" z. B. eines Richters oder einer anderen Person, die hohe Verantwortung trägt. Darüber hinaus kann r. auch „Gewissen" oder „Scheu vor unbedachtem Handeln" bedeuten. Schließlich werden mit r. Einstellungen und Empfindungen wie „Frömmigkeit, Religiosität, Glaube", aber auch „Aberglaube, Frevel, Fluch" bezeichnet. Cicero (De inventione 2, 161) definiert r. folgendermaßen: *religio est, quae superioris cuiusdam naturae, quam divinam vocant, curam caerimoniamque adfert* (r. ist ein Verhalten, das die Achtung und Verehrung eines höheren Wesens, das man „göttlich" nennt, gewährleistet). Das Adjektiv *religiosus* leitet Cicero (De natura deorum 2, 72) von dem Verb *relegere* (etwas lesend, sprechend, denkend immer wieder sorgfältig durchgehen/durchlaufen): „Menschen, die alles, was mit der Götterverehrung zusammenhängt, immer wieder sorgfältig sich vornehmen und gleichsam immer wieder von neuem lesen, nennt man *religiosi* nach *relegere".* — Mit seinem großen Werk „De rerum natura" verfolgte Lukrez die Absicht, die Menschheit von den *religiones* zu befreien (1, 932): *religionum animum nodis exsolvere pergo* (ich fahre fort - wie schon andere vor mir - das Herz von den Knoten der *religiones*, der „Rücksicht auf die Götter", zu befreien). Lukrez meinte, das menschliche Dasein werde unter der „lastenden Angst vor den Göttern" *(gravi sub religione)* niedergedrückt (1, 62-65). Der Dichter wollte deshalb die r. am Boden „zerstampfen" (1, 78 f.). — Im Gegensatz zu Cicero unterstellt Lukrez dem Begriff r. also einen betont negativen Sinn, indem er r. als eine mit der Menschenwürde unvereinbare Demütigung begreift. Lukrez stellt sich hiermit in einen scharfen Gegensatz zur röm. Tradition, nach der die

Verehrung von Göttern in vielfältigen Formen Grundlage und Inhalt nicht nur des privaten, sondern auch des staatlich-gesellschaftlichen Lebens war.

Remus, der Sage nach der Zwillingsbruder des Romulus und mit diesem der Gründer Roms im Jahre 753 v. Chr., Sohn der Vestalin Rhea Silvia und des Kriegsgottes Mars. Die Zwillinge wurden auf Befehl ihres Großonkels Amulius im Tiber ausgesetzt. Durch eine Überschwemmung wurden sie an Land geschwemmt und von einer Wölfin gesäugt. Der Hirt Faustulus zog die Kinder auf. Herangewachsen erfuhren sie von der Tat des Amulius, der Numitor, ihren Großvater und rechtmäßigen König, vom Thron gejagt hatte. Sie verhalfen Numitor wieder zur Herrschaft. R. wurde nach dem Bau der Mauern von Rom von seinem Bruder erschlagen.

Renaissance (franz.: Wiedergeburt), Wiederaufleben der antiken Kultur in Europa vom 14. bis zum 16. Jh. Die R. setzte zunächst in Italien ein und war dort verbunden mit einem neuen Persönlichkeitsgefühl und Freiheitsbewußtsein vor allem gegenüber der geistigen Vorherrschaft der Kirche und ihrer Machtträger. Die R. wirkte sich auf alle Bereiche des kulturellen Lebens aus: Literatur, Kunst, Architektur, Naturwissenschaft, Bildungswesen, Musik, Theater, Politik. Starke Impulse gingen nicht nur von der Literatur und Mythologie, sondern auch von der bildenden Kunst der Antike aus. — Das Ideal der R. war der schöne, starke, allseitig gebildete, schöpferische, politisch freie und ökonomisch gesicherte Mensch, dessen Vorbild man im Menschen der Antike zu erkennen meinte. — Die geistigen Grundlagen der R. schuf der Humanismus, der ein neues aus der Enge des mittelalterlichen Weltbildes sich befreiendes Bewußtsein und ein neues Selbstwertgefühl durch die Auseinandersetzung und den Dialog mit den großen Schriftstellern der Antike zu gewinnen suchte. — Die eigentliche Epoche der R. hatte ihre Vorläufer bereits im Mittelalter und hier vor allem in der Karolingischen R. Karls d. Gr., der sich um eine Wiederherstellung und Erneuerung der Bildung durch das Studium der Antike bemühte und das Abschreiben der röm.-lat. Texte in den Klöstern förderte, um sie für die Nachwelt zu erhalten. Die Karolingische R. war jedoch noch keine ,,Wiedergeburt'', sondern eine Verwertung der antiken zur Stärkung der christlichen Bildung.

Rennställe *(factiones)*. Die →Wagenrennen im →circus maximus wurden von rivalisierenden R. durchgeführt, die von reichen Privatleuten, vor allem Rittern, finanziert wurden, sich eigene Gestüte hielten und eigene Wagenlenker besaßen. Die R. unterschieden sich in ihren Farben. So gab es die *factio russata*, die rote Partei, die *factio veneta*, die blaue Partei, die *factio prasina*, die grüne Partei, die *factio albata*, die weiße Partei, und später auch noch die *factio aurea*, die goldene Partei, und die *factio purpurea*, die purpurfarbene Partei. Die *tunica* des Wagenlenkers, das Pferdegeschirr und der Wagen hatten die Farbe ihres R. Jeder R. hatte unter den Zuschauern seine Anhänger.

Repetunden *(pecuniae repetundae* wiederzuerstattende Gelder), Rückforderung von Geldern, die ein röm. Beamter durch Erpressung seiner Untergebenen (vor allem in den Provinzen) an sich genommen hat. Seit 149 v. Chr. gab es einen ständigen Gerichtshof dafür (auf Grund der *lex Calpurnia)*. Seit 123/122 v. Chr. konnte der Kläger das Doppelte des erpreßten Betrages beanspruchen *(lex Acilia)*. Trotz dieser rechtlichen Maßnahmen wurden die Provinzen rücksichtslos ausgebeutet. Der bekannteste R.-Prozeß ist der Prozeß gegen Verres, der 73-71 v. Chr. als Proprätor Sizilien verwaltete und von Cicero angeklagt wurde.

Republik *(res publica)*, eig. ,,die öffentliche Angelegenheit'' im Gegensatz zur *res privata*, der ,,privaten Angelegenheit'', d. h. das öffentliche, in der Gemeinschaft und für die Gemeinschaft verbrachte Leben und Wirken im Gegensatz zum Dasein in den privaten Bereichen des individuellen Lebens. — *Res publica* bezeichnet die ganze Fülle des öffentlich-politischen Geschehens und die spezifisch röm. Verwirklichung der staatlichen Gemeinschaft (→Senat) seit etwa 500 v. Chr., dem Ende der Königsherrschaft (→Könige), bis zum Prinzipat des Augustus (27 v.

Chr.). Cicero definiert *res publica* in seiner Schrift „De re publica" (1, 39; 41; 3, 43) als die *res populi,* „die Sache des Volkes", die Summe der öffentlichen Angelegenheiten, die alle angehen, in die alle eingebunden und denen alle verpflichtet sind. Nach röm. Auffassung ist die *res publica*, die Sache des Volkes, im Vergleich zu den privaten Interessen des einzelnen der höhere Wert. Diese Vorstellung spiegelt sich z. B. schon in den Komödien des Plautus. Danach haben bei Interessenkonflikten die Forderungen der *res publica*, der Dienst an der „Sache des Volkes" oder gar das Opfer für diese den Vorrang. Die *res publica* ist die höchste Aufgabe jedes einzelnen, von deren Erfüllung das Wohl aller abhängt. — Der Begriff *res publica* sagt grundsätzlich nichts aus über die konkrete Verfassung des Staatswesens. Dennoch steht *res publica* als die *res populi* in einem deutlichen Gegensatz zur Monarchie des Königtums und zum Prinzipat der Kaiserzeit. Man verstand die *res publica* als eine Staatsform, in der die Interessen aller zur Geltung kommen. Das beweist auch die Verknüpfung von *res publica* mit *libertas* (Freiheit), die Cicero in der Form des Rechtsstaates verwirklicht sah (De re publica 1, 39). Die Grundlagen dieses Rechtsstaates sind *iuris consensus et utilitatis communio* („die allgemeine Anerkennung eines gemeinsamen Rechtes und die Gemeinsamkeit des Nutzens"), d. h. alle haben an *ius* (Recht) und *utilitas* (Nutzen) teil, und es besteht ein Konsens über *ius* und *utilitas,* der auf der *libertas* beruht. Demnach bilden *res publica* und *libertas* eine Einheit und bedeuten fast dasselbe. — Ob die Römer jemals eine auf *libertas* und *iuris consensus et utilitatis communio* beruhende R. verwirklicht haben, sei auch für die Jahrhunderte zwischen Tarquinius Superbus und Augustus dahingestellt. Als Staatsidee war sie für viele „republikanisch gesinnte" Römer maßgebend und hatte als solche eine hohe historisch-politische Bedeutung.

→Bürgerkrieg, Cato Uticensis, Lukan, Tacitus

responsa, Rechtsgutachten der Juristen *(iuris prudentes, iuris consulti).* Die r. hatten zunächst keinerlei Verbindlichkeit. Erst seit Augustus konnten die Juristen Gutachten erteilen, die auf Grund kaiserlicher Autorität rechtsverbindlich waren. Da die →Prätoren im allgemeinen Politiker ohne juristische Fachkenntnisse waren, benötigten sie für die Redaktion des →Edikts die Gutachten der Rechtsgelehrten.

Rhein *(Rhẹnus)*, seit der Eroberung Galliens durch Cäsar (58-50 v. Chr.) die Grenze des röm. Reiches gegen das unbesetzte Germanien. Seit der Errichtung des Limes war auch das rechte Ufer des R. bis etwa Rheinbrohl (Vinxtbach) römisch. Im 3. Jh. n. Chr. mußten die rechtsrheinischen Gebiete wieder aufgegeben werden. Um 400 war der R. als Grenze nicht mehr zu halten.

Rhetorik (griech. *rhetorikę tęchne* Redekunst), Redelehre, Theorie der Rede, im Unterschied zur kunstvollen Rede selber. In Rom hatte die öffentliche Rede (politische Rede, Gerichtsrede, Leichenrede) bereits eine lange Tradition, bevor sich die Römer mit der Redetheorie befaßten. Die erste schriftlich überlieferte Rede war die Rede des Appius Claudius Caecus, die er 280 v. Chr. im Senat gegen das Friedensangebot des Pyrrhus hielt. Zu einer literarischen Gattung wurde die Rede erst durch Marcus Porcius Cato Censorius (234-149 v. Chr.), der im Alter seine berühmten Verteidigungsreden veröffentlichte. Er verfaßte für die Ausbildung seines Sohnes auch einen Abriß der Redekunst, in dem er den Inhalt der Rede über die Formulierung stellte *(Rem tene, verba sequentur.* Halte die Sache fest im Auge, dann werden sich die Worte einstellen). Den Redner definierte er als *vir bonus dicendi peritus* (ein tüchtiger Mann, der des Redens kundig ist). Diese schlichte Haltung war von den bis in Details ausgearbeiteten griech. Theorien, die zu Beginn des 2. Jh. v. Chr. in Rom bekannt wurden, weit entfernt. Die Römer sahen in der griech. R., in der es weniger auf den Inhalt als auf die schöne Form anzukommen schien, bald eine Gefahr und wiesen im Jahr 161 v. Chr. die griech. Rhetoriklehrer aus Rom aus. Trotzdem setzte sich die griech. R. in Rom durch. In den (fragmentarisch erhaltenen) Reden der Gracchen ist die griech. Schulung bereits deutlich zu erkennen. Bis zum Ende des 2. Jh. v. Chr. lag der R.-Unterricht ganz in griech. Hand. Lat. Redeschulen, die zu Beginn des 1. Jh. v. Chr. entstanden, wurden 92 v. Chr. durch ein Edikt verboten, weil die jungen Männer bei den lat. Rhetoren „ganze Tage in Müßiggang" zubrachten - möglicherweise auch aus politischen Gründen, da mit dem lat. Unterricht die politischen Möglichkeiten der R. auch Personen offenstanden, die nicht die griech. Bildung der geistigen Führungsschicht besaßen. Doch auch die lat. R. setzte sich durch. Wenige Jahre nach dem Edikt erschien von einem uns nicht bekannten Verfasser die sog. Rhetorik „Ad Herennium" (an Herennius) und Ciceros Jugendschrift „De inventione" (Über das Auffinden der Hauptgesichtspunkte der Rede). Trotz der Übernahme griech. Theorie sind Ciceros rhetorische Schriften (besonders „De oratore", Vom Redner, aus dem Jahr 55 v. Chr.; „Brutus" - eine Geschichte der röm. Beredsamkeit - und „Orator", Der Redner, aus dem Jahr 46 v. Chr.) eigenständige Werke. Ciceros Idealbild des Redners besteht in der Verbindung von rhetorischer Kunst und Bildung. Vollkommen ist die Beredsamkeit erst, wenn der Redner nicht nur über die formalen Techniken der R., sondern auch über Sachkenntnisse in der Philosophie, der Geschichte und dem Recht verfügt.- Die politischen Verhältnisse der Kaiserzeit veränderten die Beredsamkeit: Politische Entscheidungen wurden nicht mehr auf dem Forum getroffen, die Rede zog sich in die Schule zurück und entfernte sich in ihren Themen immer mehr von der Wirklichkeit. In den →Deklamationen, wie die rhetorischen Übungen genannt wurden, behandelte man erdachte Rechtsfälle (→controversiae), die oft völlig abwegig waren, oder gab historischen Personen in erfundenen Situationen Ratschläge (Beispiele bei Seneca d. Ä.). In dieser Zeit des Niedergangs der Redekunst erschien →Quintilians „Institutio oratoria" (Ausbildung des Redners), die trotz ihrer Bewunderung für Cicero und ihrer vernünftigen Kritik an den Deklamationen durchaus ein Bild kaiserzeitlicher R. zeichnet. Interessant sind Quintilians pädagogische Anmerkungen und sein Überblick über die griech. und lat. Literatur, die er nach ihrem Nutzen für die Ausbildung des Redners charakterisiert (Buch 10).- Gedanken über den Niedergang der Beredsamkeit finden wir bei Seneca d. Ä., bei Petron, bei Quintilian - seine Schrift über die Ursachen des Niedergangs der R. (De causis corruptae eloquentiae) ist allerdings verloren - und vor allem in Tacitus' Dialog über die Redner (Dialogus de oratoribus).- Die griech. R. war zu einem differenzierten System entwickelt worden, das die röm. Theoretiker weitgehend übernahmen. Man unterschied drei Voraussetzungen für die Ausübung der Rednertätigkeit: Naturanlage *(natura)*, Ausbildung *(doctrina, ars, scientia)* und Erfahrung *(usus)*. Die wesentlichen Ziele des Redners sind: *docere* (informieren, belehren), *movere* (ergreifen, erregen) und *delectare* (unterhalten). Die Reden wurden in drei Gattungen eingeteilt: Gerichtsrede *(genus iudiciale)*, Staatsrede *(genus deliberativum)* und Gelegenheitsrede *(genus demonstrativum)*. Die Erarbeitung einer Rede verlangte fünf Arbeitsstadien *(officia oratoris)*: 1. Auffinden der Hauptgesichtspunkte *(inventio)*, 2. Stoffgliederung *(dispositio)*, 3. Darstellung, Stilisierung *(elocutio)*, 4. Auswendiglernen *(memoria)*, 5. Vortrag *(actio, pronuntiatio)*.- Man unterschied ferner zwischen unmittelbaren, „kunstlosen" Beweisen *(probationes inartificiales)* und „künstlichen" Beweisen *(probationes artificales)* sowie zwischen verschiedenen juristischen Fragestellungen (→status). Als Teile der Rede führte man auf: Einleitung *(exordium)*, Erzählung des Hergangs *(narratio)*, Präzisierung des Sachverhalts *(divisio, partitio, propositio)*, positive Beweisführung *(confirmatio, probatio)* und negative Beweisführung *(confutatio, refutatio)*, Schluß *(peroratio, conclusio)*. Als Stilqualitäten betrachtete man die Sprachrichtigkeit *(latinitas, puritas)*, die Deutlichkeit *(perspicuitas)*, die Angemessenheit *(aptum)*, den Redeschmuck *(ornatus)* und die Kürze *(brevitas)*. Drei Stilarten wurden unterschieden: der schlichte Stil *(genus subtile)*, der mittlere Stil *(genus medium)* und der erhabene Stil *(genus grande)*.- Zur Stilqualität des Redeschmucks *(ornatus)* gehören die sog. rhetorischen Stilmittel, die in Tropen (Bedeutungsveränderung des einzelnen Wortes) und Figuren (Redeschmuck, der mehrere Wörter umfaßt) gegliedert wurden: →Alliteration, Anadiplose, Anapher, Antithese,

Aposiopese, Chiasmus, Enallage, Epanalepse, Euphemismus, figura etymologica, Hendiadyoin, Homoioteleuton, Hyperbel, Ironie, Klimax, Litotes, Metapher, Metonymie, Oxymoron, Parallelismus, Parenthese, pars pro toto, Paronomasie, Pleonasmus, Polyptoton, Polysyndeton, Präteritio, Rhetorische Frage, Synekdoche, Trikolon, Zeugma.- Großen Wert legten die röm. Redner und ihr Publikum auf die Rhythmisierung der Satzschlüsse (Klauseln, cursus), die sich jedoch von den in der Dichtung üblichen Rhythmen unterscheiden mußten.- Die Dichtung der Kaiserzeit wurde von der R. sehr stark beeinflußt. Unübersehbar ist ihre Wirkung auf die europäische Kultur.

Rhetorische Frage *(interrogatio),* in die Form einer Frage umgewandelte Aufforderung oder Aussage, eine der häufigsten rhetorischen Figuren, die der Rede Eindringlichkeit und Nachdruck verleiht, wenn der Redner Unwillen, Gehässigkeit, Mitleid oder Verwunderung ausdrücken will. Berühmtes Beispiel für diese Scheinfrage, auf die keine Antwort erwartet wird: Cicero, In Catilinam 1, 1, 1: *Quousque tandem abutere, Catilina, patientia nostra?* (Wie lange, Catilina, willst du unsere Geduld noch mißbrauchen?)

Rhotazismus, Lautgesetz, nach dem stimmhaftes „s" zwischen Vokalen zu „r" wird (im 4. Jh. v. Chr.). Beispiele: Gen. Pl. der a-Dekl.: idg. *-asom* wird zu lat. *-arum;* Lautwechsel *s/r* z. B. bei *scelus/sceleris.*

Rhythmische Dichtung nennt man die lat. Dichtung des Mittelalters, die im Gegensatz zur quantitierenden Dichtung der Antike („metrische" Dichtung) den Vers nach der Folge betonter und unbetonter Silben ordnet („akzentuierende" Dichtung). Die wichtigsten Formen der rhythmischen Dichtung sind die Sequenz, der Leich und das Strophenlied, dessen bekannteste Form die Vagantenstrophe (Vagantendichtung) ist. Rhythmische Dichtung ist meist gereimt. In der mittelalterlichen Dichtung gibt es auch quantitierende Verse; eine Neuerung gegenüber der Antike ist allerdings der Reim (→Leoninische Hexameter).

Richter *(iudex),* eine mit der Untersuchung und Entscheidung eines Straf- oder Zivilprozesses beauftragte Person (→Rechtsprechung). (a) Strafprozeß: Einen berufsmäßigen R.-Stand gab es im antiken Rom nicht. Seit dem 2. Jh. v. Chr. stellte der *praetor urbanus* (→Prätor) jedes Jahr eine Liste wahlfähiger R., das *album iudicum,* zusammen. R. konnten zeitweilig nur Senatoren (→Senat) werden, zeitweilig waren auch die Ritter berechtigt, R. zu stellen. Jahrhundertelang gab es Auseinandersetzungen und wechselnde Bestimmungen über die Gremien, aus denen R. hervorgehen konnten. (b) Zivilprozeß: Seit ältesten Zeiten bestellten die Magistrate Privatpersonen zu R., die Zivilsachen zu entscheiden hatten (→apud iudicem). Die streitenden Parteien mußten mit dem R. einverstanden sein. Anfangs waren auch diese R. ausschließlich Senatoren; später durften auch Angehörige anderer Gruppen R. sein.

Ritter *(equites),* Angehörige des *ordo equester,* des Ritterstandes. Die R. verfügten über ein Vermögen von mindestens 400000 Sesterzen, leisteten ursprünglich ihren Militärdienst zu Pferde. Als *publicani* gewannen sie eine beträchtliche wirtschaftliche und politische Macht. In der Kaiserzeit hatten sie u. a. militärische Posten, Statthalterschaften (→Statthalter), Prokuraturen (→procurator) und Präfekturen (→Präfekt) inne. Sie gehörten nicht zur Nobilität. Wer aus dem R.stand in den Senat aufgenommen wurde, galt als *homo novus,* z. B. Cicero.

Römische Literatur. In der frühen Republik gab es in Rom Gebrauchsliteratur im Bereich der Religion, des Brauchtums, des Rechts und der Politik (Gebete, Erntelieder, Spottverse, Totenklagen, Leichenreden, Gesetzestexte, Priesterchroniken u. ä.). Literatur im Sinne bewußter sprachlicher Gestaltung kannten die Römer ursprünglich nicht. Sie beginnt erst - und zwar geradezu schlagartig - im Jahr 240 v. Chr., als Livius Andronicus eine griech. Tragödie und Komödie, die er ins Lateinische übersetzt hatte, in Rom aufführte. Diese formale und inhaltliche Abhängigkeit von der griech. Literatur ist für die ganze röm. Literatur kennzeichnend,

auch wenn es Eigenständiges gibt wie die Satire, von der Quintilian (Institutio oratoria 10, 1, 93) sagt, sie sei *tota nostra* („ganz unsere eigene Schöpfung"). Trotz des griech. Einflusses entwickelt die röm. Literatur charakteristische eigene Züge: eine ausgeprägte Beziehung zur politischen Wirklichkeit, eine Tendenz zum Monumentalen, eine Betonung des Rhetorischen und vor allem eine Vorliebe für die kunstvolle Komposition der Werke. Epochen der röm. Literatur:
1. Vorklassik (240 - ca. 100 v. Chr.): Aus dieser Epoche sind außer den Komödien des Plautus und Terenz nur Bruchstücke erhalten (Livius Andronicus, Naevius, Ennius, Cato, Pacuvius, Lucilius).
2. Klassik (von Ciceros Anfängen bis zum Tod des Augustus, also von ca. 80 v. Chr. bis ca. 14 n. Chr.), die Zeit der großen poetischen, philosophischen und historischen Werke und der bedeutendsten Reden (Cicero, Caesar, Sallust, Livius, Lukrez, Catull, Vergil, Horaz, Tibull, Properz, Ovid).
3. Nachklassik („Silberne Latinität", von Tiberius bis Hadrian, also von 14 bis 117 n. Chr.): Unter den zahlreichen Epigonen dieser Epoche ragen einige große Autoren heraus wie Seneca, Lukan, Petron, Martial, Quintilian und Tacitus.
4. Spätere Kaiserzeit (117 bis zum Ende des weström. Reiches 476 n. Chr.): Neben der christlichen Literatur (Tertullian, Minucius Felix, Laktanz, Ambrosius, Prudentius, Augustinus) gibt es (Ende des 4. Jh.) noch einmal ein Wiederaufleben der heidnisch-antiken Tradition (Symmachus, Ammianus Marcellinus, Claudian).
5. Das ausgehende Altertum (6. Jh. n. Chr.): Die Autoren dieser Zeit (Boethius, Benedikt von Nursia, Cassiodor, Isidor v. Sevilla u. a.) stehen schon an der Schwelle zum Mittelalter.
Chronologische Übersicht über die röm. Literatur →Anhang III.

Rom *(Rọma),* Hauptstadt des röm. Reiches. (a) Besiedlung und Bebauung: R. entstand in einer hügeligen Landschaft (→Sieben Hügel) in Latium am Ufer des Tiber etwa 25 km von dessen Mündung entfernt. Im 10. oder 9. Jh. v. Chr. legten einwandernde Latiner eine Siedlung auf dem Palatin an. Seit 800 v. Chr. nahmen Sabiner den Quirinal in Besitz. Darauf wurden der Esquilin und die übrigen Hügel besiedelt. Diese wurden als Siedlungsplätze bevorzugt, weil die Niederungen sumpfig waren und von häufigen Überschwemmungen des Tiber heimgesucht wurden. Mit der Anlage der *cloaca maxima* wurden im 7. - 6. Jh. v. Chr. die Sumpfgebiete trockengelegt. Unter dem Einfluß der Etrusker schlossen sich die Hügelsiedlungen seit 650 v. Chr. zu einer Stadt zusammen, deren Mittelpunkt das *forum Romanum* wurde. Zu den ältesten Bauwerken auf dem *forum Romanum* gehören die Kultstätte der Vesta, die *regia,* die *curia* und das *comitium.* Auf dem Kapitol entstanden die *arx,* eine Fluchtburg, und der Tempel des *Iupiter Optimus Maximus.* Nach der Eroberung von R. durch die Gallier (→Kelten) 387 v. Chr. (→Brennus) bauten die Römer die sog. Servianische Mauer, die mit 11,5 km Länge die Sieben Hügel umschloß. Um 312 v. Chr. ließ Appius Claudius Caecus die Via Appia, die älteste der großen Ausfallstraßen, und die Aqua Appia, die erste röm. Wasserleitung bauen. Bereits im 5. Jh. wurde eine Holzbrücke (→Brücken), der *pons sublicius,* über den Tiber gebaut. Die erste steinerne Brücke, der *pons Aemilius* (heute: ponte rotto) entstand im 2. Jh. v. Chr. Das erste steinerne Theater ließ Pompeius 57 v. Chr. auf dem Marsfeld errichten. — Augustus gliederte R. in 14 Regionen und bezog auch das *Ianiculum* und das Marsfeld in das Stadtgebiet ein. In augusteischer Zeit entstanden u. a. die Ara pacis, das Mausoleum des Augustus und das Pantheon. Augustus verschönerte R. so sehr, daß er sich rühmen durfte, eine Stadt aus Marmor hinterlassen zu haben, während er eine Stadt aus Ziegelsteinen vorgefunden habe (Sueton, Augustus 28). Unter Tiberius wurde der Palatin zur Kaiserresidenz ausgebaut. Im Jahre 64 n. Chr. (→Nero) fielen große Teile von R. einem Brand zum Opfer. Durch den Wiederaufbau erhielt das Stadtbild seine bis heute erkennbare Gestalt. Neben dem *forum Romanum* entstanden die Kaiserforen, der Triumphbogen des Titus, das Kolosseum, der Zirkus auf dem Marsfeld (heute: Piazza Navona). Wie sehr R. auch noch unter Domitian verschönert wurde, preist Martial (7, 61): „Rom hatte ganz mit Beschlag schon belegt der Händler, der freche, und die Schwelle vorm Haus hatt' uns schon nicht mehr gehört. Da befahlst du, Germanicus, daß man die Straßen erweitre, und was ein Engpfad war, wurde zur Straße nunmehr. Nicht mehr sind an die Pfosten der Kneipe die Flaschen gekettet, und im Straßenschmutz braucht nicht mehr der Prätor zu gehn. Nicht mehr schwingt man blindlings Rasiermesser in dem Gedränge, und die Hälfte des Wegs nimmt nicht die Garküche ein. Wirt und Barbier und Koch und Schlächter bleiben im Laden: Rom ist's wieder, was jüngst ein großer Kramladen war" (Übers. H. C. Schnur). — Auf dem rechten Tiberufer errichtete Hadrian ein Mausoleum für sich und seine Nachfolger, die Engelsburg. Am Anfang des 3. Jh. n. Chr. eröffnete Caracalla die nach ihm benannten Thermen. Unter Aurelian erhielt die Stadt die Aurelianische Mauer von 18,8 km Länge. Diokletian übertraf mit seinen Thermen (in der Nähe des heutigen Hauptbahnhofes) noch die Caracallathermen. (b) Geschichte der antiken Stadt: Der Sage nach wurde R. am 21. April 753 v. Chr. von Romulus gegründet. Dieses Datum errechnete der röm. Historiker Varro. Es wird noch heute als Natale di Roma („Geburtstag von Rom") gefeiert. Nach Romulus sollen sieben Könige in R. geherrscht haben. Die Siebenzahl ist nicht historisch; aber es ist sicher, daß zumindest seit dem 7. Jh. v. Chr. etruskische Könige (→Etrusker) R.s politische und kulturelle Entwicklung entscheidend geprägt haben. In der sog. Königszeit sind etruskische und latinische Elemente zu einer Einheit zusammengewachsen, die die Grundlage der weiteren Entwicklung R.s zur Weltmacht darstellte. Der letzte etruskische König, Tarquinius Superbus, wurde um 510 v. Chr. durch L. Iunius Brutus verjagt. Die Folgezeit (→Republik) führte zu einer Neuordnung der gesellschaftlich-politischen Verhältnisse. Die Regierungsgewalt wurde zwei jährlich von der Volksversammlung gewählten Beamten, den späteren →Konsuln, übertragen. Weitere Magistrate kamen zur Unterstützung der Konsuln hinzu. Das Recht zur Bekleidung der höchsten Ämter hatten aber nur die adligen Familien (→Patrizier), bis auch die →Plebejer nach langen Kämpfen (→Ständekämpfe) allmählich dieselben Rechte erwarben. Das Zwölftafelgesetz wurde in der Mitte des 5. Jh. v. Chr. zur allgemeinen Rechtsgrundlage. Der in den Ständekämpfen erzielte Ausgleich zwischen Patriziern und Plebejern wurde auch durch starken Druck von außen herbeigeführt. Die Römer waren in kriegerische Konflikte mit den Nachbarstämmen und nicht zuletzt auch mit den Etruskern (→Veji) verwickelt. Außerdem drangen die Kelten 387 bis nach R. vor und plünderten die Stadt. Angesichts der Keltengefahr erhöhte R. seine Abwehrkraft durch eine intensive Bündnispolitik mit den italischen Stämmen und Städten, festigte seine Vorrangstellung und erweiterte sein Einflußgebiet. Die Punischen Kriege führten die Entscheidung im Kampf um die Vorherrschaft im westlichen Mittelmeer herbei. Die ersten Provinzen wurden im 3. Jh. erworben. Im Osten unterwarfen sich Griechenland und Makedonien. Seit dieser Zeit (Mitte des 2. Jh. v. Chr.) war R. dem kulturellen Einfluß der Griechen ausgesetzt (→Scipionenkreis). Der durch die fortgesetzten Eroberungen außerordentlich gewachsene nationale Reichtum führte zu erheblichen wirtschaftlichen Veränderungen. Durch die Versklavung (→Sklaven) der besiegten Völker (→Kriegsgefangene) standen große Massen billiger Arbeitskräfte zur Verfügung. Dies förderte ebenso wie die Konzentration der Kriegsgewinne in den Händen der Nobilität und der Ritter die Bildung und gewinnbringende Bewirtschaftung von Großgrundbesitz, aber auch die wirtschaftliche Vernichtung der Kleinbauern. Die große Masse der röm. Bevölkerung und der Bundesgenossen blieb von der Beute aus den Expansionskriegen weitgehend ausgeschlossen; sie hatte allenfalls deren Lasten zu tragen. Dieser Mißstand war eine wesentliche Ursache für den 100 Jahre andauernden Bürgerkrieg, der mit Cäsars Monarchie und dem Prinzipat des Augustus das Ende der Republik herbeiführte. Trotz des Bürgerkrieges wurde die Ausdehnung des röm. Reiches nicht aufgehalten, und obwohl Augustus und seine Nachfolger (→Kaiser) nach ihrem eigenen Verständnis Verteidigungskriege führten, wurde das Reich um neue Territorien erweitert. Unter Trajan hatte es seine größte Ausdehnung. Die Verleihung des Bürgerrechtes an alle freien Reichsbewohner unter Caracalla (212 n. Chr.) begründete nicht nur die Reichseinheit, sondern förderte auch die Romanisierung der Provinzen. Unter Konstantin d. Gr. wurde das Christentum als gleichberechtigte Religion anerkannt. Im 4. Jh. n. Chr. verstärkte sich der germanische Druck auf die Nordgrenzen. Die rechtsrheinischen Gebiete wurden trotz des Limes aufgegeben. Germanische Stämme drangen in das Reichsgebiet ein. Auf seinem Boden bildeten sich autonome germanische Königreiche (z. B. siedelten die Westgoten seit 418 in Südgallien und Spanien, die Burgunder an der Rhone seit 443). Die Teilung des Reiches in ein West- und ein Ostreich um 400 förderte seinen weiteren politischen Verfall. Das Westreich wurde 476 mit der Entthronung des letzten weström. Kaisers Romulus Augustulus durch den germanischen Heerführer Odoaker aufgelöst. Das Ostreich mit Konstantinopel als Zentrum bestand aufgrund seiner wirtschaftlichen, politischen und geographischen Lage bis zum Einfall der Türken 1453. Justinian war im 6. Jh. noch einmal für kurze Zeit die Wiederherstellung der Reichseinheit gelungen. Die Schöpfung des →Corpus iuris civilis gehört zu den hervorragenden Leistungen der justinianischen Epoche. Dieses Gesetzeswerk, mit dem die jahrhundertelange Entwicklung des röm. Rechtes seinen Höhepunkt erreichte, brachte den Gedanken eines einheitlichen röm. Rechtsstaates nochmals in überzeugender Form zum Ausdruck. Nach Justinian brach die Einheit des Reiches endgültig zusammen. — Für den Untergang des röm. Reiches, das Europa über ein Jahrtausend gestaltete und bis heute prägte, werden unterschiedliche Gründe genannt: u. a. das Christentum mit seiner Ablehnung der röm. Staatsidee, der Verlust der innenpolitischen Einheit, die Verschärfung der sozialen Gegensätze, die Unzulänglichkeit der Verwaltung und Bürokratie, die Unfähigkeit zur Nutzung und Ausschöpfung der Wehrkraft, der Ansturm der Germanen und anderer Völker auf die Reichsgrenzen oder einfach die mangelnde Bereitschaft der führenden Schichten zur Erhaltung des Reiches, ihre Interesselosigkeit und Reichsmüdigkeit.

→Stadtplan von Rom →Anhang VIII

Roman ist zwar nicht als Gattungsbezeichnung, aber spätestens seit dem Hellenismus der Sache nach durchaus bekannt. Der antike R. ist vor allem Abenteuer- und Liebesroman: Ein Liebespaar wird getrennt und findet nach vielen Abenteuern wieder zusammen. Motive und literarische Technik sind anderen literarischen Gattungen entnommen (Epos, Tragödie, Komödie, Rhetorik, Geschichtsschreibung, Ethnographie). Der älteste fragmentarisch überlieferte R., der uns bekannt ist, erzählt von der Liebe des Assyrerkönigs Ninos zu Semiramis (2. Jh. v. Chr.). Von der röm. Romanliteratur sind zwei großartige Werke erhalten, Petrons „Satyricon" und die „Metamorphoses" des Apuleius („Der Goldene Esel").

Romanische Sprachen nennt man die aus dem Vulgärlateinischen hervorgegangenen Sprachen Französich, Italienisch, Spanisch, Portugiesisch, Rumänisch und Rätoromanisch (die vierte Landessprache der Schweiz, die außer im schweizerischen Graubünden auch in Teilen Südtirols und Friauls gesprochen wird), die sich im allgemeinen in karolingischer Zeit verselbständigten und als eigene Sprachen der lat. Schriftsprache, die bis in die Neuzeit als Sprache der Gebildeten, der Wissenschaft und der Verwaltung weiterlebte, gegenübertraten. Ihre Verschiedenheit läßt sich dadurch erklären, daß das Lateinische in den von den Römern eroberten Gebieten von den ursprünglich dort gesprochenen Sprachen in unterschiedlicher Weise und zu verschiedenen Zeiten beeinflußt wurde.

Romanisierung ist die durch die röm. Eroberungs- und Siedlungspolitik ermöglichte Ausbreitung röm. Kultur und die Verschmelzung des kulturellen Besitzes der beherrschten Völker mit röm. Kulturgut. Die R. führte u. a. zur Verdrängung der vorröm. Nationalsprachen zugunsten des Lateinischen als der übernationalen Verwaltungssprache im röm. Reich, zur Ausbreitung des röm. Rechtssystems und zur Entwicklung einer leistungsfähigen Infrastruktur (Straßen- und Städtebau). Die spätere europäische Kultur ist ohne die tiefgreifende, jahrhundertelange R. nicht denkbar. — Die R. gelang nicht in allen Provinzen des röm. Reiches in gleichem Maße. In den europäischen Gebieten (vor allem in Gallien) wirkte sie ungleich stärker als in den asiatischen oder afrikanischen Provinzen.

Romidee. Der Gedanke, die Stadt Rom werde in der Welt um das Mittelmeer die beherrschende Rolle spielen, taucht bereits im 2. Jh. v. Chr. auf. Am Ende der Republik erheben sich zwar starke Zweifel an der Zukunft Roms (bes. bei Sallust und Cicero); unter Augustus jedoch kommt die Vorstellung von einer Zeitenwende auf, mit der eine neue segensreiche Epoche des Friedens beginnen soll. Ihr großer Verkünder ist Vergil. Seine „Aeneis" rechtfertigt die röm. Weltherrschaft als göttlichen Plan, der seit Urzeiten feststeht. Rom ist dazu berufen, die Welt zu retten. Indem es den Völkern Ordnung und Gesetz, Sinn und Vernunft bringt, wird es zum Repräsentanten der Weltvernunft und damit ewig wie der Kosmos selbst *(Roma aeterna* ewiges Rom). Die Christen verstanden den Frieden, den die röm. Herrschaft seit Augustus der Welt gebracht hatte, als Vorbereitung für die Heilsgeschichte. So löste die christliche Romidee allmählich die heidnische ab. — Als Alarich 410 n. Chr. Rom eroberte, war die Welt erschüttert. Trotzdem wurde der Glaube an die ewige Dauer der Stadt nicht zerstört. Gewiß rief der tausend Jahre währende Verfall des mittelalterlichen Rom immer wieder Trauer über die Vergänglichkeit der Größe hervor, doch der Gedanke an die Erneuerung Roms *(renovatio Romae)* erlosch nie ganz. Karl d. Gr. verwies auf die ideelle Bedeutung der Stadt, indem er sie zu dem Ort machte, von dem die röm. Kaiser deutscher Nation ihre Legitimation erhalten sollten (Krönungsfeier am Weihnachtstag des Jahres 800). Im 14. Jh. verlangte Petrarca mit Leidenschaft die Rettung des alten Rom. Im 15. Jh. begannen einige Päpste die Zerstörung der Stadt aufzuhalten, während andere sie weiterhin als Steinbruch mißbrauchten. Erst als Raffael 1515 zum Oberaufseher über die röm. Altertümer ernannt wurde, begann man tatkräftig mit der Wiederherstellung der Stadt. Doch wenige Jahre später fiel Rom wieder in feindliche Hand: Im „Sacco di Roma" (Plünderung Roms) des Jahre 1527 plünderten Söldnertruppen Karls V. die Stadt. Trotz des politischen Niedergangs erlebte Rom in den folgenden beiden Jahrhunderten eine Blüte der Baukunst, die das prachtvolle Bild der Stadt bis heute bestimmt. Prunkvolle Kirchen und Paläste zeigten die Kirche der Gegenreformation in triumphaler Herrlichkeit. Im 18. Jh. trat das antike Rom wieder in den Vordergrund. Rom prägte die Kunstauffassung und das Menschenbild der deutschen Klassik. Winckelmann, Goethe und Humboldt fanden in Rom das zeitlose Ideal der Schönheit und der Vollkommenheit. Rom wird zum Zeichen für die Dauer im Wechsel, zum geistigen Mittelpunkt der alten wie der neuen Welt. Für die Romantiker ist Rom ein einziges Grabmal, Spiegelbild für die Nichtigkeit geschichtlicher Größe. — Bis heute hat die Faszination, die von Rom ausgeht, nicht nachgelassen. Auch der moderne Besucher spürt auf Schritt und Tritt die merkwürdige Gegenwärtigkeit des Alten im Neuen, und auch die Zerstörungen, die auf das Konto der Spekulation und des Verkehrs gehen, haben die Idee der „Ewigen Stadt" nicht ausgelöscht. Nach wie vor ist Rom ein großes Thema der Literatur.

Romulus, der sagenhafte Gründer Roms im Jahre 753 v. Chr. Durch die Auspizien wurde R. der Vorrang vor seinem Zwillingsbruder Remus zuerkannt. R. erbaute Rom auf dem Palatin. Als Remus die neue Stadtmauer übersprang, erschlug ihn R. — Er stiftete die Römer zum Raub der Sabinerinnen (→Sabiner) an und galt als Begründer zahlreicher Einrichtungen der späteren Zeit. So sollen z. B. die Luperkalien, die Einteilung des Volkes in drei *tribus*, der Senat, die Unterscheidung von Patriziern und Plebejern und die Heeresordnung der alten Zeit auf R. zurückgehen. — R. ist nicht verstorben; er wurde zu den Göttern entrückt und später als *Quirinus* verehrt (Livius, Ab urbe condita 1, 3-16).

rostra, „Schiffsschnäbel", mit eisernen Spitzen versehene Rammbalken am Bug eines Kriegsschiffes. Die r., die die Römer nach der Einnahme von Antium, einer Stadt in Latium, 338 v. Chr. erbeutet hatten, wurden als Verzierung an der Rednertribüne auf dem *forum Romanum* angebracht. Daher erhielt diese die Bezeichnung „r." (vgl. Livius, Ab urbe condita 8, 14).

Rubico oder **Rubicon,** eig. „roter Fluß", Grenzfluß zwischen *Gallia Cisalpina* (→Gallien) und Italien. Im Jahre 49 v. Chr. überschritt Cäsar den R. (Sueton, Divus Iulius 31, 2 und 81, 2), um seinen Machtanspruch auf Rom geltend zu machen, obwohl es ihm nach röm. Recht verboten war, die Grenzen seines Amtsbereiches mit seinem Heer zu verlassen. Cäsar soll im Bewußtsein dieser Rechtsverletzung beim Überschreiten des R. ausgerufen haben: *Alea iacta est* (Der Würfel ist gefallen).

Rufus *(Quintus Curtius Rufus),* um 50 n. Chr. oder auch später, verfaßte zehn Bücher über Alexander d. Gr. (Historiae Alexandri Magni Macedonis). Seine romanhafte Darstellung des Königs umfaßt die wichtigsten Ereignisse in Alexanders Leben. →Alexander der Große

Rutenbündel *(fasces),* mit Lederriemen zusammengebundene Holzstäbe, Abzeichen der Amts- und Strafgewalt der höheren Magistrate; die R. wurden von Liktoren getragen. In den R. steckte als Zeichen der Macht über Leben und Tod ein Beil, das jedoch auf röm. Stadtgebiet herausgenommen wurde, da die Volksversammlung (und nicht die Magistrate) für Todesurteile die höchste Instanz war.

Saalburg, Rekonstruktion eines röm. Kastells am Limes, 6 km nördlich von Bad Homburg. Die S. in ihrer heutigen Gestalt ist um 1900 einem nordafrikanischen Kastell nachgebaut worden. Mit einer Grundfläche von 150 x 220 m bietet sie Platz für 500 Mann. Außerhalb des Kastells befanden sich weitere Gebäude, u. a. *canabae* und Badeanlagen. In den Brunnen innerhalb und außerhalb der S. wurden zahlreiche Gegenstände des täglichen Gebrauchs gefunden.

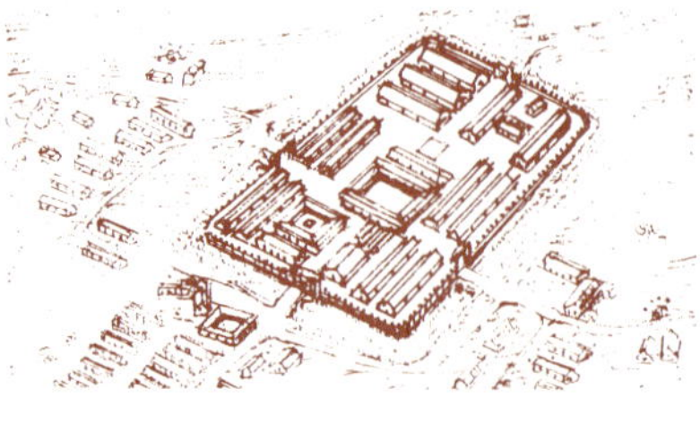

Saalburg. Rekonstruktion eines Römerkastells im Taunus

Sabiner *(Sabini),* Volksstamm in Mittelitalien, Nachbarn der Römer, die ihnen der Sage nach aufgrund ihres Mangels an Frauen die Frauen und Töchter raubten („Raub der Sabinerinnen"). Zwischen Römern und S. kam es bis in das 3. Jh. v. Chr. immer wieder zu bewaffneten Konflikten, bis ihnen 241 v. Chr. das volle Bürgerrecht zugestanden wurde.

Säkularfeier. Mit *saeculum* wurde ein Zeitraum von 100 Jahren bezeichnet. Ein Jahrhundertwechsel wurde mit einer S. *(saeculares ludi)* gefeiert. Die S. fanden als Jahrhundertfeiern der Stadtgründung von Rom statt. So hat z. B. Claudius im Jahre 47 n. Chr. die 800-Jahrfeier der Stadt veranstaltet. Da die S. als Sühne- oder Reinigungsfeiern verstanden wurden, hielt man sie auch dann ab, wenn man in Notzeiten ein neues *saeculum* beginnen wollte. So wurde während des 1. Punischen Krieges im Jahre 249 v. Chr. und im 3. Punischen Krieg 146 v. Chr. ein neues *saeculum* mit einer S. begonnen. Die Sühnung wurde mit Opfern für die Götter der Unterwelt (Dis Pater, Proserpina) vollzogen. Augustus ließ 17 v. Chr. eine S. veranstalten, um die von ihm angestrebte Erneuerung zu feiern und sich selbst als Verkünder einer neuen Zeit darzustellen. Horaz dichtete anläßlich dieser S. sein „carmen saeculare".

Sänfte *(lectica),* tragbares Bett, zunächst nur für Frauen und Kinder gebräuchlich, in der Kaiserzeit luxuriös ausgestattet, mitunter geschlossen und verglast (→Glas). Die S. wurde oft von sechs bis acht uniformierten Sklaven getragen. Als Personentransportmittel ist die S. mit dem Auto oder Taxi vergleichbar.

Säule, zylindrisches Stützelement meist aus Stein (→Marmor) für öffentliche und private Bauwerke, auch freistehendes Schmuckelement ohne tragende Funktion. Freistehende S. dienten u. a. als Meilensteine oder Ehren- und Gedenk-S. — Die S. wurde als Rund-S.

oder als Halb-S. (z. B. beim Triumphbogen oder beim Amphitheater) verwendet. — Eine Rund-S., die z. B. für Tempel oder *porticus* benutzt wurde, bestand meist aus einzelnen Abschnitten (Trommeln), die mit Hilfe von Bleidübeln zusammengefügt wurden. Sie behielt entweder ihre glatte Oberfläche oder wurde mit senkrechten Rillen (Kanneluren) versehen. Sie konnte auch mit Relief-Darstellungen verziert sein, wie z. B. die Trajans-S. in Rom. Daneben kamen noch andere ornamentale Verzierungen vor.

Salier *(Salii),* eig. ,,Springer'', Angehörige eines altröm. Priester-Kollegiums. Sie führten im März und im Oktober, d. h. am Anfang und am Ende der Jahreszeit, in der Krieg geführte wurde, kultische Tänze auf und sangen ein Lied *(carmen saliare)* zu Ehren des Gottes Mars.

Sallust *(Gaius Sallustius Crispus),* 86-35 v. Chr., röm. Geschichtsschreiber. Er bekleidete als Anhänger der Popularen mehrere Staatsämter. Während des Bürgerkrieges stand er auf Cäsars Seite, der ihn zum Prätor der Provinz Africa ernannte. In seiner Dienstzeit erwarb er sich ein großes Vermögen. Nach Cäsars Ermordung zog er sich ins Privatleben zurück. — Zu seinen Werken gehören die ,,Coniuratio Catilinae'', eine Darstellung der von Cicero im Jahre 63 v. Chr. aufgedeckten Verschwörung Catilinas, und das ,,Bellum Iugurthinum'', das den Krieg gegen Jugurtha (111-106) behandelte. — Weitere Werke sind die nur in Bruchstücken überlieferten ,,Historiae'' (Zeitgeschichte) und zwei Briefe an Cäsar. S. versucht in seinen Werken eine philosophische Deutung des historischen Geschehens zu geben. Nach seiner pessimistischen Geschichtsauffassung begannen mit der Zerstörung Karthagos (→Punische Kriege) trotz äußerer Machterweiterung der innere Zerfall und der moralische Niedergang der röm. Führungsschicht. — S. steht in der von Thukydides begründeten Tradition einer wissenschaftlichen Geschichtsschreibung. Er hat auf Tacitus stark gewirkt, der sich u. a. die sprachlich-stilistischen Eigenarten des S. (z. B. die prägnante Kürze seiner Ausdrucksweise) zum Vorbild nahm.

Salz *(sal)* diente zum Würzen und Pökeln und war ein wertvolles Handelsobjekt (→Salzspeicher). Soldaten erhielten ein S.-Geld *(salarium,* später: Salär = Gehalt).

Salzspeicher. Für Salz hatte in Rom der Staat das Alleinverkaufsrecht (Monopol). Zur Lagerung dienten die S. in der Nähe des *emporium.* Gewonnen wurde das Salz an der Tibermündung bei Ostia. Auf der Via salaria (,,Salzstraße'') wurde es von Ostia durch die Porta salaria im Norden von Rom z. B. in das Land der Sabiner geliefert.

Samniten, Volksstamm in den mittleren und südlichen Apenninen (Samnium, →Italien). Die S. besetzten im 5. Jh. v. Chr. Kampanien und u. a. auch Pompeji. Sie wurden in drei Kriegen (343-341, 328-304, 298-290) von den Römern unterworfen, die in diesen Kriegen jedoch auch schwere Niederlagen erlitten, z. B. 321 v. Chr. bei Caudium (heute: Montesarchio) in Samnium an der Via Appia, wo das röm. Heer unter das →Joch gehen mußte. Die S. kämpften als Verbündete des Pyrrhus erneut gegen die Römer. Im Bundesgenossenkrieg erhielten sie 88 v. Chr. das Bürgerrecht. Im Bürgerkrieg standen die S. auf der Seite des Marius und der Popularen. Sie wurden von Sulla nahezu ausgerottet. 82 v. Chr. wurden auf Sullas Befehl 8000 S. auf dem Marsfeld niedergemacht, während dieser im Senat eine Ansprache hielt.

Sapphische Strophe, eine nach der griech. Dichterin Sappho (6. Jh. v. Chr.) benannte Strophenform, die Catull und Horaz in die röm. Lyrik einführten. Sie besteht aus drei sapphischen Elfsilblern und einem Adoneus:

– ⏑ – – ⏓ ⏑ ⏑ – ⏑ – ⏓
– ⏑ – – ⏓ ⏑ ⏑ – ⏑ – ⏓
– ⏑ – – ⏓ ⏑ ⏑ – ⏑ – ⏓
– ⏑ ⏑ – –

Beispiel: Horaz, Carmen 1, 22: *Integer vitae scelerisque purus* (Wer redlich lebt und von Schuld frei ist). Die sapphische Strophe ist das einzige lyrische Versmaß, in dem man auch im Mittelalter und in der Neuzeit gedichtet hat. Ihr Rhythmus ist z. B. Vorbild für das Kirchenlied ,,Herzliebster Jesu, was hast du verbrochen''.

Sappho, griech. Lyrikerin auf Lesbos, um 600 v. Chr., aus adliger Familie stammend. Wegen der politischen Verhältnisse in ihrer Heimat lebte sie eine Zeitlang auf Sizilien im Exil. S. soll einen Kreis von adligen jungen Mädchen um sich geschart haben, in dem Musik und Tanz gepflegt wurden. Manche ihrer Gedichte richten sich an diese Mädchen, für die sie auch Hochzeitslieder dichtete, die von Chören vorgetragen wurden. Sapphos Lieder zeichnen sich durch ihre Musikalität und durch ihre schlichte Sprache aus; sie haben persönlichen, privaten Charakter. Erlebnisse im Kreis ihrer Freundinnen sind oft der Anlaß für ein Gedicht: Liebe, Abschied, Sehnsucht, Beobachtung der eigenen Gefühle. In Rom haben Catull und Horaz S. bewundert und nachgeahmt.

Sarkophag (griech. eig. ,,Fleischfresser''), meist kistenförmiger und mit einem Deckel verschließbarer Behälter aus Stein, Marmor oder anderem Material für die Beisetzung von Toten (→Bestattung). Der S. wird in Rom erst seit dem 2. Jh. n. Chr. von den wohlhabenden Familien verwendet; er war oft reich verziert mit Reliefdarstellungen (→Relief) von Motiven aus der griech.-röm. Göttersage, von Schlachtbildern und Jagdszenen oder einfacher geschmückt mit Girlanden, Weinranken und anderen Schmuckformen.

Satire ist eine literarische Gattung, die mit dem modernen Begriff S. nicht identisch ist, da in der Antike damit eine Form, nicht die Intention eines Textes bezeichnet wird. Die Verssatire in Hexametern ist von den Römern geprägt worden: *satura tota nostra est* (Die Satire ist ganz unsere eigene Schöpfung), sagt Quintilian in seiner ,,Institutio oratoria'' (10, 1, 93). Die sog. Menippeische S., eine Mischung von Prosa und Versen, geht auf den kynischen Dichter Menippos von Gadara (3. Jh. v. Chr.) zurück und wurde von Marcus Terentius Varro (116-27 v. Chr.) in die röm. Literatur eingeführt. Der Name S. kommt wahrscheinlich aus der Küchensprache: mit *satura* bezeichneten die Römer ein derbes Nahrungsmittel, ein Füllsel in einer Hülle. Der Name der volkstümlichen Mischkost wurde auf eine ,,Sammlung vermischter Gedichte'' übertragen. Ennius (239-169 v. Chr.) hat *satura* wohl zum erstenmal als Buchtitel verwendet. Später wird mit *satura* auch ein einzelnes Gedicht bezeichnet. — Die nur in Bruchstücken überlieferten Satiren des Ennius waren Gedichte in verschiedenen Versmaßen; sie dienten in unterhaltsamer und belehrender Weise der persönlichen Meinungsäußerung des Dichters. Auch das Werk des Dichters, der dieser Gattung die für die Folgezeit kanonische Form, den Hexameter, gab, ist bis auf Fragmente verloren: die 30 Bücher Satiren des Gaius Lucilius (um 180-102 v. Chr.), eines reichen Ritters, der dem Kreis um den jüngeren Scipio angehörte. In seinen Satiren griff Lucilius mit Witz und polemischer Schärfe gesellschaftliche und politische Mißstände an; seine Kritik war persönlich, er scheute sich nicht, Namen zu nennen. Bei Horaz, seinem großen Nachfolger, tritt die Polemik zurück. Sein Ziel ist, ,,lachend die Wahrheit zu sagen'' *(ridentem dicere verum* Sat. 1, 1, 24). Feine Ironie, Humor, Verständnis für menschliche Unzulänglichkeiten, auch für die eigenen Schwächen, Darstellung des eigenen Lebens - das sind wesentliche Züge der horazischen Satire, in der die Gattung ihren Höhepunkt erreicht hat. — Die 6 Satiren des Persius (34-62 n. Chr.) versuchen, stoische Moralphilosophie zu lehren. Horazens überlegener Blick, seine Leichtigkeit und sein Humor fehlen Persius völlig. Auch Juvenals (um 60 - nach 140 n. Chr.) 16 Satiren sind weit von der sympathischen Selbstironie des Horaz entfernt. Mit Zorn und Entrüstung geißelt er die Verworfenheit und Lasterhaftigkeit seiner Zeitgenossen. Er sagt die Wahrheit nicht mehr lachend, sondern mit pathetischer Bitterkeit. Juvenal ist der letzte Vertreter der Verssatire in Hexametern. — Von der Menippeischen S. sind in der röm. Literatur zwei Beispiele erhalten: Senecas (4 v. - 65 n. Chr.) Apocolocyntosis (,,Verkürbissung'', d. h. Veräppelung des Kaisers Claudius) und Petrons (gest. 66 n. Chr.) Roman ,,Satyricon'', der wegen seiner Mischung von Prosa und Versen formal dieser Gattung zuzurechnen ist.

Saturnalien *(Saturnalia)*, mehrtägige Feiern zu Ehren des Gottes Saturnus und zur Erinnerung an das „Goldene Zeitalter". Die S. waren ein fröhliches und ausgelassenes Fest im Dezember, während dessen ausgiebig gegessen und getrunken wurde und soziale Unterschiede vorübergehend aufgehoben waren. Sklaven mußten von ihren Herren bedient werden. Es herrschte völlige Arbeitsruhe. Man trug als Kopfbedeckung den *pilleus*, eine runde Filzmütze, die wie die Hälfte eines Eies geformt war; der *pilleus* galt als Symbol der Freiheit. Die Sklaven durften ihre Herren auch ungestraft kritisieren und konnten sich mit ihnen allerlei Scherze erlauben. Man beschenkte sich gegenseitig mit Wachskerzen und Tonfiguren, aber auch mit kostbaren Geschenken. Die Klienten waren verpflichtet, ihrem *patronus* ein Geschenk zu überbringen.

Saturnier, älteste lat. Versform, deren Ursprung und metrische Struktur nicht ganz geklärt sind. Der Grammatiker Caesius Bassus (1. Jh. n. Chr.) nennt als Grundform ⏑ – ⏑ – ⏑ – – / – ⏑ – ⏑ – – (Beispiel: *malum dabunt Metelli / Naevio poetae* die Meteller werden dem Dichter Naevius übel zusetzen), die vielfach variiert werden kann. Charakteristisch ist die Zweiteilung des Verses; der erste Teil enthält meistens drei, der zweite Teil zwei natürlich akzentuierte Silben; die Zahl der unbetonten Silben dazwischen ist nicht festgelegt. Obwohl dies auf ein akzentuierendes Prinzip hindeutet, läßt sich der S. auch als quantitierender Vers verstehen. Auf Grund der geringen Zahl der Fragmente ist ein sicheres Urteil nicht möglich. In S. dichteten Livius Andronicus und Naevius (beide 3. Jh. v. Chr.). Ennius (239-169 v. Chr.) lehnte den S. als altertümlich ab und führte den Hexameter in die lat. Dichtung ein.

Saturnus, altröm. Gott, Vater des →Jupiter, dem griech. Kronos gleichgesetzt. Nach röm. Sage herrschte S. in einem „Goldenen Zeitalter" (→Weltalter), in dem die Menschen in Frieden miteinander lebten. Es gab keine →Sklaven. Privateigentum und Geld waren ebenso unbekannt wie Rechtsprechung und Verbrechen. Mit den →Saturnalien am 17. Dezember wurde die Erinnerung an die glückliche Urzeit fröhlich und ausgelassen gefeiert.

Satyrspiel, ursprünglich aus der Peloponnes stammendes heiteres Spiel, in dem das Treiben der Satyrn, jener geilen, freß- und sauflustigen Begleiter des Dionysos, dargestellt wurde. Am Ende des 6. Jh. v. Chr. entwickelte sich das klassische S., in dem die Helden der Tragödie mit den Satyrn, die den Chor bilden, zusammen auftreten: ein mythologisches Spiel, das den Ernst der drei beim Tragikerwettbewerb vorher aufgeführten Tragödien im befreienden Lachen aufhebt. Von den großen Tragikern Aischylos, Sophokles und Euripides ist (z. T. nur in Fragmenten) jeweils ein S. erhalten. In der lat. Literatur gibt es das S. nicht. Eine Anspielung auf das S. liegt wohl im Titel des Romans „Satyricon" von →Petron vor (zugleich auch eine Anspielung auf die lat. *satura,* ein Wort, das mit Satyr allerdings nicht verwandt ist).

Schauspieler *(histriones oder comoedi)* waren trotz der Vorliebe der Römer für das Theater gesellschaftlich nicht sehr angesehen. Dennoch verdienten beliebte Sch. sehr gut. Ein prominenter Sch. war z. B. Quintus Roscius Gallus, der von Sulla in den Ritterstand (→Ritter) erhoben wurde und mit Cicero bekannt war. Cicero verteidigte ihn in einem Zivilprozeß (Cicero, Pro Q. Roscio comoedo). Viele Sch. hielten sich berufsmäßige Beifallklatscher (Claqueure). Unter Augustus, dem Erneuerer der altröm. Moral, wurden „unmoralische" Sch. hart bestraft (Sueton, Augustus 45): Als Augustus erfuhr, daß Stephanio, ein Sch. der →Togata, sich von

Schauspieler. Nach einem Mosaik aus Pompeji (Museo Nazionale, Neapel)

einer als Knabe verkleideten röm. Dame mit kurzgeschnittenen Haaren bei Tisch bedienen ließ, wurde er auf den Bühnen dreier Theater ausgepeitscht und aus der Stadt verwiesen. Der Sch. Pylades mußte Italien verlassen, weil er auf einen Zuschauer, der ihn auspfiff, mit dem Finger zeigte.

Scheidung. Es gab zwei Formen der Sch. einer Ehe: (a) *divortium*, das Auseinandergehen mit beiderseitigem Einverständnis, (b) *repudium,* die einseitige Aufkündigung der Ehe. — Der Mann hatte von jeher die völlige Freiheit zur Herbeiführung der Sch., falls die Ehe nicht als religiös-sakraler Akt geschlossen worden war. Eine leichtsinnige Trennung konnte jedoch durch den Zensor als Unsittlichkeit geahndet werden. — Prominente Römer ließen sich mehrfach scheiden: Sulla schloß fünf Ehen, Cäsar vier, Pompeius fünf und Antonius vier (die Ehe mit Kleopatra nicht mitgerechnet). Cicero trennte sich ohne Angabe eines Grundes von zwei Ehefrauen. — In der Kaiserzeit, in der auch die Frauen das Recht zum Vollzug der Sch. erhalten hatten, nahm die Zahl der Sch. noch zu. — Die Sch. wurde mit einer Formel vollzogen: Der Mann sagte zur Frau *res tuas tibi habeto* oder *foras exi* („pack deine Sachen" oder „verlaß mein Haus"). — Unter Augustus konnte die Sch. auch durch einen Boten verkündet werden. Allerdings war der Mann verpflichtet, die Mitgift zurückzuzahlen. — Unter dem Einfluß des Christentums erlaubten Konstantin und einige spätere Kaiser die Sch. nur noch aus schwerwiegenden Gründen. →Ehe

Schiffbau. Das Entstehen der röm. Flotte mit ihren Kriegsschiffen und die Ausweitung der Handelsschiffahrt im Zuge der wachsenden Ausdehnung des röm. Reiches setzten einen intensiven Sch. voraus. — Das Grundmaterial des Sch. war Holz; daher waren die Werftanlagen zugleich umfangreiche Stapelplätze für den Holzimport. — Kleinere Schiffe wurden am Strand gebaut und mit Winden in das Wasser gezogen. Größere, z. B. für den Transport von →Obelisken bestimmte Schiffe, wurden wahrscheinlich in flutbaren Docks gebaut. — Bekannt ist der Frachtensegler „Isis", der im 2. Jh. n. Chr. zwischen Alexandria und Rom als Weizentransporter verkehrte. Er war 54 m lang, 13,5 m breit und 13 m hoch. Dabei erreichte er 2800 Bruttoregistertonnen (zum Vergleich: heutige Binnenschiffe erreichen 2500 BRT). — Die meistgebauten Schiffe waren offene Ruderboote für die Küstenfischerei, für den Warentransport auf dem Meer und auf Binnengewässern und für die Kriegsflotte. Die Bauweise war einfach: Vom Kiel aus wurden Querspannten hochgezogen, an die mit Holzstiften die Planken genagelt wurden. Bug und Heck bildeten meist einen runden Bogen oder eine steile Linie nach oben. Ein Seitenruder vor dem Heck diente zum Steuern. Im Schiffskörper befanden sich die Ruderbänke. Diese konnten in mehreren Reihen übereinander angeordnet sein, z. B. in drei Reihen bei der Trireme, dem häufigsten Schiffstyp. Ein völlig geschlossenes Deck wurde nicht gebaut. Nur im vorderen und im hinteren Teil des Schiffes war manchmal ein Deck vorhanden.

Schildkröte *(testudo)*, fahrbares oder tragbares und aus Schilden gebildetes oder aus Brettern gebautes Schutzdach gegen Wurfgeschosse, das bei der Belagerung einer Stadt zur Annäherung an die Stadtmauer diente. Unter einer Sch., die feuerfest sein mußte, wurden auch mauerbrechende Waffen herangeführt (→Sturmbock).

Schildkröte. Nach einem Relief von der Trajanssäule in Rom

Schlüssel *(clavis)*, erfunden von den Griechen, ursprünglich von beträchtlicher Größe (bis zu 50 cm lang); auf der Saalburg hat man 300 röm. Schlüssel gefunden. Der Sch. des Pantheons in Rom ist heute noch zu gebrauchen. Es gab Sch. zum Drehen mit einem Bart und zum Heben mit einem Kamm.

Schmuck. Diademe, Halsketten, Fingerringe, Armreifen, Knöchelreifen, Medaillons, Ohrringe, Gürtelschnallen und kunstvolle Spangen *(fibulae)*, mit denen das Kleid zusammengehalten wurde, waren der häufigste Sch. der Römerin und auch des Römers. Edelsteine, Halbedelsteine und Perlen wurden zu kostbaren Sch.-Stücken verarbeitet. Die auf Gold- oder Eisenringen getragenen Steine wurden von Meistern der Steinschneidekunst (Glyptik) mit figürlichen Darstellungen verziert: Gemmen, besonders wertvolle Steine mit eingeschnittenen Bildern, dienten auch als Siegel. Kameen, Steine mit erhabener figürlicher Darstellung, waren Sch.-Stücke, die zur öffentlichen und privaten Repräsentation verwendet wurden. — Die Motive der Glyptik waren meist Porträts und Bilder aus Sage und Kult. — Goldschmiedearbeiten wurden durch Gravur oder Ziselierung verziert.

Schrank *(armarium)*, in der Antike als Aufbewahrungsort für kultische Gegenstände, für Ahnenbilder (→Ahnenkult) oder für die Bilder der Schutzgötter (→lares) benutzt. Kleidungsstücke wurden nicht in einem Sch., sondern in einer Truhe *(scrinium* Schrein) abgelegt.

Schreiben *(scribere* auf Papyrus und Pergament, *exarare* in Wachs). Man schrieb auf Papyrus und Pergament mit einem vorn zugespitzten und unten geteilten Schreibrohr *(calamus)*. Ein stumpf gewordenes Rohr konnte mit einem Messer (Skalpell) wieder angespitzt werden. Mit einem Lineal und einem Rädchen aus Blei wurden Linien gezogen. Tinte *(atramentum)*, ein schwarzes Gemisch aus Ruß, Wasser und einem Bindemittel (Leim), wurde in einem verschließbaren Tintenfaß aufbewahrt. 2000 Jahre alte Papyri beweisen die hohe Qualität und Haltbarkeit der Tinte. Es gab jedoch auch Tinte, die mit einem Schwamm wieder leicht zu löschen war; Caligula soll schlechten Rednern befohlen haben, ihre Texte mit einem Schwamm oder mit der Zunge wieder zu löschen. — Zu Schreibübungen in der Schule und für kürzere Notizen wurden Wachstafeln benutzt. Sie wurden mit dem Griffel (→stilus) beschrieben. — Man kann davon ausgehen, daß alle Römer, die die Schule besucht haben, das Sch. beherrschten. Wie hoch der Anteil der Analphabeten an der Bevölkerung war, ist schwer zu ermitteln.

Schreiber *(scriba)*, Angestellte in den Büros der Magistrate (Staats-Sch.) oder private Sch. (Sklaven oder Freigelassene) im Dienst eines Herrn. Die privaten Sch. trugen ihren Aufgaben entsprechende Bezeichnungen: *scribae ab epistulis:* Sch. für die Erledigung der Korrespondenz ihres Herrn, *scribae a studiis:* Assistenten beim Lesen und Studieren, *scribae a bibliotheca* oder *notarii* (→notarius): Sch., die die →Kurzschrift beherrschten. — Die besoldeten Staats-Sch. erledigten den Schriftverkehr der Beamten und führten die Akten. Dadurch waren sie in der Regel über alle Vorgänge vorzüglich informiert. Sie waren freie Bürger und blieben meistens lebenslang im Dienst, falls sie nicht in höhere Ämter aufstiegen. — Der Dichter Horaz verdiente zeitweilig seinen Lebensunterhalt als Sch.

Schrift (von *scriptum* das Geschriebene). Die Römer übernahmen die lat. Sch. mit einigen Veränderungen und Anpassungen an die Laute der lat. Sprache (→Lateinisch) von den Griechen (→Anhang V). Das älteste Zeugnis lat. Sch. stammt aus dem 7. Jh. v. Chr. Die Buchstaben verlaufen noch von rechts nach links. — Man benutzte zunächst eine Sch. mit gleichgroßen Großbuchstaben (Majuskel), die sog. Capitalis (z. B. für Inschriften). Die Buchstaben wurden von links nach rechts ohne Wort- und Satztrennung aneinandergereiht. Aus dieser Sch. entwickelte sich eine für den Privatgebrauch bestimmte fortlaufende Kursiv-Sch., die Majuskelkursive, wie sie z. B. aus pompejanischen Inschriften bekannt ist. Um 300 n. Chr. entstand eine Kursiv-Sch. mit Kleinbuchstaben (Minuskel), die im Mittelalter weiterentwickelt und bis zur Erfindung der

Buchdruckerkunst zur Vervielfältigung lat. Texte verwendet wurde.

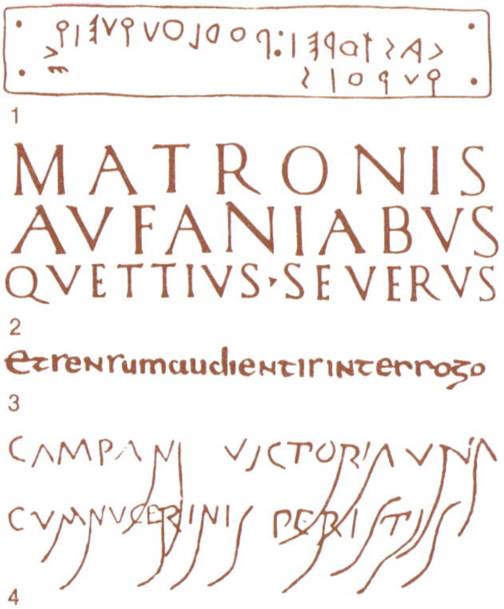

Lateinische Schriftformen
1 archaische linksläufige Schrift
2 Capitalis Quadrata 3 römische Kursive
4 Inschrift aus Pompeji

Schriftsteller. Zu den materiellen Voraussetzungen des röm. Sch. gehörte ein Einkommen aus eigenem Vermögen oder einer anderen hauptberuflichen Tätigkeit (z. B. Cicero, Petron, Plinius, Quintilian, Sallust, Tacitus) oder die finanzielle Unterstützung durch Freunde und Förderer wie Maecenas (Horaz, Properz, Vergil). So ist z. B. Ennius von Cato Censorius nach Rom gebracht und unterstützt worden; Terenz kam als Sklave nach Rom, wurde von einem röm. Senator gefördert und erhielt im Scipionenkreis Unterstützung. Nur selten verdienten Sch. ausschließlich mit ihren Werken ihren Lebensunterhalt (z. B. durch Auftragsarbeiten). Selbst ein so gern gelesener Autor wie Martial klagt dauernd über Geldmangel und hält die finanzielle Unterstützung für unerläßlich: „Gebt uns Förderer wie Maecenas, und es wird Dichter wie Vergil geben" (8, 55, 5). Auch Catull litt oft unter Geldnot; in seinem Beutel waren meist nur Spinnweben (Carmen 13). Von Petron (Satyricon 83-84) wird ein armer Poet *(poeta)* porträtiert. — Die Veröffentlichung eines Werkes übernahm ein Verleger, der das Manuskript von seinen Schreibern in mehreren Exemplaren abschreiben ließ und entweder selbst oder über einen Buchhändler im Laden verkaufte (vgl. Martial 1, 117). Abnehmer waren neben Privatleuten auch die öffentlichen Bibliotheken. Der Erlös floß jedoch nicht in die Taschen des Sch. Dieser genoß bestenfalls den Ruhm, ein vielgelesener oder gar unsterblicher Dichter zu sein (vgl. Horaz, Oden 3, 30, 1-7; Ovid, Metamorphosen 15, 871-876). — Prominente Sch. schrieben ihre Texte nicht selbst; sie diktierten ihren Schreibern (→notarius). — Neben der schriftlichen gab es auch die mündliche Verbreitung von Texten durch öffentliche Lesungen, die in der Kaiserzeit immer beliebter wurden und entweder in privaten Räumen oder im Odeum stattfanden. — Aus dem Zwang zum Diktat und zum öffentlichen Vortrag erklärt sich auch die besondere Vorliebe röm. Sch. für eine kunstvolle rhetorisch-stilistische Formung ihrer Texte (→Rhetorik).

Schuhe. Zu Hause trug der Römer Sandalen *(sandalia, soleae)* mit einfacher Ledersohle, die mit Lederriemen an den Fußknöcheln befestigt war, oder Pantoffeln *(socci).* Bei Tisch wurden die Sch. ausgezogen *(soleas demere).* Auf der Straße trug man *calcei,* feste Sch. aus schwarzem oder (nur für Senatoren) rotem Leder, die den Fuß ganz umschlossen und mit einem Riemen zugezogen wurden. Soldaten trugen höhere Sch., *caligae* (→Caligula), mit dicken und oft mit Nägeln beschlagenen Sohlen.

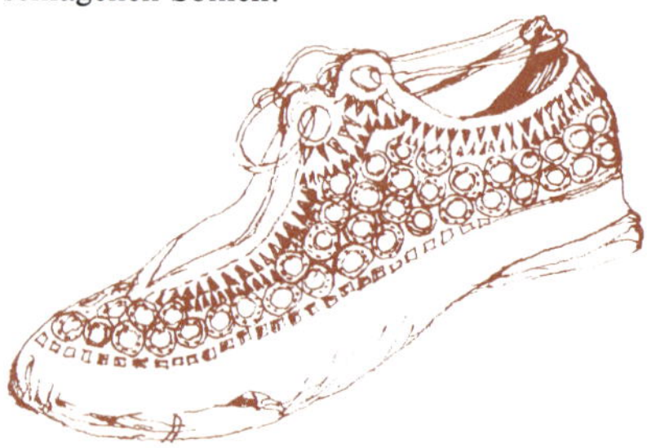

Schuh einer röm. Frau (Saalburg-Museum)

Schule. Es gab in Rom folgende Sch.-Formen: (a) Elementar-Sch. *(ludus litterarius),* (b) Grammatiker-Sch., (c) Rhetoren-Sch. — Zu (a): Die ersten Elementar-Sch.

Schulszene. Nach einem röm. Relief aus Neumagen (Rheinisches Landesmuseum, Trier)

wurden in Rom im 5. Jh. v. Chr. eröffnet (vgl. Livius, Ab urbe condita 3, 44, 6; 5, 27; 6, 25,9). Später gab es auch in anderen Städten Italiens Sch. Es handelte sich um dürftig eingerichtete Räume, die mitunter zur Straße hin offen waren. Eine Plane diente dann als Sonnen- oder Lärmschutz. Die Kinder saßen mit Griffel und Wachstafel auf Bänken oder Hockern. Tische gab es nicht. Der Lehrer hatte einen Lehnsessel *(cathedra)* oder einen Sessel ohne Lehne *(sella)*. Der Unterricht begann sehr früh am Morgen; er dauerte sechs Stunden und mußte von den Eltern bezahlt werden. Die Kinder besuchten die Elementar-Sch. vom 7. bis zum 11. oder 12. Lebensjahr. In den heißen Sommermonaten und in den kalten Wintermonaten waren Ferien. Die Kinder wurden von einem Sklaven *(paedagogus)* in die Sch. gebracht. Elementar-Sch. waren private Sch. und wurden vom Staat nicht beaufsichtigt. — Zu (b): Die Grammatiker-Sch. war eine höhere Sch., in der literarische Texte griech. und röm. Autoren gelesen und interpretiert wurden. Zu den gelesenen Autoren gehörten einerseits Homer, die Tragödiendichter und der Komödiendichter Menander, andererseits Livius Andronicus, Ennius, Terenz, Vergil, Horaz und Cicero. — Zu (c): Die Rhetoren-Sch. diente der Berufsausbildung bzw. Berufsvorbereitung (→Studium). Die zentralen Unterrichtsinhalte waren Rhetorik und Philosophie. Ursprünglich wurde nur griech., später auch röm. Rhetorik gelehrt. Die praktische Ausbildung konzentrierte sich auf Übungen im Reden über oft abwegige Themen. Sie wurde im allgemeinen mit dem 20. Lebensjahr abgeschlossen. →Bildungswesen

Scilitanische Märtyrer, sechs christliche Märtyrer aus Scilli (heute: Sbeitla in Tunesien), die 180 in Karthago hingerichtet wurden. Die Gerichtsverhandlung wurde protokolliert. Das Protokoll gehört zu den frühesten Märtyrerakten.

Scipio, eig. „der Lange", Beiname (→Personennamen) der patrizischen *gens* der Cornelier *(gens Cornelia),* aus der bedeutende Feldherrn und Politiker hervorgegangen sind: (1) *Publius Cornelius Scipio,* 235-183, kämpfte im 2. Punischen Krieg gegen Hannibal, erhielt 211 als Prokonsul, ohne zuvor den →cursus honorum durchlaufen zu haben, den Oberbefehl in Spanien und zwang die Karthager zum Rückzug nach Nordafrika. 204 landete S. in Afrika und besiegte Hannibal in der Schlacht bei Zama. S. wurde für diesen Sieg mit dem Beinamen *Africanus,* „der Sieger von Africa", geehrt. Um ihn von seinem Adoptivenkel zu unterscheiden (s. 2), nennt man ihn *Publius Cornelius Scipio Africanus Maior* („der Ältere"). — (2) *Publius Cornelius Scipio Aemilianus Africanus Minor*

(,,der Jüngere'') mit dem späteren Beinamen *Numantinus* war der Sohn des Lucius Aemilius Paullus und wurde vom Sohn des S. Africanus Maior adoptiert (→Adoption). Er wurde 147 als Konsul Oberbefehlshaber im 3. Punischen Krieg und zerstörte 146 Karthago vollständig. Damit verdiente er sich seinen Beinamen *Africanus.* 133 eroberte er die spanische Stadt Numantia, wo sich die Spanier während ihres Aufstandes (143-133) gegen Rom verschanzt hatten. Dafür erhielt er den Beinamen *Numantinus.* — Als hervorragender Kenner der griech. Sprache und Kultur förderte er in seinem Freundeskreis (→Scipionenkreis) den wachsenden Einfluß griech. Bildung auf die röm. Gesellschaft. Ein literarisches Porträt des S. gibt der griech. Historiker, Lehrer und Freund des S., Polybios (32, 8-16). Cicero setzte ihm in seiner Schrift ,,De re publica'' *(Somnium Scipionis)* ein literarisches Denkmal.

Scipionenkreis. Publius Cornelius Scipio Africanus Minor Numantinus (185-129) wurde von dem griech. Historiker Polybios, der 166 v. Chr. unter 1000 griech. Geiseln nach Rom gebracht worden war, in die griech. Kultur eingeführt. Polybios wurde durch den Umgang mit Scipio zum Kenner und Bewunderer der Römer. Die Freundschaft zwischen Scipio und Polybios war die Grundlage des S., zu dem außerdem noch der griech. Philosoph Panaitios, die röm. Schriftsteller Lucilius und Terenz und die Politiker C. Laelius, P. Rutilius Rufus u. a. gehörten. Der S. war zwischen 150 und 130 v. Chr. ein Zentrum der fruchtbaren Begegnung zwischen röm. und griech. Kultur. Er diente der Anregung und Förderung röm. Schriftsteller und gab den Römern nachhaltige Anstöße zu einer aneignenden Auseinandersetzung mit griech. Denken und griech. Bildung. Cicero würdigte die große Bedeutung des S. für die Hellenisierung Roms.

secessio plebis, Auszug der *plebs* auf den Aventin oder den heiligen Berg *(mons sacer)* 494 und 449 v.Chr. und auf das *Ianiculum* 287 v. Chr. Die *plebs* wollte damit gegenüber den Patriziern für eine Erweiterung ihrer politischen Rechte demonstrieren (→Ständekämpfe). Daraufhin wurde zunächst das Amt des Volkstribunen eingerichtet.

Seife *(sapo)*, ein Produkt aus Ziegentalg und Buchenasche, das die Gallier (→Gallien) zum Haarefärben erfunden haben (Plinius, Naturalis Historia 28, 191). Eine feste S. war den Römern als Mittel der Körperpflege unbekannt. Man wusch sich mit klarem Wasser (vgl. Ausonius in seiner ,,Ephemeris'') und benutzte ansonsten Salbe und Puder für die Körperpflege.

Sejan *(Lucius Aelius Seianus),* Kommandeur der Prätorianer unter Tiberius. S. führte längere Zeit als enger Vertrauter des Tiberius die Regierungsgeschäfte bis zu seiner Hinrichtung wegen Hochverrats (→Majestätsbeleidigung) am 31.10.31 n. Chr. Tiberius nahm grausame Rache an seinem ehrgeizigen Minister, indem er auch seine drei Kinder hinrichten ließ.

sella curulis, ein aus Elfenbein oder Marmor und Metall gefertigter Klappstuhl ohne Lehne, der als Amtsabzeichen der höchsten Magistrate diente. Diese saßen bei allen öffentlichen Handlungen auf der s. c. Cäsar erhielt vom Senat eine s. c. aus Gold (Sueton, Divus Iulius 76).

Senar, aus sechs Füßen bestehender jambischer Vers, die röm. Umformung des jambischen Trimeters der Griechen (→Jambus). Da außer im letzten Versfuß alle Längen in Doppelkürzen aufgelöst und alle Kürzen durch Längen oder Doppelkürzen ersetzt werden können, ergibt sich folgendes Schema:

Der S. ist der häufigste Dialogvers der röm. →Komödie.

Senat *(senatus),* neben der →Volksversammlung und den →Magistraten die dritte Macht in der röm. Republik. Ursprünglich war der S. wohl ein Rat alter Männer *(senes)* aus dem Stand der Patrizier. Daher hießen die Senatoren auch *patres* (,,Väter''). Die Zahl der S.-Mitglieder war unterschiedlich hoch. In der frühen Republik waren es 300, seit Sulla 600, unter Cäsar 900 und seit Augustus wieder

600 Männer. — Es war ein Ergebnis der Ständekämpfe, daß der S. nicht nur von Patriziern, sondern auch von Plebejern gebildet wurde. Seitdem war die Anrede des S. nicht mehr nur *patres*, sondern →patres conscripti.— Ursprünglich waren die Angehörigen des S. nur ehemalige Konsuln, später wurden alle ehemaligen Magistrate aufgenommen. — Die Senatoren waren durch äußere Abzeichen von den übrigen Bürgern abgehoben: rote Schuhe, ein Purpur-Streifen auf der *toga* und ein goldener Fingerring. — Während die Besetzung der Magistrate jährlich wechselte, blieben die S.-Mitglieder lebenslang in ihrer Stellung. Dadurch wurde die Kontinuität der röm. Politik gesichert. Der S. hatte zwar keine amtliche Befugnis zu direktem Eingreifen in die Regierungsgeschäfte der Magistrate. Aber seine Beschlüsse beeinflußten die Entscheidungen der Regierung. Nur was der S. billigte und guthieß, wurde gewöhnlich der Volksversammlung zur Entscheidung vorgelegt. So hatte der S. in der politischen Praxis der republikanischen Zeit u. a. Einfluß auf die Verlängerung der Amtszeiten von Magistraten; er kontrollierte die Staatsfinanzen, bestimmte die Außenpolitik und konnte mit dem *senatus consultum ultimum* den Notstand ausrufen (→Notstandsrecht). Die hohe Autorität dieses Gremiums spricht auch aus der Tatsache, daß die offizielle Bezeichnung des röm. Staates *Senatus Populusque Romanus* (SPQR) war. In der Kaiserzeit hatte der S. meist nur eine repräsentative Funktion.

senatus consultum, Empfehlung des Senats an die →Magistrate, die staatsrechtlich unverbindlich war, auf Grund der Autorität des Senats aber befolgt wurde. In der →Kaiserzeit setzt sich in der Rechtslehre die Auffassung durch, daß die *senatus consulta* gesetzesgleiche Kraft hätten, da der Kaiser oft selbst den Antrag dazu stellte. Die Abstimmung über den kaiserlichen Antrag wurde schließlich zur bloßen Formalität.

Seneca der Ältere *(Lucius Annaeus Seneca)*, um 55 v. Chr. in Corduba (Spanien) geboren, in Rom ausgebildet und wahrscheinlich als Rechtsanwalt oder als Beamter tätig, gestorben um 39 n. Chr. Im Alter verfaßte er auf Bitten seiner drei Söhne eine Sammlung von Deklamationen, die von Rednern seiner Zeit gehalten worden waren. Es handelt sich dabei um meist fingierte Rechtsfälle *(controversiae)* und um erfundene Ratschläge an historische Personen, die sich in einer Entscheidungssituation befinden *(suasoriae)*. Die von S. zitierten Beispiele zeigen, wie sich die Rhetorik aus der politischen Öffentlichkeit in die oft ganz phantastische Welt der Redeschulen zurückgezogen hat. Die unvollständig überlieferte Schrift galt bis zum 16. Jh. als ein Werk seines Sohnes, des Philosophen Seneca. Ein Enkel des älteren S. ist der Dichter Lukan.

Seneca der Philosoph, *Lucius Annaeus Seneca,* Sohn des älteren Seneca, geb. 4 v. Chr. in Corduba (Spanien), gest. 65 n. Chr. durch Selbstmord auf Befehl des Kaisers Nero, der ihn der Teilnahme an der Pisonischen Verschwörung verdächtigte (Tacitus, Annalen 15, 48 ff., bes. 60-65). — S. studierte neben Rhetorik auch Philosophie. Er bekleidete öffentliche Ämter und wurde Mitglied des Senats. Schon unter Caligula war er ein bekannter Redner. Im Jahre 41 n. Chr. wurde er nach Korsika verbannt (→Verbannung), weil man ihm ein Verhältnis zu einer Schwester des Caligula vorwarf. Agrippina ließ ihn 40 nach Rom zurückkommen; er übernahm die rhetorische und philosophische Ausbildung des jungen Nero. Als dieser mit 17 Jahren auf den Kaiserthron gelangte, war S. zusammen mit Burrus, dem Präfekten der Prätorianer, zeitweilig der Lenker des röm. Staates. Nach Burrus' Tod im Jahre 62 und in der Einsicht, daß Nero seinem Einfluß nicht mehr zugänglich war, zog S. sich aus dem öffentlichen Leben zurück. — S. verfaßte zahlreiche philosophische Schriften, in denen er Fragen der praktischen Ethik behandelte. Er stand der Gedankenwelt der altstoischen Philosophie (→Stoa) nahe, ohne deren Rigorismus zu teilen. Zehn seiner philosophischen Abhandlungen bilden die Sammlung der ,,Dialoge'', in denen er neben den drei Trostschriften für Marcia, Polybius und Helvia die Themen „Vorsehung", „Standhaftigkeit des Weisen'', ,,Zorn'', ,,Glück'', ,,Muße'', ,,Innerer Frieden'', ,,Kürze des Lebens'' behandelt. Weitere Schriften sind den Themen „Güte" und „Wohltaten" gewidmet. — Das übergreifende Thema seiner moralischen Schriften ist die Bedrohung des menschlichen Lebens und ihre innere Überwindung durch Einübung der Todesverachtung *(contemnere mortem)*. Hierin stimmt S. auch mit dem griech. Philosophen Epikur überein. — Daneben verfaßte S. auch eine naturwissenschaftliche Abhandlung mit dem Titel „Naturales Quaestiones" (Naturforschungen). — Am bekanntesten sind seine „Briefe an Lucilius", die ethische Fragen behandeln und dazu intensiv reflektierte persönliche Lebenserfahrungen verarbeiten. — In der „Verkürbissung" (Apocolocyntosis) verspottet S. den im Jahre 54 n. Chr. ermordeten Kaiser Claudius. — S. verfaßte ferner neun Tragödien (Hercules furens, Troades, Phoenissae, Medea, Phaedra, Oedipus, Agamemnon, Thyestes, Hercules Oetaeus). Die unter seinem Namen überlieferte Prätexta „Octavia" stammt wohl nicht von S. In seinen Tragödien schildert er vor allem die zerstörerischen Leidenschaften wie Eifersucht, Machtgier usw. vom Standpunkt der stoischen Ethik aus. Die Stücke waren wahrscheinlich nur als Lese- oder Vorlesedramen gedacht und nicht zur Aufführung auf der Bühne bestimmt. — Der überlieferte Briefwechsel zwischen S. und dem Apostel Paulus ist sicher nicht echt. Er veranschaulicht jedoch die wohl allgemein empfundene geistige Nähe S.s zur Ethik des Christentums. — Senecas Stil zeichnet sich durch Kürze (→brevitas), feuilletonistische Eleganz, pointierte Wendungen und geistreiche Sentenzen aus. Er war der Modeautor seiner Zeit, „geradezu die einzige Lektüre aller jungen Leute" (Quintilian, Institutio oratoria 10, 125). Sein Einfluß auf die neuzeitliche Literatur und Philosophie ist unabsehbar. Seine Tragödien wurden Vorbild für das Theater der Neuzeit; der Neustoizismus des 17. Jh. knüpfte vor allem an S. an. Auch heute noch haben seine philosophischen Reflexionen kaum etwas von ihrer Aktualität verloren.

Septimius Severus, 146 n. Chr. in Nordafrika geboren, bekleidete verschiedene Beamtenstellen in den Provinzen. Er wurde 193 von den Legionen aufgrund seiner militärischen Fähigkeiten zum Kaiser ausgerufen und als der erste der sog. Soldatenkaiser vom Senat anerkannt. Er führte u. a. erfolgreiche Kriege gegen die Parther. Er förderte die Rechtspflege (→Recht), indem er bedeutende Juristen als Berater beschäftigte (Papinianus, Ulpianus, Paulus). 211 starb er in Britannien. Auf dem *forum Romanum* steht noch ein Triumphbogen des S.

Serapis, ägyptische Gottheit von menschlicher Gestalt, dem griech. Zeus (→Jupiter) ähnlich, mit Alexandria als wichtigster Kultstätte (dort befand sich ein berühmtes Serapeion = S.-Tempel, der zugleich ein kulturelles Zentrum war). S. wurde weit über Ägypten hinaus auch von Griechen und Römern verehrt und war neben Isis der am weitesten verbreitete ägyptische Gott mit pantheistischen Zügen, dem die Aufgaben und Leistungen zahlreicher anderer Gottheiten zugeschrieben wurden (er war also eine Art „Allgott"). In Puteoli ist sein Kult schon im 2. Jh. v. Chr. bezeugt, in Rom gab es seit der Mitte des 1. Jh. v. Chr. einen S.-Tempel auf dem Marsfeld. Caracalla baute später einen S.-Tempel auf dem Quirinal.

Servianische Mauer, die angeblich von König Servius Tullius, in Wirklichkeit aber auf Befehl des Senats zwischen 378 und 352 v. Chr. gebaute Stadtmauer von Rom. Mauerreste aus Tuffstein sind heute noch sichtbar (z. B. vor der Stazione Termini, dem Hauptbahnhof von Rom). Die Mauer umfaßte ein Gebiet von 426 Hektar.

Servius Tullius, der vorletzte der sieben Könige Roms. Der Sage nach ließ er die Servianische Mauer bauen. Außerdem galt er als der Begründer der röm. Gesetzgebung und der militärisch-politischen Organisation des Staates. Die Verfassung des S. T. schränkte die politischen Rechte der Patrizier ein, indem sie den wehrfähigen Plebejern die Möglichkeit zu politischer Mitwirkung gab.

Sesterz *(sestertius)*, ursprünglich eine Silbermünze im Wert von 2 1/2 *as*. Im 1. Jh. v. Chr. und im 1. Jh. n. Chr. entsprachen einem S. 4 *asses*. Zur Zeit des Augustus war der S. in Messing geprägt. Die Lebenshaltungskosten betrugen im 1. Jh. v. und im 1.

Jh. n. Chr. 1 1/2 bis 2 S. pro Person und Tag. 1 Liter Öl kostete 2 S.; wenn ein Arbeiter pro Tag 4 S. = 1 Denar verdiente, dann konnte er damit eine Frau und zwei Kinder nur mit Mühe ernähren (→Preise).

Sesterz mit einer Darstellung des circus maximus in Rom (stark vergrößert)

Sibylle, Prophetin; berühmt war die S. von Cumae, die der Sage nach Äneas in die Unterwelt geführt hatte. Die S. von Cumae soll dem König Tarquinius Superbus Bücher mit Prophezeihungen zum Kauf angeboten haben; der König habe den Kauf zweimal abgelehnt und die S. jedesmal drei Bücher verbrannt; schließlich habe er die letzten drei auf den Rat der Auguren hin gekauft (→Sibyllinische Bücher).

Sibyllinische Bücher, Sammlung von Ratschlägen gegen verschiedene Unglücksfälle. Sie stammten aus der Orakelstätte (→Orakel) der Sibylle in Cumae und wurden im Tempel des Jupiter auf dem Kapitol aufbewahrt. Sie wurden von fünfzehn Priestern gehütet und nur auf Anordnung des Senats bei unheilvollen Prodigien befragt und ausgelegt. Beim Brand des Jupitertempels wurden sie vernichtet. Eine neu angelegte Sammlung wurde unter Augustus in den Tempel des Apollo auf dem Palatin verlagert und noch in der Kaiserzeit vielfach befragt. Um 400 n. Chr. wurden sie endgültig vernichtet.

Sieben Hügel, das ursprüngliche Siedlungsgebiet der Römer (→Stadt): (1) *mons Palatinus,* (2) *m. Capitolinus,* (3) *m. Aventinus,* (4) *m. Caelius,* (5) *m. Esquilinus,* (6) *collis Viminalis,* (7) *c. Quirinalis.* — Die „Berge" waren nur um die 50 m hoch, und schon in der Antike wurden die Senken zwischen den Erhebungen teilweise aufgeschüttet und die Höhen abgeflacht.

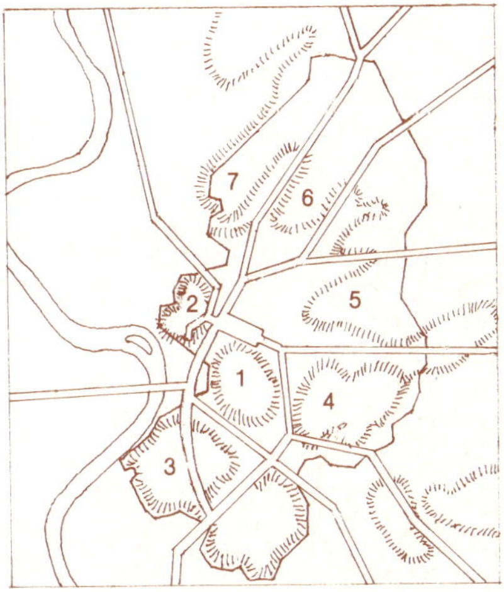

Die Sieben Hügel von Rom

1 mons Palatinus
2 mons Capitolinus
3 mons Aventinus
4 mons Caelius
5 mons Esquilinus
6 collis Viminalis
7 collis Quirinalis

Sieben Weltwunder *(septem miracula mundi),* sieben durch ihre Größe und Schönheit herausragende Bauwerke der Antike. Man zählte im 2. Jh. v. Chr. zu den S. W.: 1. die Mauern von Babylon, 2. das Elfenbeinstandbild des Zeus in Olympia, 3. die „hängenden Gärten der Semiramis" (einen von Gewölben getragenen Dachgarten) in Babylon, 4. den Koloß von Rhodos (ein 37 m hohes Bronzestandbild des Sonnengottes Helios), 5. die Pyramiden von Memphis (Ägypten), 6. das Mausoleum in Halikarnassos (Kleinasien) und 7. den Tempel der Artemis (Diana) in Ephesos (Kleinasien). — In späterer Zeit stellte man auch noch andere Listen auf, in denen z. B. der Leuchtturm bei Alexandria und das Kolosseum in Rom genannt wurden.

Silber *(argentum).* Mit dem Gewinn der Provinz Spanien hatten die Römer Zugang zu den spanischen S.-Bergwerken. S. wurde zur Herstellung von Gefäßen und Tischgeräten

(u. a. erhalten im Hildesheimer Silberschatz, der 1869 bei Hildesheim gefunden wurde), für Möbelbeschläge und Pferdegeschirr benutzt. Als Schmuck wurde S. selten benutzt. Der Denar war eine S.-Münze. Auch der Sesterz war ursprünglich in S. geprägt.

Silius Italicus, röm. Dichter um 25-101 n. Chr. S. schuf das Epos ,,Punica'' über den 2. Punischen Krieg. Er nahm sich Vergils Aeneis zum Vorbild.

Sizilien *(Sicilia)*, größte Insel des Mittelmeeres, seit dem 8. Jh. v. Chr. von den Griechen besiedelt, die vor allem an der Ost- und Südküste zahlreiche Städte gründeten (u. a. Syrakus). Bedeutende Philosophen und Schriftsteller wurden auf S. geboren oder lebten dort vorübergehend. Seit dem 5. Jh. versuchten die Karthager (→Karthago) wiederholt, auf der Insel Fuß zu fassen. Nach dem 1. Punischen Krieg mußten sie S. den Römern endgültig überlassen. Im Jahre 227 v. Chr. wurde S. mit Ausnahme von Syrakus die erste röm. Provinz. Im 2. Punischen Krieg kam auch Syrakus an die Römer und wurde nach dem Sieg des Marcellus Sitz des röm. Statthalters. (In dieser Funktion hat Verres S. ausgebeutet und ausgeplündert. Vgl. Ciceros Rede gegen Verres.) Wirtschaftlich diente S. den Römern vor allem als Anbaugebiet für Getreide.

Skeptizismus, eine vor allem in der Mittleren und Neuen Akademie vertretene philosophische Position, die den Zweifel zum Prinzip des Denkens erhebt und dem menschlichen Erkenntnisvermögen die Möglichkeit bestreitet, zu sicheren Wahrheiten zu kommen.
→Antiochos von Askalon, Karneades, Philon von Larisa

Sklave *(servus, mancipium, famulus, puer)*, ein seiner persönlichen Freiheit beraubter Mensch, über den sein Eigentümer wie über einen Sachgegenstand nach Belieben verfügen konnte, ohne Rechte, ohne Anspruch auf die Achtung seiner Menschenwürde, ein nach antiker Auffassung mit Sprache begabtes Werkzeug *(instrumentum vocale)*. S. waren oft ehemalige Kriegsgefangene. Auch bei Zahlungsunfähigkeit konnten Menschen in die Sklaverei geraten. Der Handel mit S. war ein einträgliches Geschäft. Zur Zeit des Augustus kostete ein ausgebildeter S. 8000 Sesterzen, ein einfacher Arbeits-S. 2000 Sesterzen (vgl. Horaz, Satiren 2, 7, 43 und Episteln 2, 2, 5 f.). Das reizte zu regelrechten Menschenjagden vor allem in den östlichen Provinzen. Auch Piraten spezialisierten sich auf die S.jagd und den S.handel. Die von S.händlern und Piraten auf dem S.markt angebotenen und versteigerten S. kamen entweder in den Besitz von Privatleuten oder in den öffentlichen Dienst *(servi publici)*. Die Beschäftigung von S. führte zu einem beträchtlichen Aufschwung der gewerblichen Wirtschaft in Italien. In Rom lebten in der Zeit der späteren Republik ca. 300 000 S. (etwa ein Drittel der Bevölkerung). S. konnten auch freigelassen werden (→Freigelassener, →manumissio). In der Kaiserzeit wurde den S. größere Rechtssicherheit zugebilligt (z. B. Verbot der Mißhandlung oder Tötung des S.). Philosophen wie Seneca forderten eine menschenwürdige Behandlung der S. Als Stoiker vertrat er die Auffassung, daß alle Menschen von Natur aus gleich sind. Allerdings verstand Seneca unter Freiheit vor allem innere Freiheit, die nicht vom sozialen und rechtlichen Stand abhänge. Seine Humanisierungsbestrebungen gingen daher nicht so weit, daß er die Abschaffung der Sklaverei verlangt hätte. Auch für die Christen war der Sklavenstand etwas Äußerliches, da vor Gott alle Menschen gleich sind. Paulus fordert daher in seinen Briefen menschliche Behandlung der Sklaven, verurteilt jedoch nicht die Institution als solche.

Sofa *(lectus)*. Die Römer aßen auf S. hingestreckt, wobei sie sich mit der linken Hand aufstützten. →triclinium

Gestell eines römischen Speisesofas

Sokrates, griech. Philosoph aus Athen, 470 - 399 v. Chr. Nachrichten über S. und sein Denken verdanken wir vor allem den Dialogen seiner Schüler Platon und Xenophon, die ein idealisiertes Bild ihres Meisters zeichneten. In seiner Komödie „Die Wolken" stellte Aristophanes S. als einen Vertreter der →Sophistik dar, obwohl sich S. als ein entschiedener Gegner der Sophisten verstand, deren ethischen Relativismus er ablehnte. — Seine philosophische Tätigkeit bestand im Gespräch (Dialog) mit seinen athenischen Mitbürgern, deren Meinungen über moralische Grundfragen er zu prüfen und zu widerlegen versuchte, um auf diese Weise das richtige Wissen über das richtige Handeln des Menschen zu ermitteln. Er war davon überzeugt, daß richtiges Handeln aus richtigem Wissen hervorgehe: Wer das Wahre und Gute wisse, handle auch danach. Die Voraussetzung für richtiges Wissen sei die Selbsterkenntnis als Einsicht in das eigene Nichtwissen. — S. hinterließ keine Schriften und entwickelte kein philosophisches System. Seine Wirkung auf die nachsokratische Philosophie ist jedoch unabsehbar. Er wurde durch sein radikales philosophisches Fragen nach der Wahrheit der wirksamste philosophische Anreger der abendländischen Philosophie. — Cicero trifft den Kern sokratischen Philosophierens, indem er darauf hinweist (Tuskulanische Gespräche 5, 10), daß S. die Philosophie vom Himmel in das Leben der Menschen herabgeholt habe, d.h. sich ausschließlich mit den Bedingungen der menschlichen Vervollkommnung durch Philosophie befaßte und die Erforschung aller außermenschlichen Dinge für sinnlos hielt, weil deren Erkenntnis den Menschen nicht besser mache.
→Ethik, Philosophenschulen, Platon, Sophistik

Soldatenkaiser, die 39 röm. Kaiser zwischen 193 und 284 n. Chr., die vom Militär, z. B. von den Legionen der Grenzprovinzen (Germania, Africa, Asia) zu Kaisern ausgerufen und meist recht bald wieder gestürzt wurden. Auf diese Weise erhielten oft sehr tüchtige Soldaten und Befehlshaber, aber politisch unfähige Köpfe für kurze Zeit das höchste Amt. Rühmliche Ausnahmen waren Septimius Severus (193-211) und Aurelian (270-275).

Sonnengott. In Rom hatte die Verehrung eines S. in Gestalt des *Sol* („Sonne") ursprünglich keine große Bedeutung. Im 3. Jh. n. Chr. versuchte Elagabal, ein ehemaliger syrischer Priester des Baal, nach seiner Erhebung zum Kaiser (218 n. Chr.) den *Sol invictus*, den „unbesiegbaren S.", zum höchsten röm. Gott zu erheben. Aurelian hat diesen Versuch wieder aufgegriffen und die Verehrung des *Sol invictus* zur Staatsreligion erklärt. Der S. erhielt auf dem Marsfeld einen prächtigen Tempel und eigene Priester. Ihm zu Ehren wurden alle vier Jahre Spiele veranstaltet. Am 25. Dezember wurde seine Geburt gefeiert. Der S. zog zahlreiche Gläubige an, die zuvor vergleichbare Gottheiten (u. a. Attis, Mithras, Serapis) verehrt hatten.

Sonnenschirm *(umbraculum)*, von Frauen beim Ausgehen benutzt, oft von einem Diener getragen (vgl. Ovid, Ars amatoria 2, 209). Von Martial (14, 28) ist ein Epigramm auf einen S. erhalten: „Nimm den Schirm, damit er allzu starke Sonnenstrahlen abwehre: Auch wenn ein Wind aufkommt, wird dich dein Sonnensegel schützen."

Sonnenuhr *(horologium solarium)*, einfaches Mittel der Zeitmessung bei Tage, bestehend aus einem in eine waagerechte Fläche senkrecht eingesetzten Stab, an dessen Schattenlänge die Tagesstunden abgelesen werden konnten. Die Markierungen, die sich auf der waagerechten Fläche befanden, mußten nach Breiten- und Längengrad des jeweiligen Standortes der S. berechnet sein. — Das Anaximander-Mosaik in Trier zeigt den Philosophen, wie er gerade die Funktion der S. erklärt. — Augustus ließ einen Obelisken aus Ägypten als Sonnenzeiger *(gnomon)* auf dem Marsfeld in Rom aufstellen. Er hatte auf seiner Spitze eine goldene Kugel, deren Schatten auf dem entsprechend markierten Marmorpflaster des Platzes die Mittagslinie des Tages anzeigte. — S. fanden sich nicht nur auf öffentlichen Plätzen, sondern auch in Tempeln, Bädern und Privathäusern. In einem Komödien-Fragment wird Rom als *oppleta solariis* („angefüllt mit S.") bezeichnet.

Sophistik, die Weltanschauung und der Denkansatz der sog. Sophisten (Sophist bedeutet eig. „der Weise, der Weisheitslehrer, der Experte"). Die S. des 5. und 4. Jh. v. Chr. wurde von Platon in mehreren Dialogen negativ dargestellt und karikiert: Ihre Vertreter, z. B. Gorgias, Hippias, Prodikos, Protagoras, seien keine Wahrheitssucher, sondern Geschäftemacher, die ihre Lehren und Ratschläge für Geld anpriesen und nur auf persönlichen Erfolg ausgingen. Sie vermittelten Techniken der Durchsetzung auch ungerechtfertigter Ansprüche und Auffassungen; sie lehrten ihre Schüler, Wahrheit und Recht zu verdrehen und der schlechten Sache auf Kosten der guten Sache zum Sieg zu verhelfen - mit Hilfe einer skrupellosen Rhetorik und einer amoralischen Überredungskunst. — Aus den wenigen Fragmenten ihrer Werke geht hervor, daß die S. zwar keine einheitliche geistige Strömung war, aber in einigen wesentlichen Grundinteressen und -anschauungen übereinstimmte: Die Vertreter der S. waren vielseitig gebildet im Sinne einer enzyklopädischen Gelehrsamkeit (→Enzyklopädie); sie hatten ein besonderes Interesse an der Erforschung der Sprache und an der Entwicklung der Redekunst; sie befaßten sich mit ethischen Grundfragen; sie stellten die herkömmlichen Wertvorstellungen in Frage; sie sahen in Bildung und Erziehung die entscheidenden Voraussetzungen für den gesellschaftlichen Erfolg. — In ihrer Weltanschauung waren sie Subjektivisten und Relativisten, d. h. sie meinten, man könne über dieselbe Sache mit guter Begründung verschiedene Auffassungen haben. Damit verneinten sie die Existenz einer objektiven Wahrheit. — Mit ihrer scharfen Unterscheidung zwischen Konvention *(nomos)* und Natur *(physis)* begründeten sie eine griech. Aufklärungsbewegung, die den Menschen von der Vormundschaft der Religion und Tradition zu befreien suchte. — In der röm. Kaiserzeit erlebte die S. seit dem 2. Jh. n. Chr. als „Zweite S." eine neue Blüte - allerdings verengt auf die weitere Entfaltung einer mitunter stark übertreibenden Rhetorik, die von der Auffassung getragen wurde, daß die Redekunst die alleinige Grundlage jeder höheren Bildung sei.

→Sokrates, →Anhang VI

Sophokles, griech. Tragödiendichter, 496 - 406 v. Chr. Er schrieb u. a. 123 Dramen, von denen nur 7 vollständig erhalten sind: Antigone, König Ödipus, Aias, Elektra, Philoktet, Ödipus auf Kolonos, Trachinierinnen. Die Stoffe seiner Tragödien stammen aus der griech. Mythologie.

→Drama, Satyrspiel, Tragödie

Spanien *(Hispania),* seit 197 v. Chr. röm. Provinz. Seit 500 v. Chr. war S. größtenteils unter der Herrschaft Karthagos. Im Jahre 226 v. Chr. einigten sich Römer und Karthager auf den *Iberus* (Ebro) als Grenze zwischen röm. und karthagischem Einflußgebiet. Hannibal überschritt 218 den Ebro. Der dadurch ausgelöste 2. Punische Krieg führte zur völligen Verdrängung der Karthager aus S. Die Römer teilten das Land in zwei Provinzen: *Hispania citerior* im Norden mit *Carthago Nova,* einer ursprünglich karthagischen Kolonie, als Hauptstadt, und *Hispania ulterior* im Süden mit *Corduba* als Hauptstadt. Die Römer mußten Aufstände spanischer Stämme (Lusitanier, Keltiberer) niederschlagen, was mit der Zerstörung von Numantia 133 v. Chr. durch Scipio vorläufig gelang. In den Jahren 80-72 v. Chr. erhob sich der röm. Feldherr Quintus Sertorius gegen Rom und errichtete mit Unterstützung der einheimischen Stämme einen selbständigen Staat, der mit Sertorius' Ermordung 72 v. Chr. zusammenbrach. — Augustus teilte *Hispania ulterior* nochmals in die Provinzen *Lusitania* (Portugal) und *Baetica.* — Aus S. stammten mehrere bedeutende röm. Schriftsteller: Columella, Hygin, Lukan, Martial, Quintilian, Seneca. Auch die Kaiser Trajan und Hadrian wurden in S. geboren. — Die wirtschaftliche Bedeutung der Provinz beruhte auf ihren reichen Silber- und Zinnvorkommen.

Spartacus, aus Thrakien stammender Sklave und Fechtmeister der Gladiatorenschule von Capua. Er organisierte 73 v. Chr. eine Verschwörung der dortigen Sklaven und mußte mit seinen Anhängern fliehen. Seine bis auf etwa 60 000 Mann angewachsene Anhängerschar ließ er militärisch ausbilden. Er besiegte in mehreren Schlachten zwischen Poebene und dem Süden Italiens röm. Militäreinheiten. Aufgrund ihrer Uneinigkeit über Zweck und Ziel des Aufstandes blieben die Sklaven keine einheitliche Streitmacht. 71 v. Chr. fiel S. im Kampf gegen den röm. Feldherrn Crassus. Von seinen Anhängern überlebten 6000 die Schlacht, wurden gefangengenommen und an der Via Appia gekreuzigt.

Spartaner *(Spartani* od. *Lacedaemonii)*, die Bewohner von *Sparta* oder *Lacedaemon*, der Hauptstadt Lakoniens im Südosten der Peloponnes.

Spiegel *(speculum)*, Hand- und Stand-Sp. aus poliertem Metall (Bronze oder Silber) gab es schon bei den Griechen. Auch Sp. aus Glas mit Unterlage aus Blei und Metalleinfassung waren bekannt. Die Rückseite des Sp. war oft mit Gravuren verziert.

Spiele *(ludi)*. Die öffentlichen S. (zu unterscheiden von den privaten S., den Gesellschaftsspielen) waren in ihren verschiedenen Erscheinungsformen ein wesentlicher Lebensinhalt der Römer. Man unterschied nach Inhalt und Veranstaltungsort (1) *ludi circenses* (Zirkus-S.), (2) *ludi gladiatorii* (Gladiatoren-S.) und (3) *ludi scaenici* (Theater-S.). Ihr eigentlicher Zweck war die Ehrung der Götter und die Danksagung. — In der Zeit der Republik fanden an 65 Tagen im Jahr, im 2. Jh. n. Chr. an 135 Tagen und im 4. Jh. n. Chr. an 175 Tagen S. statt: 101 Tage *ludi scaenici,* 64 Tage *ludi circenses* und 10 Tage *ludi gladiatorii.* — Zu (1): *ludi circenses* sollen schon unter Romulus stattgefunden haben (Livius, Ab urbe condita 1, 9). Später wurden sie von den Ädilen ausgerichtet und in der Kaiserzeit von den Kaisern mit größtem Aufwand veranstaltet (→circus maximus). Zu den Zirkus-S. gehörten u. a. sportliche Wettkämpfe (→Sport), Wagenrennen, Tierhetzen *(venationes)* und Naumachien. — Zu (2): *ludi gladiatorii* wurden im Amphitheater (→Kolosseum) abgehalten. — Zu (3): *ludi scaenici* waren Aufführungen von Tragödien, Komödien und Possen-S. (→Mimus, →Atellana). Sie wurden zum ersten Mal im Jahre 364 v. Chr. zur Besänftigung des Götterzorns anläßlich einer Epidemie aufgeführt. Dazu mußten etruskische Schauspieler herangezogen werden, da die Römer bis dahin nur Zirkus-S. kannten. Erst Livius Andronicus ließ 240 v. Chr. ein röm. Theaterstück nach griech. Vorbild aufführen. — Die bedeutendsten S., die anfangs meist nur einen Tag, später mehrere Tage lang dauerten, waren: 1. *ludi Apollinares* zu Ehren des Apollo, der dazu veranlaßt werden sollte, im 2. Punischen Krieg weiteres Unglück vom Staat fernzuhalten. Sie fanden zunächst als Pferderennen im *circus maximus* statt. Später waren sie *ludi scaenici.* — 2. *ludi Augustales* zu Ehren des Augustus anläßlich seiner Rückkehr aus dem Osten am 12. Oktober 19 v. Chr. Nach dem Tode des Augustus 14 n. Chr. fanden sie jährlich statt. — 3. *ludi Ceriales* zu Ehren der Göttin Ceres mit *ludi scaenici* und *ludi circenses.* — 4. *ludi Florales* zu Ehren der Flora, ursprünglich nur am 28. April, zu Beginn der Kaiserzeit vom 28. April bis zum 3. Mai. Sie fanden als *ludi scaenici* statt; am letzten Tag waren sie Zirkus-S.: Man jagte Hasen und Rehe in der Arena. — 5. *ludi Megalenses* zu Ehren der Kybele *(Magna Mater)* als *ludi circenses* und als *ludi scaenici.* In der Kaiserzeit dauerten sie 7 Tage lang. — 6. *ludi Plebeii* zu Ehren des Jupiter; sie wurden von den *aediles plebis* (→Ädil) auf dem Marsfeld im *circus Flaminius* abgehalten und dauerten zeitweilig bis zu 14 Tagen. Anläßlich der *ludi Plebeii* wurde im Jahre 200 v. Chr. der „Stichus", eine Komödie des Plautus, aufgeführt. — 7. *ludi Romani* zu Ehren des *Iupiter Optimus Maximus* im *circus maximus.* Sie dauerten zur Zeit des Augustus 14 Tage und begannen mit einem großen Festzug *(pompa circensis)* vom Kapitol über das *forum Romanun* zum *circus maximus.* Die veranstaltenden Magistrate führten den Festzug an. Es folgten ihnen die röm. Jugend, die aktiven Teilnehmer (Wagenlenker, Reiter, Ringkämpfer, Tänzer, Musiker) und Bahren mit Götterbildern (geschildert in der „Römischen Altertumskunde" 7, 72 des griech. Geschichtsschreibers Dionysios von Halikarnassos).

Spielzeug. Die Kinder spielten mit Bällen aus Stoff, die mit Federn oder Haaren gefüllt waren, oder mit luftgefüllten Bällen aus Leder, Puppen aus Ton, Holz oder Stoff, hölzernen Tierfiguren oder auch lebenden Tieren (z. B. Hunden); ferner spielten die Kinder mit Würfeln und Brettspielen, Reifen und Steckenpferden, kleinen Wagen zum Ziehen, Schaukeln und Wippen. — Am Tag vor der Hochzeit brachten die jungen Mädchen ihre Spielsachen den Ehegöttern als Opfergaben dar (→Opfer).

Spondẹus, zwei Längen (– –), die an die Stelle des →Daktylus (–◡◡) und des →Anapäst (– –) treten können. →Spondiakus

Spondịakus *(vẹrsus spondịacus),* →Hexameter, dessen fünftes Metrum nicht von einem →Daktylus (–◡◡), sondern von einem →Spondeus (– –) gebildet wird. In der lat. Dichtung (außer bei →Catull) ist der S. sehr selten; er hat lautmalerische Wirkung.

Sport (von *dispọrtus* Zerstreuung) stand bei den Römern im Dienst der militärischen Ausbildung. Im Tiber lernte man Schwimmen; auf dem Marsfeld übte man sich im Laufen, Springen, Ring- und Faustkampf, Speerwerfen, Fechten und Reiten. Öffentliche Wettkämpfe z. B. im Laufen oder Ringen dienten der Unterhaltung des Publikums. Das Interesse am S. beschränkte sich bei der Mehrzahl der Römer auf das Zuschauen bei Darbietungen von Berufssportlern. Dazu gehörten auch die Kämpfe der →Gladiatoren, die als Berufssportler zu betrachten waren, da sie in den →Gladiatorenschulen eine gründliche Ausbildung in den Kampfsportarten erhielten. An den Olympischen Spielen, die die Griechen seit mindestens 776 v. Chr. alle vier Jahre veranstalteten, nahmen Römer selten teil. Der erste röm. Olympiasieger war der spätere Kaiser Tiberius im Jahre 4 v. Chr. als Besitzer einer *quadriga.* Nero nahm sogar aktiv als Wagenlenker an den Olympischen Spielen teil, die im Jahre 394 n. Chr. vor allem unter dem Einfluß des Christentums abgeschafft wurden. →Rennställe, Wagenrennen

Sportplatz *(palaestra).* Ein S. gehörte nicht nur zu einer Gladiatorenschule, sondern war oft auch den öffentlichen Bädern (→Bad) angeschlossen. Dort konnte man sich mit Ballspielen, Kegeln, Gymnastik, Laufen die Zeit vertreiben (→Sport).

SPQR. Die Formel *Senạtus Populụsque Romạnus* („Senat und Volk von Rom") auf Feldzeichen, Denkmalen, Münzen, Gebäuden sollte die röm.-republikanische (→Republik) Staatsauffassung zum Ausdruck bringen, nach welcher Senat und Volksversammlung gemeinsam die Geschicke Roms bestimmten. Noch heute ist SPQR in Rom das Kennzeichen für städtisches Eigentum.

Sprichwörter sind im Volksmund gebräuchliche Sprüche, die eine Lehre oder eine Lebensweisheit gleichnishaft in einprägsamer sprachlicher Form ausdrücken. Viele lat. S. sind in den Komödien des Plautus (und Terenz) überliefert. Dabei ist nicht immer klar, ob es sich um eigenständige röm. Bildungen oder um die Übertragung griech. S. handelt. Beispiele für lat. S.: *Homo homini lupus* (Der Mensch ist dem Menschen ein Wolf). *Suae quisque fortunae faber est* (Jeder ist seines Glückes Schmied). *Tunica propior pallio est* (Das Hemd ist mir näher als der Rock). *Manus manum lavat* (Eine Hand wäscht die andere). *Si vis pacem, para bellum* (Willst du Frieden haben, dann rüste zum Krieg!). *Dum spiro, spero* (Solange ich atme, habe ich Hoffnung). — Die Kürze und Prägnanz der lat. Sprache ermöglicht oft besonders eindringliche Formulierungen. — Erasmus von Rotterdam (1466-1536) gab eine Sammlung von lat. und griech. S. heraus („Adagia").

Staat. Der moderne Begriff „S." wurde über das niederländische Wort „staat" von lat. *status* (Zustand, Wohlstand, Stellung, Stand, Bestand, Verfassung) hergeleitet. Die Römer bezeichneten ihren S. als *res publica* (→Republik), *civitas* oder *Senatus Populusque Romanus* (→SPQR). Nach Cicero (De re publica 1, 39) ist der S. „eine Sache des Volkes", das aber keine beliebige oder zufällige Ansammlung, sondern eine Vereinigung von Menschen ist, die ein gemeinsames, allgemeinverbindliches Recht anerkennen und aus ihrem Zusammenschluß einen gemeinsamen Nutzen ziehen: *Est igitur ... res publica res populi, populus autem non omnis hominum coetus quoquo modo congregatus, sed coetus multitudinis iuris consensu et utilitatis communione sociatus.* Das Motiv dieser Vereinigung ist nach Cicero nicht die Schwäche des einzelnen, sondern eine natürliche Geselligkeit *(naturalis quaedam hominum quasi congregatio)* (→Feiertage, →Spiele). — Ein S. - so Cicero (De re publica 1, 41 f.) - bedarf, um von Dauer zu sein, einer vernünftigen Regierung *(res publica ... consilio quodam regenda est, ut diuturna sit).* Diese darf Ursache und Zweck des S. nicht aus den Augen verlieren. Sie kann einer einzigen Person (Monarchie), einer Gruppe von Auserwählten (Aristokratie) oder dem Volk (Demokratie) übertragen werden. Unter günstigen Bedingungen kann jede Regierungsform einen ,,S." von Dauer *(non incertus status)* garantieren. — Nach Auffassung der griech. Staatstheoretiker Panaitios und Polybios beruhte der röm. S. auf einer optimalen Mischung monarchischer, aristokratischer und demokratischer Elemente.

Staatsarchiv *(tabularium).* In dem im Jahre 78 v. Chr. errichteten Gebäude am Hang des Kapitols zum *forum Romanum* hin wurden öffentliche Urkunden, Rechnungen, Dokumente, Verträge, Gesetzestexte u. a. aufbewahrt.

Staatskasse *(aerarium)*, im Tempel des Saturn auf dem *forum Romanum.* Sie wurde von den Quästoren verwaltet und vom Senat kontrolliert. In der S. wurden neben den Steuereinnahmen (→Steuern) auch die Erlöse aus dem Verkauf der Kriegsbeute aufbewahrt, ferner die Einkünfte aus der Verpachtung (→publicanus) staatlicher Einrichtungen und Unternehmen. — In der Kaiserzeit wurde die S. um den *fiscus Caesaris* erweitert, in den die Steuern und Zölle aus den kaiserlichen Provinzen flossen und aus dem die Militärausgaben, die Bauten, die Spiele und die Fürsorge finanziert wurden.

Staatstheorie. Während es bei den Griechen schon seit frühester Zeit Reflexionen über die beste Form des Staates gab, finden wir in Rom nur bei Cicero eine systematische Darstellung der politischen Theorien. Erst ein christlicher Autor greift sie in einer bedeutenden Schrift wieder auf: Augustinus, dessen 22 Bücher ,,De civitate Dei" großen Einfluß auf die Folgezeit ausübten. — Cicero konnte in seinem staatsphilosophischen Werk ,,De re publica" (Vom Staat) auf eine breite griech. Tradition zurückgreifen. Die Grundformen der Verfassung (Monarchie, Aristokratie, Demokratie), ihre Entartung in Tyrannis, Oligarchie und Ochlokratie, der Kreislauf der Verfassungen, die Mischverfassung, der Ursprung des Staates - darüber hatten griech. Philosophen und Historiker seit Jahrhunderten geschrieben. Vor allem Platon und Aristoteles, der Peripatetiker Dikaiarch, Polybios, Karneades, Panaitios und Poseidonios wirkten auf Cicero ein. ,,De re publica" ist trotzdem ein eigenständiges Werk, da Cicero die griech. Theorie auf glücklichste Weise in röm. Denken umwandelte: nicht Philosophen, sondern Feldherrn und Politiker unterhalten sich miteinander, sie entwerfen keine Utopie, sondern gehen von der Geschichte des röm. Staates aus, am Ende steht nicht ein Jenseitsmythos wie in Platons Werk über den Staat, der ,,Politeia", sondern der Traum einer historischen Person.

Stabiae, oberhalb des heutigen Castellamare gelegene Stadt in Kampanien, die während des Ausbruchs des Vesuvs im Jahre 79 n. Chr. zerstört wurde. S. war ein beliebter Kurort. Hier befanden sich Villen prominenter Römer. In S. ist der Naturforscher Plinius gestorben, als er während des Vesuvausbruchs versuchte, Freunden zu helfen. — Zwei Villenkomplexe mit bedeutenden Wandmalereien sind seit 1950 vollständig ausgegraben.

Stadt *(urbs, oppidum, municipium, colonia)*, die wichtigste Siedlungsform der Römer seit dem Beginn ihrer Geschichte. Die S. Rom ist in etruskischer Zeit (→Etrusker) aus dem allmählichen Zusammenschluß von Siedlungen auf den →Sieben Hügeln erwachsen. Dabei war die Siedlung der Latiner auf dem Palatin die führende Kraft. Der Siedlungsverband erhielt nach der Trockenlegung der zentral gelegenen Talsenke im *forum Romanum* ein politisches Zentrum. — Die Etrusker haben aber auch schon planmäßig S. gegründet. Ihre Grundanlage beruhte auf einer Ost-West-Achse *(decumanus)* und einer diese im rechten Winkel schneidenden Nord-Süd-Achse *(cardo).* Im Schnittpunkt der beiden Achsen, die die Hauptstraßen bildeten, lag das Forum als das wirtschaftlich-administrative Zentrum. Parallel zu den beiden Achsen wurde eine Stadtmauer gebaut, die ein Quadrat oder Rechteck bildete. Nach diesem Schema ist z. B. Capua gegründet worden. Die Römer haben es bei vielen S.gründungen bis in die →Kaiserzeit beibehalten. Oft haben sie aus einem Militärlager (→Lager) eine S. entwickelt. In der Kaiserzeit kam es vor allem in den Provinzen zu zahlreichen Neugründungen (z. B. Köln, Augsburg, Augst). Handelsplätze wurden zu S. erweitert (z. B. Paris). Auch aus den→canabae in der Nähe der Militärlager entwickelten sich S. (z. B. Bonn, Mainz, Straßburg, York). — Zu einer röm. S. gehörte nicht nur ein Forum, sondern auch ein Hauptheiligtum (Kapitol, →Tempel) und weitere Tempelbezirke. Hinzu kamen Theater, Amphitheater, Thermen, Aquädukte, Triumphbögen. — Von den *oppida,* die die Römer in den Provinzen, z. B. in Gallien, vorfanden, unterscheidet sich die röm. S. auch durch die Verwendung neuer Baustoffe und -formen (z. B. Quaderstein, Mörtel, Ziegelstein, Verputz, Marmor, Mosaik, Wandmalerei) und neuer Techniken (z. B. Bogenkonstruktion, Gewölbe).

Mauerumgebene Stadt. Nach einem Relief (Villa Torlonia in Avezzano)

→Straßen, Straßenbeleuchtung, Straßenreinigung, Verkehr, Mietskasernen, Bedürfnisanstalten, Brunnen, Feuerwehr, Gasthaus, Läden, Markt, Müllabfuhr, Regionen.

Ständekämpfe, die Kämpfe zwischen Patriziern und Plebejern um die Verteilung sozialer Positionen und politischer Rechte im Verlauf des 5. und 4. Jh. v. Chr. Die Plebejer (vor allem Handwerker, Kleinbauern, Kaufleute) besaßen nicht das volle Bürgerrecht, obwohl sie in den Kriegen erhebliche Lasten zu tragen hatten. Wachsender Wohlstand erhöhte das Selbstbewußtsein der Plebejer und stärkte den Willen zu politischer Mitbestimmung. Ein Kampfmittel waren verschiedene Demonstrationen und Streiks (→secessio plebis). — Eine Darstellung der Auseinandersetzungen gibt Livius (Ab urbe condita 2, 23-33). — Das entscheidende Ergebnis der S. war das →Zwölftafelgesetz, mit dem die Rechtsgleichheit erzielt wurde. Die Plebejer erhielten außerdem das Recht, eigene Beamte, die Volkstribunen, zu wählen und damit ihre Interessen gegenüber dem Staat zu vertreten. Ferner erhielten sie Zugang zum *cursus honorum.* Das Verbot der Eheschließung zwischen Plebejern und Patriziern wurde aufgehoben. — Aus der Vereinigung des patrizischen Adels und der wohlhabenden plebejischen Familien entwickelte sich die neue Schicht der Nobilität, die seit dem 3. Jh. v. Chr. den Senat bildete.

Standbild, eine besondere Form des Porträts, eine Darstellung des ganzen Körpers. S. wurden von prominenten Persönlichkeiten meist nach griech. Vorbild aus Bronze oder Marmor gestaltet. Sie bildeten z. B. als Toga- oder Panzer-S. die politisch-gesellschaftliche Bedeutung der dargestellten Persönlichkeiten ab. Beispiele: Augustus von Primaporta (Ortschaft in der Nähe von Rom), Reiter-S. des Mark Aurel und der sog. Arringatore. — Erhalten ist auch eine sehr große Zahl von S., die Götter und andere Gestalten der Mythologie abbilden. — Zur Herstellungstechnik von S. →Bronze.

Statius *(Publius Papinius Statius),* etwa 45-96 n. Chr., verfaßte ein lat. Epos über den thebanischen Sagenkreis (Thebais), ein Epos über Achill (Achilleis) und Gedichte über unterschiedliche Themen des röm. Alltagslebens (Silvae). →Epos

Statthalter, höchster röm. Verwaltungsbeamter in einer Provinz, zur Zeit der Republik ein Prokonsul oder ein ehemaliger Prätor (Proprätor). Cäsar war z. B. als Prokonsul S. in Gallien. — Seit Augustus wurde zwischen senatorischen und kaiserlichen Provinzen unterschieden; die senatorischen wurden weiterhin von ehemaligen Konsuln oder Prätoren, die kaiserlichen von Prokuratoren verwaltet. Ein bekannter röm. S. ist Pontius Pilatus, kaiserlicher *procurator* von Judäa in den Jahren 26-36 n. Chr.

status (oder *constitutio,* griech. *stasis),* rhetorischer Fachausdruck für die möglichen Fragestellungen, auf die eine Rede vor Gericht aufgebaut werden kann (→Rhetorik). Die S.-Lehre wurde von Hermagoras aus Temnos (2. Jh. v. Chr.) systematisch ausgebaut. Folgende Aspekte sind möglich: 1. *s. coniecturae:* Hat der Angeklagte die Tat begangen *(an fecerit)?* Der Verteidiger hat hier die Möglichkeit einer besonders „wirksamen" Verteidigung: wenn er nämlich die Tat leugnet. 2. *s. finitionis:* Was hat der Angeklagte getan *(quid fecerit)?* Mit dieser Frage ist zu klären, wie die Tat rechtlich definiert werden muß (z. B. Mord oder Totschlag). Die Verteidigung hat die Möglichkeit nachzuweisen, daß nicht das geschehen ist, was dem Angeklagten vorgeworfen wird - die „zweitstärkste" Verteidigungsmöglichkeit. 3. *s. qualitatis (generalis):* Hat der Angeklagte die Tat zu Recht getan *(an iure fecerit)?* Der Verteidiger kann hier übergeordnete Gesichtspunkte anführen, z. B.: Die Ermordung eines Politikers habe den Staat gerettet. 4. *s. translationis:* Ist das Gericht in diesem Fall zuständig?

Steuerfreiheit. Röm. Bürger, die in Italien lebten, waren seit 167 v. Chr. nach der Unterwerfung Makedoniens von direkten Steuern befreit (Cicero, De officiis 2, 76; Livius, Ab urbe condita 45, 39-40). Diese wurden von den Provinzen aufgebracht. Die S. dauerte bis zum Ende des 3. Jh. n. Chr. — In alter Zeit wurden die Staatsausgaben aus dem Eigentum der Könige finanziert. Außerdem mußte jeder *pater familias* (Livius 1, 42) eine Kopfsteuer *(tributum in capita)* zahlen. Mit den Reformen des Servius Tullius trat eine Steuer nach der Vermögenslage an die Stelle der Kopfsteuer *(tributum ex censu).* Diese konnte in Notzeiten erhöht (Cicero, De officiis 2, 21), dann aber bei Staatseinnahmen aus der Kriegsbeute wieder zurückgezahlt werden (Livius, Ab urbe condita 39, 7). Mit der Ausdehnung des röm. Reiches konnte die Steuerbelastung trotz gewaltiger Steigerung der Staatsausgaben (z. B. für Straßenbau, Spiele, Bauwesen, Militär) verringert und der Staatshaushalt durch die Einkünfte aus Landgewinn und Kriegsbeute gedeckt werden.

Steuern *(vectigal* „Abgaben von gepachtetem Staatseigentum und von aus- und eingehenden Waren", *tributum* „Abgaben, die der röm. Bürger seinem Vermögen entsprechend zu den Bedürfnissen des Staates zahlte"). In Italien lebende röm. Bürger (→Bürgerrecht) waren seit 167 v. Chr. (nach der Unterwerfung Makedoniens) von direkten S. weitgehend befreit. Die Steuerfreiheit wurde erst um 200 n. Chr. abgeschafft. Besteuert wurden jedoch schon in der Zeit der Republik die Freilassung von Sklaven (→Freigelassener), der Sklavenhandel und in der Kaiserzeit die Erbschaften. Ferner wurde der Bürger mit zahlreichen indirekten Steuern belastet, wie z. B. mit Ein- und Ausfuhrzöllen, Straßenbenutzungsgebühren, Pachtgebühren. — Die Haupteinnahmequelle des Staates waren die Provinzen, deren Bewohner erhebliche S.lasten zu tragen hatten (Grundsteuer, Erbschaftssteuer, Umsatzsteuer, Abgaben vom Ernteertrag). In den Provinzen wurden die S.einnahmen durch Steuerpächter (→publicanus) eingetrieben. Der Staat benutzte seine Einnahmen vor allem für die Veranstaltung der Spiele, die Bauten, das Militär, die Fürsorge, die Feste (→Feiertage). Einnahmen und Ausgaben des Staates wurden ursprünglich von der Staatskasse des Senats verwaltet. In der Kaiserzeit ging diese Aufgabe mehr und mehr an die kaiserliche Finanzverwaltung (→fiscus Caesaris) über.

stilus, Griffel aus Knochen, Elfenbein oder Metall für das Schreiben auf einer Wachstafel, hinten zu einem Spachtel verbreitert zum Löschen des Geschriebenen. Cäsar verteidigte sich mit einem s. gegen seine Attentäter.

Stoa (griech. ,,die Halle''), um 300 v. Chr. von Zenon von Kition (auf Zypern) gegründete hellenistische Philosophenschule, die nach ihrem Tagungsort, der Bunten Säulenhalle *(stoa poikile)* in Athen, benannt wurde. Ihre wichtigsten Vertreter nach Zenon sind Kleanthes und Chrysipp (sog. ältere Stoa), Panaitios und Poseidonios (sog. mittlere Stoa) und die Stoiker der Kaiserzeit: Seneca, Epiktet und der Kaiser Mark Aurel. Die S. ist eine materialistische Philosophie, d. h. sie betrachtet alles Wirkliche als körperlich, also auch die Seele, die Vernunft und Gott. Die mit Gott identische Vernunft (griech. *logos*, lat. *ratio)* ist jedoch besonders feine Materie, feurige Luft (griech. *pneuma,* lat. *spiritus),* die alles durchdringt, bewegt und belebt; sie ist das wirkende, aktive Prinzip, dem das passive des bloßen Stoffes gegenübersteht. Von den vier Elementen, aus denen die Welt besteht, sind Luft und Feuer aktiv, Wasser und Erde passiv gedacht. Im Kosmos herrscht durchgängig Kausalität: Das ist die naturphilosophische Voraussetzung für den stoischen Schicksalsbegriff (griech. *heimarmene,* lat. *fatum),* nach dem alles mit unabänderlicher Notwendigkeit geschieht. Trotz diesem universalen Determinismus suchten die Stoiker die menschliche Willensfreiheit zu retten. — Die Welt ist nach stoischer Lehre vollkommen zweckmäßig eingerichtet. Alle Naturerscheinungen wurden bis in Einzelheiten teleologisch interpretiert, d. h. es wurde ihnen ein ,,Telos'', eine Ziel- und Zweckbestimmung unterstellt. Am Ende einer Weltperiode geht der Kosmos in Feuer über (Weltbrand, griech. *ekpyrosis),* um nach dieser Reinigung von allem Unvollkommenen wieder neu zu erstehen. — Die vernünftige Natur ist das Vorbild, nach dem der Mensch sein Leben einrichten muß, wenn er zur Glückseligkeit gelangen will. ,,In Übereinstimmung mit dem Logos leben'' (griech. *homologumenōs zēn),* später ,,in Übereinstimmung mit der Natur leben'' (griech. *homologumenōs tē physei zēn,* lat. *secundum naturam vivere)* lauten die Formeln, in denen sich die stoische Ethik zusammenfassen läßt. ,,Gut'' ist nur das sittlich Gute, das in der Vollendung der Vernunft besteht; alles andere ist weder gut noch böse (griech. *adiaphoron).* Auf die Entfaltung der Vernunft, nicht auf Lustgewinn (Epikur), richtet sich das Streben des Stoikers. Die Vernunftnatur des Menschen führt nach stoischer Auffassung zur Hinwendung zu allen Menschen, da ihrem Wesen nach alle gleich und Bürger des einen Kosmos sind (Kosmopolit, ,,Weltbürger'', ist ein stoischer Begriff). Demgemäß gehören die Erhaltung der Gemeinschaft und die politische Betätigung im Gegensatz zur Lehre Epikurs zu den Pflichten des Stoikers. — Außer in der Physik und in der Ethik leisteten die Stoiker auch im dritten Bereich der Philosophie, der Logik, Bedeutendes, vor allem in der Sprachtheorie. Ihre Unterscheidung von Zeichen und Bezeichnetem ist von der modernen Sprachwissenschaft (Strukturalismus) aufgegriffen worden. — Der sittliche Rigorismus der S. und ihre positive Einstellung gegenüber dem Staat kamen röm. Denken sehr entgegen. Durch Panaitios, der zum Kreis um Scipio gehörte, wurde die S. in Rom heimisch. Zur Verbreitung ihrer Lehre trug vor allem Cicero bei, durch den die Römer - und das Abendland - stoische Philosophie in lat. Sprache kennenlernten. Während Cicero der S. zwar in vielen Punkten zustimmt, ohne doch ihrer Schule anzugehören, ist Seneca ganz und gar Stoiker, auch wenn er von aller dogmatischen Verengung frei ist und sogar den größten Gegner der Stoa, Epikur, zitiert, wo er mit ihm übereinstimmt. Bei Seneca wird die stoische Lehre zur Lebenskunst; auf das rechte Leben kommt es ihm an, nicht auf theoretische Positionen, die für die Praxis wirkungslos bleiben. Wenn er sich auch der Naturphilosophie widmet (,,Naturales Quaestiones'', Naturwissenschaftliche Untersuchungen), so hat auch das Konsequenzen für das Handeln, da die vernünftige Ordnung des Kosmos der Vernunftnatur der menschlichen Seele entspricht. — Das Christentum übernahm viele stoische Gedanken. In der Neuzeit lebte stoisches Denken vor allem im sog. Neustoizismus des 17. Jh. wieder auf.

→Philosophenschulen

stola, Kleidungsstück der röm. Frau, eine bis auf die Füße reichende →tunica mit halben Ärmeln, in der Taille mit einem Gürtel zusammengehalten.

Strabon, um 63 v. - 19 n. Chr., war ein weitgereister griech. Geograph. Er schrieb eine uns vollständig erhaltene „Erdkunde" in griech. Sprache mit einer Fülle von historischen und naturkundlichen Informationen.

Strafen wurden in ältester Zeit nur als Geld-S. oder als Todesstrafe *(supplicium)* verhängt (→Rechtsprechung). An die Stelle der Todesstrafe konnte die Ächtung treten. Später wurde die Verbannung *(exilium)* eingeführt, die seit der Zeit der Republik als eine Form der Begnadigung üblich war. Eine leichtere Form der Verbannung war die *relegatio,* die zwar mit Ausweisung aus Rom, nicht aber mit dem Verlust des Bürgerrechtes verbunden war. Ovid wurde unter Augustus mit *relegatio* bestraft. — Die Prügelstrafe *(verbera)* war seit dem Anfang des 2. Jh. v. Chr. für röm. Bürger im Bereich der zivilen Gerichtsbarkeit abgeschafft. — Ein Brandstifter sollte nach dem Zwölftafelgesetz den Feuertod erleiden. Wer falsches Zeugnis *(falsum testimonium)* ablegte, wurde vom Tarpeischen Felsen gestürzt (Gellius 20, 1, 53). — Die Bestrafung mit Gefängnis *(carcer)* gab es in republikanischer Zeit nicht. — Im Heer wurde mitunter die Dezimierung durchgeführt. Zur Aufrechterhaltung der militärischen Disziplin *(disciplina militaris)* gab es zahlreiche Formen der S.: Schlagen bis zum Tod, körperliche Züchtigung mit Ruten, Verkürzung des Soldes und des Beuteanteils, Degradierung, Entfernung aus dem Lager, Wachdienst ohne Schuhe, Exerzieren mit Gepäck, schlechtere Verpflegung, entehrende Ausstoßung aus dem Heer. — In der Kaiserzeit wurden neue S. eingeführt, z. B. die Verurteilung zur Arbeit in den Bergwerken *(ad metalla),* zum Gladiatoren-Kampf *(ad ludum gladiatorium)* oder zum Kampf mit wilden Tieren *(ad bestias).* Eine postume S. war die →damnatio memoriae. — Die Art der S. hing von der Schwere des Verbrechens, aber auch von der sozialen Stellung des Verurteilten ab. Das schlimmste Verbrechen war ein *crimen publicum,* ein Verbrechen gegen den Staat (z. B. Verschwörung, Aufruhr, Religionsfrevel, Verrat, Bestechung, Meineid) und die Majestätsbeleidigung. Ein gegen Privatpersonen begangenes Verbrechen, z. B. Diebstahl, Raub, konnte als *delictum privatum* zivilrechtlich durch Schadenersatz geahndet werden.

Straßenbau. Bereits im Zwölftafelgesetz wurde angeordnet, daß die Anlieger eines Weges diesen befestigen sollten *(viam muniunto,* 7. Tafel). Im Zwölftafelgesetz war schon die Breite von Wegen festgelegt worden (8 Fuß bei einem geraden Stück, 16 Fuß bei Biegungen). Später waren die Straßen mindestens 4 m breit. — In Rom wurden die Straßen gepflastert. Die älteste Straße, die Via Sacra, hatte nur eine einfache Pflasterung. In Pompeji sind Gehsteige und Trittsteine zum Überqueren der Straße erhalten. Mit erheblich größerem technischem Aufwand als die innerstädtischen Straßen wurden die Fernstraßen gebaut. Zwischen den vorher gezogenen Begrenzungsfurchen wurde das Erdreich ausgehoben. Dann wurde der Untergrund in etwa 1 m Tiefe festgestampft. Darauf wurde eine Grobschichtung *(statumen)* aus großen hochstehenden Steinen gesetzt. Es folgte eine Lage aus horizontal liegenden Steinen (Querlage). Die dritte Schicht war eine Grobschüttung *(ruderatio)* aus faustdicken Steinen, die vierte Schicht eine Feinschüttung *(nucleus)* aus „nußgroßen" Steinen. Die Oberfläche *(summa crusta)* bestand aus Kies oder einer Plattenlage bzw. Pflasterung. Die Oberfläche war gewölbt, damit das Regenwasser in die Straßengräben abfließen konnte. →Fernstraßen

Straßenbeleuchtung gab es nicht einmal in der Großstadt Rom. Wer sich bei Dunkelheit auf die Straße wagte, mußte eine Fackel oder Lampe mitnehmen. Es war gefährlich, bei Nacht seine Wohnung zu verlassen. Der Dichter Juvenal bezeichnet es als leichtfertig, abends zum Essen auszugehen, ohne sein Testament gemacht zu haben. In den unbeleuchteten, schilderlosen Straßen konnte man sich nicht nur verirren, sondern auch Räubern und Mördern zum Opfer fallen. — Einen nächtlichen Heimweg von einer Party schildert anschaulich Petron (Satyricon 79).

Straßennamen. Aus dem antiken Rom sind weit über hundert S. bekannt. Die innerstädtischen Straßen wurden z. B. nach den in ihnen praktizierenden Berufen benannt: z. B. *vicus vitrearius* (Glasbläser-Straße), *vicus sandaliarius* (Schuhmacher-Straße), *vicus lorarius* (Riemenmacher-Straße), *clivus argentarius* (Geldwechsler-Hang). Andere S. sollten an alte Plebejer-Geschlechter erinnern: z. B. *vicus Acilius, clivus Publicius.* Nach Patrizier-Familien hießen: z. B. *vicus Cornelius, vicus Sergius.* — Weitere S. waren *caput Gorgonis* (Haupt der Gorgo), *gallinae albae* (weiße Hühner), *ad capitula bubula* (zu den Ochsenköpfen), *malum punicum* (Granatapfel). — Der Dichter Martial lebte zeitweilig in der Straße *ad pirum* (Birnbaum-Straße). — Fernstraßen trugen die Namen ihrer Erbauer (z. B. Via Appia oder Via Flaminia).

Straßenreinigung war seit Cäsar in Rom gesetzlich vorgeschrieben *(lex Iulia municipalis).* Der Text dieses Gesetzes (CIL I 2, 593, 20-23) lautet etwa so: „Die Straßen von Rom und im Umkreis einer Meile nach Rom soll der jeweilige Anlieger zur Zufriedenheit der zuständigen Ädilen in Ordnung halten. Der Ädil hat dafür zu sorgen, daß die Anlieger im Sinne dieses Gesetzes handeln und insbesondere daß kein Wasser stehen bleibt und die Leute die Straße ohne Schwierigkeiten benutzen können." Bei Unterlassung sollte der Ädil die S. auf Kosten des Grundeigentümers mit staatlichen Kräften durchführen lassen; dieser hatte zusätzlich eine Strafe zu zahlen.

Straßenverkehr. In Rom herrschte von Sonnenaufgang bis zum Einbruch der Dunkelheit Fahrverbot (angeordnet durch ein Gesetz Cäsars: *lex Iulia municipalis,* CIL I 2, 593, Zeile 56-61). Ausgenommen davon blieben die Wagen der Vestalinnen und die Fahrzeuge der Abbruchunternehmer. Bei Tag verkehrten in den Straßen von Rom nur Fußgänger, Reiter, Sänften und Tragstühle. Tote wurden auf Tragbahren zu den Grabstätten außerhalb des *pomerium* transportiert. — Einen Eindruck von dem in Rom herrschenden S. vermittelt die 3. Satire des →Juvenal (V. 239-248).

Straubing *(Sorviodurum),* war ursprünglich ein Kastell für zwei Kohorten, 40 km donauabwärts von Regensburg. 1950 wurde auf dem Gelände einer Villa, 3 km vom Kastell entfernt, ein Behälter mit zahlreichen Gebrauchsgegenständen, einer Rüstung aus Bronze, bronzenen Gesichtsmasken und einer Pferdekopfmaske gefunden. Die Gegenstände, die ursprünglich mehreren Eigentümern gehörten, wurden wahrscheinlich von Dieben in den Behälter gelegt und anläßlich der Zerstörung der Siedlung durch alamannische Horden 233 n. Chr. vergraben.

Strophe (griech. „Wendung"), Verbindung mehrerer Verse zu einer regelmäßig wiederkehrenden metrischen Einheit. Der Begriff bezeichnet ursprünglich den Tanz des Chores in einer Richtung, auf den ein Tanz in entgegengesetzter Richtung bei gleicher Melodie folgte (Antistrophe); den Schluß des Chorliedes bildet die metrisch anders gestaltete Epodos. Im Gegensatz zu den langen und kompliziert gebauten S. der griech. Chorlyrik gibt es in der monodischen (einstimmigen) Lyrik meist drei- bis vierzeilige S., die nach einer begrenzten Zahl von Bauformen gebildet sind. Horaz hat in seinen Oden griech. Strophenformen übernommen: die archilochische, asklepiadeische, sapphische und alkäische Strophe in ihren verschiedenen Variationen. Gedichte, die nur ein Metrum verwenden, werden in der antiken Dichtung nicht in Strophen gegliedert.

Stuck. Aus Gips, Kalk, Sand oder Marmorstaub wurde eine marmorähnliche Masse hergestellt, die auf Decken oder Wände gebracht und mit der Hand oder mit vorgefertigten Formen ornamental gestaltet werden konnte. Der S. bot die Möglichkeit zu billiger Dekoration und war in röm. Zeit sehr verbreitet. Die Technik der S.-Herstellung beschreibt Vitruv (De architectura 7, 2-5).

Studium. Das S. eines Römers fand in der Rhetorenschule (→Schule) statt. Wer sein S. noch vertiefen wollte und über die erforderlichen Mittel verfügte, studierte - auch noch in fortgeschrittenem Alter - an berühmten griech. Hochschulen oder bei bedeutenden griech. Philosophen. — Apuleius studierte in

Karthago Rhetorik und Philosophie in Athen. Cicero begab sich 79-77 auf eine Studienreise nach Griechenland und Kleinasien. Auf Rhodos studierte er bei Apollonios Molon, einem hochangesehenen Rhetorik-Lehrer, und bei dem Philosophen Poseidonios. Ferner hörte er bei dem Stoiker Diodotos, dem Akademiker Philon von Larisa und bei Antiochos von Askalon, der in Athen die alte platonische Akademie erneuern wollte, und schließlich bei dem Epikureer Zenon von Sidon. Horaz studierte ebenfalls in Athen. Er brach jedoch sein Studium ab, um auf Veranlassung des Brutus am Kampf gegen die Anhänger Cäsars teilzunehmen. Nach der Niederlage bei Philippi (42 v. Chr.) wurde Horaz zunächst Schreiber. Plinius war Student des berühmten Rhetorikprofessors Quintilian in Rom. Vergil erfuhr eine umfassende Ausbildung in Cremona, Mailand und Rom. In Neapel war der Epikureer Siron sein Lehrer. Cäsar hielt sich 76-73 v. Chr. zum Studium in Rhodos auf; aber er mußte es abbrechen, um am Seeräuberkrieg (→Piraten) teilzunehmen.

Stuhl *(sedes, sella, cathedra),* im röm. Haus von untergeordneter Bedeutung, da man zum Essen oder Lesen ein Speisesofa oder Bett benutzte. Die meisten S. waren zudem ohne Lehne, also eigentlich Schemel oder Hocker. Röm. Magistrate verwendeten Klapp-S. als Amtssitze (→sella curulis). Der Patron empfing seine Klienten auf einem breiten Armsessel *(solium)* sitzend. Der Handwerker arbeitete auf einem dreibeinigen Schemel.

Sturmbock *(aries),* Rammbock, mauerbrechendes Gerät, das bei der Belagerung von Städten eingesetzt wurde. Der S. bestand aus einem Baumstamm, dessen Spitze mit einem eisernen Widderkopf *(aries* Widder) verstärkt war. Der S. hing waagerecht in einem mit einem Schutzdach versehenen Gestell, so daß er gegen die Mauer gestoßen werden konnte. — Der S. befand sich mitunter auch im untersten Stockwerk eines fahrbaren Belagerungsturmes. Die Belagerten konnten versuchen, den S. mit Schlingen oder eisernen Zangen von der Mauer abzulenken. — Es war üblich, daß eine Stadt vom Angreifer weitgehend geschont wurde, wenn sie sich ergab, bevor der S. eingesetzt wurde.

Rekonstruktion eines Sturmbocks

suasoriae, rhetorische Übungen in der Rhetorenschule der Kaiserzeit, in denen historischen Personen geraten wird, wie sie sich in Krisensituationen verhalten sollen (Beispiel: Soll Cicero sein Leben von Antonius dadurch erkaufen, daß er seine Bücher verbrennt?). Bei solchen fingierten Problemen kam es auf stilistische Raffinessen, malerische Schilderungen, ungewöhnliche →Sentenzen und leidenschaftliche Gefühle an - mit der Wirklichkeit hatte diese Form der →declamatio ebensowenig zu tun wie die →controversiae. Beispiele für s. bei →Seneca d. Älteren.

Subura, das in Rom zwischen den Hügeln Palatin und Esquilin gelegene Tal, durch das stark belebte Straßen mit zahlreichen Läden und Kneipen führten. Hier konnte man sämtliche Lebensmittel kaufen und die Werkstätten der Handwerker aufsuchen. In der S. herrschte auch nach Ladenschluß ein reges Leben.

Sueben *(Suebi),* germanischer Stamm, der sich unter der Führung des Ariovist um 72 v. Chr. im Elsaß niederließ. Cäsar trieb die S. 58 v. Chr. über den Rhein zurück.

Sueton *(Gaius Suetonius Tranquillus),* 70-140 n. Chr., zeitweilig Privatsekretär des Hadrian, Freund des jüngeren Plinius. Er verfaßte neben anderen Werken Biographien berühmter Männer (De viris illustribus) und Biographien der zwölf röm. Kaiser von Cäsar (Divus Iulius) bis Domitian. S. leistete mit seinen Biographien jedoch keinen Beitrag zu einer wissenschaftlichen Geschichtsschreibung. Er erzählte Geschichten, d. h. ungeprüfte Gerüchte, Anekdoten, Skandalgeschichten, Verleumdungen, Klatsch für ein breiteres Publikum. Dabei bediente er sich eines festen Schemas. In allen Kaiser-Biographien berichtet er über die Familie, die Geburt, die Erziehung, die Volljährigkeit, die Laufbahn, die Kriegstaten, die Lebensführung, den Tod und das Testament.

Suffix (lat. *suffixum* hinten angeheftet), Nachsilbe, die wie die Vorsilbe (→Präfix) die Bildung neuer Wörter aus einem Wortstamm ermöglicht. Beispiel für verschiedene Ableitungen von einem Wortstamm durch Suffixe: *sta-tio* Standort, *sta-tus* Zustand, *sta-tua* Standbild, *sta-tura* Gestalt, *sta-bulum* Stall, *sta-bilis* beständig.

Sulla *(Lucius Cornelius Sulla)*, 138-78 v. Chr., Patrizier und Führer der Optimaten, tüchtiger Soldat und Feldherr. Er diente anfangs unter Marius im Krieg gegen Jugurtha. Später war er Oberbefehlshaber im Krieg gegen Mithridates. Dadurch wurde er zum Rivalen und Konkurrenten des Marius (→Bürgerkrieg) und verfolgte dessen Anhänger in Rom durch →Proskription. Er wurde zum *dictator* auf unbefristete Zeit ernannt, trat aber im Jahre 79 v. Chr. freiwillig zurück.

Symmachus *(Quintus Aurelius Symmachus)*, etwa 345 bis nach 402, der bedeutendste Vertreter der traditionsbewußten heidnischen Aristokratie in der Spätzeit Roms. 384/85 röm. Stadtpräfekt, 391 Konsul. S., der berühmteste Redner seiner Zeit, versuchte, die alte röm. Religion wieder zu beleben. In einer amtlichen Eingabe *(relatio)* an den Kaiser setzte er sich für die Wiederaufstellung des Victoria-Altars im Senatssaal ein. Der Mailänder Bischof →Ambrosius erhob jedoch dagegen erfolgreich Einspruch. Der Kreis um S. sorgte durch Neuausgaben der klassischen Literatur für die Erhaltung röm. Kulturgüter.

Synaloephe (griech. ,,Verschmelzung''), Zusammenziehung des auslautenden Vokals eines Wortes mit dem anlautenden Vokal des folgenden, um den Hiat zu vermeiden; in der klassischen Zeit wurde der auslautende Vokal dabei wohl kurz angeschlagen, später jedoch ganz unterdrückt (→Elision). S. bzw. Elision findet auch statt, wenn ein Wort auf *-m* endet und das nächste mit Vokal beginnt. Grund dafür ist die nasalierte Aussprache des auslautenden *-m*. Wenn *est* oder *es* auf ein Wort folgt, das auf Vokal oder *-m* endet, wird das *e* von *est* oder *es* ausgestoßen, also *quaesita est* wird *quaesitast, monendum est* wird *monendumst*.

Synekdoche (griech. ,,Mitverstehen''), Ersetzung des eigentlichen Wortes durch einen weiteren oder engeren Begriff: Die Art wird durch die Gattung ausgedrückt *(mortales* die Sterblichen), der Teil durch das Ganze (Vergil, Aeneis 6, 311: *frigidus annus* ,,das kalte Jahr'' für ,,der Winter''), der Singular durch den Plural *(nos* ,,wir'' für ,,ich'') oder umgekehrt die Gattung durch die Art *(panis* ,,Brot'' für ,,Lebensmittel überhaupt''), das Ganze durch den Teil (→pars pro toto, z. B. *tectum* ,,Dach'' für ,,Haus''), Plural durch den Singular *(Romanus* ,,der Römer'' für ,,die Römer'').

Synizese (griech. ,,Zusammenfallen''), Zusammenziehung zweier Vokale im Wortinnern zu einem langen Vokal oder Diphthong, z. B. *deesse* zu *desse, anteire* zu *antire, deinde* (dreisilbig) zu *deinde* (zweisilbig).

Synkope (griech. ,,Zusammenschlagen''), Ausstoßung eines unbetonten Vokals innerhalb eines Wortes, z. B. *valde* aus *valide, pergo* aus *per-rego*.

Syrakus *(Syracusae)*, im 8. Jh. v. Chr. von den Griechen gegründete Stadt an der Ostküste der Insel Sizilien. Im 2. Punischen Krieg (212 v. Chr.) wurde S. als Verbündete der Karthager von Marcellus erobert. S. war die Vaterstadt des Archimedes.

Syrien *(Syria)*, röm. Provinz seit 63 v. Chr., im Süden von *Iudaea* und *Arabia*, im Westen vom Mittelmeer und →Kilikien und im Osten von Mesopotamien begrenzt. Das Gebiet des heutigen S. deckt sich nur zum Teil mit dem Territorium der röm. Provinz. —

Die wirtschaftliche Bedeutung von S. beruhte auf seiner Produktion von Getreide, Obst, Wein, Holz und Nutztieren (Pferd, Esel, Schafe). Für Rom war S. eine Militärbasis gegen die Parther.

tablinum, großer Raum hinter dem →atrium des röm. Hauses, von diesem meist durch eine Holzwand oder einen Vorhang abgetrennt, an der Rückseite mit Fenstern zum Garten hin geöffnet, Arbeitszimmer des Hausherrn, Empfangsraum für die Klienten anläßlich der allmorgendlichen *salutatio.*

Tacitus *(Publius Cornelius Tacitus),* ca. 54-120, der bedeutendste röm. Geschichtsschreiber, Zeitgenosse des jüngeren Plinius. T. bekleidete mehrere Staatsämter (→Magistrate). Er war u. a. Statthalter der Provinz *Asia* (→Kleinasien). — In Rom erhielt er eine gründliche rhetorische Ausbildung. Neben seinen beiden großen Werken, den ,,Historien'', die die Zeit vom 1. Januar 69 n. Chr. bis zur Ermordung Domitians (96) behandeln, und den ,,Annalen'', die mit Tiberius beginnen und bis zu Neros Tod (68) führen, verfaßte T. einige kleinere Schriften: ,,De vita Iulii Agricolae'', eine Lebensbeschreibung seines Schwiegervaters verbunden mit einer Geschichte Britanniens; ,,De origine et situ Germanorum'' oder ,,Germania'', eine ethnographische Studie über die Germanen (→Germanien); ,,Dialogus de oratoribus'', ein Gespräch über Dichtkunst und Rhetorik. — In Sprache und Stil nahm er sich Sallust zum Vorbild. Er bevorzugte eine knappe, pointierte Ausdrucksweise *(brevitas),* liebte Antithesen, Andeutungen und Anspielungen. — T. bekennt sich zwar zu objektiver Darstellung der Ereignisse *(sine ira et studio* ohne innere Anteilnahme - Annalen 1,1,3), sein Geschichtsbild ist jedoch von einer persönlichen, subjektiv verdüsterten und von Resignation geprägten Sicht der Verhältnisse beeinflußt. Eine Zukunft für den röm. Staat sah T. in der Vereinigung von Prinzipat und Freiheit *(libertas)*, obwohl die Verfassung der alten *res publica* (→Republik) sein Leitbild blieb.

Tanz *(saltatio).* Im Rahmen kultischer Handlungen führten z. B. die Salier T. auf (Horaz, Carmina 1, 36 und 4, 1). Im Zusammenhang mit der Sühnung von Prodigien konnten Lieder von T.-Bewegungen begleitet werden (Livius, Ab urbe condita 27, 38, 14). T. war auch Ausdruck besonderer Freude (Horaz, Carmina 1, 37: *Nunc est bibendum, nunc pede libero pulsanda tellus* ... Jetzt heißt es trinken, jetzt mit freiem Fuß die Erde stampfen...). — Das Tanzen galt jedoch außerhalb des kultischen Bereichs als anstößig: *Nemo fere saltat sobrius, nisi forte insanit* (Cicero, Pro Murena 6, 13: Kaum jemand tanzt, solange er nüchtern ist, es sei denn er ist verrückt.) Nach Nepos (Epaminondas 1, 2) gehört das Tanzen zu den *vitia* (Fehlverhalten). Cicero (De officiis 1, 150) bezeichnet den T. als *ministra voluptatis* (eine Tätigkeit, die nur sinnlichen Genüssen dient). ,,Jonische Tänze'', von jungen Mädchen getanzt, um erotische Wirkungen zu erzielen, werden von Horaz (Carmina 3, 6, 21) erwähnt. — Im Theater gab es kunstvolle T.-Vorführungen. Tänzerinnen aus dem Ausland traten in Rom auf (Martial 14, 203). — T. ist auch auf Wandgemälden (→Wandmalerei) und →Reliefs dargestellt worden. Vgl. die Tänzerinnen auf einem Relief aus der Via Praenestina in Rom (Museo delle Terme, Rom).

Tarpeischer Felsen *(saxum Tarpeium),* der Südostabhang des Kapitols, Hinrichtungsort für Staatsverbrecher (→Todesstrafe) durch Hinabstürzen, benannt nach Tarpeia (Livius, Ab urbe condita 1, 11), die der Sage nach den Sabinern den Zugang zur *arx* auf dem Kapitol verriet. Die Sabiner sollten ihr als Gegenleistung ihren Schmuck geben, den sie am linken Arm trugen. Sie hielten ihr Versprechen, indem sie ihre Schilde auf Tarpeia warfen und sie dadurch töteten. — Nach Properz, der Tarpeias Verrat in einer Elegie (4, 4 darstellt), wurde das Mädchen aus leidenschaftlicher Liebe zu dem Sabiner Titus Tatius zur Verräterin.

Tarquinius Superbus, der Sage nach (Livius, Ab urbe condita 1, 55-60) der letzte röm. König, der durch Mord auf den Thron gelangte und Patrizier wie Plebejer unterdrückte. Nachdem einer seiner Söhne Lucretia, die Frau des Tarquinius Collatinus, zum Ehebruch gezwungen hatte, wurde er mit seiner

Familie aus Rom vertrieben. Darauf wurden Tarquinius Collatinus und Brutus die ersten röm. Konsuln (um 510 v. Chr.).

Technik (griech. *tęchne* ,,Kunst, Kunstfertigkeit, Können, Handwerk, ziel- und zweckgerichtetes Handeln''). Die Römer hatten vor allem auf den Gebieten der Architektur, des Heizungsbaus, des Maschinenbaus, des Hoch- und Tiefbaus, des Schiffbaus, der (Fein-)Mechanik und der Waffenherstellung eine hochentwickelte T. Die optimale Nutzung einmal entdeckter technischer Möglichkeiten beruhte auf dem Einsatz der menschlichen (→Sklaven) und der tierischen Muskelkraft, der Verwendung von Holz und Holzkohle als Energieträger, der Ausnutzung der Wasserkraft und der systematischen Gewinnung von Bodenschätzen (Metalle und Mineralien). Tierische Produkte wie z. B. Leder und Wolle dienten als weitere Materialien. Pflanzliche Stoffe wurden für die Herstellung und Verfeinerung von Gebrauchsgütern verwendet (z. B. Wachs, Farben, Papyrus). Glas diente zur Herstellung von Luxusgegenständen. — Einen technischen Fortschritt im Sinne neuzeitlicher T. gab es in der röm. Antike nur in wenigen Ansätzen; weltverändernde Erfindungen unterblieben oder wurden nicht weiterentwickelt, weil an einer systematischen und von vielen Menschen betriebenen naturwissenschaftlichen Forschung offensichtlich kein Interesse bestand und wohl auch die erforderlichen schöpferischen Ideen fehlten. Erst die produktive Aneignung des antiken Erbes in der Renaissance führte zu einer weltverändernden technischen Revolution.
→Amphitheater, Aquädukt, Aurelianische Mauer, Bedürfnisanstalten, Bergbau, Berufe, Bogenkonstruktion, circus maximus, cloaca maxima, Fernstraßen, Flaschenzug, Gewölbe, Handwerker, Haus, Heizung, Holzkohle, hypocaustum, Keramik, Kolosseum, Kran, Kriegsschiff, Landvermessung, Leuchtturm, Limes, Marmor, Mauerwerk, Metalle, Mietskasernen, Pantheon, Pont-du-Gard, Porta Nigra, Servianische Mauer, Sieben Weltwunder, Sonnenuhr, Straßenbau, Stuck, Sturmbock, Tempel, Theater, Thermen, Toiletten, Travertin, Triumphbogen, Via Appia, Vitruv, Waffen, Wagen, Wasserhahn, Wasserleitungen, Wasserorgel, Wasserturm, Ziegelstein, Zisterne.

Tempel *(tęmplum),* Gebäude zur Aufnahme eines Götterbildes (→Standbild), diente nicht als Versammlungsraum wie eine christliche Kirche; gottesdienstliche Handlungen fanden außerhalb des T. an besonderen Altären statt. Das Wort *templum* (eig. Ausschnitt, begrenzter Bezirk) bezeichnet das Beobachtungsfeld der →Auguren. — Der Kern des T. ist die rechteckige, fensterlose *cella* (Innenraum mit einem Götterbild). Vor der *cella* kann sich eine die Wände der *cella* fortsetzende Vorhalle (Pronaos) befinden, die nach vorn offen bleibt und von mehreren Säulen begrenzt wird. Neben dieser gibt es andere T.formen. So kann sich z. B. an die *cella* eine Hinterhalle (Opistodom) anschließen; oder Vorhalle, *cella* und Hinterhalle werden an allen Seiten von einem einfachen oder doppelten Säulenkranz umschlossen. Der T. ist mit einem Satteldach gedeckt, das auf einer kunstvollen Balkenkonstruktion ruht. Die Giebelfronten sind mit Skulpturen geschmückt. — Der röm. T. steht auf einem hohen Sockel, in den vorn eine Treppe eingelassen ist. Ein besonders gut erhaltenes Beispiel ist die Maison Carrée in Nîmes. — In Rom gab es am Ende der Republik mindestens 30 größere T.; der wichtigste war der auf dem Kapitol gelegene T. des Jupiter. In der Kaiserzeit wurden regelrechte T.bezirke angelegt. Auch den Kaisern wurden T. geweiht. — Der röm. T. war aber nicht nur ein religiöses, sondern auch ein politisches Zentrum; im Zusammenhang mit der göttlichen Verehrung der Kaiser wurde der T. zum

Römischer Tempel in Nîmes
(Die sog. Maison Carrée)

Sinnbild staatlicher Autorität, die ihre religiöse Begründung im T. zur Schau stellte. — Viele T. sind uns erhalten geblieben, weil sie bereits früh in christliche Kirchen umgewandelt wurden.

Terenz *(Publius Terentius Afer),* etwa 190 - 159 v. Chr., bedeutender röm. Komödiendichter. T. gehörte dem Scipionenkreis an. Er schrieb nach griech. Vorbildern sechs Komödien, die zwischen 166 und 160 v. Chr. zum ersten Mal aufgeführt wurden. Die Themen seiner Komödien sind Alltagsprobleme wie Erziehungs- und Ehefragen, Liebe und Eifersucht. T. verzichtet auf derbe und vulgäre Komik. Seine sorgfältig charakterisierten Helden handeln und sprechen als gebildete Menschen im Sinne einer von mitmenschlicher Solidarität geprägten Lebensauffassung.

Terrakotta (ital. *terra cotta* gebrannter Ton), Material u. a. für Statuen, Götterbilder, Lampen, Verkleidungen, Gefäße, Reliefs, Vasen, Kinderspielzeug. Die Gegenstände aus T. wurden oft auch bemalt (→Keramik).

Terra sigillata, Sammelbezeichnung für rotes Tongeschirr und Reliefkeramik (→Keramik) der röm. Kaiserzeit. Seit etwa 30 v. Chr. wurde vor allem in Arretium (Stadt in Etrurien, Mittelitalien, heute: Arezzo) T. s. hergestellt.

Tertullian *(Quintus Septimius Florens Tertullianus),* erster lat. schreibender christl. Theologe, ca. 150-220 n. Chr. Er stammte aus Karthago, erhielt eine rhetorische und juristische Ausbildung und war wahrscheinlich als Anwalt tätig. Sein besonderes Verdienst ist die Entwicklung einer lat. Terminologie für die christl. Lehre. Unter seinen 31 Schriften ragt vor allem seine „Verteidigung des Christentums" (Apologeticum) heraus, in der er die gegen das Christentum erhobenen Vorwürfe mit aller Schärfe zurückweist und die Unmoral der heidnischen Religion anprangert.

Testament, Erklärung des letzten Willens auf zusammengeklappten und versiegelten Wachstafeln, die an einem sicheren Ort, z. B. in einem Tempel, aufbewahrt wurden. Man konnte seinen letzten Willen auch gerichtlich zu Protokoll geben. — Das T. verfügte vor allem die Einsetzung der Erben. Außerdem konnten Adoptionen und Freilassungen von Sklaven testamentarisch festgelegt werden. — Ein gültiges T. konnte nur derjenige abfassen, der über das *ius commercii* (→Bürgerrecht) verfügte.

Tetrameter (griech. „Viermaß"), aus vier (meist trochäischen) Metren gebildeter Vers (→Trochäus).

Teutoburger Wald. Im Jahre 9 n. Chr. soll hier Varus mit drei röm. Legionen von Arminius vernichtet worden sein. Der Schauplatz der Schlacht ist trotz vielfältiger Spekulation unbekannt (→Caelius).

Teutonen, germanischer Stamm, der 120 v. Chr. zusammen mit den →Kimbern nach Süden zog und 102 v. Chr. bei Aquae Sextiae in Südfrankreich von Marius völlig vernichtet wurde.

Textkritik nennt man jenen Teil der Philologie (Sprach- und Literaturwissenschaft), der sich mit der Wiederherstellung eines Textes in seiner ursprünglichen Form befaßt. Wir besitzen von der antiken Literatur keine „Erstausgaben", sondern nur Abschriften aus späterer Zeit (in erster Linie aus dem Mittelalter), in denen der ursprüngliche Wortlaut oft durch Hör-, Lese- oder Schreibfehler entstellt oder durch absichtliche Eingriffe (Vereinfachungen, Interpretationen, Bearbeitungen für bestimmte Zwecke usw.) verändert ist. Die T. prüft mit exakten Methoden die Überlieferung, vergleicht die einzelnen Handschriften, stellt fest, wie sie voneinander abhängen und rekonstruiert die verlorene gemeinsame Vorlage, den Archetypus. Nicht immer kann der originale Wortlaut mit völliger Sicherheit erschlossen werden. In solchen Fällen schlägt der Herausgeber unter Berücksichtigung der Überlieferungsgeschichte, des sachlichen Inhalts, der Sprache des Autors und der bisherigen philologischen Forschung eine plausible Textgestaltung vor oder weist auf die Unlösbarkeit einer verderbten Stelle hin. Der sog. kritische

Apparat einer wissenschaftlichen Textausgabe gibt dem Leser Auskunft über unterschiedliche Lesarten in den Handschriften, über frühere Verbesserungsversuche und über die Verbesserungsvorschläge des Herausgebers. Trotz immenser philologischer Leistungen seit dem 19. Jh. sind noch nicht alle lat. Autoren der Antike in befriedigenden Ausgaben herausgegeben.

Thales gilt als der älteste griech. Philosoph. Er lebte um 600 v. Chr. und stammte aus Milet in Kleinasien. Th. begründete die ionische Naturphilosophie und erklärte das Wasser für den Urstoff der Welt.

Thapsus, im heutigen Tunesien liegender Ort, wo Cäsar 46 v. Chr. die Anhänger des Pompeius vernichtete. Vgl. Cäsar, Bellum Africanum 28 und 79 ff.

Theater, war nach dem Amphitheater die meist besuchte Stätte der Unterhaltung. Alle größeren Städte besaßen ein Th. So sind z. B. in Italien 100, in Gallien 60 aus Stein erbaute Th. wiederentdeckt worden. Im Th. wurden während der großen Feste (→Feiertage) dramatische Spiele, wie z. B. Tragödien, Komödien, Mimen (→Mimus) aufgeführt. Gegen Ende der republikanischen Zeit fanden jährlich an 65 Tagen in Rom öffentliche →Spiele statt, davon 48 im Th. Ursprünglich wurden die Stücke auf Holzbühnen gespielt. Im Jahre 55 v. Chr. ließ Pompeius in Rom das erste steinerne Th. bauen, dessen Anlage für alle Th.bauten im röm. Reich vorbildlich war. Hier fanden ca. 10000 Menschen einen Sitzplatz. Der Zuschauerraum hatte die Form eines Hufeisens; an dessen offenen Enden befand sich das mehrgeschossige Bühnenhaus *(scaena).* Der Raum *(orchestra)* zwischen der Bühne und der ersten der nach hinten ansteigenden Sitzreihen war frei. Jeder Sitzplatz war durch ein System von Treppen, Gängen und Korridoren leicht erreichbar. Der Zuschauerraum *(cavea)* war nicht überdacht; er konnte jedoch mit einem Sonnensegel geschützt werden (so in Pompeji). Die dem Zuschauerraum zugekehrte Wand des Bühnenhauses war mit Säulen und Standbildern geschmückt. — Die Schauspieler trugen auf der

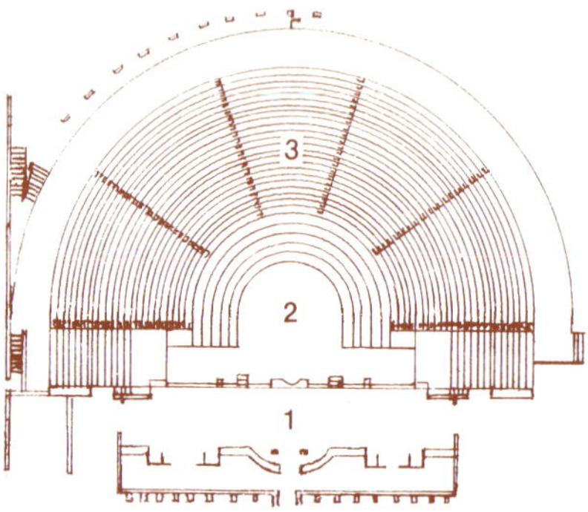

Grundriß eines Theaters
1 scaena 2 orchestra 3 cavea

Bühne Masken. Im Th. fanden auch Aufführungen von Akrobaten, Jongleuren und Tänzern statt (→Odeum).

Theokrit, griech. Dichter der ersten Hälfte des 3. Jh. v. Chr. Mit seinen ,,Eidyllia" (kleine Gedichte) wurde Th. zum Begründer der griech. Hirtendichtung (Bukolik) und zum Vorbild für Vergils ,,Bucolica".

Theophrast, der berühmteste Schüler des Aristoteles, um 370-287 v. Chr., war ein vielseitiger Schriftsteller. Am bekanntesten sind seine ,,Charakteres", eine Darstellung von 30 menschlichen Charakterzügen und Verhaltensweisen, z. B. der Unaufrichtige, der Nörgler, der Geizige, der Verleumder.

Thermen (griech. ,,warme Bäder"), beheizte private oder öffentliche Badeanstalten (→Bad). Aus röm. Zeit sind zahlreiche Th.-Anlagen in oft gutem Zustand erhalten, z. B. die Stabianer Th. in Pompeji aus republikanischer Zeit, die aufwendigen Th. des Caracalla und des Diokletian in Rom, die Kaiser-Th. in Trier. — Die röm. Th. waren nicht nur technisch hochentwickelt, z. B. hinsichtlich ihrer Architektur, ihrer Beheizung und ihrer Versorgung mit heißem und kaltem Wasser. Sie waren auch prächtig ausgestattet, u. a. mit Wandverkleidungen aus Marmor, mit Mosaiken, Fresken, Standbildern, Bibliotheken, Säulenhallen (→porticus), Sportplätzen, Imbißlokalen und Verkaufsständen. — Über das Leben und Treiben in den Th., das meist mit einem gewaltigen Lärm verbunden war, berichtet Seneca in einem Brief an Lucilius (56).

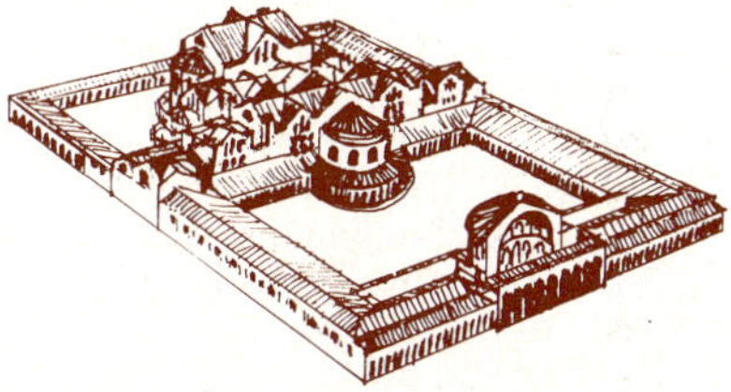

Rekonstruktion der Kaiserthermen in Trier

Thomas von Aquino, 1224-1274, verband die christliche Lehre mit der Philosophie des Aristoteles. Sein Hauptwerk ist die „Summa theologica", eine Grundlegung der katholischen Theologie. Th. wurde damit zum bedeutendsten Theologen des Mittelalters, der noch heute als Autorität in theologischen Fragen angesehen wird.

Thrakien *(Thracia),* Land zwischen Ägäischem und Schwarzem Meer mit wertvollen Bodenschätzen, seit 46 n. Chr. röm. Provinz. Th. galt in der Antike als kalt, rauh und unfruchtbar. Die Bewohner waren berüchtigt wegen ihrer Trunksucht (Horaz, Carmina 1, 27, 1 f.). Sie waren sehr kriegerisch. Deshalb wird Th. von Vergil (Aeneis 3, 13) als *terra Mavortia,* Land des Mars, der auch dort geboren sein soll, bezeichnet.

Thukydides *(Thucydides),* griech. Historiker aus Athen, lebte um 460-396 v. Chr. Mit seiner Geschichte des peloponnesischen Krieges begründete Th. die wissenschaftliche Geschichtsschreibung in Europa. Die röm. Historiker Sallust und Tacitus nahmen sich Th. zum Vorbild.

Tiber *(Tiberis),* wichtigster, 405 km langer Fluß in Mittelitalien, entspringt in der Nähe von Arezzo und mündet bei Ostia in das Mittelmeer (Tyrrhenisches Meer). Der T. war in der Antike weit über Rom hinaus schiffbar und wurde darum von dem älteren Plinius als „gütiger Händler aller Waren der Welt" bezeichnet. Er verursachte oft Überschwemmungen (→Tiberinsel), transportierte die Abwässer der *cloaca maxima* in das Meer und wurde unter dem Namen *Tiberinus* als Gott verehrt. Die Dichter nannten ihn „Vater Tiber". In Rom verbanden mehrere Brücken (zunächst aus Holz, später aus Stein) die beiden Ufer des etwa 70-100 m breiten und vier bis fünf Meter tiefen Flusses. Aufgrund seiner lehmig-gelben Farbe hieß er bei den Dichtern auch *flavus Tiberis,* „der blonde T." (Horaz, Carmina 1, 2, 13).

Tiberinsel, Standort des Tempels für den Heilgott Äskulap; während einer Seuche im 3. Jh. v. Chr. soll eine Abordnung aus Rom nach Epidaurus in Griechenland, wo Äskulap besonders verehrt wurde, geschickt worden sein, um seine Schlange nach Rom zu holen; diese sei der Abordnung auf das Schiff gefolgt; in Rom angekommen sei sie in den Tiber geglitten und zur T. geschwommen; daraufhin wurde der Tempel gebaut. — Die T. wurde gegen Überschwemmungen baulich gesichert und erhielt die Form eines Schiffes, auf dessen Heck eine Statue des Äskulap gestellt wurde. Die T. galt seitdem als Stätte der Heilung. Noch heute stehen auf der T. mehrere Krankenhäuser. In röm. Zeit wurden auch kranke Sklaven auf der T. ausgesetzt. Nach einem Edikt des Claudius erhielten diese Sklaven die Freiheit (Sueton, Claudius 25).

Tiberius *(Tiberius Claudius Nero),* lebte von 42 v. - 37 n. Chr. und war röm. Kaiser seit 14 n. Chr. Augustus hatte ihn 4 v. Chr. adoptiert und zu seinem Nachfolger bestimmt. T. war ein erfolgreicher Feldherr, u. a. im Krieg gegen die Markomannen, und anfangs ein sparsamer und strenger, aber tüchtiger Herrscher. Später aber überließ er Sejan, dem Kommandeur der Prätorianer, die Regierungsgeschäfte, bis er ihn 31 n. Chr. wegen Hochverrats hinrichten ließ. — In seinen letzten Lebensjahren lebte T. ausschließlich auf Capri in freiwilliger Isolierung von der Welt, die er mißtrauisch gegen jedermann regierte. Er soll dort ein ebenso luxuriöses wie lasterhaftes Leben geführt haben. Suetons Biographie ist mit einschlägigen Schauer- und Skandalgeschichten reichlich gewürzt. Diese sind dem Kaiser aber wohl größtenteils angedichtet worden. Seine Abgeschiedenheit regte offensichtlich die Phantasie der Geschichtenerzähler an. — Der Historiker Tacitus schildert T. als bösartigen und grausamen Gewaltherrscher. — In die Zeit des T. fällt die Kreuzigung Jesu unter Pontius Pilatus.

Tibull *(Albius Tibullus),* etwa 54-19 v. Chr., röm. Dichter, Freund des Horaz. Thema seiner Elegien ist seine Liebe zu Delia (Pseudonym für Plania) und anderen Personen. Er preist das friedliche und einfache Leben auf dem Lande. Sein Denken ist von starker Friedenssehnsucht und dem Wunsch nach einer besseren Welt im Sinne eines „Goldenen Zeitalters" geprägt. — T. war ein Freund des Valerius Messala Corvinus, eines gebildeten Redners und erfolgreichen Politikers, der sich auch wissenschaftlich betätigte. T. begleitete Messala auf mehreren Feldzügen. Der →Panegyrikos auf Messala, der am Anfang des 4. Elegien-Buches steht, stammt jedoch nicht von T.

Ticinus (heute: Ticino), nördlicher Nebenfluß des Po. Hannibal besiegte 218 v. Chr. am T. die Römer. Der Schweizer Kanton Tessin (Ticino) ist nach dem T. benannt.

Tiergarten *(vivarium).* Das *vivarium avium* oder *aviarium* diente der Aufzucht und Haltung von Vögeln, die zum Verzehr bestimmt waren, oder von Luxusvögeln. Im *vivarium ferarum bestiarum* wurden Jagdtiere (→Jagd) gehalten, die z. B. für die Jagden *(venationes)* in der Arena (→Spiele) bestimmt waren. Das *vivarium piscium* oder die *piscina* war ein Fischbecken, über das viele röm. Villen verfügten. Seneca (De ira 3, 40, 2-3) berichtet von einem jähzornigen Freund des Augustus, Vedius Pollio, der einen Sklaven in eine mit Muränen besetzte *piscina* seiner Villa stürzen wollte, um ihn zu bestrafen.

Tiro *(Marcus Tullius Tiro),* Ciceros Freigelassener und Sekretär, gab dessen Briefe und Reden heraus und erfand eine Kurzschrift. Er verfaßte auch eine uns nicht erhaltene Biographie Ciceros und eine ebenfalls verlorene Grammatik mit dem Titel „De usu atque ratione linguae Latinae" (Über die Anwendung und den Aufbau der lateinischen Sprache).

Tisch *(mensa).* Quadratische, viereckige, runde T. aus Holz, Bronze oder Marmor mit vier oder drei Beinen wurden beim Essen (→triclinium), zum Abstellen von Gegenständen oder als Toiletten-T. benutzt. Den Schreib-T. kannten die Römer nicht. Während des Essens konnte der T. mit einem T.-Tuch bedeckt sein. In Pompeji gab es T. aus Bronze, die in ihrer Höhe verstellbar waren.

Titus *(Titus Flavius Vespasianus),* Nachfolger seines Vaters Vespasian als röm. Kaiser (79-81 n. Chr.). Schon vor seinem Regierungsantritt beendete er den jüdischen Aufstand mit der Zerstörung von Jerusalem im Jahre 70. Er erhielt dafür den Triumphbogen auf dem *forum Romanum.* — T. soll ein gerechter und tüchtiger Herrscher gewesen sein, der u. a. auch die vom Ausbruch des Vesuv in Pompeji Betroffenen tatkräftig unterstützte. — T. ließ das Kolosseum mit glanzvollen Spielen einweihen. — Eine Biographie des T. schrieb Sueton, der auch überliefert, daß es ein Grundsatz des Kaisers gewesen sei, jeden Tag etwas Gutes zu tun. Andernfalls meinte er den Tag verloren zu haben: *Amici, diem perdidi* (Freunde, ich habe einen Tag verloren - Sueton, Titus 8).

Tivoli, der heutige Name des antiken Tibur, einer sehr alten Ortschaft östlich von Rom an den Ufern des Anio, der mitten in der Stadt einen rauschenden Wasserfall bildet (vgl. Horaz, Carmina 1, 7, 13). T. war ein Lieblingsaufenthalt des Horaz (vgl. Episteln 1, 8, 12). In der Nähe von T. liegen auch die Ruinen der Villa des Hadrian.

Todesstrafe *(supplicium* oder *poena capitis* bzw. *mortis),* wurde verhängt für ein Verbrechen gegen den Staat *(crimen publicum)* und vollzogen durch Enthauptung mit dem Beil oder dem Schwert, durch Kreuzigung, durch Teilnahme an den Gladiatoren-Spielen *(condemnatio ad ludos gladiatorios)* oder am Kampf mit wilden Tieren in der Arena *(condemnatio ad bestias)*, durch Erdrosseln z. B. im Mamertinischen Kerker oder durch Totprügeln. — Die Exekution begann mit einer

Geißelung. — Der Leichnam blieb in der Regel unbeerdigt liegen oder am Kreuz hängen, bis er verwest war, oder wurde in den Tiber geworfen (→Strafen).

toga, das Obergewand des röm. Bürgers, Sinnbild des freien Römers, Kennzeichen seiner gesellschaftlichen Stellung. In der Öffentlichkeit und bei dienstlichen Handlungen war die t. das unerläßliche Kleidungsstück. Die Römer wurden daher von Vergil als das togatragende Volk bezeichnet (Aeneis 1, 282: *Romanos, rerum dominos gentemque togatam* die Römer, die Herren der Welt und das togatragende Volk). — Wer die t. trug, stand unter dem Schutz der Gesetze; er durfte von den Liktoren nicht angerührt werden und konnte gegen ein Todesurteil (→Todesstrafe) Berufung einlegen. — Die t., ein weißes Gewebe aus Wolle, war in Form einer Ellipse zugeschnitten; sie umhüllte mit einer Länge von 5 m den ganzen Körper und fiel in zahlreichen Falten herab. Wie man die t. anlegte, beschreibt Quintilian (Institutio oratoria 11, 3, 137-149). Da Knöpfe, Schlaufen oder Gürtel fehlten, hatte eine t. ihren Halt am Körper nur durch geschicktes Anlegen bzw. Überwerfen. Man konnte sich daher in der t. nur langsam und vorsichtig bewegen. — Die Magistrate trugen eine mit Purpurstreifen verzierte t. *(toga praetexta)*, die auch das Kleid der Jungen war, bis sie zum Tragen der Männer-t. *(toga virilis)* berechtigt waren.

Römische Toga

Togata, eine nach der für die Römer charakteristischen Kleidung, der *toga*, benannte Art der Komödie, die im Gegensatz zur Palliata ihren Stoff aus dem röm. Alltag nahm. Während in der griech. Welt der Palliata die Sklaven klüger als die Herren sein durften, war das in der T. nicht erlaubt. Die bedeutendsten Dichter dieser Komödiengattung lebten im 2. Jh. v. Chr. Von ihren Werken sind nur wenige Fragmente erhalten.

Toiletten. In den Wohnungen der Mietskasernen gab es keine T. Ihre Bewohner waren auf öffentliche Bedürfnisanstalten angewiesen. Dort waren ohne Trennwände im Rechteck oder Halbkreis in der Regel 20 Sitze aus Marmor (mit Wasserspülung) aufgebaut. Außerdem standen vor den Werkstätten der Walker Urinkannen. Vespasian hatte den Walkern das Sammeln menschlichen Urins gegen eine Steuer gestattet - nach der Devise *pecunia non olet* (Geld stinkt nicht).

Ton *(creta figularis)*, Material für die Herstellung von Gebrauchs- und Kunstgegenständen.
→Keramik, Terrakotta, Terra sigillata

Tragödie, eine Gattung der dramatischen Literatur, die aus dem im Dionysoskult gesungenen Chorlied entstanden ist. Der Dichter Thespis soll 534 v. Chr. in Athen die erste T. aufgeführt haben, bei der dem Chorführer ein Sprecher gegenübertrat, so daß ein Dialog möglich wurde. Aischylos (525 - 456 v. Chr.) ließ zwei Schauspieler auftreten, Sophokles (ca. 497/6-406/5 v. Chr.) fügte den dritten hinzu. Damit rückte die von den Schauspielern gespielte Handlung in den Vordergrund, der Chor trat zurück, bis er in hellenistischer Zeit nur noch die Funktion einer Zwischenmusik hatte und schließlich ganz verschwand. Eine T. wurde ursprünglich nur einmal, und zwar im Rahmen eines Wettbewerbs, am Dionysosfest aufgeführt. Dabei mußte jeder der drei zugelassenen Dichter drei T. (eine Trilogie) und ein Satyrspiel aufführen.- Stoff der T. ist der Mythos, selten ein historisches Ereignis.- Aufbau der T.: Prolog, der in die Handlung einführt; Parodos (Einzugslied des Chores); die Epeisodia (Akte, meistens fünf), in denen sich die Handlung des Stücks entwickelt; dazwischen jeweils ein Stasimon (Standlied des Chores); schließlich die Exodos (Auszugslied des Chores).- In Rom wurde die erste T. 240 v. Chr.

aufgeführt. Die röm. T.-Dichter, deren Werke (mit Ausnahme von Seneca) bis auf Fragmente verloren sind, schlossen sich eng an die griech. T., vor allem an den letzten der drei großen Tragiker, Euripides, an. Größten Einfluß auf die tragische Dichtung der Neuzeit übten Senecas neun Tragödien und die unter seinem Namen überlieferte Prätexta ,,Octavia'' aus. In diesen oft stark rhetorisch gefärbten und pathetisch übersteigerten Stücken deutet Seneca den Mythos aus der Sicht des stoischen Philosophen.

Trajan *(Marcus Ulpius Traianus),* 53-117 n. Chr., tüchtiger röm. Feldherr, von Nerva 97 n. Chr. adoptiert (→Adoptivkaiser) und zum Mitregenten ernannt. Seit 97 war T. allein Kaiser. Den Krieg gegen Dakien beendete er siegreich. Der Sieg wurde mit dem Relief der 33 m hohen T.-Säule auf dem T.-Forum (→Kaiserforen) ausführlich und anschaulich dargestellt. — T. gehört nach einhelligem Urteil antiker und moderner Historiker zu den bedeutendsten röm. Kaisern. Er war beim Volk aufgrund seiner Freigebigkeit sehr beliebt. Unter T. hatte das röm. Reich seine größte geographische Ausdehnung. T. förderte den Straßen- und Brückenbau und die Anlage von Häfen, Wasserleitungen und Bädern. Der obergermanische Limes wurde während seiner Zeit als Statthalter von Obergermanien weiter ausgebaut. — T. respektierte den Senat und unterstützte Künstler und Gelehrte. Er sicherte die Versorgung von Witwen und Waisen und gründete öffentliche Schulen. — Im Jahre 114 erhielt T. den Titel *optimus princeps* (,,bester Führer''). Plinius preist den Kaiser in seinem ,,Panegyricus'' (→Panegyrikos). Das 10. Buch der Briefe des Plinius enthält einen Briefwechsel zwischen diesem und dem Kaiser.

Trasimenischer oder **Trasumenischer See** *(lacus Trasimenus* oder *Trasumenus)* im östlichen Etrurien (→Italien), heute: Lago di Perugia oder Lago Trasimeno. Am T. S. schlug Hannibal 217 v. Chr. die Römer (→Punische Kriege). Vgl. Nepos, Hannibal 4.

Travertin, leicht zu bearbeitender weißer Kalkstein, der geschliffen wie Marmor glänzt. Große T.vorkommen gibt es in der Nähe von Rom bei Tivoli. Zum Bau des Kolosseums wurde eigens eine Straße gebaut, um den T. an die Baustelle zu schaffen. Diese Arbeit wurde von Zehntausenden jüdischer Kriegsgefangener ausgeführt, die Titus aus Jerusalem nach Rom gebracht hatte.

Travestie (ital. ,,Verkleidung''), Wiedergabe eines ernsten Stoffes in entstellender (komischer, lächerlicher oder humoristischer) Form. In der griech. →Komödie und im →Satyrspiel wurde vor allem der Mythos in verzerrter Form dargestellt.- Bekannte Travestien des Horaz sind ,,Horatius travestitus'' von Christian Morgenstern (1895) und ,,Horaz in der Lederhos'n'' von Eduard Stemplinger (1925[3]).

tresviri capitales oder **triumviri capitales,** ,,Dreimännerkollegium'', untergeordnete Behörde, die im Kerker (→Mamertinischer Kerker) die Todesstrafe zu vollziehen hatte. Die t. c. führten außerdem Verhaftungen und Bücherverbrennungen (Tacitus, Agricola 2) durch. Über Sklaven und *peregrini* hatten sie richterliche Gewalt. Ferner sorgten sie für die innere Sicherheit in Rom (→Polizei).

tribunal, erhöhter Platz eines Magistrats in der Funktion des Richters auf dem *forum Romanum* oder die Rednertribüne, von der aus ein Feldherr in einem röm. Lager zu seinen Soldaten sprach.

tribus, eine Organisationseinheit, Untergliederung oder Abteilung der röm. Bürgerschaft zur Erleichterung der Verwaltung (z. B. zur Führung der Bürgerlisten und zur Organisation von Wahlen). Ursprünglich gab es nur drei, später (seit 241 v. Chr.) 35 t. Die Zugehörigkeit zu einer t. hing überwiegend von dem jeweiligen Wohngebiet des einzelnen Bürgers ab. Auswärtige Bürger mit röm. →Bürgerrecht wurden bestimmten t. zugeordnet, um ihre Rechte z. B. in der →Volksversammlung wahrnehmen zu können.

triclinium (griech. ,,Raum mit drei Speisesofas''), Speisezimmer des röm. Hauses. Auf jedem Speisesofa lagen bis zu drei Personen. Nach Varro sollte die Zahl der Speisenden nicht kleiner sein als die der Grazien (3) und nicht größer als die der Musen (9). Die Speisesofas standen an drei Seiten des Tisches; von der offenen Seite des Tisches her wurden die Speisen serviert.

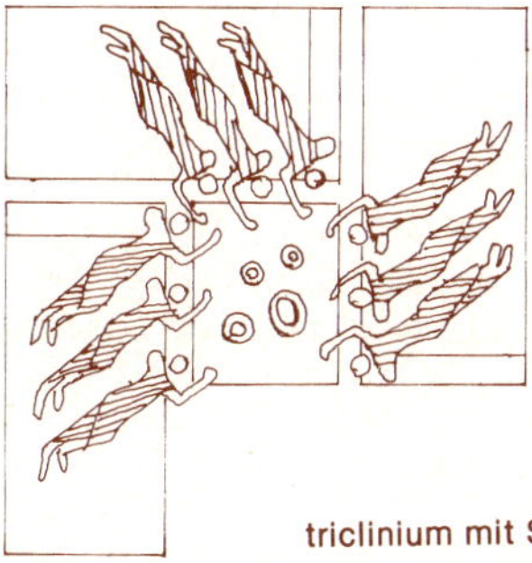

triclinium mit Speisenden

Trier *(Augusta Treverorum)* bestand schon lange vor der Gründung Roms als eine bedeutende Siedlung der Treverer. Um 15 v. Chr. erhielt T. als röm. Gemeinde den Namen *Augusta Treverorum.* Unter Claudius wurde T. zur *colonia.* — T. war keine militärische Siedlung, sondern Handels- und Versorgungszentrum. Unter Diokletian wurde T. im Jahre 286 zu einer der Hauptstädte des Reiches erhoben. — In T. sind zahlreiche röm. Bauten erhalten: Basilika (um 310 als Thronsaal Konstantins entstanden), Kaiserthermen, Moselbrücke, Speicheranlagen, Porta Nigra, Amphitheater. Das Rheinische Landesmuseum enthält eine großartige Sammlung röm. Kunstgegenstände und Kulturzeugnisse, u. a. bedeutende Mosaiken und Reliefs; hier sind auch die Grabdenkmäler aus Neumagen aufgestellt.

Trikolon (griech. „dreigliedrig"), dreigliedriger Ausdruck, oft als Steigerung angelegt (→Klimax) und zur Betonung der Vollständigkeit. Beispiel: Cicero, In Catilinam 1, 3, 8: *nihil agis, nihil moliris, nihil cogitas* (nichts tust du, nichts unternimmst du, nichts denkst du).

Trimeter (griech. „Dreimaß"), aus drei (meist jambischen) Metren gebildeter Vers (→Jambus).

Trithemimeres (griech. „aus drei Halbteilen bestehend"), →Zäsur nach der Länge im zweiten Metrum, in Verbindung mit der →Hephthemimeres (nach der Länge im vierten Metrum) und der →Penthemimeres (nach der Länge im dritten Metrum).

Triumph, höchste vom Senat verliehene Auszeichnung eines siegreichen röm. Feldherrn in der Zeit der Republik. In der Kaiserzeit war der T. allein dem Kaiser vorbehalten. — Zu den Voraussetzungen für den T. gehörten u. a. die siegreiche Beendigung eines Krieges und die Erweiterung des röm. Reiches. Ferner mußte der Feldherr mindestens 5000 Feinde getötet haben. Der T. fand statt als ein Festzug, der vom Marsfeld durch die *porta triumphalis* über das *forum Romanum* zum Kapitol führte. Dort brachte der mit dem T. Ausgezeichnete dem Jupiter ein Opfer dar und weihte ihm seinen Lorbeerkranz. An der Spitze des T.-Zuges gingen die Magistrate und der Senat, darauf die Kriegsgefangenen; dann folgten die Kriegsbeute und Darstellungen der Schlachten und der eroberten Städte. Vor dem von vier Schimmeln gezogenen T.-Wagen des mit einem Purpur-

Triumph des Mark Aurel. Nach einem röm. Relief (Kapitolinische Museen, Rom)

mantel bekleideten Feldherrn liefen die Stiere für das Opfer und die prominenten Gefangenen in Fesseln; diese zogen jedoch nicht mit auf das Kapitol, sondern wurden in die Gefängnisse geführt und meist sofort hingerichtet. — Den Schluß des Zuges bildeten die Soldaten, die für das nötige T.-Geschrei *(io triumphe)* sorgten.

Triumphbogen, freistehende torähnliche Bogenkonstruktion zur Ehrung siegreicher Feldherrn und Kaiser, die einen Triumph feiern durften, verziert mit Darstellungen (→Relief) der Taten des Triumphators und der Schauplätze seiner Siege, mit entsprechenden Inschriften versehen. — Auf dem T. stand die Nachbildung des Geehrten mit einer →quadriga. — In Rom sind u. a. die T. des Titus, des Konstantin und des Septimius Severus erhalten.

Triumvirat, von den röm. Behörden häufig eingesetzter Ausschuß von drei Männern zur Erledigung spezieller politischer oder religiöser Aufgaben. Davon zu unterscheiden ist das T. als eine private Vereinbarung politisch Mächtiger ohne gesetzliche Grundlage. Ein derartiges T. schlossen im Jahre 60 v. Chr. Cäsar, Crassus und Antonius. Ein zweites T. kam 43 v. Chr. zwischen Octavian, Lepidus und Antonius zustande. Dieses T. wurde nachträglich legalisiert: durch ein Gesetz vom 27.11.43 erhielten die drei Männer konsularische (→Konsul) Amtsgewalt verbunden mit der Aufgabe, die politische Ordnung wiederherzustellen.

Trochäus (griech. ,,laufend''), aus Länge und Kürze bestehender Versfuß (– ⏑). In der griech. Dichtung bilden zwei trochäische Versfüße ein Metrum (Grundform – ⏑ – ⏑, Auflösungsmöglichkeiten ⏖⏑ ⏖ ⏗), das vor allem als →Tetrameter (,,Viermaß'') verwendet wurde. In der altlat. Dichtung werden trochäische Verse nicht nach Metren, sondern nach Versfüßen gegliedert, es können also alle Kürzen (außer in der letzten Senkung) durch Länge oder Doppelkürze ersetzt werden. Die →Neoteriker und die späteren Dichter bilden Trochäen dagegen nach griech. Vorbild.

Troja, um 1200 v. Chr. gegründete Stadt im nördlichen Kleinasien und Schauplatz des trojanischen Krieges, dessen Schlußphase von Homer in der ,,Ilias'' dargestellt wird. Der Sage nach ist Äneas aus dem brennenden T. entkommen, um nach langen Irrfahrten in Italien die röm. Herrschaft zu begründen. Vergil erzählt die Abenteuer des trojanischen Flüchtlings Äneas in seiner ,,Aeneis''.

Tür *(porta, ostium, ianua, fores),* meist aus zwei Flügeln bestehend, die um Holz- oder Eisenzapfen zu drehen waren. In Pompeji haben sich in der erhärteten Asche des Vesuvs Abdrücke von T. (auch von Falttüren) erhalten; mit Hilfe von Gipsabdrücken ließen sich T.formen rekonstruieren. Die T. konnte ein Schloß und einen Knauf aus Bronze haben. Eine Haus-T. war mit einem Querbalken zu sichern.

Tuff, leicht zu schneidendes, poröses Gestein vulkanischer Herkunft. T. wurde für Fundamente und Mauerwerk verwendet. Die Etrusker meißelten ihre Gräber häufig in T.-Gestein.

Tullus Hostilius, nach röm. Sage der dritte röm. König, der Alba Longa zerstörte und die Sabiner bekämpfte (Livius, Ab urbe condita 1, 22-25). Wegen Vernachlässigung der religiösen Kulte soll er vom Blitz Jupiters erschlagen worden sein.

tunica, eine Art Hemd aus Wolle oder Leinen, ursprünglich ohne, später mit kurzen Ärmeln. Zu Hause und bei der Arbeit trug der Römer die t., die etwa bis zum Knie reichte und unter der Brust mit einem Gürtel gerafft wurde. Die t. wurde unter der *toga* getragen. — Frauen trugen eine etwas längere t., die nicht genäht, sondern mit Spangen *(fibulae)* zusammengehalten wurde.

Tusculanum, Villa Ciceros in Tusculum; hier schrieb Cicero u. a. seine ,,Tusculanae disputationes'', seine philosophischen Gespräche über den Schmerz und den Tod.

Tusculum, heute: Frascati, alte, wohl ursprünglich etruskische (→Etrusker) Stadt in Latium auf den *montes Tusculani,* den westlichen Ausläufern des Albanergebirges; viele vornehme röm. Familien besaßen in T. ihre Villen (→Tusculanum).

Überlieferung. Antike lat. Texte sind nicht in einer vom Verfasser autorisierten Form überliefert, sondern in Abschriften, die im allgemeinen aus dem Mittelalter stammen, also mehrere Jahrhunderte nach der Abfassung angefertigt wurden. Daß wir trotzdem - trotz vieler Entstellungen (→Textkritik) - meistens einigermaßen gesicherte Texte lesen können, verdanken wir einerseits der philologischen Sorgfalt der Herausgeber, andererseits den mittelalterlichen Klöstern, die sich jahrhundertelang der Überlieferung der antiken Literatur annahmen. Vor allem irische und englische Klostergründungen wurden Zentren der Verbreitung lat. Texte. Trotzdem gingen viele Texte in den Wirren der Völkerwanderungszeit verloren. Erst in der Zeit Karls d. Gr. (um 800) entstand ein allgemeines Interesse an der antiken Literatur; dieser sog. „karolingischen Renaissance" verdanken wir, daß die Texte, die sich bis zu dieser Zeit erhalten hatten, vor dem Untergang bewahrt wurden. In der it. Renaissance wandte man sich erneut mit größter Begeisterung der Antike zu und fertigte Abschriften von den mittelalterlichen Handschriften an, bis schließlich das gedruckte Buch die Tradition der antiken Literatur sicherte.- Verglichen mit dem ursprünglichen Bestand der röm. Literatur haben wir in den erhaltenen Texten nur ein Ruinenfeld vor uns, in dem zwar viele der besten Stücke enthalten sind; das meiste jedoch, und damit auch die Konstruktion des Ganzen, die erst die Einordnung der wertvollsten Teile ermöglichte, ist zerstört. So besitzen wir aus der altlat. Epoche nur Catos Buch „De agricultura", die „Rhetorik an Herennius" und die Komödien des Plautus und Terenz. Verloren sind die großen Epen, die Tragödien, die Annalistik, die Satiren des Lucilius, die Redner vor Cicero. Aus der Glanzzeit der röm. Literatur besitzen wir mehr: von Cicero, Catull und Ovid ist das meiste erhalten, von Sallust und Livius ein großer Teil, von Lukrez, Vergil, Horaz, Properz und wohl auch Tibull alles. Große Verluste gab es auch in der nachklassischen Literatur von Augustus bis Hadrian: Petrons Roman besitzen wir nur in Fragmenten, Senecas und Tacitus' Werke sind unvollständig überliefert. Christliche Autoren verschaffen uns durch ihre Auseinandersetzung mit der heidnischen Literatur wichtige Kenntnisse über verlorene Texte (viele Zitate bei Laktanz, Hieronymus und Augustinus).- Manche Texte kennen wir nur durch eine einzige Handschrift (z. B. Petrons Cena Trimalchionis; Livius, Buch 41-45; Tacitus, Annalen und Historien); andere sind sogar nur als →Palimpsest überliefert (z.B. Cicero, De re publica; Gaius, Institutiones).

Übersetzungen stehen am Anfang der röm. Literatur: Livius Andronicus übersetzte Homer, Tragödien und Komödien aus dem Griechischen ins Lateinische. Auch die Theaterstücke des Naevius, Ennius, Plautus und Terenz sind Übertragungen griech. Werke. Im 1. Jhr. v. Chr. werden auch philosophische und rhetorische Schriften übersetzt und damit der röm. Literatur neue Bereiche erschlossen. Cicero schafft mit der Übersetzung philosophischer Texte eine philosophische Terminologie in lat. Sprache. Er äußert sich mehrfach zum Problem des Übersetzens. Fehlende Wörter müsse man durch bedeutungsähnliche oder durch Umschreibungen oder Neubildungen ersetzen. Es komme vor allem auf eine adäquate Übertragung des Inhalts an, nicht auf die wortgetreue Ü.- Bedeutende Übersetzer aus der Kaiserzeit sind Apuleius und Boethius. Für das Christentum war die Übersetzung der heiligen Schriften sehr wichtig. Hieronymus, der erste große Bibelübersetzer, schrieb einen Traktat „Über die beste Art der Übersetzung" (De optimo genere interpretandi). Ü. trugen auch zur Entwicklung der eigenen Sprache bei. So wurde die neuhochdeutsche Sprache stark von Luthers Bibelübersetzung geprägt.— Ü. erschließen der Neuzeit die antike Literatur. In Deutschland sind als bedeutende Übersetzer u. a. Voß (Homer), Wieland (Lukian, Cicero, Horaz), Schleiermacher (Platon), Hölderlin (Sophokles), Mörike (Lyrik), Wilamowitz (Tragödien, Komödien), R.A. Schröder (Vergil, Horaz), Schadewaldt (Homer, Tragödien) zu nennen.- Dennoch ersetzt auch die beste Übersetzung nicht das Original, da die Übertragung des Inhalts meistens nur auf Kosten der Form (und umgekehrt) möglich ist.

Ulpian *(Domitius Ulpianus),* röm. Jurist, der zur Zeit der Kaiser Septimius Severus (193-211), Caracalla (211-217) und Severus Alexander (222-235), also um die Wende vom 2. zum 3. Jh. n. Chr. lebte. Er war Mitglied des kaiserlichen Rates *(consilium principis),* Prätorianerpräfekt und Leiter der Getreideversorgung *(praefectus annonae).* 228 n. Chr. wurde er von den Prätorianern ermordet. Von seinen zahlreichen juristischen Schriften sind vor allem seine 81 Bücher zum Edikt (Ad edictum) zu erwähnen. Er ist der in den →Digesten am häufigsten zitierte Jurist (fast 2500 Zitate).

Unterwelt *(inferi* ,,die Unteren'' oder *Orcus).* Die Römer übernahmen ihre Vorstellungen über die U. weitgehend von den Griechen. Der Gott der U. war *Orcus,* mit dessen Namen auch die U. bezeichnet werden konnte. Er wurde *Dis Pater* gleichgesetzt. Unter griech. Einfluß wurde die U. in der röm. Dichtung vielfach dargestellt: So durfte z. B. der sagenhafte Sänger Orpheus versuchen, seine plötzlich verstorbene Ehefrau Eurydike aus der U. zurückzuholen. Das Vorhaben mißlang, weil Orpheus die ihm auferlegten Bedingungen nicht einhielt (Ovid, Metamorphosen 10, 1-85). In Vergils Aeneis (6. Buch) besucht Äneas mit der Sibylle von Cumae die U., um das künftige Schicksal Roms zu erfahren. — Die U. galt als Aufenthaltsort der Verstorbenen.
→Jenseitsvorstellungen, Manen

Vagantendichtung nennt man die mittellat. Dichtung ,,fahrender'' Gelehrter *(clerici vagantes)* des 12./13. Jh. Einige Namen sind bekannt (z. B. Archipoeta, Hugo von Orléans, Walther von Chatillon), die meisten Gedichte sind anonym überliefert. Themen der V. sind der Wein, die Liebe und das Würfelspiel, satirische Kritik an der geistlichen Obrigkeit, Lust und Leiden des Vagantenlebens, die Natur, Mythologisches und Politisches.- Die metrische Form der V. ist teils in antiker Art quantitierend, überwiegend jedoch akzentuierend (,,rhythmisch''). Häufig begegnet die aus einem steigenden Siebensilbler und einem fallenden Sechssilbler bestehende Vagantenzeile. Beispiel: *,,Meum est propositum in taberna mori:* x́ x x́ x x́ x x́ / x́ x x́ x x́ x. Vier Vagantenzeilen bilden die sog. Vagantenstrophe. Die ,,Carmina Burana'' sind wohl die berühmteste Sammlung von V.

Valerius Flaccus *(Gaius Valerius Flaccus Setinus Balbus),* röm. Dichter des 1. Jh. n. Chr., verfaßte, angeregt durch die Epiker Apollonios von Rhodos (3. Jh. v. Chr.), Vergil und Ovid, ein Epos über die Argonautensage, die ,,Argonautica''.

Valerius Maximus, 1. Jh. n. Chr., Verfasser des Erzählwerkes ,,Facta et dicta memorabilia'' (Erwähnenswerte Taten und Worte). Es handelt sich um eine Sammlung von moralisierenden Episoden und Exempla aus dem röm. Leben, u. a. zu Themen wie Tapferkeit, Frömmigkeit, Menschlichkeit, Treue.

Varro *(Marcus Terentius Varro),* röm. Historiker, 116-27 v. Chr., bekleidete öffentliche Ämter und war unter Pompeius im Krieg gegen die Piraten Kommandant einer Flottenabteilung. V. war mit Pompeius befreundet und kämpfte auf seiner Seite auch gegen Cäsar. Auch Cicero gehörte zu V.s Freunden. Nach seinem Sieg über Pompeius und dessen Anhänger versöhnte sich Cäsar mit V. und übertrug ihm die Leitung einer öffentlichen Bibliothek. Nach Cäsars Ermordung entging er nur knapp der von Antonius vorgenommenen Proskription. — V. war ungewöhnlich belesen; er galt und gilt mit Recht als der gelehrteste Römer aller Zeiten und war der fruchtbarste Schriftsteller der Antike. Er verfaßte 74 Werke mit etwa 620 Büchern. Darunter waren Satiren und Gedichte und die ,,Antiquitates rerum humanarum et divinarum'', eine umfassende röm. Kulturgeschichte. Hinzu kamen grammatische und literaturwissenschaftliche Werke, darunter eine Schrift ,,De lingua Latina'' (Die lateinische Sprache). Auch eine sachkundige Beschreibung der röm. Landwirtschaft, die ,,Res rusticae'', stammt von V. — Nach V.s Berechnungen wurde der 21.4.753 v. Chr. als Gründungsdatum für Rom angenommen.

Varus *(Marcus Quinctilius Varus),* röm. Militärbefehlshaber in Germanien, versuchte die röm. Rechtsprechung (→Recht) in seinem Amtsbereich einzuführen, forderte dadurch die germanischen Cherusker unter Führung des Arminius zum Aufstand heraus und wurde mit drei Legionen im Teutoburger Wald vernichtet. Augustus soll nach dieser Niederlage verzweifelt ausgerufen haben: „Varus, Varus, gib mir meine Legionen wieder" (vgl. Sueton, Augustus 23: *Quinctili Vare, legiones redde).*

vates, eig. Seher, Prophet, von →Varro für die altröm. Bezeichnung des Dichters gehalten; Vergil, Horaz, Ovid und die kaiserzeitlichen Dichter verstehen darunter den von göttlicher Inspiration erfüllten, prophetischen Dichter. Das aus dem Griech. stammende Wort *poeta* bezeichnet dagegen, vor allem in der Verbindung *poeta doctus,* den bewußt schaffenden Künstler. v. ist etymologisch verwandt mit gotisch *wods* (besessen, wütend), althochdeutsch *wuot* (Raserei, Wut); die indogermanische Wurzel *u̯āt* bedeutet „innerlich angeregt sein, Aufregung, dichterische Begeisterung".

Vaticanus *(campus Vaticanus),* am rechten Ufer des →Tiber außerhalb der städtischen Regionen gelegenes Gebiet mit dem Garten der Agrippina und dem Circus des Nero, auf dessen *spina* (→circus maximus) sich der heute auf dem Petersplatz stehende Obelisk befand.

Veji (heute: Isola di Farnese), Stadt der →Etrusker in der Nähe von Rom. V. wurde nach röm. Sage nach einem 10jährigen Krieg (406-396 v. Chr.) von dem röm. Feldherrn Camillus unterworfen. Die Bewohner wurden als Sklaven verkauft, ihr Gebiet zu röm. Staatsland *(ager publicus)* erklärt (Livius, Ab urbe condita 5, 21 ff.).

Velleius Paterculus, röm. Geschichtsschreiber, um 20 v. Chr. in Capua geboren. Er schlug die Offizierslaufbahn ein, wurde unter dem späteren Kaiser Tiberius Präfekt und Legat, schließlich im Jahr 15 Prätor. Seine 30 n. Chr. erschienene „Römische Geschichte" (Historia Romana) in zwei Büchern beginnt mit der Eroberung Trojas und enthält abrißartig die gesamte röm. Geschichte bis zum Jahr 30 n. Chr. Erst vom Jahr 49 v. Chr. an gibt er eine ausführlichere Schilderung der Ereignisse. Den größten Raum beansprucht die Regierung des Tiberius, dessen Politik er im Gegensatz zu der tiberiusfeindlichen Darstellung des Tacitus bewundert und über alle Maßen lobt.

Venus, röm. Göttin der Liebe und Schönheit, ursprünglich eine Göttin des Frühlings und des blühenden Gartens, dann der griech. Aphrodite gleichgesetzt. Cäsar weihte V. als der Ahnherrin der →gens Iulia einen Tempel. Durch die Äneas-Sage wurde V. zugleich zur Ahnherrin Roms; denn Äneas galt als der Sohn der V. — In Rom gab es zahlreiche V.-Heiligtümer unter verschiedenen Bezeichnungen: *V. Genetrix* („Ahnherrin"), *V. Conciliatrix* („Kupplerin"), *V. Viriplaca* („Männerversöhnerin nach Ehestreitigkeiten"), *V. Cloacina* („Reinigende") usw. — Lukrez beginnt sein Werk „De rerum natura" mit einem Preislied auf V. (1, 1-32). — Die Göttin war auch die Schutzgöttin von Pompeji, das mit offiziellem Namen *Colonia Veneria Cornelia Pompeiorum* hieß.

Verbannung, Strafe für schwerste Delikte einschließlich Mord, vollzogen a) als *relegatio* (Verweisung aus Rom an einen anderen Ort) ohne Verlust des Bürgerrechtes und des Vermögens, b) als *exilium* (Exil) verbunden mit der Ächtung und dem Verlust des Bürgerrechtes, seit dem ersten vorchristlichen Jahrhundert die aus der Ächtung sich ergebende Bestrafung. — Mit V. wurden nur röm. Bürger und Angehörige der Oberschicht bestraft. Einfache Leute mußten bei gleichen Delikten mit der Todesstrafe rechnen.

Vercingetorix, Führer eines zunächst erfolgreichen großen Aufstandes der Gallier (→Gallien) gegen Cäsar, von diesem in Alesia eingeschlossen und im Jahre 52 v. Chr. besiegt, 46 im Triumph durch Rom geführt und anschließend im Mamertinischen Kerker ermordet.

Vergil *(Publius Vergilius Maro)*, geb. 15.10.70 in Andes bei Mantua, gest. 22.9.19 v. Chr. in Brundisium. Zwischen 42 und 39 entstanden seine ,,Hirtengedichte'' (Bucolica), mit denen er seinen ersten literarischen Ruhm erntete. V. schildert das Leben sizilischer und italischer Hirten in Anlehnung an die Idyllen des griech. Dichters Theokrit. Von den →Neoterikern geschult, drückt er in diesen Hexameterdichtungen seine Liebe zum Landleben, seine Empfindungen über Not und Leid der Zeit, seine Sehnsucht nach einer verklärten Welt des Friedens in einer einmalig wohlklingenden, sanften und harmonischen Verssprache aus. Die christliche Interpretation deutete später die 4. Ekloge der Bucolica gern als Ankündigung der Geburt des Messias. Die scheinbar idyllischen Beschreibungen enthalten viele Anspielungen auf aktuelle Zeitereignisse und auch auf V.s persönliches Schicksal (z. B. auf den Verlust seines väterlichen Besitztums durch Landverteilung an die Veteranen). Seit 37 v. Chr. gehörte V. dem Kreis um Maecenas an, in den er auch Horaz einführte. — Die ,,Georgica'', ein überaus kunstvolles, in Hexametern abgefaßtes landwirtschaftliches Lehrgedicht in vier Büchern, entstanden 37 bis 30 v. Chr. und behandeln den Acker-, Wein- und Obstanbau, die Viehzucht und die Imkerei. Vom künstlerischen Standpunkt aus das perfekteste Werk des Dichters, geben die ,,Georgica'' (vor allem in den originellen, auf die Zeitgeschichte bezogenen Exkursen) durch Darstellung der Arbeitswelt eines gesunden, friedlichen Bauernstandes ein Leitbild für die durch die Bürgerkriege zerrüttete Gesellschaft. Vom Jahr 29 an entstand das zwölf Gesänge umfassende Epos ,,Aeneis'', welches, nach des sterbenden Dichters Ansicht noch nicht vollendet, gegen seinen Willen auf Anordnung des Augustus veröffentlicht wurde. Der 1. Teil (1. - 6. Gesang), auf Homers ,,Odyssee'' zurückgreifend, schildert die Irrfahrten des Äneas von Troja über Karthago und Sizilien bis nach Latium. Besondere Beachtung verdient die als Tragödie konzipierte Episode der Liebe Didos (4. Gesang). Im 2. Teil (7. - 12. Gesang), Homers ,,Ilias'' nachempfunden, werden die Kämpfe zwischen dem Rutulerkönig Turnus und Äneas dargestellt, bis dieser den Rutuler im Zweikampf besiegt. — V. bezog sehr geschickt durch Weissagungen und Vorausblicke die ganze röm. Geschichte mit ein und stellte so Augustus und seine Zeit als Ziel einer gottgewollten Entwicklung dar. Er schuf dadurch das Nationalepos der Römer, das die ,,Annales'' des →Ennius ersetzte und seine literarische Bedeutung durch Originalität in der Nachahmung, durch die symbolische Gestaltung der Götter und des Helden Äneas, durch psychologische Wahrheit und Tiefe in der Beschreibung der Charaktere und durch Maß und Harmonie, Vollendung und musikalischen Wohlklang der Sprache erhält. — V.s strahlender Ruhm begann zu seinen Lebzeiten und überdauerte die Jahrhunderte. V. wurde sogleich Schulautor und galt in der gesamten Antike sowie im christlichen Mittelalter als d e r Dichter schlechthin. Sein unschätzbarer Einfluß auf die abendländische Dichtung der Renaissance (Dante, Petrarca, Tasso), auf die Barockdichtung und die französische Klassik bedingte die bis ins 20. Jh. ungebrochen stark gebliebene Bewunderung Vergils in allen Kulturländern der Erde.

Vergil zwischen Musen. Nach einem Mosaik (Musèe du Bardo, Tunis)

Verleger, Unternehmer, der Bücher abschreiben ließ (→Schreiber) und verkaufte. Die Vervielfältigung von Büchern war in der Antike nicht durch ein Urheberrecht geregelt. Ciceros V. war Atticus, der zugleich als Buchhändler tätig war. In der Kaiserzeit gab es in Rom mehrere V. So ließ z. B. Horaz seine Werke von den Gebrüdern Sosius und Martial seine Epigramme bei dem V. Tryphon veröffentlichen. Die Auflagen konnten bis zu 1000 Exemplare desselben Titels umfassen.

Verlobung *(sponsalia)*. Die V. ging in der Regel der Ehe-Schließung voraus, hatte aber keine unmittelbaren Rechtsfolgen. Plinius (Briefe 1, 9, 1 f.) zählt die V. zu den tausend Nichtigkeiten, mit denen man sich die Zeit vertrieb. — Die V. war ein mit der Zustimmung der beiderseitigen Eltern gegebenes Versprechen unter Zeugen, das anschließend mit einem Festmahl gefeiert wurde. Der Bräutigam *(sponsus)* gab der Braut *(sponsa)* Geschenke und einen vergoldeten Eisenring, den die Braut am Ringfinger der linken Hand *(anularius)* trug. Angeblich war der Ringfinger deshalb besonders geeignet, weil - wie man meinte - von diesem ein sehr feiner Nerv bis zum Herzen führt (Gellius 10, 10).

Vermögensklassen *(classes)*. Die röm. Bürger, die eine bestimmte Vermögensgrenze überschritten, wurden in fünf Klassen eingeteilt, die sich wiederum in eine bestimmte Anzahl von Zenturien untergliederten. In der 1. Klasse mit dem höchsten Vermögen waren 80 Zenturien, in der 2., 3. und 4. je 20 und in der 5. Klasse 30 Zenturien. Zu den 80 Zenturien der 1. Klasse kamen noch 18 *centuriae equitum* („Reiterzenturien"). Folglich hatte die höchste Klasse mit ihren insgesamt 98 Zenturien bei allen Entscheidungen die Mehrheit. Daran konnte auch die Masse des röm. Volkes nichts ändern, da sie die Vermögensgrenze nicht erreichte, um zu den fünf V. zu gehören, und insgesamt nur 1 Zenturie bildete. — Der röm. Staat war also auch in der Zeit der Republik keine Demokratie im heutigen Sinne, sondern eine Timokratie, eine „Herrschaft der Vermögenden".

Verpflegung. Ein röm. Legionär erhielt täglich etwa 1 kg Weizen, Salz und Fett. Ein Teil wurde als fertig gebackenes Brot, ein Teil als ungemahlenes Korn ausgegeben, von dem sich die Soldaten abends einen Schrotmehlbrei *(puls)* zubereiteten. Manchmal gab es auch Fleisch, Käse oder Gemüse. — Im Lager erhielten die Soldaten zwei Mahlzeiten *(prandium* und *cena)*.

Verres, röm. Statthalter in Sizilien von 73-71 v. Chr. Wegen verbrecherischer Ausbeutung der Provinz wurde er 70 v. Chr. von Cicero vor Gericht angeklagt (Reden gegen V.). Einer seiner Verteidiger war Hortensius. V. ging unter dem Druck des Belastungsmaterials noch vor Beendigung des Prozesses nach Massilia (Marseille) in die Verbannung. 43 v. Chr. fiel er der Proskription des Antonius zum Opfer.

Vespasian *(Titus Flavius Vespasianus)*, 17.11.9 - 24.6.79 n. Chr. Von Nero erhielt er 67 den Befehl zur Niederwerfung des jüdischen Aufstandes, den sein Sohn Titus 70 mit der Zerstörung Jerusalems beendete. Von seinen Soldaten wurde er 69 zum röm. Kaiser ausgerufen. — V. erbaute das Kolosseum, das offiziell seinen Namen trug: *Amphitheatrum Flavium*. — V. wirtschaftete sparsam und versuchte, dem Staat immer wieder neue Einnahmequellen zu verschaffen. Nach Sueton (Vespasian 23) führte er z. B. eine Steuer für die Betreibung der öffentlichen Bedürfnisanstalten ein *(vectigal urinae)*. Als Titus daran Anstoß nahm, hielt ihm V. ein Geldstück unter die Nase und fragte, ob es stinke. Titus mußte verneinen: *pecunia non olet* (Geld stinkt nicht).

Vesta, Göttin des häuslichen Herdes und des Herdfeuers. V. wurde zusammen mit den *lares* und den Penaten in jedem röm. Haus verehrt. Auf dem *forum Romanum* besaß V. einen Rundtempel, in dem sechs Vestalinnen ein ewiges Feuer unterhielten.

Vestalinnen *(Vestales)*, Priesterinnen der Vesta. Sie unterhielten das ewige Feuer im Tempel der Vesta auf dem *forum Romanum*. Es galt als ein großes Unglück, wenn das Feuer erlosch. Die dafür verantwortliche V. wurde dafür vom *pontifex maximus* gegeißelt. Das Feuer mußte durch einen Brennspiegel oder durch Bohren von Brettern wieder angezündet werden. — Die V. wurden im Alter von 6-10 Jahren für ihren Dienst ausgewählt. Sie mußten 30 Jahre lang ihren Dienst versehen und durften während dieser Zeit keine geschlechtlichen Beziehungen zu Männern haben. Nach dieser Zeit konnten sie in das normale Leben zurückkehren und heiraten. Eine V., die vor dieser Zeit ihr Keuschheitsgelübde brach, wurde ausgepeitscht und lebendig begraben.

vestibulum, Vorraum, Flur oder Diele des röm. Hauses.

Vesuv *(Vesuvius mons)*, Vulkan in Kampanien südöstlich von Neapel. Durch den Ausbruch des V. im Jahre 79 n. Chr. wurden die Städte Herculaneum, Pompeji und Stabiae verschüttet. Der Ausbruch des V. wird von Plinius (Briefe 4, 16 und 20) ausführlich beschrieben.

Veteran *(veteranus)*, langgedienter Soldat *(vetus* alt) im röm. Heer (→Militärdienst). Der V. hatte gewöhnlich mindestens 20 Dienstjahre hinter sich. Nach seiner Entlassung erhielt er hohe Abfindungen u. a. in Form von Landzuweisungen. — Die V. konnten wieder einberufen werden und hießen dann *evocati* („die zum Kriegsdienst Einberufenen").

Via Appia, die erste röm. Fernstraße von Rom nach Capua, von dem Zensor Appius Claudius Caecus im Jahre 312 v. Chr. gebaut (→Straßenbau) und später bis Brundisium verlängert. Sie galt als die „Königin der Straßen" *(regina viarum* - Statius, Silvae 2, 12). Ihre Oberfläche bestand aus viereckigen Quadersteinen, und sie war so breit, daß zwei Lastwagen leicht aneinander vorbeifahren konnten. — An der V. A. liegen zahlreiche Katakomben und Grabmäler, u. a. das turmartige Grabmal der Caecilia Metella, einer um Chr. Geburt verstorbenen Römerin. — Noch heute ist die V. A. streckenweise sehr gut erhalten.

Via Sacra, Straße auf dem *forum Romanum,* in der Antike Hauptgeschäftsstraße. Über die V. S. führte der Triumph-Zug zum Kapitol. Literarisch berühmt wurde die Straße durch Horaz' Satire 1, 9: *Ibam forte via sacra...* (Ich ging zufällig auf der Heiligen Straße ...).

Victoria, Siegesgöttin, der griech. Nike entsprechend, mit einem alten Tempel auf dem Palatin. Im Krieg gegen die Samniten wurde ihr 294 v. Chr. ein weiterer Tempel geweiht. Augustus ließ nach der Schlacht bei Actium in der *curia Iulia,* dem von Cäsar erbauten Versammlungsraum des Senats, einen Altar der V. weihen. Zu Ehren der V. wurden zahlreiche Standbilder errichtet. Das Bild der V. war auch auf Münzen geprägt. Sie galt als Schutzgöttin der Kaiser und des Reiches und wurde vor allem von den Soldaten verehrt. →Symmachus

Viehzucht, als Zweig der Landwirtschaft von großer wirtschaftlicher Bedeutung. Es wurden vor allem Rinder, Pferde, Esel, Schweine, Schafe, Ziegen, Geflügel (Hühner, Gänse, Tauben) gezüchtet. Die Tiere dienten als Nutztiere (Zugtiere, Reittiere) und als Lieferanten von Lebensmitteln (Milch, Fleisch, Eier) oder anderen Produkten (Wolle, Leder, Häute, Pergament). — Herdentiere wurden unter freiem Himmel gehalten, Pferde und Esel waren vorwiegend in Ställen untergebracht. — Zur V. im weiteren Sinne gehörten auch die Bienenzucht und die Fischzucht in Teichen. — Wilde Tiere für die Spiele im Amphitheater wurden aus den Provinzen importiert. — In der Wandmalerei und im Mosaik sind zahlreiche röm. Tierdarstellungen erhalten.

villa, großzügig angelegtes und aufwendig ausgestattetes Haus in der Stadt *(villa urbana)* und vor der Stadt *(villa suburbana)* oder Wohnsitz eines Großgrundbesitzers oder seines Verwalters *(villa rustica)* mit zahlreichen Nebengebäuden, die für einen landwirtschaftlichen Betrieb (→Landwirtschaft) erforderlich waren. Im Bereich der *v. rustica* wohnten und arbeiteten meist auch die erforderlichen Handwerker. — In den röm. Provinzen sind zahlreiche v. aufgefunden, ausgegraben und rekonstruiert worden (z. B. im Gebiet der Mosel oder in Gallien). Ein anschauliches Beispiel für die *v. rustica* ist die v. von Otrang an der Straße von Trier nach Köln nordöstlich von Bitburg. Diese v. - wahrscheinlich ein Gestüt (→Pferd) - war von einer 400 x 130 m langen Mauer umgeben. Der Bau besaß 66 Räume und würde heute etwa 10-15 Millionen DM kosten.

Viminal, einer der Sieben Hügel Roms.

Vindobona, heute Wien, zunächst Vorposten des Lagers in Carnuntum, seit Trajan Lager einer Legion, unter Hadrian *municipium;* in V. starb Mark Aurel während seines zweiten Krieges gegen die Markomannen.

virtus, eig. ,,Mannhaftigkeit'' (von *vir* der Mann), d.h. alle körperlichen und geistigen Vorzüge, die ein Mann besitzen soll, im engeren Sinn ,,Mut'', ,,Tapferkeit'', im weiteren ,,Tüchtigkeit'', ,,gute Eigenschaft'', ,,Tugend''. Für röm. Denken ist v. der oberste Wertbegriff, der alle einzelnen positiven Eigenschaften umfaßt; v. ist nicht nur eine innere Haltung, sondern muß sich im Handeln verwirklichen *(virtus in usu sui tota posita est,* Cicero, De re publica 1,2). Der wichtigste Gegenstand, auf den sich v. richten kann, ist nach röm. Auffassung der Staat. Dem virtus-Denken der Römer kam die stoische Philosophie insofern entgegen, als es nach stoischer Auffassung kein Gut außer der Tugend gibt. Die Stoiker bestimmten v. als sittliche Vollendung, die in einem Leben nach der göttlichen Vernunft (griech. *logos)* bzw. der damit identischen Natur besteht *(secundum naturam vivere).* Zum Wesen der v. gehört es, daß sie um ihrer selbst willen erstrebt wird. Der Ruhm *(gloria),* der für die Römer einmal das höchste Ziel ihres Strebens war, wird unter dem Einfluß der Stoa zu einer (erfreulichen) Begleiterscheinung der v. erklärt. →Wertbegriffe, Stoa

vita activa (,,tätiges Leben''), die der *vita contemplativa* (,,beschauliches Leben'') entgegengesetzte Lebensform. Schon in der frühgriech. Literatur gibt es die Vorstellung, der Mensch könne zwischen einem Leben in politischer Tätigkeit und einem der ,,Betrachtung'' (,,Theorie''), der Philosophie, der Wissenschaft und der Kunst gewidmeten Leben wählen. Aristoteles (384-322 v. Chr.) unterscheidet drei Lebensweisen: ein von Genuß bestimmtes Leben, die politische Tätigkeit und die philosophische Theorie, von denen die erste negativ bewertet und die letzte am höchsten eingeschätzt wird. Während Epikur die *vita contemplativa* als wesentliche Voraussetzung für ein glückliches Leben betrachtete, verlangten die Stoiker, daß sich der Weise für die staatliche Gemeinschaft betätige. Dieser Grundsatz verschaffte der Stoa in Rom viele Anhänger, da das Streben eines röm. Bürgers (der oberen Schicht) in erster Linie auf politisches Ansehen *(dignitas)* gerichtet war. Cicero versuchte beide Lebensformen zu verbinden. Seneca wies nach, daß die *vita contemplativa* nicht im Widerspruch zur stoischen Lehre steht: ,,Die Natur hat uns für beides geboren, für das Betrachten wie für das Handeln'' (De otio 5,1). Mit dem letzteren dienen wir nach Seneca dem konkreten Staat, dessen Bürger wir sind, mit dem anderen jenem größeren Staat, der Menschen und Götter umfaßt, dem Kosmos, der göttlichen Natur, nach deren Erkenntnis wir streben, der wir uns anvertrauen und die wir verehren sollen.

Vitellius *(Aulus Vitellius),* 15-69, röm. Kaiser für acht Monate als Nachfolger Othos. Seine Herrschaft wurde durch Vespasians Truppen beendet, die Italien und Rom besetzten und V. beseitigten.

Vitruv *(Vitruvius Pollio),* röm. Baumeister, Erfinder und Schriftsteller, Zeitgenosse Cäsars und Augustus'. Sein Werk ,,De architectura'', das um 25 v. Chr. erschien, ist eine wichtige Informationsquelle über röm. Bauwesen, Maschinenbau, Theaterbau, Häuserbau, Wasserbautechnik, Uhrenkonstruktion, Schöpfräder- und Pumpenherstellung, Geschützbau. — V. hatte großen Einfluß auf die Architektur der Renaissance.

Volkstribun *(tribunus plebis),* röm. Beamter, seit 494 v. Chr. (seit der ersten *secessio plebis*) von der *plebs* (→Plebejer) gewählt, vertrat deren Interessen gegenüber den Patriziern. Der V. durfte in seiner Amtsführung von niemandem behelligt werden; durch sein Veto *(veto* ich verbiete) konnte er jede Amtshandlung anderer Beamter verhindern und auch den Abbruch einer Sitzung des Senats herbeiführen. Der V. hatte das Recht, Volksversammlungen einzuberufen und gültige Beschlüsse fassen zu lassen.

Volksversammlung *(contio* oder *comitia),* politisches Entscheidungsorgan der röm. Republik neben Senat und Magistraten. Die V. hatte das Recht der Mitbestimmung bei der Gesetzgebung, der Wahl der Magistrate und der Strafgerichtsbarkeit. Die V. wurde von einem Magistrat oder Volkstribunen an dafür bestimmten Tagen *(dies comitiales)* einberufen. — Die *contio* war eine anhörende V. des gesamten Volkes; ihr wurden z. B. Gesetzesentwürfe (→Gesetzgebung) vorgelegt und Kandidaten vorgestellt. — Die *comitia* waren beschließende V.-Abstimmungen, und Beschlüsse erfolgten 1. nach →Zenturien (→Vermögensklassen) und 2. nach →tribus (Verwaltungseinheiten des Stadtgebietes von Rom und Umgebung), d. h. nach dem Wohnort (Wahlkreis). — Zu 1: die *comitia centuriata,* die meist auf dem Marsfeld stattfanden, stimmten über Gesetze ab, wählten die höheren Magistrate, hatten die Entscheidungsgewalt über Krieg und Frieden und kontrollierten die Strafgerichtsbarkeit. — Zu 2: Die *comitia tributa* wählten u. a. die Volkstribunen und andere niedere Magistrate. — Es wurden in der V. nie Einzelstimmen gezählt, sondern die Stimmen der Zenturien bzw. *tribus.* So waren z. B. die städtische *plebs* und alle Freigelassenen auf die vier stadtröm. *tribus* beschränkt und hatten daher insgesamt nur 4 Stimmen in den *comitia tributa.*

Vorsokratiker heißen die griech. Philosophen aus der Zeit vor Sokrates (470-399 v. Chr.). Zu den V. gehören u. a. die ionischen Naturphilosophen Thales, Anaximander, Anaximenes, ferner Heraklit, Parmenides, Xenophanes, Empedokles, Anaxagoras, Demokrit und die Sophisten. Von den Werken der V. sind nur Fragmente erhalten.

Vulcanus oder *Volcanus,* röm. Gott des Feuers, dem griech. Hephaistos gleichgesetzt. Im Gegensatz zu →Vesta, der Göttin des Hausfeuers, stellte V. das verheerende Feuer dar. Seine Tempel mußten ursprünglich außerhalb der Städte oder zumindest außerhalb des →pomerium gebaut werden. Sein Fest, die *Volcanalia,* wurde am 23. August gefeiert, um ihn zu besänftigen und die eingebrachte Ernte vor Feuer zu schützen.

Vulgärlatein, Sprache der breiten Bevölkerungsschichten, die sich von der Hochsprache der Oberschicht (seit dem 2. Jh. v. Chr.) und der von Cicero und Cäsar vollendeten klassischen Literatursprache unterscheidet.- Für das V. ist charakteristisch: 1. Verschiedene Regelungen der Hochsprache werden nicht berücksichtigt (wie z. B. die Vermeidung griech. Fremdwörter, die strenge Regelung der Verwendung von Kasus und Modi). 2. Sprachliche Entwicklungen, die in der Hochsprache abgebrochen wurden, gehen weiter (z. B. Entwicklung von Doppellauten zu Einzellauten: *Claudius* zu *Clodius;* Rückgang der Deponentien). 3. Neue Erscheinungen treten auf: Ersetzung des Nominativs und des Ablativs durch den Akkusativ; Umschreibung des Genitivs durch *de* und des Dativs durch *ad;* Übergang des Neutrums in das Maskulinum *(vinus* statt *vinum)* oder in das Femininum; Konjunktionalsätze mit *quod, quia, quoniam* an Stelle des AcI; Präsens als Ersatz für das Futur; pleonastische Verwendung der Personalpronomina; *unus* in der Funktion eines unbestimmten Artikels; Häufung von Deminutiv- und Intensivbildungen (z.B. *asinus* zu *asellus; canere* zu *cantare).*- Quellen für das V. sind u.a. die Komödien des Plautus, die Freigelassenengespräche der *Cena Trimalchionis* in Petrons Satyricon, die Bibelübersetzungen der Itala und der Vulgata und Inschriften (z.B. aus Pompeji).- Trotz mancher Übereinstimmungen ist die Umgangssprache der gebildeten Oberschicht vom V. zu trennen.- Die romanischen Sprachen entwickelten sich aus dem V.

Vulgata, Bibelübersetzung des Hieronymus (348-420). Papst Damasus (366-384) beauftragte Hieronymus, einen zuverlässigen Text der lat. Bibel herzustellen, da die älteren lat. Übersetzungen (→Itala) stark voneinander abwichen. Hieronymus revidierte das Neue Testament nach griech. Handschriften und übersetzte das Alte Testament aus dem hebräischen oder aramäischen Originaltext. Es dauerte lange, bis sich das im Jahr 405 vollendete Werk allgemein durchsetzte: Im 8./9. Jh. ist der Text des Hieronymus zwar fast überall in Gebrauch, aber erst am Ende des Mittelalters wird er als „editio vulgata" (allgemeine Ausgabe) für verbindlich erklärt.

Wachs *(cẹra)* diente vor allem als Material für Wachstafeln, zum Siegeln von Briefen und Dokumenten, zum Modellieren von Masken (→Ahnenkult) und zur Herstellung von Standbildern aus Bronze.

Wachstafel *(cẹra* oder *tạbula),* mit Wachs überzogene Tafel, die man mit einem →stilus beschreiben konnte. Das Wachs wurde meist schwarz gefärbt, so daß die eingeritzten Buchstaben weiß hervortraten. — W. dienten zu Schreibübungen für Schüler, zum Aufschreiben von Notizen und kürzeren Mitteilungen an andere. Mehrere mit Holzrahmen versehene W. konnten zu einem →codex zusammengebunden werden. So wurden z. B. zwei einseitig beschriebene W. zum Schutz der Schrift mit der Schriftseite nach innen aufeinandergelegt und zugebunden.

Waffen. Man unterschied beim schwerbewaffneten Soldaten zu Fuß zwischen Schutz- oder Verteidigungs-W. *(arma)* und Angriffs-W. *(tela).* Zu den wichtigsten *arma* des röm. Legionärs gehörten der Helm aus Leder *(galea)* oder Metall *(cassis),* der Panzer *(lorica),* der runde Schild *(clipeus)* oder der viereckige mit Leder überzogene und Metall beschlagene Holzschild *(scutum)* von etwa 120 cm Länge und 75 cm Breite und die Beinschienen *(ocreae).* Der Helm konnte mit schwarzen oder roten Federn oder mit einem nach hinten hinabhängenden Pferdeschweif, der den Nacken schützte, geschmückt sein. — Umfang und Qualität der W. hingen in älterer Zeit vom Vermögen des einzelnen Kämpfers ab. Auch in der Zeit der Republik, als die Vermögensunterschiede für die Art der W. allmählich bedeutungslos wurden, mußten die Soldaten ihre W. selbst bezahlen bzw. mitbringen. — Die *tela* waren das Schwert *(gladius),* das man rechts trug, damit der links getragene Schild beim Ziehen des Schwertes nicht hinderlich war, und der ca. 150 cm lange Wurfspieß *(pilum)* mit eiserner Spitze oder die Stoßlanze *(hasta).* — Die Leichtbewaffneten *(velites)* hatten einen kleinen runden Schild *(parma),* ein Schwert *(gladius)* und mehrere kurze Wurfspieße. Daneben gab es Einheiten mit besonderen W.: Schleuderer *(funditores)* mit Stein- oder Bleikugelschleudern, Bogenschützen *(sagittarii)* oder Speerwerfer *(iaculatores).* — Die Reiterei war ursprünglich nicht mit *arma* bewaffnet, damit die Reiter beweglicher waren; später besaßen sie Harnisch, Helm und Beinschienen. Auch die Pferde konnten an Brust und Kopf gepanzert sein. Als *tela* benutzten die Reiter Lanzen, die auf beiden Seiten eine Spitze hatten. Ihr Schwert war besonders lang. Die Reiterei der Hilfstruppen war mitunter mit Pfeil und Bogen ausgerüstet. — An schweren Waffen wurden Katapulte, Schleudermaschinen oder Sturmböcke verwendet.

Wagen *(vehịculum, cụrrus* u. a.). Auf der Igeler Säule ist ein zweirädriger Wagen *(currus)* dargestellt, der von zwei Maultieren gezogen in Richtung Trier fährt. Auf dem Kutschbock sitzen der Kutscher mit einer Peitsche und ein Mitfahrer. Auffallend sind die hohen eisenbeschlagenen Speichenräder. Der Typ dieses einachsigen W. war in der röm. Antike besonders beliebt. Er wurde als Transportfahrzeug und als Reise-W. (→Reisen) benutzt. Die Post verwendete zweiachsige W., die über eine Kabine für Reisende und einen Gepäckraum verfügten. Reise-W. waren meist so gut gefedert, daß man in ihnen während der Fahrt sogar schreiben konnte. Für den schweren Gütertransport waren meist vierrädrige Last-W. in Gebrauch. Auch dieser W.typ ist auf der Igeler Säule abgebildet. Der mit gut verschnürten Tuchballen beladene W. wird von drei nebeneinander gespannten Maultieren gezogen. Die Tragfähigkeit der röm. W. war jedoch verhältnismäßig gering. So betrug die höchste Nutzlast selbst schwerster Heeresfahrzeuge nicht mehr als 500 kg. Der Grund für diese Begrenzung lag wohl darin, daß die Zugkraft der Zugtiere durch die Art der Bespannung nicht voll ausgenutzt werden konnte; das Zuggeschirr lag nicht auf den Schulterblättern, sondern auf dem Hals oberhalb der Schulterblätter. Der W. wurde von den Römern nicht nur in der Landwirtschaft, im Baugewerbe, im Handelsverkehr, zum Reisen, von der Post und vom Militär eingesetzt, er diente auch als Sportgerät (→Wagenrennen), als Fahrzeug für besondere Persönlichkeiten wie die Vestalinnen und als Triumphwagen (→Triumph) für einen siegreichen Feldherrn. In Rom war übrigens

tagsüber jeder W.verkehr - bis auf wenige Ausnahmen - verboten.
→Straßenbau, Straßenverkehr

Wagenrennen, sehr beliebte Form der Volksbelustigung (→Spiele) im *circus maximus.* Am W. nahmen 4-12 einachsige Wagen teil, die jeweils von vier nebeneinander gespannten Pferden gezogen wurden (→quadriga). Sie hatten sieben Runden *(curricula)* zu fahren; das war eine Rennstrecke von 8400 m, die in ca. 15 Min. zurückgelegt werden konnte. Die Organisation der W. lag seit der frühen Kaiserzeit bei vier Renngesellschaften (Rennställen). Diese unterschieden sich durch die Farben Weiß, Rot, Grün und Blau, die von den Wagenlenkern *(aurigae)* getragen wurden. So konnten die Zuschauer für eine bestimmte Farbe (z. B. für die Grünen) Partei nehmen und diese anfeuern. Die Wagen starteten aus Einzelboxen. Die *aurigae* schlangen die Leinen (Zügel) um den Leib, um die Pferde halten zu können. Sie konnten die Leinen notfalls mit einem Messer durchschneiden, falls der Wagen umstürzte. Unfälle waren häufig, weil alle Gespanne die Innenseite der Bahn zu erreichen suchten und deshalb leicht kollidierten. Der Sieger bekam einen Kranz, einen Palmzweig und eine Geldprämie von 15-60 000 →Sesterzen. — Der prominenteste Wagenlenker der röm. Geschichte war der Kaiser Nero. — Die Durchführung der W. setzte eine aufwendige und kostspielige Vorbereitung voraus: Gründliche Ausbildung der Wagenlenker, Zucht, Ausbildung und Pflege der Pferde, tierärztliche Betreuung, laufender Unterhalt der Ställe, ferner Bau und Reparatur der Wagen, Herstellung und Pflege der Geschirre und des sonstigen Zubehörs. Allerdings profitierten auch Dienstleistungsbetriebe wie Gasthäuser und Schenken von den W.

Wahl. Die höheren Magistrate wurden von den *comitia centuriata* der →Volksversammlung gewählt. Bei einer W. wurden aber nicht Einzelstimmen, sondern die Stimmen der Zenturien (→Vermögensklassen) gezählt. Den Ausschlag gaben stets die fünf höheren Vermögensklassen mit einer erheblich geringeren Anzahl von Angehörigen im Verhältnis zur großen Masse des Volkes. — Die auf Servius Tullius zurückgehende Einteilung in Vermögensklassen war von dem Grundsatz bestimmt, daß die durch Kriegsdienst und Steuern am meisten Belasteten durch ihr W.- und Abstimmungsrecht den größten Einfluß im Staat haben sollten, und tatsächlich bestimmten nur die Angehörigen der fünf Vermögensklassen über die Geschicke des Staates und seiner Bürger. Alle anderen, die unter einer bestimmten Vermögensgrenze blieben und daher nicht zu den fünf Klassen gehören konnten, wurden in nur einer Zenturie mit einer Stimme zusammengefaßt und konnten ihr W.-Recht nur als eine Zenturie ausüben. Folglich wurden sie immer überstimmt. — Über W.-Kampf und W.-Propaganda geben zahlreiche Graffiti und Inschriften in Pompeji reichlich und beredt Auskunft.

Wandmalerei diente als Wandschmuck in den Wohnhäusern. In Pompeji haben sich W. aus zwei Jahrhunderten erhalten; sie lassen eine deutliche Stilentwicklung erkennen. Man unterscheidet vier Stile: 1. Stil (bis 80 v. Chr.): Imitation farbiger Marmorplatten unter Verwendung von Stuck; 2. Stil: Einführung architektonischer Elemente (Säulen, Bögen) und Landschaftsbilder, um den Eindruck räumlicher Tiefe zu erwecken; 3. Stil (Ende des 1. Jh. v. Chr.): sparsame Verwendung von Linien, die oft ein kleines Gemälde umrahmen; 4. Stil (Mitte des 1. Jh. n. Chr.): Verwendung unwirklicher und phantastischer Architekturformen, Verkleinerung der Bilder oder Verzicht auf solche. — W. findet man auch in anderen vom Vesuv zerstörten Städten (→Herculaneum, →Stabiae), ferner in den Katakomben und in röm. Palästen, z. B. im Goldenen Haus (→Domus aurea) des Nero. Die W. wurde in Fresko-Technik ausgeführt (die Farben wurden auf den noch feuchten Putzmörtel der Wand aufgetragen).

Wasserhahn. Zur Regulierung des Wasserverbrauchs dienten W., die als Zapf- oder Leitungshähne den Wasserzufluß sperren konnten. Erhalten ist ein W. z. B. aus dem Palast des Tiberius auf Capri (Museo Nazionale in Neapel).

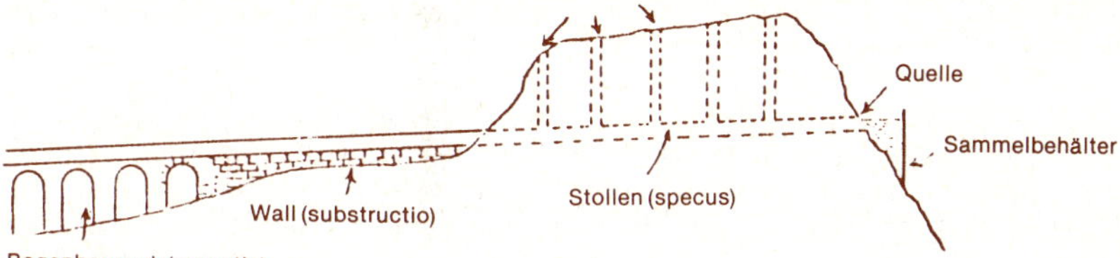

Römische Wasserleitung

Wasserleitungen dienten zur Heranführung von Trink- und Brauchwasser über größere Entfernungen. In Rom lag der Wasserverbrauch zur Kaiserzeit bei schätzungsweise 200-250 Liter pro Person und Tag. (Heute verbraucht ein Mitteleuropäer durchschnittlich 150 Liter pro Tag.) Das Wasser floß mit natürlichem Gefälle von der Quelle bis zu den Verteilerbauwerken am Stadtrand. Die W. folgten zwar den natürlichen Höhenlinien; zur Überbrückung von Tälern waren jedoch Aquädukte (→Pont-du-Gard) erforderlich. Ein Wasserverteiler *(castellum aquae)* ist in Pompeji erhalten (→Wasserturm). In Pompeji sind auch Leitungsrohre aus Blei gefunden worden, die unter den Bürgersteigen verlegt waren und in die Privathäuser führten, wo sie mit Wasserhähnen verschlossen werden konnten. — Für die Wasserversorgung der Stadt waren die Ädilen verantwortlich. Über die technischen und rechtlichen Probleme der Wasserversorgung Roms unterrichtet uns eine Schrift des Frontinus, der von 97 - etwa 103 n. Chr. *curator aquarum* (Direktor der städtischen Wasserversorgung) war.

Wasserorgel *(hydraulis),* wurde im Amphitheater während der Kämpfe der Gladiatoren gespielt und war auch im Theater Begleitinstrument. Die Töne wurden hydraulisch erzeugt, d. h. die für die Töne notwendige Luft wurde durch Wasserdruck über einen Windkasten in ca. 50 Pfeifen gepreßt, sobald die Tasten betätigt wurden (→Musikinstrumente). — Eine Beschreibung der W. findet sich bei Vitruv (De architectura 10, 13).

Wasserturm *(castellum aquae).* In Pompeji ist ein W. erhalten, in welchem das durch einen →Aquädukt herangeführte Wasser durch Filter gereinigt und über drei verschieden hohe Wehre in drei Röhren verteilt wurde: Die 1. Röhre versorgte die Trinkwasserbrunnen an den Straßen, die 2. Röhre die öffentlichen Anlagen (Thermen, Theater) und die 3. Röhre die privaten Abnehmer. Bei Wassermangel blieb der Anschluß für die Trinkwasserbrunnen am längsten versorgt, weil er niedriger lag als die beiden anderen Anschlüsse. — Das Wasser für die Brunnen wurde in kleineren W. neben den einzelnen Brunnen gesammelt. Vermutlich befanden sich in diesen W. Metallbehälter, die sich immer nur mit soviel Wasser füllten, daß sie nicht überliefen.

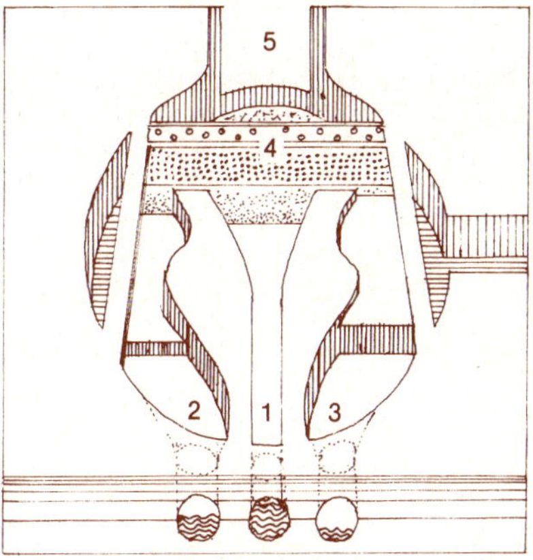

Schema eines Wasserverteilers

1 Leitung für öffentliche Brunnen 2 Leitung für Thermen 3 Leitung für Privatabnehmer 4 Filter 5 Wasserzulauf

Wasseruhr *(clepsydra,* eig. „Wasserdiebin"), diente als Zeitmesser z. B. bei Gerichtsverhandlungen. Die W. war ein Tongefäß, das unten ein Loch hatte und auf einem Dreifuß stand. Aus diesem floß Wasser in ein zweites unter dem Dreifuß stehendes Gefäß. Die Länge einer Rede konnte also nach der Anzahl der leergelaufenen bzw. gefüllten Gefäße gemessen werden. Allerdings konnten diese W. keine genauen Stunden anzeigen, da sich die Stundenlänge täglich änderte (→Zeiteinteilung). Plinius (Briefe 2, 11, 14) erzählt, er habe einmal im Senat fast fünf Stunden geredet, da sich 16 *clepshydrae* entleert hätten. Demnach liefen pro Stunde gut vier W. aus.

Wein *(vinum)* tranken die Römer meist mit Wasser gemischt zu jeder →Mahlzeit. Er stammte entweder aus Italien oder wurde aus Spanien (z. B. aus *Tarraco,* Tarragona), aus Gallien (z. B. aus *Massilia,* Marseille) oder aus Griechenland (z. B. von den Inseln Chios und Lesbos) eingeführt. Die edelsten W.-Sorten in Italien waren u. a. *Caecubum, Falernum, Surrentinum.* Man unterschied nach der Farbe *vinum album* (weiß), *fulvum* (gelb), *sanguineum* (rötlich) und *nigrum* oder *atrum* (dunkelrot) und nach dem Alter *vinum vetus* (alt) oder *recens* (jung). — Man mischte bedenkenlos edle und unedle W.-Sorten und fügte Gewürze oder Aromastoffe hinzu. — Nach der Ernte *(vindemia)* wurden die Trauben mit den Füßen ausgetreten *(calcare)* und anschließend noch mit der Presse ausgepreßt. Der Most wurde zum Gären gebracht und der fertige W. in Fässern oder Amphoren im Weinkeller *(cella vinaria)* verwahrt. Die Fässer trugen Etiketten mit Namen und Jahrgang des W. — Von vielen prominenten Römern ist überliefert, daß sie maßlose Trinker waren, z. B. Marius, Cato Uticensis (trotz seiner stoischen Strenge) (Plutarch, Cato 6), Antonius, dem Cicero immer wieder seine Trunksucht vorwarf, obwohl sein eigener Sohn täglich 6 1/2 l W. zu trinken pflegte. Dagegen war Cäsar nach Catos Bemerkung der erste Römer, der nüchtern an die Macht kam und die Republik vernichtete. — In Bacchus und Liber verehrte man die Götter, denen man W. und Rausch zu verdanken glaubte.

Weltalter. Wie in der griech. Literatur (Hesiod) finden wir auch in der röm. Dichtung die Vorstellung von einer Abfolge der Weltzeitalter (bes. Ovid, Metamorphosen 1,89 ff.; Pseudo-Seneca, Octavia 391 ff.; Vergil, Georgica 1,125 ff.). Auf das paradiesische Goldene Zeitalter folgt ein moralischer Verfall der Menschheit, der sich stufenweise vom Silbernen über das Bronzene bis zum Eisernen Zeitalter der Gegenwart verschlimmert. Neben dem pessimistischen Gedanken des moralischen Abstiegs (Dekadenz) gibt es auch die Vorstellung des Fortschritts in der Entwicklung der Menschheit, nämlich im Bereich der Kultur (Lukrez, De rerum natura 5, 925 ff.). Das Zeitalter des Augustus wurde von den Dichtern als Wiederkehr des Goldenen Weltalters gedeutet (Horaz, Carmen saeculare; Vergil, 4. Ekloge).

Wertbegriffe. Viele Wertbegriffe der Römer lassen den bäuerlichen Ursprung der röm. Kultur erkennen. Für den patriarchalischen Hausvorstand der bäuerlichen Großfamilie waren Sparsamkeit *(parsimonia),* Arbeitsamkeit *(labor),* Charakterfestigkeit *(constantia),* Schlichtheit *(simplicitas),* Bescheidenheit *(modestia),* Sittsamkeit *(pudor)* und Selbstbeherrschung *(continentia)* selbstverständliche Werte. Für den Wohlstand der Familie sorgt er durch gewissenhafte Beachtung der göttlichen Zeichen *(religio)* und durch die Erfüllung seiner Pflichten *(officium)* gegenüber den Schutzgöttern des Hauses und der Felder *(pietas).* Auch in seinem Verhalten gegenüber den ihm untergebenen Familienmitgliedern hat er Pflichten zu beachten, ebenso wie diese ihm gegenüber. Auch dieses richtige Verhalten drückt der Begriff *pietas* aus. Der Umgang mit den Mitmenschen verlangt Zuverlässigkeit, Treu und Glauben *(fides),* Gerechtigkeit *(iustitia),* Liebe *(caritas),* Freundschaft *(amicitia),* dankbare Verbundenheit *(gratia),* Großherzigkeit *(magnitudo animi)* und Mitgefühl *(misericordia).* Vor allem muß der Hausvater körperlich und geistig ein rechter Mann sein *(virtus).* Er ist konservativ und richtet sich in seinen Entscheidungen nach dem Brauch seiner Vorfahren *(mos maiorum).* Die Gemeinschaft *(res publica, patria),* in der er in Freiheit *(libertas)* lebt, will er durch sein politisches Engagement erhalten. Er strebt nach einer angesehenen Stellung im Staat *(honos, dignitas)*, in der er Einfluß hat *(auctoritas)* und Ruhm erwirbt *(gloria)*. An einem Politiker schätzt er Freigebigkeit *(munificentia)* und Milde gegenüber den Unterlegenen *(clementia)*. Die Aneignung der griech. Kultur ergänzte diese Werte durch einen Begriff, der für die Folgezeit von größter Bedeutung war: *humanitas*. In diesem Begriff klingt das griech. Ideal der harmonischen Persönlichkeit nach, die alle geistigen und körperlichen Anlagen der menschlichen Natur in sich entfaltet. Gesellschaftliche Gewandtheit, ein kultivierter Geist ist im Begriff *humanitas* ebenso enthalten wie die Milde, die die Schwächen der Menschen versteht.- Röm. Wertbegriffe waren nicht gegen politischen Mißbrauch gefeit; sie sanken zum bloßen Schlagwort herab und wurden nicht selten völlig pervertiert. Sallust und Tacitus prangern solchen Mißbrauch in aller Schärfe an. So entlarvt z. B. Tacitus (Agricola 21) die Propaganda des röm. Imperialismus, wenn er über die Eroberung Britanniens sagt: ,,...und das hieß bei den Ahnungslosen Zivilisation, während es doch ein Teil der Unterjochung war'' *(idque apud imperitos humanitas vocabatur, cum pars servitutis esset*).- Die christl. Literatur des 2. Jh. n. Chr. hat viele Wertbegriffe der Römer mit neuem Leben erfüllt. Indem die Christen von *vera religio, vera fides, vera pietas* (wahre Religion, wahrer Glaube, wahre Frömmigkeit) u.ä. sprachen, zeigten sie, daß sich erst durch das Christentum der wahre Gehalt dieser Begriffe erschließe. →virtus

Wiesbaden *(Aquae Mattiacorum)* war schon in der Antike wegen seiner heißen Quellen ein beliebter Kurort. Plinius erwähnt und beschreibt W. in seiner ,,Naturalis Historia''. Nach Martial war das Wasser aus W. auch nützlich zum Bleichen der Haare. — W. ist aus einem militärischen Vorposten am rechten Ufer des Rheins unter Caligula während seines Krieges gegen die germanischen Chatten hervorgegangen. Unter Vespasian und Domitian wurde das 50 n. Chr. von den Chatten zerstörte Kastell wieder aufgebaut. Unter Hadrian wurde es im Zuge des Limes-Ausbaues und der Vorverlegung der Grenze von seinen Truppen geräumt. — Erhalten sind u. a. zahlreiche Grabsteine, Reliefs, Standbilder und Gebrauchsgegenstände (Städtisches Museum, Sammung Nassauischer Altertümer).

Wirtschaft. In alter Zeit beschränkte sich die röm. W. auf Natural-W., d. h. auf den Warenaustausch aus der Produktion der Landwirtschaft, des Bergbaus und des in späterer Zeit auch industriell betriebenen Handwerks. Die Waren wurden vor allem auf den örtlichen Märkten angeboten. Geld wurde nur in geringem Umfang als Zahlungsmittel verwendet. Auch Dienstleistungen wurden in der Regel mit Sachwerten entlohnt. — Mit der Ausdehnung des röm. Reiches und seiner militärischen Sicherung seit dem 2. Jh. v. Chr. verstärkte sich die Einfuhr von Waren aus den neuerworbenen Provinzen. Das W.leben wurde von den Rittern und später auch von den Freigelassenen mit großem Gewinn in Gang gehalten. Durch den Bau von Fernstraßen und Schiffen wurde der W.verkehr mit allen Teilen der damals bekannten Welt erheblich gefördert. Die Meere und die großen Flüsse (u. a. Donau, Mosel, Rhein, Tiber) wurden für den Warentransport genutzt. In Italien und im übrigen Reichsgebiet wurden bedeutende Handelsplätze angelegt oder ausgebaut (z. B. Alexandria, Ostia, Puteoli). Im Schutz der röm. Militärlager entstanden in den Provinzen wirtschaftliche Zentren (u. a. Carnuntum, Köln, Trier), die auch die Voraussetzung für die Ausbreitung der röm. Kultur (Romanisierung) bildeten. — Die Ausbeutung der Sklaven als billige Arbeitskräfte erhöhte den wirtschaftlichen Gewinn der Unternehmer, Großgrundbesitzer, Geschäftsleute und Gewerbetreibenden. Das Bankwesen sorgte für die reibungslose Abwicklung der Geschäfte. Durch weitgehende Steuerfreiheit blieb die röm. W. bis weit in die Kaiserzeit von drückenden Abgaben an den Staat verschont. Eine Beschränkung oder Steuerung des W.lebens im Sinne einer Plan- oder Staatswirtschaft war zur Zeit der Republik nur in geringem Maße möglich, wenn man davon absieht, daß der rechtsgültige Abschluß von Geschäften den Besitz des röm. Bürgerrechtes voraussetzte.

— Der Staat wirkte vor allem als Auftraggeber auf die W. ein, z. B. durch eine ausgedehnte öffentliche Bautätigkeit (Brücken, Häfen, öffentliche Anlagen für die Spiele, Städtebau, Straßen, Tempel, Thermen, Wasserleitungen). — Hohe Kosten verursachten die Ausgaben für das Heer und die Flotte und vor allem für die öffentliche Fürsorge. — Die Finanzierung des Staatshaushaltes erfolgte im wesentlichen durch die Einnahmen und Steuern aus den Provinzen und aus der Verpachtung staatlicher Einnahmequellen z. B. an die *publicani.* — Der chronische Geldmangel veranlaßte die Kaiser immer wieder zu inflationsfördernden Maßnahmen wie z. B. Verschlechterung des Münzwertes durch Verringerung des Edelmetallgehaltes.

Wissenschaft. Während die Griechen die Grundlagen für wissenschaftliches Denken schufen und eine Reihe wissenschaftlicher Disziplinen begründeten, fehlte den Römern weitgehend die Lust an zweckfreier Theorie. Daher beschränkt sich ihre wissenschaftliche Literatur im allgemeinen auf enzyklopädische Sammelwerke einerseits und praxisbezogene technische Schriften andererseits. So haben z. B. Cato, Varro, Celsus und der ältere Plinius für wichtige Disziplinen das vorhandene Wissen mehr oder weniger kritisch zusammengestellt. Größere Selbständigkeit zeigt sich auf praktisch-technischem Gebiet wie der Architektur (Vitruv), und vor allem der Landwirtschaft (Cato, Varro, Columella). Eine eigenständige Leistung ist dagegen die juristische Literatur der Römer, die die Rechtsentwicklung in Europa entscheidend geprägt hat.

Wochentage. Die Namen der sieben W. stammen aus der röm. Kaiserzeit. Die Römer benannten diese nach den Gestirnen *Sol* (Sonne), *Luna* (Mond), *Mars, Mercurius, Iup(p)iter, Venus, Saturnus: dies solis* Sonntag, *dies lunae* Montag, *dies Martis* Dienstag (nach dem germanischen Kriegsgott *Mars Thingsus*), *dies Mercurii* Mittwoch, *dies Iovis* Donnerstag (nach dem germanischen Gott Donar = Jupiter), *dies Veneris* Freitag (nach der germanischen Göttin Freya = Venus), *dies Saturni* Sonnabend (eig. ,,Abend vor dem Sonntag''). Im Französischen sind die alten lat. Bezeichnungen noch besser erhalten: *lundi, mardi, mercredi, jeudi, vendredi* (Montag - Freitag). →Kalender

Wölfin *(lupa).* Die Rom-Sage erzählt, daß Romulus und Remus nach ihrer Aussetzung durch Amulius von einer W. gesäugt wurden (Livius, Ab urbe condita 1, 4). Die Kapitolinische W. aus Bronze auf dem Kapitol erinnert an diese Rettung. Nach Cicero (De divinatione 1, 20 und 3. Rede gegen Catilina 19) wurde sie 65 v. Chr. von einem Blitz getroffen; dabei sei die Figur des Romulus geschmolzen.

Die Kapitolinische Wölfin

Wortbildung, Bildung neuer Wörter aus Wortstämmen, die sich wiederum auf (meist einsilbige) Wortwurzeln zurückführen lassen. Die W. geschieht im Lateinischen durch Ableitung mit Hilfe von →Suffixen, durch Wortzusammensetzung und durch Zusammenrückung. Substantive, Adjektive und Verben können durch Suffixe von Nominal- und Verbalstämmen abgeleitet werden. Die Zusammensetzungen bestehen aus selbständigen Wörtern (z.B. *iu-dex* Recht-Sprecher = Richter) oder haben ein →Präfix als Bestimmungswort (z.B. *in-certus* un-entschieden). Zusammenrückungen sind nur eine äußerliche Form der Zusammensetzung: z.B. *aquae ductus* wird *aquaeductus* (Wasserleitung).

Xanten liegt etwa 30 km von Duisburg entfernt im nordwestlichen Zipfel von Nordrhein-Westfalen. Um 15 v. Chr. begann die Sicherung des linken Rheinufers mit Lagern und Kastellen. Dazu gehörte auch *Castra Vetera* südöstlich des heutigen X. Möglicherweise war dieser Stützpunkt der Standort einer der Legionen, die 9 n. Chr. im Teutoburger Wald unter Varus vernichtet wurden. — Im Jahre 70 n. Chr. zerstörten die germanischen Bataver *Castra Vetera.* In der Nähe wurde ein neues Lager gebaut (Vetera II). Um 100 n. Chr. wurde eine unweit von Vetera II entstandene zivile Siedlung von Trajan zur *colonia* erhoben und erhielt den Namen *Colonia Ulpia Traiana.* Eine Stadtmauer von 3,5 km Länge und 6,60 m Höhe umschloß die 73 Hektar große Siedlung, die mit einem Amphitheater für 12 000 Zuschauer und anderen öffentlichen Bauten ausgestattet war. In der Mitte des 4. Jh. n. Chr. wurde *Colonia Ulpia Traiana* von den Germanen überrannt und zerstört. Eine neue Siedlung wurde später auf dem röm. Gräberfeld angelegt, auf dem auch christliche Märtyrer bestattet waren. Zum Andenken an die Heiligen Märtyrer wurde eine Kirche *Ad Sanctos* („Bei den Heiligen") geweiht. Aus dieser Bezeichnung entwickelte sich über „Santen" der Name „X.". — Auf dem westlichen Teil des röm. X. wurden die Reste der Römerstadt in einem 1977 eröffneten „Archäologischen Park" aufgestellt oder rekonstruiert (mit Stadttoren, Wehrtürmen, einem Stück Mauer, einem Teil des Amphitheaters, einem Ausschnitt der röm. Wasserleitung, Hausfundamenten, Abgüssen von Grabsteinen, einem Versuchsfeld für röm. Getreidesorten). Eine Gaststätte bietet röm. Gerichte nach dem Kochbuch des Apicius, z. B. *porcellum cum fungis* (Schweinefleisch am Spieß mit Pilzen).

Zäsur, Einschnitt im Vers, der verhindern soll, daß der Vers in seine metrischen Einheiten auseinanderfällt, wenn sich Wortende und Ende eines Metrums decken. Daher wird an bestimmten Stellen Wortende innerhalb eines Metrums angestrebt: z.B. im →Hexameter nach der Länge des dritten (→Penthemimeres), vierten (→Hephthemimeres) und zweiten Metrums (→Trithemimeres). Eine besondere Wirkung entsteht dagegen, wenn an bestimmten Stellen Wortende und Ende eines Metrums zusammenfallen (→Dihärese).

Zahlzeichen. Die Römer gebrauchten folgende Z.: I = 1, V = 5, X = 10, L = 50, C = 100, D = 500 und M = 1000. Die Tausender wurden mit einem waagerechten Strich über dem Z. versehen, z. B. $\overline{\mathrm{XV}}$ = 15 000. Ein Strich über einer Zahl konnte aber auch einfach bedeuten, daß das Z. eine Zahl und keinen Buchstaben bezeichnete, z. B. $\overline{\mathrm{V}}$ = 5 (nicht 5 000) und nicht der Buchstabe V. Später setzte man auch unter das Z. einen Strich, z. B. $\underline{\overline{\mathrm{V}}}$. — Zahlen mit einem nach unten offenen Rahmen waren Hunderttausender, z. B. $\overline{|\mathrm{III}|}$ = 300 000. — Bei Additionen wurde die Summe über die Zahlenkolonne gesetzt.

Zahnersatz. Künstliche Zähne, Teil- oder Ganzprothesen waren den Römern bekannt. Der Dichter Martial macht sich über den Z. einer Frau lustig: „Thaïs hat schwarze Zähne, weiße aber hat Laecania. Wie ist das möglich? Diese hat gekaufte, jene eigene Zähne." Horaz erzählt von einer Witwe, die ihr künstliches Gebiß verlor, als sie zu schnell lief. — Die Zähne waren aus Elfenbein oder Gold. Sie wurden mit Schlaufen aus Metall zusammengehalten oder mit noch vorhandenen Zähnen verbunden. Nach dem Zwölftafelgesetz war es verboten, den Toten Gold mit ins Grab zu legen; ihren Z. aus Gold durften sie jedoch behalten.

Zahnpflege wurde mit Hilfe von Zahnstochern aus Holz oder Silber durchgeführt (vgl. Martial 14, 22). Außerdem gab es Zahnpulver (Plinius, Naturalis Historia 28, 178) aus gemahlenem Hirschhorn oder Hirschhornasche. Das Pulver diente auch der Zahnfleischpflege. Der Dichter Catull (Carmen 39) hat übertriebener Z. ein ganzes Gedicht gewidmet.

Zama, Stadt in der Nähe von Karthago. Bei Z. besiegte Scipio Hannibal und beendete damit den 2. Punischen Krieg.

Zeiteinteilung. Neben der Unterscheidung von Jahren (→Jahreszählung) und der Zusammenfassung von Jahren z. B. zu einem *saeculum* (Jahrhundert, →Säkularfeier), zu *decennia* (Jahrzehnten) oder *lustra* (Jahrfünften, →lustrum) gab es die Abgrenzung von Monaten (→Kalender) und innerhalb der Monate von *Kalendae, Nonae* und *Idus.* — Die einzelnen Tage wurden in Stunden eingeteilt (zwölf Stunden pro Tag und zwölf pro Nacht). Im Gegensatz zur heutigen Stunde von 60 Minuten gab es bei den Römern keine feste Stundenlänge. Eine Tagesstunde war jeweils der zwölfte Teil der Zeit zwischen Sonnenauf- und -untergang, eine Nachtstunde der zwölfte Teil der Zeit zwischen Sonnenunter- und -aufgang. Am 25. Dezember z. B. dauerte der Tag nur 8 Stunden und 54 Minuten. Demnach betrug die Stunde an diesem Tag 44 4/9 Minuten, während die Nachtstunde 75 5/9 Minuten dauerte. — Selbstverständlich wurden die Stunden in röm. Zeit nicht mit dieser Genauigkeit errechnet. Aber die Einteilung des Tages in zwölf Stunden nach dem Sonnenlicht (→Sonnenuhr) war auch ohne präzise Meßinstrumente ein brauchbarer Anhaltspunkt, der einen natürlichen Lebensrhythmus ermöglichte: So wurde in der hellen Jahreszeit mit ihren langen Tagesstunden mehr gearbeitet als in der dunklen Jahreszeit mit ihren kurzen Tagesstunden.

Zeitung. Nach Sueton (Divius Iulius 20) führte Cäsar die sog. *acta diurna* ein, die u. a. über Verhandlungen im Senat und andere politische Angelegenheiten berichteten. Sie wurden öffentlich ausgestellt, von Privatunternehmern abgeschrieben und weiterverbreitet. Von Cicero wissen wir, daß es Leute gab, die diese Z. regelmäßig bezogen.

Zensor *(cẹnsor),* Inhaber eines Ehrenamtes in der röm. Ämterlaufbahn (→cursus honorum), der alle fünf Jahre neu gewählt wurde (→Volksversammlung, →Wahl). Der Z. war oberster Steuerbeamter; er kontrollierte die Einnahmen und die laufenden Ausgaben des Staates (z. B. für die Unterhaltung von Straßen) und beaufsichtigte die Lebensführung und Vermögensverhältnisse der Römer. Er führte zu diesem Zweck ein Bürgerverzeichnis (→Lustration) und konnte unwürdige Senatoren aus dem Senat ausschließen. Die berühmtesten Z. waren Appius Claudius Caecus und Cato, mit dem Beinamen Censorius.

Zensus *(cẹnsus),* Begutachtung und Schätzung der freien Bevölkerung, Form der Volkszählung als Grundlage für die Festsetzung von Steuern und für die Erfassung der Militärdienstpflichtigen (→Militärdienst). Die Zensoren führten den Z. alle fünf Jahre durch (→Lustration). Die Bürger, die eine bestimmte Vermögensgrenze überschritten, wurden in fünf Vermögensklassen *(classes)* eingeteilt. Jede einzelne *classis* wurde in Zenturien unterteilt, nach denen in der Volksversammlung abgestimmt wurde. Die große Masse der röm. Bürger, die unter dieser Vermögensgrenze blieben, wurde zu einer einzigen Zenturie zusammengefaßt. Folglich wurden Wahlen und andere Entscheidungen stets von den fünf Vermögensklassen bestimmt. Der Z. diente auch der Zuweisung der Bürger in eine →tribus. Mit der Steuerfreiheit (seit 167 v. Chr.) und der Einführung von Söldnerheeren wurde der alte Z. der Volkszählung überflüssig. Seit →Augustus wurde ein Z. auch in den Provinzen durchgeführt (vgl. die Geschehnisse um die Geburt Jesu).

Zenturie *(centuria),* Gruppe von 100 Bürgern *(centum* hundert). Die fünf Vermögensklassen, in die die röm. Bürger durch den Zensus eingeteilt wurden, waren in Z. unterteilt. Die 1. Vermögensklasse wurde von 80, die 2., 3. und 4. von je 20 und die 5. von 30 Z. gebildet. Die große Masse des röm. Volkes, die aufgrund ihres geringen Vermögens nicht zu den fünf Vermögensklassen gehörte, bildete eine einzige Z. In der Volksversammlung wurde nach Z. abgestimmt. Folglich wurde die große Masse mit ihrer einen Z. stets von den Z. der vermögenden Bürger überstimmt. — Die Z. ist auch eine militärische Einheit von ursprünglich 100, später 60 Mann; ihr Führer ist der Zenturio.

Zenturio *(centurio),* Führer einer Zenturie, entspricht dem „Hauptmann", wurde aus besonders bewährten Soldaten ausgewählt oder vom Kaiser ernannt. Der Z. konnte nur bei außerordentlicher Bewährung in einen höheren Offiziersrang aufsteigen.

Zeugma (griech. „Verbindung"), Beziehung eines Satzteils (z.B. des Prädikats) auf zwei oder mehr Wörter oder Satzteile (z.B. Objekte); von Z. im engeren Sinne spricht man, wenn diese syntaktischen Beziehungen semantisch ungleichartig sind. Beispiel Sallust, Jugurtha 46,8: *pacem an bellum gerens* „Frieden oder Krieg führend": *gerere* paßt semantisch nur zu *bellum.*

Ziegelstein, aus geknetetem, mit Häcksel vermischtem Lehm, mit der Hand gestrichen oder in Formen gepreßt. Der Z. wurde mehrere Jahre lang an der Luft getrocknet oder gebrannt. Er wurde für die Herstellung von Mauern, Säulen, Röhren (→Wasserleitungen), Kanalisationssystemen verwendet.

Zisterne *(cisterna, piscina)*, Behälter zum Sammeln von Regenwasser unterhalb und oberhalb der Erdoberfläche. Die größte und fast völlig erhaltene geschlossene Z. ist die *piscina mirabilis* („die wunderbare Z.") in Misenum. Sie diente der Wasserversorgung der im Hafen von Misenum stationierten röm. Flotte. Diese Z. ist 15 m tief, hat eine Grundfläche von etwa 70 x 25 m und faßt 12600 Kubikmeter Wasser. Ihr Dach steht auf 48 quadratischen Pfeilern aus *opus caementicium* (→Mörtel). Zur Abdichtung wurde wasserundurchlässiger Putz verwendet. Auch in Rom sicherte man die Wasserversorgung ursprünglich durch Z. Auf dem Palatin wurden Reste offener Rund-Z. aus dem 7. - 6. Jh. v. Chr. gefunden. Das röm. Staatsgefängnis (→Mamertinischer Kerker) war ursprünglich eine überwölbte Z.

Zwölftafelgesetz *(lex* oder *leges duodecim tabularum).* Das Z. trat im Verlauf der Ständekämpfe an die Stelle eines alten und von den Patriziern willkürlich gehandhabten Gewohnheitsrechtes. In den Jahren 451 und 450 schrieben die *decemviri* dieses Recht auf zunächst 10 Tafeln, die dann noch um zwei weitere ergänzt wurden, nieder (Livius, Ab urbe condita 3, 31-38). Livius (3, 34, 6) bezeichnet das Z. als „Quelle des gesamten öffentlichen und privaten Rechtes" *(fons omnis publici privatique iuris).* Cicero (De oratore 1, 193-195) zollt dem Z. ein hohes Lob: In seinen Augen übertreffe das kleine Büchlein des Z. alle philosophischen Bibliotheken durch das Gewicht seines Ansehens und den Reichtum seines Nutzens *(auctoritatis pondere et utilitatis ubertate).* — Das Z. ist nur in Bruchstücken durch seine Erwähnung bei späteren Schriftstellern oder in Kommentaren röm. Juristen erhalten. Beispiele: *Si membrum rupsit ni cum eo pacit talia esto* (Wenn jemand einem anderen ein Glied verstümmelt, so soll ihm das Gleiche angetan werden, falls er sich mit dem Verstümmelten nicht gütlich einigt). — *Si nox furtum faxit si im occisit iure caesus esto* (Wenn jemand nachts einen Diebstahl begangen hat und dabei getötet worden ist, dann soll er mit Recht erschlagen sein.). — *Patronus si clienti fraudem fecerit sacer esto* (Wenn ein Herr seinen Klienten betrügt, dann soll er verflucht sein). — *Hominem mortuum in urbe ne sepelito neve uritur* (Einen Toten darf man in der Stadt weder begraben noch verbrennen).

Zypresse *(cupressus sempervirens)*, im Mittelmeerraum in verschiedenen Arten weit verbreiteter Nadelbaum, dessen wohlriechendes und haltbares Holz zur Herstellung von Götterstandbildern, Musikinstrumenten, Särgen usw. diente. Das Holz wurde auch für den Schiffbau und zur Herstellung von Behältern für besondere Kostbarkeiten verwendet. Die Z. war den Göttern der Unterwelt (→Dis Pater) geweiht und galt als Baum der Trauer und des Todes.

a) Vornamen

A	Aulus	**MAM**	Mamercus
APP	Appius	**N**	Numerius
C	Gaius	**P**	Publius
CN	Gnaeus	**Q**	Quintus
D	Decimus	**SEX**	Sextus
K	Kaeso	**SER**	Servius
L	Lucius	**SP**	Spurius
M	Marcus	**T**	Titus
M'	Manius	**TIB**	Tiberius

b) Briefe

a.d.V. Id.Maias *ante diem quintum Idus Maias* - am 11. Mai

a.d.VIII Kal.Dec. *ante diem octavum Kalendas Decembres* - am 23. November

d. *dabam* - ich gab (den Brief) auf (darauf folgt das Datum)

Id.Febr. *Idibus Februariis* - am 13. Februar

Idibus Mart. *Idibus Martiis* - am 15. März

IX K.Quint.h.X. *ante diem nonum Kalendas Quintiles hora decima* - am 23. Juni in der 10. Stunde (4 Uhr)

K. od. **Kal.** *Kalendae (-as, -is)* - der erste Tag eines Monats

Kal. Ianuariis M. Messalla M. Pisone coss. *Kalendis Ianuariis Marco Messalla Marco Pisone consulibus* - am 1. Januar im Konsulatsjahr des Marcus Messalla und des Marcus Piso (Datumsangabe am Schluß eines Briefes)

Non. Dec. *Nonis Decembribus* - am 5. Dezember

pr. Non. Maias *pridie Nonas Maias* - einen Tag vor den Nonen des Mai (am 6. Mai)

s. oder **sal.** *salutem (dicit)* - ... grüßt ... (Grußformel am Anfang eines Briefes)

s.d. *salutem dicit* - ... grüßt ..., z. B. Cicero Attico s.d.

s.p.d. *salutem plurimam dicit* - ... grüßt ... herzlich

s.t.e.q.v.b.e. *si tu exercitusque valetis, bene est* - wenn es dir und deiner Armee gut geht, ist es gut

s.v.b.e.e.v. *si vales, bene est, ego valeo* - wenn es dir gut geht, ist es gut, mir geht es gut

s.v.v.b.e.e.e.q.v. *si vos valetis, bene est, ego exercitusque valemus* - wenn es euch gut geht, ist es gut, mir und meiner Armee geht es gut

c) Grabinschriften

A oder **AN** *annis/annos* - ...(starb) mit... Jahren/(lebte) ... Jahre

B B *bonis bene* - Guten soll es gut gehen

B M *bene merenti* - dem Wohlverdienten

COS *consul, consulibus* - Konsul, unter dem Konsulat

D *dies* - Tage

DE S F *de suo fecit* - mit seinem eigenen Vermögen errichtete er

DE S P *de sua pecunia* - mit seinem eigenen Geld

D M *Dis Manibus* - den Manen (Totengeistern)

D M S *Dis Manibus sacrum* - den Manen heilig

F *filius, filia, fecit, fecerunt* - Sohn, Tochter, er/sie erbaute, sie erbauten

F C *faciendum curavit/curaverunt* - er/sie sorgte(n) für die Errichtung

H I *hic iacet* - hier liegt

H L S *hoc loco situs* - an dieser Stelle beerdigt

H M F *hoc monumentum fecit* - er/sie erbaute dieses Grabmal

H O S *hic ossa sunt* - hier liegen die Gebeine

H S E *hic situs est* - hier ist er beerdigt

IN AG P *in agro pedes* - im Feld (in die Tiefe) ... Fuß

IN F P *in fronte pedes* - vorn (an der Straße) ... Fuß

L *locus, libertus, liberta* - Stelle, Freigelassener, Freigelassene

LIB *libertus* - Freigelassener

M *menses/mensibus* - Monate

M *monumentum* - Grabmal

M P *monumentum posuit* - er/sie erbaute das Grabmal

N *noster/nostra* - unser/unsere

P *posuit, pius, pedes* - er/sie errichtete, fromm, Fuß (Längenmaß)

PL M *plus minus* - mehr oder weniger (als ... Jahre)

Q V A *qui vixit annos* - der ... Jahre lebte

QV V *qui vixit* - der lebte

SER *servus* - Sklave

S T T L *sit tibi terra levis* - es möge dir die Erde leicht sein

T *titulus, testamentum* - Grabinschrift, Testament

V *vixit* - er/sie lebte

V A *vixit annos* - er/sie lebte ... Jahre

V C *vir clarissimus* - der hochberühmte Mann

V E *vir egregius* - der hervorragende Mann

V F *vivus fecit* - zu Lebzeiten erbaute er

V H *vir honestus* - der ehrenwerte Mann

V P *vir perfectus* - der vollkommene Mann

d) Andere Inschriften

A *assibus* - für ... as (Münzeinheit)

COS *consulibus* - im Konsulatsjahr

D D S *de decurionum sententia* - auf Beschluß des Stadtrats (z. B. in Pompeji)

DEC DECR *decurionum decreto* - auf Beschluß des Stadtrates

D R *dignus rei publicae* - befähigt zum Staatsdienst

DV *duovir(i), duumviri* - Bürgermeister

DV I D *duovir(i) iure dicundo* - der/die für die Rechtsprechung zuständige(n) Verwaltungsbeamte(n)

EX D D *ex decurionum decreto* - auf Beschluß des Stadtrates

EX P P *ex pecunia publica* - mit öffentlichem Geld

EX PEC PUBL *ex pecunia publica* - mit öffentlichem Geld

F *filius* oder *filia* - Sohn oder Tochter

F C *faciendum curarunt* - sie sorgten für die Erbauung

F LOCAR *faciendum locarunt* - zur Errichtung/Herstellung gaben ... den Auftrag

HS *sestertium, sestertiis* - von oder für ... Sesterzen

I D *iure dicundo* - für die Rechtsprechung

O V F *oro vos, (ut) faciatis* - ich bitte euch, daß ihr ... macht

PROB *probarunt* - sie billigten (die Maßnahme)

Q *quaestor* - Quästor (röm. Magistrat)

ROG *rogat oder rogant* - er/sie bittet, beantragt oder sie bitten/beantragen

SCR *scripsit* - ... schrieb (die Inschrift)

S P *sua pecunia* - mit seinem eigenen Geld

V *vicit* - ... siegte (z. B. ein Gladiator)

V A S P P *viis, aedibus, sacris publicis procurandis* - für die Straßen, Tempel, staatlichen Kulte (zuständig)

V B *vir bonus* - ein tüchtiger Mann

IIV *duoviri, duumviri* - Bürgermeister, Verwaltungsbeamte

IIIIV *quattuorviri* - Verwaltungsbeamte

X *denarius* - Denar (Münzeinheit)

e) Weitere Abkürzungen

A *absolvo* - ich spreche frei (auf den Stimmtäfelchen der Richter), daher gilt *A* als *littera salutaris* - glückverheißender Buchstabe

A *antiquo* - ich verwerfe (ein beantragtes Gesetz)

A *auditor* - Zuhörer (im Dialog)

A U C *anno urbis conditae* - im ... Jahre nach der Gründung der Stadt (Rom) oder *ab urbe condita* - seit der Gründung der Stadt

C Zahlzeichen für *centum* - hundert (aus: ┌ └ = zweimal L = 50)

C *condemno* - ich verurteile (auf den Stimmtäfelchen der Richter), daher gilt *C* als *littera tristis* - trauriger Buchstabe

D Zahlzeichen für 500

D D *dono* oder *donum dedit* - er hat geschenkt

D D D *dat, donat, dedicat* - er gibt, schenkt, weiht (z. B. ein Geschenk für die Götter)

D O M *deo optimo maximo* - dem höchsten Gott

L Zahlzeichen für 50

M Zahlzeichen für *mille* - 1000

M *magister* - Gesprächsführer (im Dialog)

N L *non liquet* - (die Sache) läuft nicht, ist nicht klar, nicht spruchreif (auf den Stimmtäfelchen der Richter)

O *omnes* - alle

P C *patres conscripti* - Senatoren (Anrede)

P M *pontifex maximus* - Oberpriester

P R *populus Romanus* - röm. Volk

PROCOS *proconsul* - Prokonsul

R *recte, regnum, reficiendum* - richtig, Herrschaft, zur Wiederherstellung

RES P *res publica* - Staat

R P *res publica* - Staat

S C *senatus consultum* - Beschluß des Senates

S P Q R *Senatus Populusque Romanus* - Senat und röm. Volk

TR PL *tribunus plebis* - Volkstribun

U *urbs* - Stadt (Rom)

V Zahlzeichen für 5

V *vir* - Mann

V *vivus, vivens* - lebend, zu Lebzeiten

X Zahlzeichen für 10

f) Noch heute gebräuchliche Abkürzungen

a.a. *ad acta* - zu den Akten (legen)

a.c.n. oder **a. Chr. n.** *ante Christum natum* - vor Christi Geburt

a.d. *anno domini* - im Jahre des Herrn

a.m. *ante meridiem* - vormittags

a.p. *anni praeteriti* - im vergangenen Jahr

ca. *circa* - etwa

cf. *confer* - vergleiche

c.i. *cum infamia* - mit Schimpf und Schande

cr. *circiter* - ungefähr

c.t. *cum tempore* - mit Zeit, eine Viertelstunde später

e.c. *exempli causa* - zum Beispiel

ed. *edidit* - gab heraus

e.g. *exempli gratia* - zum Beispiel

em. *emeritus* - ausgedient, im Ruhestand

etc. *et cetera* - und das übrige, usw.

etc. pp. *et cetera perge, perge* - usw. usw. fahre fort, fahre fort

h.c. *honoris causa* - ehrenhalber

ib. *ibidem* - ebendort

i.e. *id est* - das heißt

I H S *Jesus hominum salvator* - Jesus, der Menschen Heiland

I N D *in nomine Dei* - im Namen Gottes

inv. *invenit* - hat erfunden

l.c. *loco citato* - an der zitierten Stelle

m.p. *manu propria* - mit eigener Hand

n.b. *nota bene* - achte gut darauf

p.c.n. oder **p. Chr. n.** *post Christum natum* - nach Christi Geburt

p.e. *per exemplum* - zum Beispiel

p.m. *post meridiem* - nachmittags

pp. *perge, perge* - fahre fort, usw.

p.p. *praemissis praemittendis* - nachdem das Vorauszuschickende vorausgeschickt war

p.s. *postscriptum* - nachgeschrieben, hinzugesetzt

q.d.b.v. *quod deus bene vortat* - das möge Gott zum Guten wenden

r.i.p. *requiescat in pace* - er ruhe in Frieden

rp. *recipe* - man nehme

sc. oder **scil.** *scire licet* - es versteht sich, es ist zu ergänzen

s.t. *sine tempore* - ohne Zeit, pünktlich

s.v. *sub voce* - unter dem Stichwort (in einem Lexikon)

u.s. *ut supra* - wie oben

v. *vide* - siehe

v.v. *vice versa* - umgekehrt

Augustus **27 v.-14 n. Chr.**
Tiberius **14-37**
Caligula **37-41**
Claudius **41-54**
Nero **54-68**
Galba **68-69**
Otho **69**
Vitellius **69**
Vespasian **69-79**
Titus **79-81**
Domitian **81-96**
Nerva **96-98**
Trajan **98-117**
Hadrian **117-138**
Antoninus Pius 138-161
Mark Aurel 161-180
  L. Verus 161-169
Commodus 180-192
Pertinax 193
Didius Julianus 193
Septimius Severus 193-211
  (Pescennius Niger 193-194)
  (Clodius Albinus 195-197)
Caracalla 198-217
  Geta 209-212
Macrinus 217-218
Elagabal 218-222
Severus Alexander 222-235
Maximinus Thrax 235-238
Gordian I. 238
  Gordian II. 238
  Balbinus 238
  Pupienus 238
Gordian III. 238-244
Philippus Arabs 244-249
  Philippus II. 247-249
Decius 249-251
Trebonianus Gallus 251-253
  Volusian 251-253
Aemilian 253
Valerian 253-260
  Gallienus 253-268
  (Postumus 259-268)
Claudius Gothicus 268-270
  (Victorinus 268-270)
Quintillus 270
Aurelian 270-275
  (Tetricus 270-273)
  (Vaballath 271-274)
Tacitus 275-276
Florian 276
Probus 276-282
Carus 282-283
Carinus 283-285
Numerian 283-284
Diokletian 284-305
  (Maximianus Herculius 286-305)
  (Carausius 286-293)
  (Allectus 293-296)
Galerius 305-311
Constantius Chlorus 305-306
Flavius Severus 306-307
Maximinus Daia 307-313
Licinius 308-324
Maxentius 306-312
  (Domitius Alexander 309-311)
Konstantin I. 306-337
Konstantin II. 337-340
Constans 337-350
  (Magnentius 350-353)
  (Nepotianus 350)
  (Vetranio 350)
  (Silvanus 355)
Constantius II. 337-361
Julianus Apostata 361-363
Jovian 363-364
Valentinian I. 364-378
  (Firmus 372-374)
Valens 364-378
  (Procop 365-366)
  Gratian 367-383
  Valentinian II. 375-392
Theodosius I. 379-395
  (Magnus Maximus 383-388)
  (Flavius Victor 384-388)
  (Eugenius 392-394)

Weström. Reich

Honorius 393-423
  (Konstantin 407-411)
  (Priscus Attalus 409-410)
  (Priscus Attalus 414-416)
  (Maximus 409-411)
  (Maximus 418-421)
  (Jovinus 411-413)
  Constantius III. 421
  (Johannes 423-425)
Valentinian III. 425-455
Petronius Maximus 455
Avitus 455-456
Majorian 457-461
Libius Severus 461-465
Anthemius 467-472
Olybrius 472
Glycerius 473-474
Nepos 474-475
Romulus Augustulus 475-476

Oström. Reich

Arcadius 383-408
Theodosius II. 408-450
Marcian 450-457
Leo I. 457-474
Leo II. 474
Zeno 474-491
  (Basiliskos 475-476)
  (Leontios 484)
Anastasius 491-518
Justin I. 518-527
Justinian 527-565

Eingerückte Namen bezeichnen legitime Mitherrscher.
Namen in Klammern bezeichnen illegitime Gegenkaiser, die zeitweilig bestimmte Gebiete des röm. Reiches beherrschten.
Fettgedruckte Namen bezeichnen Kaiser, die in einem Lexikonartikel behandelt werden.

Anhang III: Chronologischer Überblick über die wichtigsten Werke der röm. Literatur*

Gattung / Epoche	Roman und Geschichtsschreibung	Philosophie Wissenschaft	Rede/ Rhetorik	Brief
1. Vorklassik 240-100 v. Chr.	**Cato** (234-149): [Origines]	**Cato** (234-149): [De agricultura]	**Cato** (234-149): [Reden]	
2. Klassik ca. 80 vor bis 14 n.Chr. a) Republik (bis 31 v. Chr.)	**Cäsar** (100-44): De bello Gallico; De bello civili **Sallust** (86-35): Catilina, Iugurtha, Historiae **Nepos** (100-24): De viris illustribus	**Varro** (116-27): [Antiquitates, De lingua Latina, Res rusticae] **Cicero** (106-43): De re publica, De legibus, De finibus, Tusculanae disput., De natura deorum, De officiis	**Cicero:** De oratore, Brutus, Orator; 57 vollst. erhaltene Reden, z. B. In Verrem, In Catilinam, Pro Milone, Pro Archia	**Cicero:** Ad. Atticum, Ad Familiares, Ad Quintum fratrem Ad Brutum
b) augusteische Zeit (31 v. bis 14 n. Chr.)	**Livius** (59 v. - 17 n. Chr.) Ab urbe condita			**Horaz:** Epistulae (Versbriefe)
3. Nachklassik (Silberne Latinität 14 - 117 n. Chr.)	**Velleius Paterculus** (geb. ca.20 v.Chr.): Historia Romana **Petron** (gest. 65): Satyricon **Tacitus** (ca. 54-120): Germania, Agricola Historiae, Annales **Sueton** (ca. 70-140): Vitae Caesarum	**Seneca** (4 v. - 65 n. Chr.): 10 Dialogi, u. a. De providentia, De vita beata, De brevitate vitae; Epistulae morales; Naturales Quaestiones **Plinius d. Ä.** (23-79): Naturalis Historia	**Seneca d. Ä.** (ca. 55 v.-39 n.) Orat. et rhet. sent. div. colores **Quintilian** (35-96): Institutio oratoria **Tacitus:** Dialogus **Plinius d. J.** (62-113): Panegyricus	**Seneca:** Epistulae morales **Plinius d. J.** (62-113): Epistulae
4. Spätere Kaiserzeit	**Apuleius** (geb. 125): Metamorphoses	**Tertullian** (geb. ca. 150): Apologeticum **Minucius Felix** (um 200): Octavius **Hieronymus** (348-420): Bibelübersetzung, De viris illustribus **Augustinus** (354-430): Confessiones, De civitate dei		

* Wichtige verlorene oder nur bruchstückhaft erhaltene Werke stehen in eckigen Klammern.

Anhang III: Chronologischer Überblick über die wichtigsten Werke der röm. Literatur*

Gattung / Epoche	Epos/ Lehrgedicht	Lyrik	Drama		Satire
			Tragödie	Komödie	
1. Vorklassik 240-100 v. Chr.	**Livius Andronicus** (3. Jh.): [Odusia] **Cn. Naevius** (3. Jh.): [Bellum Punicum] **Q. Ennius** (239-169): [Annales]		[Livius Andronicus, Ennius, Pacuvius, u. a.]	**Plautus** (ca. 250-184) **Terenz** (ca. 190-159)	**Lucilius** (ca. 180-102)
2. Klassik ca. 80 vor bis 14 n.Chr. a) Republik (bis 31 v. Chr.)	**Lukrez** (96-55): De rerum natura (Epikur)	**Catull** (84-54): Carmina			
b) augusteische Zeit (31-14 n. Chr.)	**Vergil** (70-19): Georgica, Aeneis **Ovid** (43-18 n. Chr.): Ars amatoria, Metamorphoses, Fasti	**Vergil:** Bucolica **Horaz** (65-8): Epoden, Oden **Tibull** (54-19): Elegien **Properz** (50-15): Elegien **Ovid:** Amores	**Ovid:** [Medea] **Varius:** [Thyestes]		**Horaz:** Sermones
3. Nachklassik (Silberne Latinität, 14-117 n. Chr.)	**Lukan** (39-65): Pharsalia	**Martial** (40-102): Epigramme	**Seneca** (4.v.-65 n.Chr.): 9 Tragödien, Prätexta ,,Octavia'' von einem unbekannten Dichter		**Seneca:** Apocolocyntosis **Persius** (34-62) **Juvenal** (ca. 60-140)
4. Spätere Kaiserzeit		**Ambrosius** (340-397): Hymnen **Prudentius** (348-410): Hymnen			

* Wichtige verlorene oder nur bruchstückhaft erhaltene Werke stehen in eckigen Klammern.

Anhang IV: Die wichtigsten lat. Autoren vom Ausgang der Antike bis zur Zeit des Humanismus

250 bis 400	Ausonius 310 - 395 Ambrosius gest. 397 Prudentius gest. 410 Hieronymus 348 - 420 Augustinus 354 - 430 Macrobius um 400	*Mosella, Bissula*, Epigramme Hymnen Hymnen *Vulgata* *Confessiones, De civitate Dei* *Saturnalia*
400 bis 550	Salvianus 5. Jahrh. Boethius gest. 524 Benedikt von Nursia 480 - 550 Justinian 482 - 564 Cassiodor ca. 790 - 583	*De gubernatione dei* *Consolatio philosophiae* *Regula* *Corpus iuris civilis* *Institutiones*
550 bis 700	Gregor von Tours 540 - 594 Venantius Fortunantus † um 600 Isidor von Sevilla 570 - 636	*Historia Francorum* Hymnen *Chronica, Etymologiae*
700 bis 850	Beda 672 - 735 Paulus Diaconus 720 - 799 Alkuin 730 - 804 Einhard 770 - 840	*Historia ecclesiastica gentis Anglorum* *Historia Langobardorum* Theologische, grammatische und rhetorische Schriften, Hagiographie, Gedichte, Briefe *Vita Karoli Magni*
850 bis 950	Notker Balbulus 840 - 912 Liudprand von Cremona 920 - 972 Widukind von Corvey geb. um 925	*Gesta Karoli Magni* Geschichte Deutschlands, Italiens und des oströmischen Reiches *Res gestae Saxonicae*
950 bis 1050	Hrotsvith von Gandersheim 935 - 1000 Wipo gest. 1050	Legenden, Dramen, Epen *Gesta Chuonradi II. imperatoris*
1050 bis 1150	Anselm von Canterbury 1033 - 1109 Petrus Alfonsi 1062 - 1140 ,,Carmina Cantabrigiensia'' Abaelard 1079 - 1142 Bernhard von Clairvaux 1090 - 1153 Otto von Freising 1111 - 1158	*Cur deus homo, De veritate,* *De libertate arbitrii* *Disciplina clericalis* Lieder Theologische und philosophische Schriften, Briefe, Hymnen Theologische Abhandlungen *Chronica sive historia de duabus* *civitatibus*

1150 bis 1250	Walter von Chatillon geb. um 1135 Archipoeta geb. um 1140 Andreas Capellanus 12. Jh. „Carmina Burana" 12./13. Jh. Saxo Grammaticus 1150 - 1220 Caesarius von Heisterbach 1180 - 1240 Franz von Assisi 1181 - 1226 Albertus Magnus 1193 - 1280	*Alexandreis,* Gedichte Gedichte *De amore* Lieder *Gesta Danorum* *Dialogus miraculorum, Libri miraculorum* *Regula*, Briefe, *Laudes creaturarum* Naturwissenschaftliche und theologische Schriften
1250 bis 1300	Thomas von Aquino 1224 - 1274 Jacobus de Voragine 1230-1298 Meister Eckhart 1260 - 1327 Duns Scotus 1265 - 1308 „Gesta Romanorum" Ende des 13. Jahrhunderts	*Summa theologica, Summa contra gentiles, De ente et essentia* *Legenda aurea* *Opus tripartitum* Theologische Schriften Erbauliche Erzählungen aus der römischen Geschichte und Sage
1300 bis 1450	Petrarca 1304 - 1374 Poggio 1380 - 1459 Nikolaus von Kues 1400 - 1464 Piccolomini 1405 - 1464	Briefe, Biographien, Anekdoten, moralphilosophische Abhandlungen *Facetiae*, philosophische und politische Schriften kirchenpolitische Schriften, philosophische und theologische Schriften Geschichtswerk, Biographien, pädagogische Schriften, *Euryalus et Lucretia,* Reden und Briefe
1450 bis 1550	Rudolf Agricola 1443 - 1485 Johannes Reuchlin 1455 - 1522 Pico della Mirandola 1463 - 1494 Erasmus von Rotterdam 1466 - 1536 Heinrich Bebel 1472 - 1518 Thomas Morus 1478 - 1535	*De formando studio, In laudem philosophiae oratio,* Lobrede auf Petrarca *Scenica progymnasmata* (Henno) *De dignitate hominis, Apologia, Heptaplus, De ente et uno* *Encomion moriae, Colloquia familiaria, De libero arbitrio diatribe sive collatio, Enchiridion militis christiani, Querela pacis* *Facetiae, Proverbia Germanica* *De optimo rei publicae statu deque nova insula Utopia*

ALT-PHÖNIKISCH Zeichen	Laut-wert	KLASS. GRIECHISCH Zeichen	Mod. Druck	Name	WEST-GRIECHISCH Zeichen	Laut-wert	ETRUSKISCH Zeichen	Laut-wert	KLASS. LATEIN Zeichen
𐤀	*	Α	Α	alpha	𐌀 𐌀	a	𐌀	a	A
𐤁	b	Β	Β	bēta	𐌁 𐌁	b			B
𐤂	g	Γ	Γ	gamma	𐌂 𐌂 𐌂	g	𐌂	k	C [G]
𐤃	d	Δ	Δ	delta	𐌃 𐌃	d			D
𐤄	h	Ε	Ε	epsilon	𐌄	e	𐌄	e	E
					𐌅 𐌅	v	𐌅	v	F
𐤆	z	Ζ	Ζ	zēta	𐌆	z	𐌆	z	
𐤇 𐤇	ḥ	Η	Η	ēta	𐌇 𐌇	h	𐌇	h	H
𐤈	ṭ	Θ	Θ	thēta	𐌈 𐌈	th	𐌈	th	
𐤉	i	Ι	Ι	iōta	𐌉	i	𐌉	i	I
𐤊	k	Κ	Κ	kappa	𐌊	k	𐌊	k	K
𐤋 𐤋	l	Λ	Λ	lambda	𐌋	l	𐌋	l	L
𐤌	m	Μ	Μ	my	𐌌	m	𐌌	m	M
𐤍	n	Ν	Ν	ny	𐌍	n	𐌍	n	N
𐤎	s	Ξ	Ξ	ksī (xī)					
𐤏	*	Ο	Ο	omikron	𐌏	o			O
𐤐	p	Π	Π	pī	𐌐	p	𐌐	p	P
𐤑	ṣ						𐌑	ś	
					𐌒	q	𐌒	q	Q
𐤓	r	Ρ	Ρ	rhō	𐌓 𐌓	r	𐌓	r	R
𐤔	s	Σ	Σ	sīgma	𐌔 𐌔	s	𐌔	s	S
𐤕 𐤕	t	Τ	Τ	tau	𐌕	t	𐌕	t	T
𐤅	w	Υ	Υ	ypsilon	𐌖 𐌖	u	𐌖	u	V
		Φ	Φ	phī	𐌘 𐌘	ph	𐌘	ph	
		Χ	Χ	khī (chī)	𐌗 𐌗	ks			X
		Ψ	Ψ	psī	𐌙 𐌙	kh	𐌙	kh	
		Ω	Ω	ōmega					
							8	f	

* Konsonantenzeichen 𐤀 = Aleph 𐤏 = Ajin

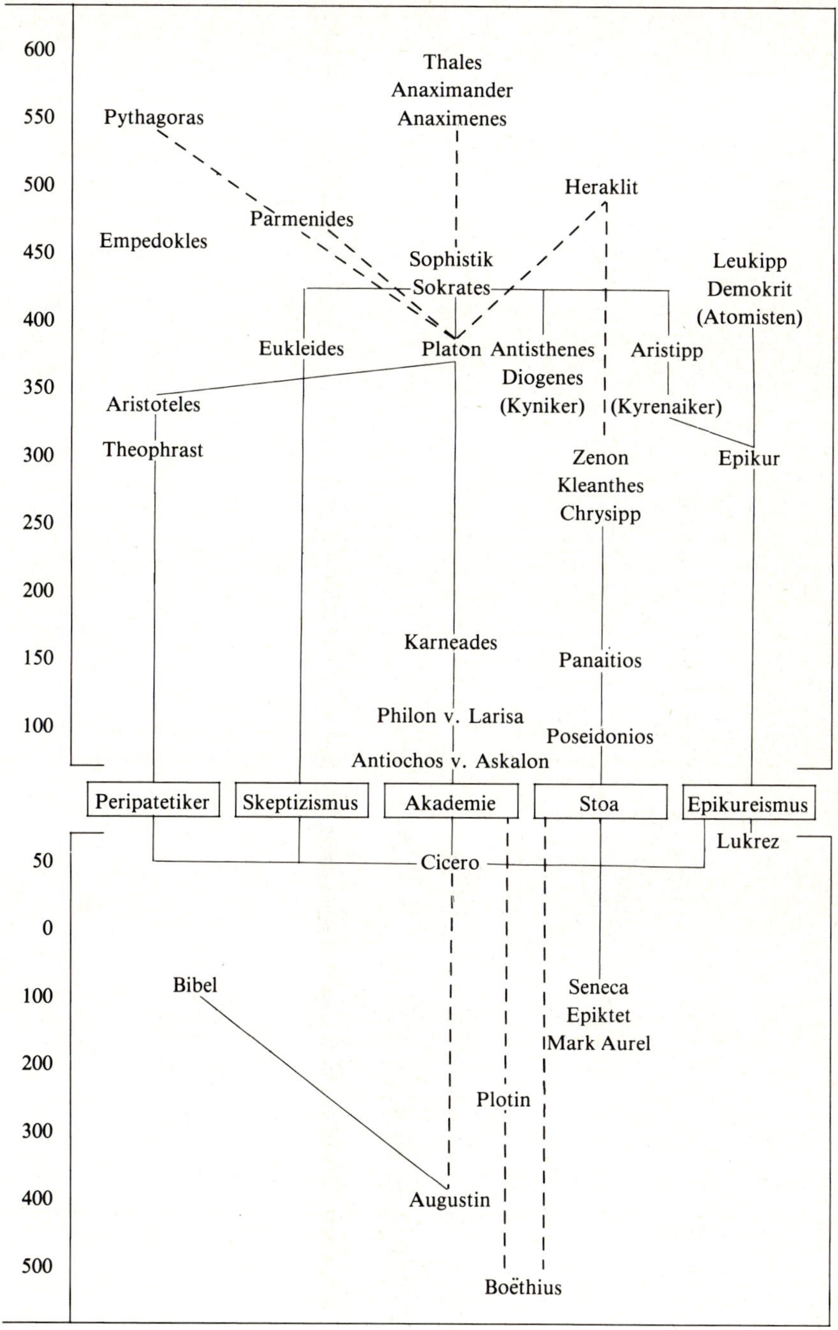
600
550
500
450
400
350
300
250
200
150
100
50
0
100
200
300
400
500
Thales
Anaximander
Anaximenes
Pythagoras
Heraklit
Parmenides
Empedokles
Sophistik
Sokrates
Leukipp
Demokrit
(Atomisten)
Eukleides
Platon
Antisthenes
Aristipp
Aristoteles
Diogenes
(Kyniker)
(Kyrenaiker)
Theophrast
Zenon
Kleanthes
Chrysipp
Epikur
Karneades
Panaitios
Philon v. Larisa
Poseidonios
Antiochos v. Askalon
Peripatetiker
Skeptizismus
Akademie
Stoa
Epikureismus
Lukrez
Cicero
Bibel
Seneca
Epiktet
Mark Aurel
Plotin
Augustin
Boëthius

21.4.753	**Gründung Roms**
seit 750	Einwanderung der Griechen nach Unteritalien u. Sizilien
510	Ende der Herrschaft der Sieben Könige
um 500	**Beginn der Republik**
um 450	Zwölftafelgesetz
um 400	Einfall der Kelten in Italien
396	Unterwerfung von Veji
387	Belagerung des Kapitols durch die Kelten
367	Gleichstellung von Patriziern und Plebejern
343-290	Kriege mit den Samniten
340-338	Krieg mit den Latinern
312	Bau der Via Appia
282-272	Krieg gegen Tarent und Pyrrhus
275	Rückzug des Pyrrhus
264-241	1. Punischer Krieg
218-201	**2. Punischer Krieg**
218	Niederlage an der Trebia
217	Niederlage am Trasimenischen See
2.8.216	Niederlage bei Cannae
202	Sieg über Hannibal bei Zama
168	Sieg bei Pydna über Makedonien
149-146	3. Punischer Krieg
146	Zerstörung Karthagos
133-121	**Reformbewegung der Gracchen**
111-105	Krieg gegen Iugurtha
102-101	Siege über die Kimbern und Teutonen
91-89	Bundesgenossenkrieg
88	Bürgerrecht für die Italiker
88-84	1. Krieg gegen Mithridates
83-81	2. Krieg gegen Mithridates
82-79	Sullas Diktatur
74-74	3. Krieg gegen Mithridates
73-71	Sklavenaufstand unter Spartacus
67	Pompeius beendet den Seeräuberkrieg
63-62	Catilinarische Verschwörung
63	**Cicero Konsul**
60	1. Triumvirat: Pompeius, Crassus, Cäsar
59	Cäsar Konsul
58-51	**Eroberung Galliens durch Cäsar**
55-52	Bau des Pompeius-Theaters
49-46	Bürgerkrieg (Cäsar gegen Pompeius)
9.8.46	Niederlage des Pompeius bei Pharsalos
46	Cäsars Sieg bei Thapsus
15.3.44	**Ermordung Cäsars**
43	2. Triumvirat: Antonius, Lepidus, Octavian; Ermordung Ciceros
42	Schlacht bei Philippi: Anhänger Cäsars gegen seine Mörder
36	Vermählung des Antonius mit Kleopatra
2.9.31	**Sieg Octavians bei Actium**
3.8.30	Einnahme Alexandrias: Selbstmord des Antonius und der Kleopatra
13.1.27	Wiederherstellung der Republik
16.1.27	Verleihung des Titels ,,Augustus'' an Octavian durch den Senat
17	Säkularfeier der Stadt Rom
seit 15	Germanenkriege
13-11	Bau des Marcellus-Theaters
30.1.9	Einweihung der Ara pacis Augustae

9	Niederlage im Teutob. Wald
19.8.14	Tod des Augustus
14-68	**Julisch-claudisches Herrscherhaus**
14-37	Tiberius
37-41	Caligula
41-54	Claudius
54-68	Nero
64	Brand von Rom und Bau der domus aurea
65	Pisonische Verschwörung
68-69	Galba, Otho, Vitellius
69-96	**Flavisches Herrscherhaus**
69-79	Vespasian
70	Eroberung Jerusalems
79-81	Titus
80	Bau des Kolosseums beendet
81-96	Domitian
82	Titusbogen
83	Bau des Limes beginnt
96-192	**Adoptivkaiser**
96-98	Nerva
98-117	Trajan
117-138	Hadrian
132-135	Jüdischer Aufstand unter Bar Kochba
135-139	Engelsburg
138-161	Antoninus Pius
161-180	Mark Aurel
162-165	Krieg gegen die Parther
167-175	Krieg gegen die Markomannen
um 170	Reiterstandbild des Mark Aurel
180-192	Commodus
193-235	**Severisches Herrscherhaus**
193-211	Septimius Severus
211-217	Caracalla
212	Constitutio Antoniana
218-222	Elagabal
222-235	Severus Alexander
235-305	**Soldatenkaiser**
235-238	Maximius Thrax
249-251	Decius, erste allgemeine Christenverfolgung
270-275	Aurelian, Aurelianische Mauer
284-305	Diokletian, Thermen Diokletians
312-315	Konstantinsbogen
313	Edikt von Mailand: öffentliche Anerkennung des Christentums
324-337	Konstantin d. Gr.
um 375	Beginn der Völkerwanderung
391	Christentum wird Staatsreligion
394-395	Theodosius d. Gr.
395	**Ende der Reichseinheit: Entstehung eines west- und eines oström. Reiches**
476	Absetzung des Romulus Augustulus und Ende des weström. Reiches
527-564	Justinian oström. Kaiser
529	**Schließung der platonischen Akademie in Athen: Ende der Antike**
1453	Untergang des oström. Reiches

Tag	März, Mai Juli, Okt.		Jan. Aug. Dez.		April, Juni Sept., Nov.		Februar	
1.	*Kalendis*		*Kalendis*		*Kalendis*		*Kalendis*	
2.	*VI*		*IV*	*ante*	*IV*	*ante*	*IV*	*ante*
3.	*V*	*ante*	*III*	*Nonas*	*III*	*Nonas*	*III*	*Nonas*
4.	*IV*	*Nonas*	*Pridie Nonas*		*Pridie Nonas*		*Pridie Nonas*	
5.	*III*		*Nonis*		*Nonis*		*Nonis*	
6.	*Pridie Nonas*		*VIII*		*VIII*		*VIII*	
7.	*Nonis*		*VII*		*VII*		*VII*	
8.	*VIII*		*VI*	*ante*	*VI*	*ante*	*VI*	*ante*
9.	*VII*		*V*	*Idus*	*V*	*Idus*	*V*	*Idus*
10.	*VI*	*ante*	*IV*		*IV*		*IV*	
11.	*V*	*Idus*	*III*		*III*		*III*	
12.	*IV*		*Pridie Idus*		*Pridie Idus*		*Pridie Idus*	
13.	*III*		*Idibus*		*Idibus*		*Idibus*	
14.	*Pridie Idus*		*XIX*		*XVIII*		*XVI*	
15.	*Idibus*		*XVIII*		*XVII*		*XV*	
16.	*XVII*		*XVII*		*XVI*		*XIV*	
17.	*XVI*		*XVI*		*XV*		*XIII*	
18.	*XV*		*XV*		*XIV*		*XII*	
19.	*XIV*		*XIV*		*XIII*		*XI*	
20.	*XIII*	*ante*	*XIII*	*ante*	*XII*	*ante*	*X*	*ante*
21.	*XII*	*Kalen-*	*XII*	*Kalen-*	*XI*	*Kalen-*	*IX*	*Kalen-*
22.	*XI*	*das*	*XI*	*das*	*X*	*das*	*VIII*	*das*
23.	*X*		*X*		*IX*		*VII*	
24.	*IX*		*IX*		*VIII*		*VI*	
25.	*VIII*		*VIII*		*VII*		*V*	
26.	*VII*		*VII*		*VI*		*IV*	
27.	*VI*		*VI*		*V*		*III*	
28.	*V*		*V*		*IV*		*Pridie Kalendas*	
29.	*IV*		*IV*		*III*		*Martias*	
30.	*III*		*III*		*Pridie Kalendas*			
31.	*Pridie Kalendas*		*Pridie Kalendas*		*Mai. Iul.*			
	Apr. Iun.		*Febr. Sept.*		*Oct. Dec.*			
	Aug. Nov.		*Ian.*					

Erläuterung:
In der Regel wird zur Benennung eines Monatstages - falls es sich nicht um die festen Daten wie z. B. *Kalendis Ianuariis* = 1. Januar, *Nonis Martiis* = 7. März oder *Idibus Decembribus* = 13. Dezember handelt - folgendermaßen verfahren: Von den festen Daten *(Kalendae, Nonae, Idus)* wird rückwärts gezählt. Also: der 3. November heißt röm. „drei Tage vor den Nonae des November" = *ante diem III (tertium) Nonas Novembres,* abgekürzt: *a. d. III Non. Nov.* oder *III Non. Nov.*

1. Allgemeines

dtv-Lexikon der Antike. 13 Bände, München 1969-71 (dtv).
Grant, M.: Rom. Porträt einer Weltkultur. Kindlers Kulturgeschichte Europas. Bd. 4, München 1983 (dtv).
Grimal, P.: Römische Kulturgeschichte, München/Zürich 1961 (Knaur).
Harms, B.: Auguren, Ahnen, Aquädukte. Die römische Kultur in Entwicklung und Struktur, Leer 1974 (Grundlagen und Praxis).
Irmscher, J.: Das große Lexikon der Antike, München 1974 (Heyne).
Kähler, H.: Rom und seine Welt. Bilder zur Geschichte und Kultur. Bd. 1-2, München 1958-60.
Der Kleine Pauly. Lexikon der Antike. Bd. 1-5, München 1978 (dtv).
Krefeld, H. (Hrsg.): Res Romanae. Ein Begleitbuch für die lateinische Lektüre, Frankfurt [14]1983 (Hirschgraben).
Lamer, H. - Kroh, P.: Wörterbuch der Antike mit Berücksichtigung ihres Fortwirkens, Stuttgart [8]1976 (Kröner).
Leggewie, O. (Hrsg.): Die Welt der Griechen und Römer, Münster [15]1975 (Aschendorff).
Lübker, F.: Reallexikon des klassischen Altertums für Gymnasien, Leipzig [7]1891 (Teubner).
Pleticha, H. — Schönberger, O.: Die Römer, Bergisch Gladbach 1977 (Bastei-Lübbe).
Scheer, R.: Römische Kulturkunde, Wien [3]1974 (Deuticke).

2. Geschichte

Altheim, F.: Römische Geschichte. Bd. 1-3, Berlin 1956 (Göschen).
Bengtson, H: Grundriß der römischen Geschichte mit Quellenkunde, München 1970 (dtv).
Christ, K.: Das römische Weltreich, Freiburg 1973 (Herder).
Christ, K.: Römische Geschichte, Darmstadt [3]1980 (WBG).
Christ, K.: Krise und Untergang der römischen Republik, Darmstadt 1979 (WBG).
Grant, M.: Caesar, München 1976 (Heyne).
Grant, M.: Nero, München 1978 (Heyne).
Grant, M.: Kleopatra, Bergisch Gladbach 1980 (Bastei-Lübbe).
Guarino, A.: Spartacus, München 1980 (dtv).
Heurgon, J.: Die Etrusker, Stuttgart 1981 (Reclam).
Heuss, A.: Römische Geschichte, Braunschweig [4]1976 (Westermann).
Lauffer, S.: Kurze Geschichte der antiken Welt, München 1981 (dtv).
Raffalt, R.: Große Kaiser Roms, München 1977 (Heyne).
Stöver, H. D.: Die Römer. Taktiker der Macht. Reinbek 1978 (Rowohlt).
Syme, R.: The Roman Revolution, Oxford [2]1966 (Oxford University Press).
Vandenberg, Ph.: Nero, Kaiser und Gott, Künstler und Narr, München 1981 (Bertelsmann).
Warmington, B. H.: Karthago, Bergisch Gladbach 1964 (Bastei-Lübbe).

3. Politik, Staat, Verwaltung

Bleicken, J.: Die Verfassung der römischen Republik. Grundlagen und Entwicklung, Paderborn 1978 (UTB).
Bleicken, J.: Verfassungsgeschichte und Sozialgeschichte des römischen Kaiserreiches. Bd. 1-2, Paderborn 1978 (UTB).

Klein, R. (Hrsg.): Das Staatsdenken der Römer, Darmstadt ^{3}1980 (WBG).
Meyer, E.: Römischer Staat und Staatsgedanke, Zürich/München ^{4}1975 (Artemis).
Oppermann, H. (Hrsg.).: Römische Wertbegriffe, Darmstadt ^{2}1974 (WBG).
Vogt, J.: Die römische Republik, München 1979 (Heyne).
Wlosok, A.: Rom und die Christen. Zur Auseinandersetzung zwischen Christentum und römischem Staat, Stuttgart 1970 (Klett).

4. Wirtschaft, Gesellschaft, Recht

Alföldi, G.: Römische Sozialgeschichte, Wiesbaden ^{3}1984 (Steiner).
Bleicken, J.: Staat und Recht in der römischen Republik, Wiesbaden 1978 (Steiner).
Christ, K.: Antike Numismatik. Einführung und Bibliographie, Darmstadt ^{2}1972 (WBG).
Finley, M. I.: Die antike Wirtschaft, München 1976 (dtv).
Finley, M. I.: Die Sklaverei in der Antike, München 1981 (Beck).
Kaser, M.: Römische Rechtsgeschichte, Göttingen 1967 (Vandenhoeck & Ruprecht).
Kaser, M.: Römisches Privatrecht, München ^{12}1981 (Beck).
Kroll, W.: Die Kultur der römischen Zeit (1933), Darmstadt (Nachdruck) 1975 (WBG).
Liebs, D.: Römisches Recht, Göttingen ^{2}1982 (UTB).
Liebs, D.: Lateinische Rechtsregeln und Rechtssprichwörter, München 1982 (Beck).
Mommsen, Th.: Abriß des römischen Staatsrechts (1907), Darmstadt (Nachdruck) 1974 (WBG).
Rostovtzeff, M.: Gesellschaft und Wirtschaft im römischen Kaiserreich. Bd. 1-2, Leipzig 1931.
Söllner, A.: Einführung in die römische Rechtsgeschichte, München ^{2}1980 (Beck).
Wiefels, J.: Römisches Recht. Rechtsgeschichte und Privatrecht, Düsseldorf 1964 (Schwann).

5. Bauwesen, Technik, Kunst

Brödner, E.: Die römischen Thermen und das antike Badewesen. Eine kulturhistorische Betrachtung, Darmstadt 1983 (WBG).
Coarelli, F.: Rom. Ein archäologischer Führer, Freiburg/Basel/Wien 1975 (Herder).
Curtius, E.: Die Wandmalerei Pompejis. Eine Einführung in ihr Verständnis. 1929, Nachdruck Darmstadt 1972 (WBG).
Elbe, J. von: Roman Germany. A Guide to Sites and Museums, Mainz 1975 (von Zabern).
Heintze, H. von (Hrsg.): Römische Porträts, Darmstadt 1974 (WBG).
Heintze, H. von: Römische Kunst, München 1981 (dtv).
Kaschnitz von Weinberg, G.: Römische Kunst. Bd. 1-4, Reinbek 1961-63 (Rowohlt).
Landels, J. G.: Die Technik in der antiken Welt, München 1979 (Beck).
Macaulay, D.: Eine Stadt wie Rom. Planen und Bauen in der römischen Zeit, München 1978 (dtv).
Mackendrick, P.: Roms steinernes Erbe, Bergisch Gladbach 1980 (Bastei-Lübbe).
Neuburger, A.: Die Technik des Altertums, Leipzig 1919 (Voigtländer).
Picard, G.: Rom, München 1978 (Heyne).
Stützer, H. A.: Römische Kunstgeschichte, Freiburg 1979 (Herder).

6. Militärwesen

Conolly, P.: Die römische Armee, Hamburg 1976 (Tessloff).
Grant, M.: Das Heer der Cäsaren, Bergisch Gladbach 1982 (Bastei-Lübbe).
Junkelmann, M.: Die Legionen des Augustus. Der römische Soldat im archäologischen Experiment, Mainz 1985 (Philipp von Zabern).
Kromayer, J. - Veith, G.: Heerwesen und Kriegsführung der Griechen und Römer, München 1928.
Simkins, M.: Das römische Heer von Caesar bis Trajan, Bonn 1981 (Wehr und Wissen).
Viereck, H. D. L.: Die römische Flotte. Classis Romana, Herford 1975.

7. Religion, Mythologie

Altheim, F.: Römische Religionsgeschichte. Bd. 1-2, Berlin 1956 (Göschen).
Cumont, F.: Die Mysterien des Mithra. Ein Beitrag zur Religionsgeschichte der römischen Kaiserzeit, Darmstadt (Nachdruck) [5]1981 (WBG).
Grant, M.— Hazel, J.: Lexikon der antiken Mythen und Gestalten, München 1980 (dtv).
Grant, M.: Christen als Bürger im Römischen Reich, Göttingen 1981 (Vandenhoeck & Ruprecht).
Hunger, H.: Lexikon der griechischen und römischen Mythologie mit Hinweisen auf das Fortwirken antiker Stoffe und Motive in der bildenden Kunst, Literatur und Musik des Abendlandes bis zur Gegenwart, Reinbek 1974 (Rowohlt).
Latte, K.: Römische Religionsgeschichte, München [2]1967 (Beck).
Schneider, C.: Geistesgeschichte der christlichen Antike, München 1978 (dtv).
Tripp, E. - Rauthe, R.: Reclams Lexikon der antiken Mythologie, Stuttgart 1974 (Reclam).

8. Natur und Umwelt

Hagenow, G.: Aus dem Weingarten der Antike. Der Wein in Dichtung, Brauchtum und Alltag, Mainz 1982 (von Zabern).
Hehn, V.: Kulturpflanzen und Haustiere in ihrem Übergang aus Asien nach Griechenland und Italien sowie in das übrige Europa. 1870, Nachdruck Hildesheim 1963 (Olms).
Hieber, L. — Müller, R. W. (Hrsg.): Gegenwart der Antike. Zur Kritik bürgerlicher Auffassungen von Natur und Gesellschaft. Frankfurt / New York 1982 (Campus).
Keller, O.: Die antike Tierwelt. Bd. 1-2. 1909-1913, Nachdruck Hildesheim 1963 (Olms).
Toynbee, J. M. C.: Tierwelt der Antike, Mainz 1983 (von Zabern).

9. Sprache, Literatur, Philosophie, Rhetorik

Albrecht, M. von: Meister römischer Prosa von Cato bis Apuleius, Heidelberg 1971 (Stiehm).
Albrecht, M. von: Römische Poesie, Heidelberg 1977 (Stiehm).
Bieler, L.: Geschichte der römischen Literatur. Bd. 1-2, Berlin 1980 (Göschen).
Buchwaldt, W. — Hohlweg, A. — Print, O.: Tusculum - Lexikon griechischer und lateinischer Autoren des Altertums und des Mittelalters, 3. neu bearbeitete und erweiterte Auflage, München 1982 (Heimeran).
Büchner, K.: Die römische Lyrik, Stuttgart 1976 (Reclam).
Büchner, K.: Römische Literaturgeschichte. Ihre Grundzüge in interpretierender Darstellung, Stuttgart [5]1980 (Kröner).
Campenhausen, H. von: Lateinische Kirchenväter, Stuttgart 1978 (Urban).
Clarke, M. L.: Die Rhetorik bei den Römern, Göttingen 1968 (Vandenhoeck & Ruprecht).
Eberle, J.: Lateinische Nächte, Stuttgart [2]1967 (Deutsche Verlags-Anstalt).
Eisenhut, W.: Einführung in die antike Rhetorik und ihre Geschichte, Darmstadt [3]1982 (WBG).
Fuhrmann, M. (Hrsg.): Neues Handbuch der Literaturwissenschaft. Band 3: Römische Literatur, Frankfurt 1974 (Akademische Verlagsgesellschaft Athenaion).
Fuhrmann, M.: Die antike Rhetorik, München und Zürich 1984 (Artemis).
Giebel, M.: Cicero, Reinbek 1977 (Rowohlt).
Heinze, R.: Vom Geist des Römertums. Ausgewählte Aufsätze. Hrsg. von E. Burck, Darmstadt 1960 (WBG).
Hoffmeister, J.: Wörterbuch der philosophischen Begriffe, Hamburg [2]1955 (Meiner).
Klingner, F.: Römische Geisteswelt, Stuttgart 1979 (Reclam)
Kroh, P.: Lexikon der antiken Autoren, Stuttgart 1972 (Kröner).
Langosch, K.: Profile des lateinischen Mittelalters, Darmstadt 1965 (WBG).
Leo, F.: Geschichte der römischen Literatur. Erster Band. Die archaische Literatur. 1913. Nachdruck Darmstadt 1967 (WBG).
Marouzeau, J.: Das Latein. Gestalt und Geschichte einer Weltsprache, München 1969 (dtv).

Pohlenz, M.: Die Stoa. Geschichte einer geistigen Bewegung, Göttingen [4]1970 (Vandenhoeck & Ruprecht).
Schischkoff, G.: Philosophisches Wörterbuch, Stuttgart 1969 (Kröner).
Senoner, R. (Hrsg.): Die römische Literatur. Ein Überblick über Autoren, Werke und Epochen von den Anfängen bis zum Ende der Antike, München 1981 (Beck).
Speck, J. (Hrsg.): Grundprobleme der großen Philosophen. Philosophie des Altertums und des Mittelalters, Göttingen 1972 (UTB).
Stückelberger, A.: Antike Atomphysik. Texte zur antiken Atomlehre und zu ihrer Wiederaufnahme in der Neuzeit, München 1979 (Heimeran).
Ueding, G.: Einführung in die Rhetorik. Geschichte, Technik, Methode, Stuttgart 1976 (Metzler).
Wilpert, G. von: Sachwörterbuch der Literatur, 6. verbesserte und erweiterte Auflage, Stuttgart 1979 (Kröner).
Lausberg, H.: Elemente der literarischen Rhetorik, München [4]1971 (Hueber).

10. Bildung und Unterhaltung

Blume, H.-D.: Einführung in das antike Theaterwesen, Darmstadt 1978 (WBG).
Christes, J.: Bildung und Gesellschaft. Die Einschätzung der Bildung und ihrer Vermittler in der griechisch-römischen Antike, Darmstadt 1975 (WBG).
Grant, M.: Die Gladiatoren, Frankfurt/Berlin/Wien 1982 (Nustein).
Johann, H.-Th. (Hrsg.): Erziehung und Bildung in der heidnischen und christlichen Antike, Darmstadt 1976 (WBG).
Marrou, H. I.: Geschichte der Erziehung im klassischen Altertum, München 1976 (dtv).
Stephan-Kühn, F.: Viel Spaß mit den Römern. Spiel- und Lesebuch zur römischen Geschichte, Würzburg 1982 (Arena).
Weber, C. W.: Panem et Circenses. Massenunterhaltung als Politik im antiken Rom, Düsseldorf/Wien 1983 (Econ).
Weiler, I.: Der Sport bei den Völkern der alten Welt. Eine Einführung, Darmstadt 1981 (WGB).
Wille, G.: Einführung in das römische Musikleben, Darmstadt 1977 (WGB).

11. Organisation des Alltags

Blanck, H.: Einführung in das Privatleben der Griechen und Römer, Darmstadt 1976 (WGB).
Carcopino, J.: Rom. Leben und Kultur in der Kaiserzeit, Stuttgart 1977 (Reclam).
Coarelli, F.: Lübbes archäologischer Führer: Pompeji, Bergisch Gladbach 1979 (Lübbe).
Conolly, P.: Pompeji, Hamburg 1979 (Tessloff).
Duval, P.-M.: Gallien. Leben und Kultur in römischer Zeit, Stuttgart 1979 (Reclam).
Etienne, R.: Pompeji. Leben in einer antiken Stadt, Stuttgart 1974 (Reclam).
Friedländer, L.: Darstellungen aus der Sittengeschichte Roms in der Zeit von Augustus bis zum Ausgang der Antonine. Bd. 1-4, Leipzig [10]1921-23, Nachdruck Aalen 1963.
Mackendrick, P.: Deutschlands römisches Erbe, Bergisch Gladbach 1979 (Bastei-Lübbe).
Marquardt, J.: Das Privatleben der Römer, Bd. 1-2, Leipzig [2]1886, Nachdruck Darmstadt 1975 (WBG).
Millard, A.: Das war Rom, Ravensburg 1982 (Maier).
Paoli, U. E.: Das Leben im alten Rom, Bern/München [3]1979 (Francke).
Ürögdi, G.: Das Leben im alten Rom, Bergisch-Gladbach 1978 (Bastei-Lübbe).

(In Klammern sind Verlage bzw. Reihen angegeben. dtv = Deutscher Taschenbuch Verlag, WBG = Wissenschaftliche Buchgesellschaft, UTB bedeutet: Uni-Taschenbücher einer Arbeitsgemeinschaft mehrerer Verlage.)